Internationale Zusammenarbeit
im Agrarbereich

# Internationale Zusammenarbeit im Agrarbereich

## was, wo, wie? 1976

Projekte und Programme
der Fachbereiche

Landwirtschaft

Forstwirtschaft

Veterinärwesen

Fischerei

Ernährungswirtschaft

Eschborn, 1976

Herausgegeben Juli 1976 von
Deutsche Gesellschaft für Technische Zusammenarbeit (GTZ) GmbH
Stabsstelle Presse und Öffentlichkeitsarbeit, Stuttgarter Str. 10,
6236 Eschborn/Ts.
Redaktion: Thomas Neumaier

Alle Rechte der Verbreitung einschließlich Film, Funk und Fernsehen sowie der Fotokopie und des auszugsweisen Nachdrucks vorbehalten.

Druck: Herbert Maurer, Reprografischer Betrieb, Alexanderstr. 3,
  6 Frankfurt/Main 90

Printed in Germany - ISBN 3-88085-012-7

# Inhaltsübersicht

| | Seite |
|---|---|
| Vorwort | V |
| Grundsätzliche Anmerkungen zu den Projektberichten | VI |
| Organisationsplan des BMZ | VII |
| Das Agrarreferat des BMZ | VIII |
| Organisationsplan der GTZ | IX |
| Zuständigkeitsverteilung in der Hauptabteilung 1 (Land- und Forstwirtschaft) | X |
| Mitarbeiterübersicht der Hauptabteilung 1 | XI |
| Gliederung der Mitarbeiter nach Fachbereichen | XII |
| Zahlen, Daten, Fakten zur internationalen Zusammenarbeit im Agrarbereich 1976 | XIII |
| Ordnungsübersicht der Projektberichte nach Projektnummern | XVI |
| Ordnungsübersicht der Projektberichte nach Fachgebieten | XXI |
| Projektberichte | 1 - 453 |

# VORWORT
## Internationale Zusammenarbeit im Agrarbereich
### — was, wo, wie? —

Als vor vier Jahren die erste Auflage der vorliegenden Schrift erschien, hatten wir gehofft, Interesse zu wecken für die Aufgabe allgemein, für die Probleme des Agrarbereiches im besonderen und natürlich für die Ziele und Wege, die von der Deutschen Gesellschaft für Technische Zusammenarbeit (GTZ) GmbH bzw. ihren Vorgängern auf der Projektebene abgesteckt wurden.

Kaum zu hoffen war, daß dieses Kompendium über einen in der Öffentlichkeit so oft diskutierten und so gerne kritisierten Bereich eine so erfreuliche Verbreitung finden würde.

Die vorliegende dritte Auflage ist völlig neu bearbeitet und im Aufbau den gestiegenen Ansprüchen entsprechend gestaltet worden.

Was, Wo, Wie? 1976 gibt Auskunft über 152 Projekte und Programme in 58 Ländern, an denen die GTZ mitarbeitet.

Rund 700 Mitarbeiter sind direkt oder indirekt im Auftrag der GTZ, gemeinsam mit einer großen Zahl von Kollegen der jeweiligen Gastländer, an der Verwirklichung der Projektziele beteiligt.

Das Kapitalvolumen, das fachlich zu bewältigende Spektrum und die Zahl der Vorhaben im Agrarbereich haben weiter zugenommen.

Gleichzeitig ist weltweit das Ernährungsproblem noch brennender geworden. Die Ideologiediskussion um die grüne Revolution hat inzwischen die nüchterne Erkenntnis wachsen lassen, nach der nur bei sinnvollem Einsatz aller wissenschaftlichen Erkenntnisse das Ernährungsproblem für unseren Erdball lösbar ist. Die Deutsche Gesellschaft für Technische Zusammenarbeit (GTZ) GmbH versucht im Auftrag des Bundesministeriums für wirtschaftliche Zusammenarbeit (BMZ) in den ihr übertragenen Teilbereichen dazu einen Beitrag zu leisten.

Mit der vorliegenden Schrift wollen wir einen möglichst großen Kreis mit der ganzen Palette des Aufgabenspektrums vertraut machen, zu gegenseitiger Information und Kooperation anregen und mithelfen, Vorurteile über den Sinn einer Kooperation mit den Ländern der 3. Welt durch Information abzubauen.

Dr. K.J. Lampe

# Grundsätzliche Anmerkungen zu den Projektberichten

Die Projektberichte sind alphabetisch nach Ländern geordnet. Sie wurden in der Regel vom deutschen Leiter des jeweiligen Vorhabens bzw. dem betreffenden Einzelsachverständigen verfaßt und in der GTZ redaktionell bearbeitet. Nicht immer gelang es dabei, die vielfach sehr umfangreichen Abhandlungen auf einen einheitlichen Nenner zu bringen.

Die Projektberichte datieren größtenteils vom 1. Halbjahr 1976. Nach Redaktionsschluß eingegangene Berichte sind im Anhang (ab Seite 424 aufgenommen worden.

Die folgenden Erläuterungen beziehen sich vor allem auf die im Berichtsteil verwendeten Abkürzungen:

PN bedeutet Projektnummer. Die ersten beiden Zahlen von links, z.B. 70.2139.7, kennzeichnen den jeweiligen Projektplanungsbeginn; im BMZ; in diesem Falle 1970.

Unter Projektträger in der Bundesrepublik Deutschland ist jene Organisation zu verstehen, die im Auftrag des BMZ das Vorhaben abwickelt. Bei den im Berichtsteil verwendeten Abkürzungen handelt es sich um:
- Agrar- und Hydrotechnik GmbH (AHT)
- Agroprogreß
- Arbeitsgemeinschaft für Entwicklungshilfe e.V. (AGEH)
- Berlin-Consult GmbH
- Basico
- Bayerische Gesellschaft für Wirtschaftshilfe
- Deutsche Gesellschaft für Technische Zusammenarbeit (GTZ) GmbH
- German Water Engineering (GWE)
- Gesellschaft für agrarische Entwicklung (GAE)
- Kocks Ingenieure

Die genauen Anschriften der vorgenannten Organisationen sind auf Seite 455 zu finden.

Die GTZ-Abteilungen und -fachbereiche, in den Projektberichten mit Zahlen gekennzeichnet, sind auf Seite X voll dargestellt.

**BMZ-Organisationsplan**

Stand: November 1975

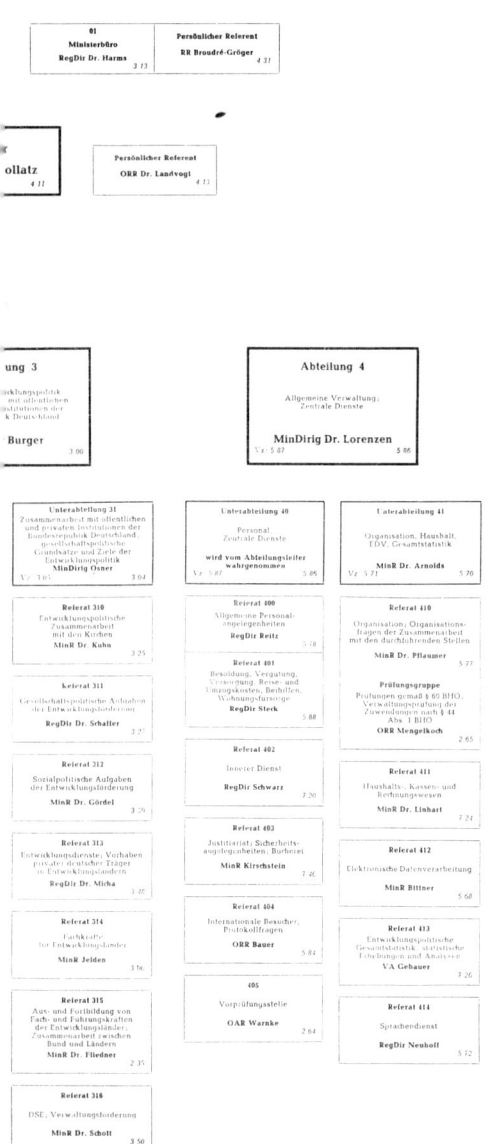

| 01 Ministerbüro | Persönlicher Referent |
|---|---|
| RegDir Dr. Harms 3 13 | RR Broudré-Gröger 4 31 |

| | Persönlicher Referent |
|---|---|
| ollatz 4 11 | ORR Dr. Landvogt 4 13 |

**ung 3**

...wicklungspolitik
mit öffentlichen
Institutionen der
k Deutschland

**Burger** 3 00

---

**Abteilung 4**

Allgemeine Verwaltung;
Zentrale Dienste

**MinDirig Dr. Lorenzen**
Vz: 5 87    5 86

| Unterabteilung 31 | Unterabteilung 40 | Unterabteilung 41 |
|---|---|---|
| Zusammenarbeit mit öffentlichen und privaten Institutionen der Bundesrepublik Deutschland, gesellschaftspolitische Grundsätze und Ziele der Entwicklungspolitik | Personal, Zentrale Dienste | Organisation, Organisationsfragen der Zusammenarbeit mit den durchführenden Stellen, EDV, Gesamtstatistik |
| **MinDirig Osner** Vz: 3 05    3 04 | wird vom Abteilungsleiter wahrgenommen Vz: 5 87    5 86 | **MinR Dr. Arnolds** Vz: 5 71    5 70 |

| Referat 310 | Referat 400 | Referat 410 |
|---|---|---|
| Entwicklungspolitische Zusammenarbeit mit den Kirchen | Allgemeine Personalangelegenheiten | Organisation, Organisationsfragen der Zusammenarbeit mit den durchführenden Stellen |
| **MinR Dr. Kuhn** 3 25 | **RegDir Reitz** 5 78 | **MinR Dr. Pflaumer** 5 77 |

| Referat 311 | Referat 401 | Prüfungsgruppe |
|---|---|---|
| Gesellschaftspolitische Aspekte der Entwicklungsförderung | Besoldung, Vergütung, Versorgung, Reise- und Umzugskosten, Beihilfen, Wohnungsfürsorge | Prüfungen gemäß § 69 BHO, Verwaltungsprüfung der Zuwendungen nach § 44 Abs. 1 BHO |
| **RegDir Dr. Schaffer** 2 57 | **RegDir Sterk** 5 88 | **ORR Mengelkoch** 2 65 |

| Referat 312 | Referat 402 | Referat 411 |
|---|---|---|
| Sozialpolitische Aufgaben der Entwicklungsförderung | Innerer Dienst | Haushalts-, Kassen- und Rechnungswesen |
| **MinR Dr. Gördel** 3 29 | **RegDir Schwarz** 7 20 | **MinR Dr. Linhart** 7 24 |

| Referat 313 | Referat 403 | Referat 412 |
|---|---|---|
| Entwicklungsdienste; Vorhaben privater deutscher Träger in Entwicklungsländern | Justitiariat; Sicherheitsangelegenheiten; Bücherei | Elektronische Datenverarbeitung |
| **RegDir Dr. Micha** 3 05 | **MinR Kirschstein** 7 46 | **MinR Bittner** 5 68 |

| Referat 314 | Referat 404 | Referat 413 |
|---|---|---|
| Fachkräfte für Entwicklungsländer | Internationale Besucher, Protokollfragen | Entwicklungspolitische Gesamtstatistik, statistische Erhebungen und Analysen |
| **MinR Jelden** 3 56 | **ORR Bauer** 5 84 | **VA Gebauer** 7 26 |

| Referat 315 | 405 | Referat 414 |
|---|---|---|
| Aus- und Fortbildung von Fach- und Führungskräften der Entwicklungsländer; Zusammenarbeit zwischen Bund und Ländern | Vorprüfungsstelle | Sprachendienst |
| **MinR Dr. Fliedner** 2 35 | **OAR Warnke** 2 64 | **RegDir Neuhoff** 5 72 |

| Referat 316 |
|---|
| DSE, Verwaltungsförderung |
| **MinR Dr. Schott** 3 50 |

**Organisationsplan des Bundesministeriums für wirtschaftliche Zusammenarbeit**

Postanschrift: 53 Bonn 12, Karl-Marx-Straße 4—6
Fernruf: Bonn 53 51 (bei Durchwahl 5 35)

**Minister**
**Egon Bahr**
Vz: 3 12    3 11

**Persönlicher Referent**
ORR Hinrichs    3 33

**Parlamentarischer Staatssekretär**
Alwin Brück
Vz: 3 32    3 31

**Staatssekretär**
Prof. Dr. Dr. Udo [...]
Vz: 4 12

**Referat 02**
Presse
VA Lerchbacher    4 51

**Referat 03**
Kabinett- und Parlamentsangelegenheiten
RegDir Preuß    3 05

---

### Abteilung 1
Regionale Entwicklungspolitik, Projekte und Programme der bilateralen finanziellen Zusammenarbeit und technischen Zusammenarbeit, Integration aller entwicklungspolitischen Maßnahmen
**MinDir Böll**
Vz: 4 78    3 27

### Abteilung 2
Ziele der Entwicklungspolitik, Multilaterale Institutionen, Internationale Zusammenarbeit in der Entwicklungspolitik, Wirtschaftsfragen der Entwicklungspolitik
**MinDir Dr. Oppelt**
Vz: 5 40    5 31

### Abteilung 3
Sektorale Entwicklungszusammenarbeit und privater Bundeskredit
**MinD[...]**
Vz: [...]

---

**Unterabteilung 10**
Regionalbereiche Asien und Lateinamerika
MinDirig Dr. Klamser
Vz: 4 86    4 85

**Unterabteilung 11**
Regionalbereiche Europa, Arabische Länder, Afrika
MinDirig Dr. Ehmann
Vz: 7 52    7 51

**Unterabteilung 20**
Ziele der Entwicklungspolitik, Wirtschaftsfragen der Entwicklungspolitik
MinDirig Goltz
Vz: 5 31

**Unterabteilung 21**
Multilaterale Institutionen, Internationale Zusammenarbeit in der Entwicklungspolitik
MinDirig Dr. Moltrecht
Vz: 5 41    5 42

**Unterabteilung 30**
Sektorale Grundsätze und Ziele der Entwicklungspolitik
MinDirig Dr. Kerckhoff
Vz: 2 02    3 02

---

**Referat 100**
Westliches Asien
MinR Dr. Fahrmann    4 65

**Referat 110**
Europa
MinR Felsch    4 43

**Referat 200**
Ziele der Entwicklungspolitik, entwicklungspolitische Konzeption und Planung
RegDir Dr. Wieseback    5 52

**Referat 210**
VN-Sonderorganisationen und -Sonderprogramme, regionale Wirtschaftskommissionen der VN
MinR Dr. Korth    5 13

**Referat 300**
[...]
MinR Dr. Thelen    3 30

**Referat 101**
Südliches Asien
MinR Offermann    4 83

**Referat 111**
Naher und Mittlerer Osten
RegDir Sahlmann    7 53

**Referat 201**
Entwicklungspolitische Forschung, Wissenschaftlicher Beirat, Deutsches Institut für Entwicklungspolitik
RegDir Dr. Kalff    5 58

**Referat 211**
VN-Generalversammlung, ECOSOC
RegDir Dr. Boehmer    1 05

**Referat 301**
Bildung, Wissenschaft, Forschung
MinR Wiegmann    2 30

**Referat 102**
Südostasien I
MinR Dr. Haniel    2 86

**Referat 112**
Maghreb
MinR Dr. Collofong    2 88

**Referat 202**
Zentrale Evaluierung, Inspektion
MinR Hansen    39

**Referat 212**
Weltbankgruppe, Regionalbanken, Internationaler Währungsfonds, Währungsfragen
MinR Dr. Schulz    5 12

**Referat 302**
Industrie, Handwerk, Berufsbildung, Banken- und Versicherungswesen, Tourismus
MinR Dr. Hasselblatt    3 18

**Referat 103**
Südostasien II
MinR Dr. Bartheld    4 67

**Referat 113**
West-Afrika
MinR Schweiger    2 52

**Referat 203**
Öffentlichkeitsarbeit
RegDir Reinhold    2 36

**Referat 213**
Internationale Handels- und Strukturfragen
RegDir Stryk    5 15

**Referat 303**
Landwirtschaft, Forstwirtschaft, Fischerei
MinR Dr. Treitz    3 52

**Referat 104**
Südamerika-West
VA Dr. Teiwes    2 57

**Referat 114**
Zentral-Afrika I
MinR Wallner    2 53

**Referat 204**
Privatwirtschaftliche Initiativen, Förderung privatwirtschaftlicher Investitionen, DEG, Steuerfragen
MinR Dr. von Stein    5 02

**Referat 214**
Welternährungsfragen, Nahrungsmittelhilfe, FAO, Welternährungsprogramm
MinR Gentil    2 10

**Referat 304**
Materielle Infrastruktur einschl. Stadtplanung und Raumordnung
VA Habenicht    2 43

**Referat 105**
Südamerika-Ost
RegDir'in Kuhn    2 59

**Referat 115**
Zentral-Afrika II
MinR Dr. Ehm    7 53

**Referat 205**
Gewährleistungen für Exportkredite, Exportfinanzierung, Förderung von Ausfuhren der Entwicklungsländer
MinR Dr. Gaedke    5 00

**Referat 215**
Entwicklungspolitik der Europäischen Gemeinschaft, Zusammenarbeit mit bilateralen Gebern
MinR Dr. Fischer    5 11

**Referat 305**
Gesundheit, Ernährung, Bevölkerungsentwicklung
MinR Dr. Emert    3 19

**Referat 106**
Mittelamerika
MinR Dr. Stangen    2 48

**Referat 116**
Ost-Afrika
MinR Dr. Kirchhof    4 45

**Referat 216**
OECD, DAC, Europarat
MinR Herzog    3 16

---

**Gruppe 12**
MinR Zahn
Vz: 4 30    4 29

**Referat 120**
Grundsätze und Verfahren der bilateralen Zusammenarbeit mit Entwicklungsländern, länderbezogene Programmierung, Krisenstab des BMZ
RegDir Lehmann    4 37

**Referat 121**
Koordinierung der finanziellen Zusammenarbeit und der technischen Zusammenarbeit
MinR Lenzen    4 35

**Referat 122**
Deutsche Gesellschaft für Technische Zusammenarbeit (GTZ) wird vom Gruppenleiter wahrgenommen    4 29

# Das Agrarreferat im BMZ (Aufgaben, Organisationsstruktur)

Das Agrarreferat gehört zu den Sektorreferaten, die in der Abt. 3 des BMZ angesiedelt sind. Es umfaßt die Bereiche Landwirtschaft, Forstwirtschaft, Fischerei.

## 1. Aufgaben

Sektorbezogen:
In erster Linie ist es die Aufgabe des Agrarreferates fachliche Grundsätze, Konzepte und Bewertungskriterien für die verschiedenen Subsektoren des Agrarbereichs zu erarbeiten bzw. fortzuschreiben, die als Grundlage dienen können für:

- Die Prüfung von Vorhaben, bzw. für die Steuerung über Durchführung;
- die sektorale Verteilung und Gewichtung der entwicklungspolitischen Zusammenarbeit;
- die fachliche Kontrolle der mit der Durchführung der Vorhaben betrauten deutschen Institutionen;
- die Übermittlung sektoraler Zielvorstellungen an andere Geberorganisationen, v. a. im multilateralen Bereich.

Weitere sektorbezogene Aufgaben des Agrarreferates sind die fachlichen Kontakte mit anderen Gebern, Fachveranstaltungen im In- und Ausland, Aus- und Fortbildung sowie - mit zunehmendem Gewicht - die Beteiligung an der internationalen Agrarforschung.

Projektbezogen:
Auf der Grundlage der Sektorkonzepte wirkt das Agrarreferat konkret bei der Findung und Vorbereitung von Agrarprojekten mit. Fachlich besonders bedeutsame bzw. überregionale Vorhaben werden vom Agrarreferat federführend durchgeführt.

Als wichtige Voraussetzung für die Aufstellung sektoraler Konzepte, Bewertungs- und Evaluierungskriterien führt das Agrarreferat Projektevaluierungen und Querschnittsanalysen durch.

Außerdem wirkt das Agrarreferat nach Bedarf auf die Vorhaben multilateraler Organisationen und nichtstaatlicher Träger ein.

Zur Durchführung seiner fachlichen Arbeit bedient sich das Agrarreferat des Fachverstandes der Fachressorts (in erster Linie BMZ) und deren nachgeordneten Dienststellen (Bundesforschungsanstalten), der landwirtschaftlichen Fakultäten und in einigen Bereichen spezieller Arbeitskreise.

## 2. Organisation des Agrarreferates

Das Referat ist z. Z. regulär mit zwei Hilfsreferenten und zwei Sachbearbeitern besetzt.

Die interne Aufgabenverteilung ist sowohl funktional als auch regional geregelt.

funktional
ist das Agrarreferat in die folgende Hauptbereiche gegliedert:

- Landwirtschaft (pflanzliche, tierische Produktion; Mechanisierung; Agrarpolitik und -ökonomie; Vermarktung, Infrastruktur; Landnutzung, etc.);
- internationale Agrarforschung;
- Forst- und Holzwirtschaft, Fischerei;
- allgemeine Fragen des Agrarsektors (Ausbildung, Fachveranstaltungen, etc.)

regional
ist das Agrarreferat insofern gegliedert, als jeder Mitarbeiter für einen bestimmten Regionalbereich (jeweils in Übereinstimmung mit den regionalen Zuständigkeiten eines oder mehrerer Regionalreferate) zuständig ist. Damit wird der länderbezogene Gesamtzusammenhang der Agrarentwicklung gewährleistet.

# GTZ-Organisationsplan

| 03 | Revision | | 04 | Organisation und Innerbetriebliche Information |

| 5 Finanz- und Rechnungswesen | 6 Personal- und Sozialwesen Ausland | 7 Hauptverwaltung |

| 51 | Finanzbuchhaltung, Finanzdisposition |

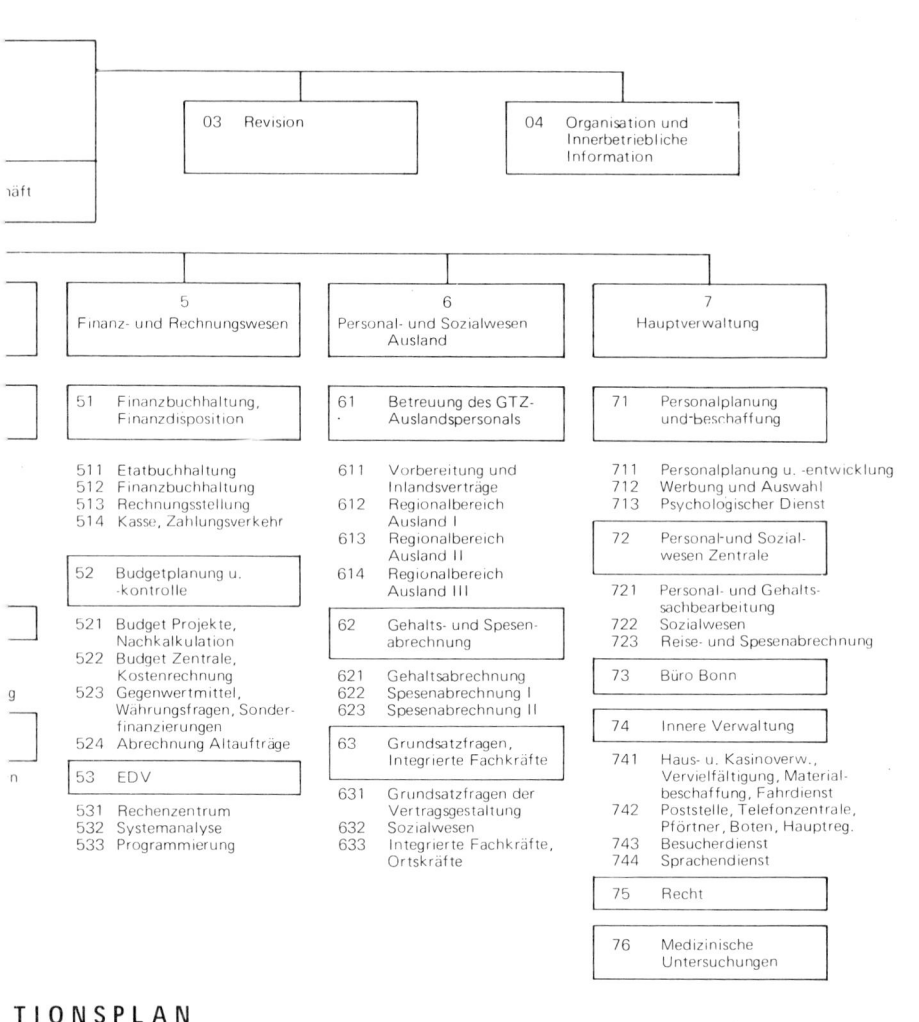

- 511 Etatbuchhaltung
- 512 Finanzbuchhaltung
- 513 Rechnungsstellung
- 514 Kasse, Zahlungsverkehr

| 52 | Budgetplanung u. -kontrolle |

- 521 Budget Projekte, Nachkalkulation
- 522 Budget Zentrale, Kostenrechnung
- 523 Gegenwertmittel, Währungsfragen, Sonderfinanzierungen
- 524 Abrechnung Altaufträge

| 53 | EDV |

- 531 Rechenzentrum
- 532 Systemanalyse
- 533 Programmierung

| 61 | Betreuung des GTZ-Auslandspersonals |

- 611 Vorbereitung und Inlandsverträge
- 612 Regionalbereich Ausland I
- 613 Regionalbereich Ausland II
- 614 Regionalbereich Ausland III

| 62 | Gehalts- und Spesenabrechnung |

- 621 Gehaltsabrechnung
- 622 Spesenabrechnung I
- 623 Spesenabrechnung II

| 63 | Grundsatzfragen, Integrierte Fachkräfte |

- 631 Grundsatzfragen der Vertragsgestaltung
- 632 Sozialwesen
- 633 Integrierte Fachkräfte, Ortskräfte

| 71 | Personalplanung und -beschaffung |

- 711 Personalplanung u. -entwicklung
- 712 Werbung und Auswahl
- 713 Psychologischer Dienst

| 72 | Personal- und Sozialwesen Zentrale |

- 721 Personal- und Gehaltssachbearbeitung
- 722 Sozialwesen
- 723 Reise- und Spesenabrechnung

| 73 | Büro Bonn |

| 74 | Innere Verwaltung |

- 741 Haus- u. Kasinoverw., Vervielfältigung, Materialbeschaffung, Fahrdienst
- 742 Poststelle, Telefonzentrale, Pförtner, Boten, Hauptreg.
- 743 Besucherdienst
- 744 Sprachendienst

| 75 | Recht |

| 76 | Medizinische Untersuchungen |

TIONSPLAN
chaft für
nmenarbeit (GTZ)

| 02 | Presse, Öffentlichkeits-arbeit, Bücherei und Dokumentation | | 01 | **Geschäftsführung** |

Sonderbeauftragter Drittgeschäft

| 1 | Land- und Forstwirtschaft | | 2 | Wirtschaft und Sozialwesen | | 3 | Institutionelle und materielle Infrastruktur | | 4 | Kaufmännischer Bereich |

| 11 | Pflanzliche Produktion und Forst | | 21 | Wirtschaftsförderung | | 31 | Bildung, Wissenschaft und Massenmedien | | 41 | Zentrale Einkaufsabwicklung |

| | | | | | | | | | |
|---|---|---|---|---|---|---|---|---|---|
| 111 | Pflanzenzüchtung | 211 | Makroökonomie, Tourismus | 311 | Allgem. Bildungswesen, Wirkungsbeobachtung | 411 | Sachlieferungen |
| 112 | Pflanzenernährung | | | | | 412 | Werklieferungen |
| 113 | Pflanzenschutz | 212 | Export-und Kooperations-förderung, Industrie-planung | 312 | Hochschulen, Ingenieurwissenschaften | 413 | Nahrungsmittel |
| 114 | Forst- und Holzwirtschaft | | | | | 414 | Registratur |
| 115 | Ländl. Verbundvorhaben Lateinamerika | 213 | Klein-u. Mittelindustrie, Kreditversorgung, Betriebsberatung | 313 | Hochschulen, Naturwissenschaften | 415 | Marktforschung, Statistik |
| 12 | Tier. Prod., Veterinär-wesen und Fischerei | 214 | Agroindustrie, Technologietransfer | 314 | Hochschulen, Agrarwissenschaften | | |
| | | | | 315 | Massenmedien | 42 | Versand |
| 121 | Tierzucht, -haltung Tierernährung etc. | 22 | Gesundheit u. Bevölke-rungsentwicklung | 316 | Sport | | |
| 122 | Tropische Veterinär-medizin, Tierseuchen-bekämpfung, Schlachthofwesen | | | 32 | Wasser-, Energie- und Bergwirtschaft | 421 | Versand |
| | | | | | | 422 | Versicherungen, Schadensabwicklung |
| | | 221 | Gesundheitswesen, Medizintechnik | 321 | Bergbau | | |
| 123 | Fischereiwesen | 222 | Ernährung, Bevölke-rungsentwicklung | 322 | Siedlungswasserbau | 43 | Angebots- und Vertragswesen |
| 124 | Ländl. Verbundvorhaben Asien II | | | 323 | Wasserwirtschaft | | |
| | | 23 | Berufliche Bildung | 324 | Energiewirtschaft, Elektrotechnik | 431 | Angebotskalkulation |
| 13 | Ländl. Institutionen und Agrarökonomie | | | | | 432 | Zentrale Projekt-registratur |
| | | 231 | Asien | 33 | Regionalentwicklung Verkehr und Bau | 433 | Beraterverträge |
| 131 | Landw. Beratung und Ausbildung | 232 | Vorderasien und Nordafrika | | | | |
| 132 | Ländl. Genossenschafts-u. Siedlungswesen | 233 | Afrika | 331 | Regionalentwicklung, Institution. Infra-struktur, Sozialstruktur | | |
| 133 | Betriebswirtschaft, Vermarktung, Agrar-kredit | 234 | Lateinamerika | 332 | Verkehrsplanung | | |
| | | | | 333 | Verkehrstechnik, Allgem. Maschinenbau | | |
| 134 | Ländl. Verbundvorhaben Afrika I | | | 334 | Hoch- und Ingenieurbau | | |
| 14 | Land- und Kulturtechnik | | | | | | |
| 141 | Landtechnik | | | | | | |
| 142 | Kulturtechnik | | | | | | |
| 143 | Ländl. Verbundvorhaben Asien I und Afrika II | | | | | | |

**gtz**

**ORGANISA**
Deutsche Gesells
Technische Zusa
GmbH

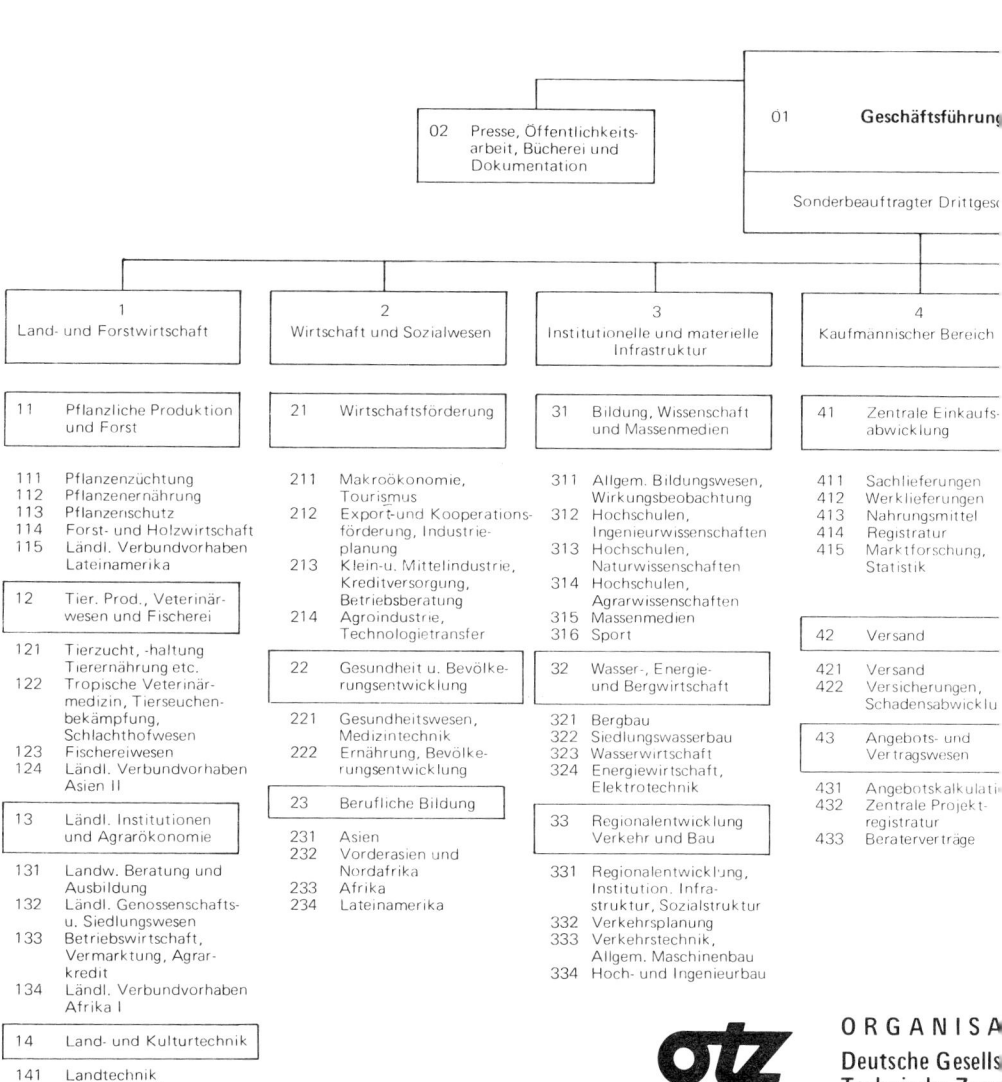

# Zuständigkeitsverteilung in der Hauptabteilung Land- und Forstwirtschaft

11 Pflanzliche Produktion

111 Pflanzenzüchtung
112 Pflanzenernährung
113 Pflanzenschutz
114 Forst- und Holzwirtschaft
115 Ländliche Verbundvorhaben
 Lateinamerika

12 Tier. Prod., Veterinärwesen und Fischerei

121 Tierzucht, -haltung, Tierernährung etc.
122 Tropische Veterinärmedizin, Tierseuchenbekämpfung,
 Schlachthofwesen
123 Fischereiwesen
124 Ländliche Verbundvorhaben
 Asien II

13 Ländliche Institutionen und Agrarökonomie

131 Landwirtschaftliche Beratung und Ausbildung
132 Ländliches Genossenschafts- und Siedlungswesen
133 Betriebswirtschaft, Vermarktung, Agrarkredit
134 Ländliche Verbundvorhaben
 Afrika I

14 Land- und Kulturtechnik

141 Landtechnik
142 Kulturtechnik
143 Ländliche Verbundvorhaben Asien I und Afrika II


11 Pflanzliche Produktion und Forst

# Mitarbeiterübersicht der Hauptabteilung 1

## Abteilung 11

| | Tel. | | Tel. |
|---|---|---|---|
| Dr. Friedrichsen | 446 | Herr Korntheuer | 444 |
| Frau Baum | 450 | Herr Kotzurek | 455 |
| Herr Bell | 454 | Dr. Lein | 452 |
| Dr. Binsack | 447 | Herr Meicherczyk | 458 |
| Herr Dietz | 444 | Herr Mosich | 455 |
| Herr Fischer | 448 | Herr G. Müller | 456 |
| Herr Friedrich | 460 | Dr. Nebo | 451 |
| Frau Hank | 449 | Frau Schuster | 461 |
| Herr Hoier | 459 | Herr A. Wiegand | 457 |
| Herr Kaske | 453 | Frau Zimmermann | 445 |
| Frau Kerkmann | 445 | | |

## Abteilung 12

| | Tel. | | Tel. |
|---|---|---|---|
| Dr. Clemens | 471 | Herr Nolte | 466 |
| Herr Bade | 494 | H. Scheffer-Boichorst | 496 |
| Dr. Brückle | 495 | Dr. Schmidt | 473 |
| Dr. Dillmann | 478 | Herr Seyer | 477 |
| Frau Fiola | 470 | Herr Skottke | 468 |
| Herr Hoß | 246 | Dr. Steinacker | 467 |
| Herr Krause | 475 | Dr. Villinger | 465 |
| Herr Kröger | 474 | Frl. Zwiener | 472 |
| Fr. Meicherczyk | 479 | Frau Schleuchardt | 479 |
| Fr. Miechowski | 493 | | |
| Herr Munkelt | 469 | | |

## Abteilung 13

| | Tel. | | Tel. |
|---|---|---|---|
| Dr. Sartorius | 515 | Herr Hornung | 524 |
| Frau Albert | 528 | Herr Justen | 523 |
| Herr Assmann | 526 | Dr. Kisselmann | 511 |
| Herr Bühner | 525 | Herr Löscher | 516 |
| H. Dettmering | 517 | Frau Mackowiak | 514 |
| Dr. Drechsler | 531 | Herr Rauchholz | 530 |
| Herr Goronzy | 512 | Frau Rütz | 528 |
| Herr Greve | 518 | Fr. Siebeneicher | 510 |
| H. Große-Wöhrmann | 519 | Herr Weber | 368 |
| Herr Hansen | 529 | Frau Wolfram | 527 |
| H. Hildenbrand | 507 | | |

## Abteilung 14

| | Tel. | | Tel. |
|---|---|---|---|
| Dr. v. Haugwitz | 484 | H. Pawlitschek | 491 |
| Frl. Franz | 485 | Herr Pfuhl | 488 |
| Frau Friedrich | 486 | Frau Scherneck | 481 |
| Dr. Gabelmann | 487 | Herr Schröder | 490 |

# Gliederung der Mitarbeiter in der GTZ-Hauptabteilung 1 nach Fachbereichen

## Land- u. Forstwirtschaft

| | Tel. Nr. |
|---|---|
| Dr. Lampe | 505 |
| Schiese, Fr. | 506 |
| Dr. Müller | 504 |
| Kotzurek, Fr. | 503 |

### Abt. 11
**Pflanzliche Produktion und Forst**

| | |
|---|---|
| Dr. Friedrichsen | 446 |
| Zimmermann, Fr. | 445 |
| Baum, Fr. | 450 |
| Hank, Fr. | 445 |
| Karkmann, Fr. | 445 |
| Schuster, Fr. | 461 |

#### Fachbereich 111
**Pflanzenzüchtung**

| | |
|---|---|
| Dr. Lein | 452 |
| Müller, G. | 456 |
| Hoier | 459 |

#### Fachbereich 112
**Pflanzenernährung**

| | |
|---|---|
| Dr. Binsack | 447 |
| Friedrich, K. | 460 |

#### Fachbereich 113
**Pflanzenschutz**

| | |
|---|---|
| Kaske | 453 |
| Bell | 454 |
| Mosich | 455 |

#### Fachbereich 114
**Forst- und Holzwirtschaft**

| | |
|---|---|
| Fischer, H. | 448 |
| Dr. Nebo | 451 |
| Meicherczyk | 458 |
| Kotzurek | 455 |
| Wiegand, A. | 457 |

#### Fachbereich 115
**Ländl. Verbundvorhaben Lateinamerika**

| | |
|---|---|
| Dietz, P. | 444 |
| Korntheuer | 444 |

### Abt. 12
**Tier. Prod., Veterinärwesen und Fischerei**

| | |
|---|---|
| Dr. Clemens | 471 |
| Zwiener, Fr. | 472 |
| Fiola, Fr. | 470 |
| Meicherczyk, Fr. | 479 |

#### Fachbereich 121
**Tierzucht, -haltung, -ernährung**

| | |
|---|---|
| Dr. Steinacker | 467 |
| Skottke | 468 |
| Munkelt | 469 |
| Krause | 474 |
| Kröger | 475 |
| Nolte | 466 |

#### Fachbereich 122
**Trop. Veterinärmedizin, Tierseuchenbekämpfung, Schlachthofwesen**

| | |
|---|---|
| Dr. Brückle | 455 |
| Dr. Dillmann | 478 |
| Seyer | 477 |
| Miechowski | 493 |
| Bade | 494 |

#### Fachbereich 123
**Fischereiwesen**

| | |
|---|---|
| Dr. Schmitt | 473 |
| Hoß | 246 |

#### Fachbereich 124
**Ländl. Verbundvorhaben Asien II**

| | |
|---|---|
| Dr. Villinger | 465 |
| Scheffer-Boichorst | 496 |

### Abt. 13
**Ländl. Institutionen und Agrarökonomie**

| | |
|---|---|
| Dr. Sartorius | 515 |
| Mackowiak, Fr. | 514 |
| Dr. Kisselmann | 511 |
| Wolfram, Fr. | 527 |
| Albert, Fr. | 528 |
| Aßmann | 526 |
| Rütz, Fr. | 528 |
| Siebeneicher, Fr. | 510 |

#### Fachbereich 131
**Landw. Beratung und Ausbildung**

| | |
|---|---|
| Löscher | 516 |
| Bühner | 525 |
| Greve | 518 |
| Schwab | 529 |

#### Fachbereich 132
**Ländl. Genossenschafts- und Siedlungswesen**

| | |
|---|---|
| Hornung | 524 |
| Justen | 523 |
| Große-Wöhrmann | 519 |
| Weber | 368 |

#### Fachbereich 134
**Ländl. Verbundvorhaben Afrika**

| | |
|---|---|
| Goronzy | 512 |
| Dr. Drechsler | 531 |
| Dettmering | 517 |
| Rauchholz | 530 |

### Abt. 14
**Land- u. Kulturtechnik**

| | |
|---|---|
| Dr. v. Haugwitz | 484 |
| Franz, Fr. | 485 |
| Kohout | 476 |
| Homann | 481 |
| Wiegand, H. | 492 |
| Scherneck, Fr. | 486 |
| Friedrich, I., Fr. | 486 |

#### Fachbereich 141
**Landtechnik**

| | |
|---|---|
| Dr. Zaske | 489 |
| Dr. Gabelmann | 487 |
| Pawlitschek | 491 |

#### Fachbereich 142
**Kulturtechnik**

| | |
|---|---|
| Dr. Ohlmeyer | 482 |

#### Fachbereich 143
**Ländl. Verbundvorhaben Asien I und Afrika II**

| | |
|---|---|
| Pfuhl | 488 |

# Zahlen, Daten, Fakten zur internationalen Zusammenarbeit im Agrarbereich 1976

| | |
|---|---:|
| 1. Projekte im Agrarbereich insgesamt | 366 |
| 2. Projekte mit deutschem Personaleinsatz | 185 |
| 3. Personalprojekte[1] insgesamt | 185 |
| 4. Personalprojekte der GTZ | 164 |
| 5. Personalprojekte der GTZ, durchgeführt über Consultingfirmen etc. | 21 |

6. Gliederung der Projekte nach Fachbereichen

| | Personal-projekte | Projekte insgesamt |
|---|---:|---:|
| Pflanzliche Produktion (Saatgutproduktion, tropischer Acker- und Pflanzenbau, Pflanzenernährung, Pflanzenzüchtung | 23 | 46 |
| Pflanzen- und Nachernteschutz | 18 | 26 |
| Forst- und Holzwirtschaft | 16 | 32 |
| Tierische Produktion (Tierzucht und -haltung, Tierernährung) | 19 | 30 |
| Veterinärwesen (tropische Veterinärmedizin, Tierseuchenbekämpfung, Schlachthofwesen | 13 | 39 |
| Fischereiwesen | 8 | 13 |
| Ländliche Institutionen, Agrarökonomie (Landwirtschaftliche Beratung und Ausbildung, Siedlungswesen, Betriebswirtschaft, Vermarktung Agrarkredit) | 25 | 51 |
| Ländliches Genossenschaftswesen | 7 | 13 |
| Land- und Kulturtechnik | 14 | 54 |
| Ländliche Verbundvorhaben | 42 | 62 |
| Insgesamt | 185 | 366 |

| | |
|---|---|
| 7. GTZ-Auslandsmitarbeiter im Auslandseinsatz | 519 |
| 8. GTZ-Auslandsmitarbeiter in Vorbereitung für den Auslandseinsatz | 62 |
| 9. Auslandsmitarbeiter anderer Träger | 88 |
| 10. GTZ-Auslandsmitarbeiter Nachwuchskräfte | 28 |
| 11. Auslandsmitarbeiter insgesamt | 697 |

12. Gliederung der Auslandsmitarbeiter nach Berufsgruppen

| | |
|---|---|
| Diplomagraringenieure Diplomgartenbauingenieure | 189 |
| Agrar- und Gartenbauingenieure Landmaschinenbauingenieure | 118 |
| Tierärzte | 78 |
| Diplomforst- und holzwirte, Förster etc. | 47 |
| Landmaschinenmechaniker-, Molkerei-, Landwirtschafts-, Melker-, Fischerei- und Gärtnermeister | 41 |
| Landwirtschafts- und Gärtnergehilfen, Landmaschinenmechanikergesellen, Ackerbautechniker | 36 |
| Diplombiologen, Diplom-Ökotrophologen | 17 |
| Naturwissenschaftl.-techn. Assistenten, Landwirtschaftl.-techn. Assistenten, Vet.-med.-techn. Assistenten | 15 |
| Landmaschinentechniker | 6 |
| Sonstige Berufe | 150 |
| Gesamt | 697 |

13. Entwicklung des Einsatzes deutscher Fachkräfte seit 1974 und seine Verteilung auf die Kontinente

|      | Afrika | Asien | Latein-amerika | Europa | Australien Ozeanien | Gesamt |
|------|--------|-------|----------------|--------|---------------------|--------|
| 1964 | 110 | 64  | 20  | 15 | -  | 210 |
| 1965 | 126 | 63  | 32  | 11 | -  | 232 |
| 1966 | 134 | 81  | 31  | 7  | -  | 253 |
| 1967 | 170 | 68  | 17  | 9  | -  | 264 |
| 1968 | 192 | 117 | 38  | 4  | -  | 351 |
| 1969 | 274 | 143 | 45  | 12 | -  | 474 |
| 1970 | 314 | 185 | 131 | 19 | -  | 649 |
| 1971 | 307 | 195 | 143 | 13 | -  | 658 |
| 1972 | 328 | 217 | 110 | 5  | -  | 660 |
| 1973 | 334 | 192 | 130 | 9  | -  | 665 |
| 1974 | 332 | 190 | 139 | 11 | -  | 672 |
| 1975 | 331 | 185 | 142 | 12 | -  | 670 |
| 1976 | 337 | 189 | 163 | 7  | 1  | 697 |

# Ordnungsübersicht nach Projekt-Nr. und Ländern

| Lfd. Nr. | Projekt-Nr. | Land | Seite |
|---|---|---|---|
| 1 | 65.2093.6 | Afghanistan | 1 |
| 2 | 72.2010.6 | Algerien | 4 |
| 3 | 73.2002.1 | Algerien | 7 |
| 4 | 74.2055.7 | Argentinien | 9 |
| 5 | 67.2059.3 | Argentinien | 11 |
| 6 | 62.2107.1 | Äthiopien | 14 |
| 7 | 74.2022.7 | Äthiopien | 16 |
| 8 | 74.2049.0 | Äthiopien | 20 |
| 9 | 74.2035.9 | Ägypten | 22 |
| 10 | 62.2234.3 | Bangladesch | 24 |
| 11 | 73.2024.5 | Bolivien | 28 |
| 12 | 66.2049.6 | Botswana | 30 |
| 13 | 64.2099.6 | Brasilien | 32 |
| 14 | 71.2075.1 | Brasilien | 35 |
| 15 | 73.2016.1 | Brasilien | 38 |
| 16 | 73.2060.9 | Brasilien | 41 |
| 17 | 74.2191.0 | Brasilien | 43 |
| 18 | 75.2073.7 | Brasilien | 46 |
| 19 | 72.2065.0 | Brasilien | 48 |
| 20 | 65.2082.9 | Brasilien | 51 |
| 21 | 68.2069.0 | Brasilien | 54 |
| 22 | 74.2221.5 | Brasilien | 57 |
| 23 | 68.2072.4 | Chile | 60 |
| 24 | 64.2082.2 | Costa Rica | 63 |
| 25 | 70.2171.0 | Costa Rica | 66 |
| 26 | 74.2011.0 | Costa Rica | 69 |
| 27 | 73.2109.4 | Arabische Republik Jemen | 71 |
| 28 | 64.2084.8 | Dominikanische Republik | 74 |

| Lfd. Nr. | Projekt-Nr. | Land | Seite |
|---|---|---|---|
| 29 | 64.2092.1 | Ecuador | 77 |
| 30 | 65.2035.7 | Elfenbeinküste | 80 |
| 31 | 74.2021.9 | Elfenbeinküste | 82 |
| 32 | 70.2031.6 | Elfenbeinküste | 85 |
| 33 | 68.2024.5 | Elfenbeinküste | 87 |
| 34 | 67.2041.1 | El Salvador | 90 |
| 35 | 65.2052.2 | Gabun | 93 |
| 36 | 70.2182.7 | Ghana | 96 |
| 37 | 70.2129.8 | Indien | 100 |
| 38 | 68.2095.5 | Indien | 103 |
| 39 | 62.2307.7 | Indien | 107 |
| 40 | 66.2074.4 | Indien | 110 |
| 41 | 72.3541.9 | Indien | 114 |
| 42 | 68.2113.6 | Indonesien | 118 |
| 43 | 70.2150.4 | Indonesien | 121 |
| 44 | 74.2177.9 | Indonesien | 124 |
| 45 | 72.2101.3 | Indonesien | 126 |
| 46 | 74.2184.5 | Indonesien | 129 |
| 47 | 4016 | Indonesien | 131 |
| 48 | 73.2044.3 | Iran | 133 |
| 49 | 73.2003.9 | Iran | 136 |
| 50 | 62.2200.4 | Iran | 138 |
| 51 | 73.2017.9 | Jordanien | 141 |
| 52 | 73.2021.1 | Jordanien | 145 |
| 53 | 70.2119.9 | Jordanien | 147 |
| 54 | 73.2045.0 | Jordanien | 150 |
| 55 | 73.2111.0 | Kamerun | 153 |
| 56 | 63.2032.9 | Kamerun | 155 |
| 57 | 69.2034.2 | Kamerun | 158 |
| 58 | 74.2102.7 | Kamerun | 161 |
| 59 | 68.2044.3 | Kenia | 164 |

| Lfd. Nr. | Projekt-Nr. | Land | Seite |
|---|---|---|---|
| 60 | 63.2046.9 | Kenia | 168 |
| 61 | 73.2011.2 | Kenia | 171 |
| 62 | 73.2009.6 | Kenia | 174 |
| 63 | 73.2136.7 | Kolumbien | 176 |
| 64 | 73.2055.9 | Korea | 179 |
| 65 | 72.2110.4 | Korea | 182 |
| 66 | 74.2084.7 | Liberia | 187 |
| 67 | 74.2085.4 | Liberia | 189 |
| 68 | 75.2053.9 | Liberia | 192 |
| 69 | 68.2052.6 | Madagaskar | 194 |
| 70 | 65.2068.8 | Madagaskar | 197 |
| 71 | 66.2046.2 | Malawi | 200 |
| 72 | 74.2117.5 | Malaysia | 206 |
| 73 | 72.2098.1 | Malaysia | 209 |
| 74 | 71.2093.4 | Malaysia | 212 |
| 75 | 67.3565.8 | Mali | 215 |
| 76 | 70.2009.2 | Marokko | 218 |
| 77 | 70.2010.0 | Marokko | 221 |
| 78 | 71.2004.1 | Marokko | 225 |
| 79 | 62.2020.6 | Marokko | 228 |
| 80 | 65.2009.2 | Marokko | 231 |
| 81 | 65.2009.2 | Marokko | 236 |
| 82 | 66.2051.2 | Mexiko | 239 |
| 83 | 67.2076.7 | Nepal | 242 |
| 84 | 71.2062.9 | Nicaragua | 246 |
| 85 | 74.2018.5 | Niger | 248 |
| 86 | 65.2027.4 | Niger | 250 |
| 87 | 70.3537.1 | Nigeria | 252 |
| 88 | 72.3505.4 | Nigeria | 254 |
| 89 | 73.2067.4 | Nigeria | 256 |
| 90 | 72.2018.9 | Obervolta | 261 |

| Lfd. Nr. | Projekt-Nr. | Land | Seite |
|---|---|---|---|
| 91 | 74.2106.8 | Obervolta | 263 |
| 92 | 73.2069.0 | Obervolta | 265 |
| 93 | 74.2015.1 | Obervolta | 267 |
| 94 | 71.2110.6 | Paraguay | 270 |
| 95 | 63.2059.2 | Peru | 275 |
| 96 | 71.2069.4 | Peru | 278 |
| 97 | 71.2071.0 | Peru | 282 |
| 98 | 66.2057.9 | Peru | 285 |
| 99 | 74.2028.4 | Philippinen | 289 |
| 100 | 67.2082.5 | Philippinen | 293 |
| 101 | 74.2142.3 | Philippinen | 295 |
| 102 | 69.2040.9 | Ruanda | 297 |
| 103 | 75.2025.7 | Ruanda | 300 |
| 104 | 70.2078.7 | Sambia | 302 |
| 105 | 72.2126.0 | Sambia | 305 |
| 106 | 70.2077.9 | Sambia | 308 |
| 107 | 75.2003.4 | Senegal | 311 |
| 108 | 70.3541.3 | Somalia | 313 |
| 109 | 62.2241.8 | Sri Lanka | 317 |
| 110 | 73.2072.4 | Sudan | 322 |
| 111 | 73.2059.1 | Sudan | 324 |
| 112 | 72.3545.0 | Sudan | 327 |
| 113 | 68.2523.6 | Taiwan | 330 |
| 114 | 72.2042.9 | Tansania | 333 |
| 115 | 62.2135.2 | Tansania | 336 |
| 116 | 62.2136.0 | Tansania | 338 |
| 117 | 75.2046.3 | Thailand | 342 |
| 118 | 62.2245.9 | Thailand | 344 |
| 119 | 73.2039.3 | Thailand | 348 |
| 120 | 72.2092.4 | Thailand | 351 |
| 121 | 62.2276.4 | Togo | 355 |

| Lfd. Nr. | Projekt-Nr. | Land | Seite |
|---|---|---|---|
| 122 | 71.3507.2 | Togo | 359 |
| 123 | 71.3508.2 | Togo | 362 |
| 124 | 63.2008.9 | Tunesien | 365 |
| 125 | 68.2007.0 | Tunesien | 368 |
| 126 | 63.2007.1 | Tunesien | 372 |
| 127 | 73.2010.4 | Tunesien | 375 |
| 128 | 74.2031.8 | Tunesien | 378 |
| 129 | 70.3510.8 | Tunesien | 380 |
| 130 | 73.2020.3 | Türkei | 383 |
| 131 | 74.2116.7 | Türkei | 386 |
| 132 | 74.2061.5 | Türkei | 388 |
| 133 | 74.2168.8 | Türkei | 390 |
| 134 | 70.2112.4 | Uruguay | 392 |
| 135 | 74.2225.6 | Westsamoa | 395 |
| 136 | 72.2038.7 | Zaire | 397 |
| 137 | 71.2107.2 | Zaire | 401 |
| 138 | 69.2002.9 | Zypern | 404 |
| 139 | 73.2025.2 | Zypern | 410 |
| 140 | 75.2027.3 | Zypern | 414 |
| 141 | 73.2028.6 | Überregional | 416 |
| 142 | 74.2224.9 | Überregional | 419 |
| 143 | 75.2016.6 | Überregional | 422 |

Anhang

| Lfd. Nr. | Projekt-Nr. | Land | Seite |
|---|---|---|---|
| 144 | 75.2089.3 | Argentinien | 424 |
| 145 | 67.2065.0 | Jordanien | 426 |
| 146 | 73.2006.2 | Kamerun | 431 |
| 147 | 74.2247.0 | Kenia | 434 |
| 148 | 72.2098.1 | Malaysia | 436 |
| 149 | 74.2133.2 | Peru | 441 |
| 150 | 70.2139.7 | Sri Lanka | 443 |
| 151 | 63.2085.7 | Thailand | 447 |
| 152 | 71.2052.0 | Tansania | 450 |

# Ordnungsübersicht der Projektberichte nach Fachgebieten

## 1. Pflanzliche Produktion

| Land | PN | Seite |
| --- | --- | --- |
| Äthiopien | 74.2049.0 | 20 |
| Brasilien | 73.2016.1 | 38 |
| Brasilien | 74.2191.0 | 43 |
| Brasilien | 68.2069.0 | 54 |
| Brasilien | 74.2221.5 | 57 |
| Costa Rica | 64.2082.2 | 63 |
| Costa Rica | 74.2011.0 | 69 |
| Ecuador | 64.2092.1 | 77 |
| Indien | 70.2129.8 | 100 |
| Indonesien | 68.2113.6 | 118 |
| Iran | 73.2044.3 | 133 |
| Kamerun | 73.2111.0 | 153 |
| Korea | 72.2110.4 | 182 |
| Paraguay | 71.2110.6 | 270 |
| Peru | 63.2059.2 | 275 |
| Peru | 71.2069.4 | 278 |
| Philippinen | 74.2142.3 | 295 |
| Togo | 71.3507.2 | 359 |
| Tunesien | 73.2010.4 | 375 |
| Tunesien | 70.3510.8 | 380 |
| Überregional | 74.2224.9 | 419 |
| Überregional | 75.2016.6 | 422 |
| Indonesien | 74.2177.9 | 124 |
| Marokko | 62.2020.6 | 228 |
| Tunesien | 70.3510.8 | 380 |
| Peru | 74.2133.2 | 441 |
| Argentinien | 75.2089.3 | 424 |

## 2. Pflanzen- und Vorratsschutz

| Land | PN | Seite |
|---|---|---|
| Dominikanische Republik | 64.2084.8 | 74 |
| El Salvador | 67.2041.1 | 90 |
| Arabische Republik Jemen | 73.2109.4 | 71 |
| Iran | 62.2200.4 | 138 |
| Marokko | 71.2004.1 | 225 |
| Nicaragua | 71.2062.9 | 246 |
| Nigeria | 70.3537.1 | 252 |
| Nigeria | 72.3505.4 | 254 |
| Philippinen | 74.2028.4 | 289 |
| Sudan | 72.3545.0 | 327 |
| Thailand | 75.2046.3 | 342 |
| Togo | 71.3508.2 | 362 |
| Tunesien | 68.2007.0 | 368 |
| Westsamoa | 74.2225.6 | 395 |
| Überregional | 73.2028.6 | 416 |

## 3. Forst- und Holzwirtschaft

| Algerien | 72.2010.6 | 4 |
|---|---|---|
| Äthiopien | 74.2022.7 | 16 |
| Bolivien | 73.2024.5 | 28 |
| Gabun | 65.2052.2 | 93 |
| Iran | 73.2003.9 | 136 |
| Jordanien | 73.2017.9 | 141 |
| Kamerun | 69.2034.2 | 158 |
| Korea | 73.2055.9 | 179 |
| Liberia | 74.2084.7 | 187 |
| Liberia | 74.2085.4 | 189 |

| Land | PN | Seite |
|---|---|---|
| Liberia | 75.2053.9 | 192 |
| Obervolta | 74.2015.1 | 267 |
| Philippinen | 67.2082.5 | 293 |
| Senegal | 75.2003.4 | 311 |
| Sudan | 73.2059.1 | 324 |
| Zypern | 69.2002.9 | 404 |
| Zypern | 73.2025.2 | 410 |
| Zypern | 75.2027.3 | 414 |

## 4. Tierzucht, -haltung, -ernährung

| Land | PN | Seite |
|---|---|---|
| Ägypten | 74.2035.9 | 22 |
| Bangladesch | 62.2234.3 | 24 |
| Brasilien | 71.2075.1 | 35 |
| Costa Rica | 70.2171.0 | 66 |
| Elfenbeinküste | 74.2021.9 | 82 |
| Kolumbien | 73.2136.7 | 176 |
| Malaysia | 72.2098.1 | 209 |
| Peru | 71.2071.0 | 282 |
| Sambia | 70.2077.9 | 308 |
| Togo | 62.2276.4 | 355 |
| Tunesien | 63.2008.9 | 365 |
| Thailand | 62.2245.9 | 344 |

## 5. Veterinärmedizin, Tierseuchenbekämpfung, Schlachthofwesen

| Land | PN | Seite |
|---|---|---|
| Botswana | 66.2049.6 | 30 |
| Jordanien | 73.2045.0 | 150 |
| Kenia | 73.2009.6 | 174 |
| Madagaskar | 65.2068.8 | 197 |

| Land | PN | Seite |
|---|---|---|
| Malaysia | 71.2093.4 | 212 |
| Marokko | 70.2010.0 | 221 |
| Nigeria | 73.2067.4 | 256 |
| Obervolta | 72.2018.9 | 261 |
| Obervolta | 73.2069.0 | 265 |
| Sambia | 70.2078.7 | 302 |
| Somalia | 70.3543.9 | 313 |
| Sudan | 73.20.72.4 | 322 |
| Tansania | 62.2135.2 | 336 |
| Türkei | 74.2061.5 | 338 |
| Türkei | 74.2116.7 | 386 |
| Taiwan | 68.2523,6 | 330 |
| Zypern | 69.2002.9 | 404 |

## 6. Fischereiwesen

| Land | PN | Seite |
|---|---|---|
| Indonesien | 72.2101.3 | 126 |
| Malaysia | 74.2117.5 | 206 |
| Mexiko | 66.2051.2 | 239 |

## 7. Ländliche Institutionen und Agrarökonomie

| Land | PN | Seite |
|---|---|---|
| Algerien | 72.2010.6 | 4 |
| Algerien | 73.2002.1 | 7 |
| Äthiopien | 62.2107.1 | 14 |
| Brasilien | 64.2099.6 | 32 |
| Brasilien | 73.2060.9 | 41 |
| Brasilien | 72.2065.0 | 48 |
| Elfenbeinküste | 65.2035.7 | 80 |
| Elfenbeinküste | 70.2031.6 | 85 |
| Elfenbeinküste | 68.2024.5 | 87 |

| Land | PN | Seite |
|---|---|---|
| Ghana | 70.2182.7 | 96 |
| Indien | 68.2095.5 | 103 |
| Indien | 62.2307.7 | 107 |
| Indien | 66.2074.4 | 110 |
| Indien | 72.3541.9 | 114 |
| Indonesien | 4016 | 131 |
| Jordanien | 70.2119.9 | 147 |
| Kamerun | 63.2032.9 | 155 |
| Kenia | 68.2044.3 | 164 |
| Kenia | 63.2046.9 | 168 |
| Nepal | 67.2076.7 | 242 |
| Niger | 74.2018.5 | 248 |
| Niger | 65.2027.4 | 250 |
| Ruanda | 69.2040.9 | 297 |
| Ruanda | 75.2025.7 | 300 |
| Sri Lanka | 70.2139.7 | 443 |
| Thailand | 73.2039.3 | 348 |
| Thailand | 72.2092.4 | 351 |
| Tunesien | 63.2007.1 | 372 |
| Zaire | 71.2107.2 | 401 |

## 8. Ländliches Genossenschaftswesen

| Land | PN | Seite |
|---|---|---|
| Indonesien | 74.2184.5 | 129 |
| Jordanien | 73.2021.1 | 145 |
| Kamerun | 74.2102.7 | 161 |
| Madagaskar | 68.2052.6 | 194 |

# 9. Kulturtechnik, Wasserwirtschaft

| Land | PN | Seite |
|---|---|---|
| Chile | 68.2072.4 | 60 |
| Jordanien | 67.2065.0 | 426 |
| Kenia | 74.2247.0 | 434 |
| Peru | 66.2057.9 | 285 |
| Sambia | 72.2126.0 | 305 |
| Tansania | 62.2136.0 | 338 |
| Tunesien | 74.2031.8 | 378 |

# 10. Landtechnik

| Land | PN | Seite |
|---|---|---|
| Brasilien | 75.2073.7 | 46 |
| Kamerun | 73.2006.2 | 431 |
| Kenia | 73.2011.2 | 171 |
| Mali | 67.3565.8 | 215 |
| Marokko | 70.2009.2 | 218 |
| Obervolta | 74.2106.8 | 263 |
| Sri Lanka | 62.2241.8 | 317 |
| Tansania | 71.2052.0 | 150 |
| Thailand | 63.2085.7 | 447 |
| Türkei | 73.2020.3 | 383 |

# 11. Ländliche Verbundvorhaben

| Land | PN | Seite |
|---|---|---|
| Afghanistan | 65.2093.6 | 1 |
| Indonesien | 70.2150.4 | 121 |
| Malawi | 66.2046.2 | 200 |
| Marokko | 65.2009.2 | 231 |
| Tansania | 72.2042.9 | 333 |
| Zaire | 72.2038.7 | 397 |

# Afghanistan

## Landwirtschaftliche Regionalentwicklung in der Provinz PAKTIA

### I. Allgemeines

PN: 65.2093.6

| | |
|---|---|
| Verantwortlicher deutscher Leiter des Vorhabens: | Dr. Ottmar Michel |
| Projektanschrift: | P.O. Box 183<br>Kabul I/Afghanistan<br>Telefon: 21 020 |
| Projektträger im Gastland: | Landwirtschaftsministerium<br>Paktia Development Agency (PDA) |
| Projektträger in der BRD: | GTZ |
| Zuständige GTZ-Abteilung: | 14     Fachbereich: 143 |
| Projekttyp: | Verbundvorhaben |

Zielsetzung des Projektes: Unterstützung der afghanischen Regierung in der Provinz Paktia auf den Gebieten der Landwirtschaft, Forstwirtschaft, Landeskultur/Wasserwirtschaft, um durch direkte und flankierende Maßnahmen
- der PDA zu ermöglichen, die von der Regierung geplanten Maßnahmen zu verwirklichen,
- die materiellen Lebensbedingungen der Bevölkerung zu verbessern,
- die unter deutscher Mitarbeit und Beratung erlernten Techniken baldmöglichst ohne fremde Hilfe weiterzuführen.

### II. Zeitlicher Ablauf

| | |
|---|---|
| Planungsbeginn: | 1963 |
| Durchführungsbeginn: | 1965 |
| Deutscher Beitrag vereinbart bis: | 30. September 1976 |

### III. Personal

| | |
|---|---|
| Personal des Gastlandes (Soll): | 3.325 |
| Personal der BRD (Soll): | 18 |

### IV. Sachausrüstung

Kfz-Werkstätten, Sägewerksausstattung, schweres Gerät für Erdbewegung und Bauvorhaben, Brunnenbohrgeräte, Raupen, Gräder, Lkw, Pkw, Traktoren, Landmaschinen und Geräte, Strom- und Wasserversorgungsanlagen sowie Veterinär- und Medizinstation.

## V. Kapitalaufwand

Kapitalaufwand des Gastlandes: ca. 41.000.000,00 DM

Kapitalaufwand der BRD: ca. 55.000.000,00 DM

## VI. Projektbericht

Projektkurzbeschreibung

Bergprovinz von 18.000 km$^2$ an der afghanischen Ostgrenze. Kontinental-arides Klima ebenso wie subtropische Regionen mit jährlich wechselndem Monsuneinfluß. Höhenlage von 1.200 bis 3.500 N.N.

(Seit Oktober 1974 die ehemaligen TH-Projekte FE 722, FE 870, FE 931 und FE 1595 zusammengefaßt zu einem Projekt: PN: 65.2093.6)

Projektplanung und -vorbereitung

Ab 1963/64.

Projektdurchführung

Seit Frühsommer 1975 Konzentration der Projektaktivitäten auf produktive Programme.

- Aufforstung und Erosionsschutz auf 1.500 ha;
- Landerschließung durch Tiefbrunnen von mindestens 500 ha;
- Erstellung einer Baumschule für Fruchtbäume und Anlage im Zusammenhang mit der Landerschließung von ca. 250 ha Mandelanlagen;
- Auf- und Ausbau einer Hühner-Elterntierhaltung und Produktion von 20.000 Jungtieren;
- materielle Unterstützung einer Landwirtschafts- und Forstschule.

Neben diesen Aktivitäten beraten die deutschen Mitarbeiter die afghanische Trägerorganisation auf dem Gebiet der Forstwirtschaft, des landwirtschaftlichen Wasserbaues und der Kulturtechnik, in Aus- und Fortbildungsprogrammen für Fach- und Dorfberater, im Einsatz von Dünger und verbessertem Saatgut, in der Großtierhaltung und bei der Ausbildung von Kfz- und Landmaschinenmechanikern.

Im Rahmen der zu realisierenden Programme erfahren afghanische Counterparts eine intensive und vertiefende Anschauung und Ausbildung in Kostenfragen programmbezogen.

Arbeitsergebnisse

Vorgegebene Zeit und Arbeitsziel der unter Projektdurchführung aufgeführten Programme stehen in guter Relation.

Projektproblematik: Die PDA als afghanische Trägerorganisation ist den Aufgaben administrativ, technisch und materiell noch nicht voll gewachsen. Eine häufig undurchsichtige Personalpolitik beeinträchtigt die Arbeitsfortschritte im besonderen Maße.

# Algerien

# Entwicklung der Forst- und Holzwirtschaft im Aurés Gebiet

## I. Allgemeines

PN: 72.2010.6

| | |
|---|---|
| Verantwortlicher deutscher Leiter des Vorhabens: | Eckart Freiherr von Aufsess |
| Projektanschrift: | Direction du Projet<br>Rue Said Sahraoui<br><u>Batna</u>/Algerien |
| Projektträger im Gastland: | Direction du Projet de Mise en Valeur Agro-Sylvo industriel des Aurès |
| Projektträger in der BRD: | GTZ |
| Zuständige GTZ-Abteilung: | 11 Fachbereich: 114 |
| Projekttyp: | Beratung Forst-und Holzwirtschaft |
| Zielsetzung des Projektes: | Entwicklung der Forst- und Holzwirtschaft im Aurès-Gebiet |

## II. Zeitlicher Ablauf

| | |
|---|---|
| Planungsbeginn: | September 1973 |
| Durchführungsbeginn: | September 1974 |
| Deutscher Beitrag vereinbart bis: | 1. Oktober 1976 |

## III. Personal

| | |
|---|---|
| Personal des Gastlandes (Soll): | 3 - 7 |
| Personal der BRD (Soll): | 9 |

## IV. Sachausrüstung

Vermessungs- und optische Geräte für die Forsteinrichtung. Meteorologische Instrumente und forstliches Saatgut für Waldbau und forstliches Versuchswesen. Werkzeuge, Fahrzeuge und Maschinen für Waldwegebau, Holzbringung und Waldbrandbekämpfung. Werkzeuge und Geräte für die Ausrüstung von 100 Waldarbeitern. Sägewerksmaschinen und Ersatzteile für Instandsetzungen sowie eine Schärferei für Sägebetriebe. Geräte und Maschinen für Landwirtschaft. 1 Kraftfahrzeug- und Landmaschinenwerkstatt. Buroausstattung. Fahrzeuge für Personen- und Materialbeförderung.

## V. *Kapitalaufwand*

Kapitalaufwand des Gastlandes:  keine Angaben

Kapitalaufwand der BRD:  Material  3.500.000,00 DM

## VI. *Projektbericht*

Projektkurzbeschreibung

Das Projekt ist als Muster einer kombinierten Entwicklung der land- und forstwirtschaftlichen Nutzung in der Bergregion "des Aurès" angelegt und umfaßt folgende Bereiche:

1. Forstwirtschaft

Schaffung der Voraussetzungen für die forstwirtschaftliche Entwicklung durch Aus- und Fortbildungsmaßnahmen, Einrichtung von Waldflächen, Planung und Beratung bei forstlichen Betriebsarbeiten, Versuchswesen und Demonstrationen.

2. Holzwirtschaft

Vorarbeiten und Beratung für den beabsichtigten Auf- und Ausbau der Holzbe- und -verarbeitungsindustrie, Planung und technisch-wirtschaftliche Beratung des Projektträgers sowie Ausbildung von algerischen Fachkräften auf allen Ebenen.

3. Landwirtschaft

Regelung der Waldweide, Landnutzung, Beratung bei Planung und Betrieb landwirtschaftlicher Kooperativen, Versuchswesen, Demonstrationen und fachliche Beratung bei der Rationalisierung der Landwirtschaft.

Projektplanung und -vorbereitung

Zur Erreichung der beschriebenen Ziele entsendet die Regierung der BRD auf ihre Kosten in die zur Durchführung des Vorhabens geschaffene Sonderbehörde bis zu neun Fachkräfte; außerdem können im gemeinsamen Einvernehmen kurzfristig ad-hoc Fachkräfte insbesondere für die folgenden Bereiche entsandt werden:

- Forstgenetik
- Standortskunde
- forstliche Ertragskunde
- Rindenverwertung
- Harznutzung
- Furnier- und Holzwolleherstellung/Zementherstellung
- Alfagrasverwertung zur Spanplattenherstellung
- Bienenzucht
- Forststatistik.

Die BRD stellt im Rahmen des Vorhabens acht Stipendien zur Fortbildung von algerischen Fachkräften auf verschiedenen Ebenen in Drittländern zur Verfügung; sie liefert auf ihre Kosten die bereits oben genannte Sachausrüstung.

Projektdurchführung

Bei der Durchführung des Vorhabens übernimmt die algerische Regierung folgende Aufgaben:
a) sie gründet eine Sonderbehörde, die mit der Durchführung des Projektes beauftragt wird und stattet diese rechtzeitig mit dem für die Durchführung ihrer Aufgaben erforderlichen algerischen Personal und Sachmitteln aus;

b) sie stellt auf ihre Kosten die zum Projektbetrieb benötigten Grundstücke und Gebäude zur Verfügung;

c) sie trägt dafür Sorge, daß die algerischen Fachkräfte, die im Projekt oder in Drittländern ausgebildet werden, im Projekt eingesetzt werden.

Einzelheiten über den Umfang der beiderseitigen Leistungen und den zeitlichen Ablauf des Projektes wurden in einem Operationsplan geregelt.

Arbeitsergebnisse

Im Gegensatz zur algerischen Seite, die ihre o.a. Verpflichtungen pünktlich erfüllte, traten auf deutscher Seite erhebliche Probleme bei der Personalbeschaffung auf, die zu einer Anlaufverzögerung führten. Inzwischen wurde jedoch das Personalsoll erreicht.

Aufgrund von zwischenzeitlichen Gutachterentsendungen wurden für alle Bereiche erste Arbeitsprogramme erstellt. Insbesondere wird z.Zt. im Bereich Forsteinrichtung-Waldinventur intensiv an der Detaildatenerfassung gearbeitet. Ferner konnte ein erster Waldfacharbeiterkurs erfolgreich abgeschlossen werden.

Im Holzbereich wurden die Planungen und Vorarbeiten für die Reorganisation des Sägewerkes Bouhmama weitgehend abgeschlossen, so daß in Kürze die aus der BRD gelieferte Ausrüstung montiert werden kann.

Im Landwirtschaftsbereich wird z.Zt. an einem umfassenden Arbeitsprogramm zur Verbesserung der Weiden und zur Eindämmung der Waldweiden gearbeitet.

# Algerien

# Beratungsvorhaben Mitidjatal 2

## *I. Allgemeines*

PN: 73.2002.1

| | |
|---|---|
| Verantwortlicher deutscher Leiter des Vorhabens: | Dr. Ekkehart Feist |
| Projektanschrift: | Equipe Algéro-Allemande<br>13, rue Villebois Mareuit<br>Domaine Si Benyoucef<br>Beni-Mered/Wilaya Blida<br>Telefon: 494815 |
| Projektträger im Gastland: | MARA - Ministère de l'Agriculture et de la Reforme Agraire bzw.<br>DARAW - Direction de l'Agriculture et de la Reforme Agraire de la Wilaya de Blida |
| Projektträger in der BRD: | GTZ |
| Zuständige GTZ-Abteilung: | 14      Fachbereich:   143 |
| Projekttyp: | Planung und Beratung |
| Zielsetzung des Projektes: | Verbesserung der Forst- und Holzwirtschaft |

## *II. Zeitlicher Ablauf*

| | |
|---|---|
| Planungsbeginn: | März 1972 |
| Durchführungsbeginn: | Mai 1975 |
| Deutscher Beitrag vereinbart bis: | April 1977 |

## *III. Personal*

| | |
|---|---|
| Personal des Gastlandes (Soll): | 6 |
| Personal der BRD (Soll): | 6 |

## *IV. Sachausrüstung*

Kraftfahrzeuge, Beratungs- und Demonstrationshilfsmittel sowie andere Kleingeräte nach Maßgabe des beidseitig abzustimmenden Einsatzplanes.

## V. Kapitalaufwand

Kapitalaufwand des Gastlandes:    keine Angaben

Kapitalaufwand der BRD:    2.630.000,00 DM

## VI. Projektbericht

Projektkurzbeschreibung

Die Regierungen der BRD und der Demokratischen Volksrepublik Algerien arbeiten bei der Durchführung der Vorhaben zusammen. Es wird im Rahmen der in dem Vierjahresplan 1974-1977 vorgesehenen Förderungsmaßnahmen zur Umstrukturierung und Intensivierung der Landwirtschaft in der Wilaya von Blida durchgeführt und bezweckt die Verwirklichung folgender Ziele hinsichtlich der selbstverwalteten landwirtschaftlichen Betriebe:
- Verbesserung der Erträge und Steigerung der landwirtschaftlichen Erzeugung;
- Verbesserung der Beschäftigungslage und der Produktivität;
- Steigerung der wirtschaftlichen Nutzeffekte der Investitionen.

Projektplanung und -vorbereitung

Erste Projektplanung erfolgte im März 1972. Vertragsunterzeichnung im Februar 1975. Arbeitsbeginn durch Ausreise der ersten deutschen Fachkräfte Mai 1975. Erste Projektphase wird mit Vorlage des detaillierten Arbeits- und Einsatzplanes April/Mai 1976 abgeschlossen sein. Gesamtlaufzeit bis April 1977. Für Projektverlängerung über diesen Zeitpunkt hinaus, ist Beteiligung der Volksrepublik Algerien an den Kosten der deutschen Fachkräfte geplant.

Projektdurchführung

Das Projekt ist Anfang Mai 1975 (Ausreise des ersten Mitarbeiters) angelaufen. Der Stand der Projektarbeit ist noch in der Anlaufphase. Gesicherte Arbeitsergebnisse liegen noch nicht vor. Nachdem die Erhebung des Ist-Zustandes der selbstverwalteten Landwirtschaftsbetriebe der Wilaya von Blida weitgehend abgeschlossen ist, werden Betriebsstrukturanalysen nach den einzelnen Betriebsformen ausgearbeitet.

Alle weiteren Aktivitäten werden in einem gemeinsamen Einsatzplan festgelegt.

Arbeitsergebnisse

- - - -

# Argentinien

# Förderung der Landwirtschaft in Misiones

## I. Allgemeines

PN: 74.2055.7

Verantwortlicher deutscher  Ir. Alexander Bartelink
Leiter des Vorhabens:

Projektanschrift  noch nicht bekannt

Projektträger im Gastland: Instituto Nacional de Tecnologia Agropecuaria (INTA)-Misiones

Projektträger in der BRD: GTZ

Zuständige GTZ Abteilung: 11  Fachbereich: 115

Projekttyp: Verbundvorhaben: Förderung Genossenschaftswesen und landwirtschaftliches Versuchswesen

Zielsetzung des Projektes: Anhebung der zurückgegangenen Einnahmen der Landwirte in Misiones durch Stärkung des Vertrauens der Landwirte in die Tätigkeit der staatlichen Landwirtschaftsorganisationen und in die Genossenschaften, durch praxisnähere Versuchs- und Beratungstätigkeit, Schulung der Counterparts, Erforschung von Alternativkulturen und Marktforschung.

## II. Zeitlicher Ablauf

Planungsbeginn: Antrag auf TH vom 28.12.1973

Durchführungsbeginn: voraussichtlich 1. Hälfte 1976

Deutscher Beitrag
vereinbart bis: (im Entwurf) 1979

## III. Personal

Personal des Gastlandes (Soll): 4-6

Personal der BRD (Soll): 4

## IV. Sachausrüstung

Landmaschinen für Versuchswesen und Saatgutvermehrung, Büro- und Beratungsmittel, Fahrzeuge.

## V. Kapitalaufwand

Kapitalaufwand des Gastlandes:  keine Angaben

Kapitalaufwand der BRD:  ca. 3.000.000,00 DM

## VI. Projektbericht

Projektkurzbeschreibung

Das Vorhaben beinhaltet den Teilbereich Genossenschaftswesen mit den Aufgaben, die Wirtschaftlichkeit der Handelsfunktionen und neuer Absatzmöglichkeiten zu überprüfen und die Genossenschaften sowie den Dachverband in alle Fragen des Managements und der Investitionen zu beraten.

Der Teilbereich Alternativkulturen ist an die bereits laufende Programme des INTA anzupassen, wobei eine Diversifikation der Kulturen und eine Senkung der Produktionskosten anzustreben ist, um die Einnahmen der Landwirte anzuheben.

Projektplanung und -vorbereitung

Vorplanung April 1972 - Projektentwurf vom 30. Dezember 1972 mit ergänzenden Erhebungen vom 20. September 1973 sowie die Erstellung eines Operationsplanes im März 1975.

Projektdurchführung

----

Arbeitsergebnisse

----

## IV. Sachausrüstung

1 Unimog, 1 Pick-up, 1 Pkw, 1 Traktor, Ackerpflegegeräte, optische Geräte, Ausrüstung für Labors (Mykologie, Virologie, Qualität), Bücher und wissenschaftliche Zeitschriften.

## V. Kapitalaufwand

Kapitalaufwand des Gastlandes:   keine Angaben

Kapitalaufwand der BRD:   2.600.000,00 DM

## VI. Projektbericht

Projektkurzbeschreibung

Das deutsch-argentinische Projekt zur Unterstützung und Förderung der Kartoffelzüchtung in Argentinien ist entstanden:

1. aus dem Wunsch Argentiniens, seine Kartofellzüchtung dem modernen Stand anzupassen und dabei das im Lande selbst vorkommende Ausgangsmaterial zu nutzen;

2. aus dem Wunsch der deutschen Kartoffelzüchter, in einem Andenstaat die Möglichkeit für spezielle Forschungen über Ausgangsmaterial für die Züchtung zu erhalten;

3. aus dem Wunsch der FAO nach allgemeiner Sicherstellung, Studium und Nutzung der Kartoffelgenreserven (Aufbau einer Genbank).

Das Projekt wurde in den organisatorischen Rahmen des INTA (Instituto Nacional de Tecnologia Agropecuaria) eingebettet, und zwar in der landwirtschaftlichen Versuchsstation Balcarce (Südosten der Provinz Buenos Aires).

Balcarce liegt im Zentrum des bedeutendsten Kartoffelanbaugebietes in Argentinien. Die in der INTA-Station geleistete Arbeit beeinflußt den Kartoffelanbau im ganzen Land (neue Sorten, Anbaumethoden etc.).

Für die vorgesehene Eigenversorgung des Landes mit Pflanzgut ist der Aufbau einer Pflanzgutproduktion erforderlich, wobei auch der Mentalität der inländischen Produzenten entsprechende Anerkennungsbestimmungen entwickelt werden müssen.

Bei einigen in Argentinien auftretenden Kartoffelviren (z.B. dem Mosaico deformante) kennt man bisher noch nicht die Vektoren, so daß ein Studium auf diesem Gebiet dringend erforderlich war.

Während die Pflanzung und Pflege weitgehend technisiert sind, boten die Ernte und Lagerung technisch noch ungelöste Probleme.

Arbeitsergebnisse

In zahlreichen Sammelreisen während mehrerer Vegetationsperioden wurde umfangreiches Material an Wildarten und Primitivsorten gesammelt. Für die Freilandkollektion wurde im Norden von Argentinien (Tilcara-Quebrada de Humahuaca) eine Außenstation errichtet, die sich gleichzeitig mit Frost- und Trockenresistenzversuchen beschäftigte. Die Arbeiten sind von deutscher Seite weitgehend abgeschlossen und werden vom argentinischen Counterpart weitergeführt. Die inzwischen in Balcarce errichtete "Argentinische Kartoffel-Genbank" hat zur Aufgabe: die Sammlung, Erhaltung und Vermehrung sowie das Studium des Genmaterials, welches allen interessierten Institutionen verfügbar gemacht wird.

Erreger von Fäulnis- und Welkerscheinungen an der Kartoffel (größtenteils Fusarium spp.) wurden isoliert, identifiziert und auf Pathogenität getestet. Methoden zur Infektion mit Fusarium solani v. eumartii an Sämlingen, Augenstecklingen und im Felde wurden erarbeitet und werden für die Selektion im Rahmen der Neuzüchtung eingesetzt. Die Bedeutung der Knollenfäulen wurde in Lagerungsversuchen untersucht. Die Ergebnisse sind zum größten Teil veröffentlicht.

In einer umfangreichen Bestandsaufnahme wurde die Verbreitung der einzelnen Viren im hiesigen Anbaugebiet bestimmt, wobei einige für Argentinien neue Viren gefunden wurden. Untersuchungen zur Charakterisierung und Übertragung einiger Viren, insbesondere Mosaico deformante, sind nicht abgeschlossen. Es wurde nachgewiesen, daß letzteres Virus nicht von Blattläusen übertragen wird.

Methoden zur Identifizierung von Viren wurden eingeführt (Serologie, A-6), ebenso Methoden zur Selektion resistenter Formen.

Methoden für Trockensubstanz-, Stärke-, Zucker- und Eiweißbestimmungen wurden eingeführt. Der Einfluß verschiedener Lagersysteme auf obige Eigenschaften sowie Koch- und Chipsqualität der hiesigen Sorten und Zuchtklone wurden untersucht.

Die Vermehrung und Selektion des Neuzuchtmaterials wurde neu organisiert und neue Versuchstechniken (Anbau, Lagerung) eingeführt.

Es wurde ein Plan für die Erhaltungszucht aufgestellt und Anbauversuche mit einem Sortiment deutscher Sorten durchgeführt.

Äthiopien

# Berater beim Landwirtschaftsministerium in Addis Abeba

## I. Allgemeines

PN: 74.2029.2

| | |
|---|---|
| Verantwortlicher deutscher Leiter des Vorhabens: | Florian F. Menzel |
| Projektanschrift: | P.O.B. 2058 Addis Abeba/Äthiopien |
| Projektträger im Gastland: | Landwirtschaftsministerium |
| Projektträger in der BRD: | GTZ |
| Zuständige GTZ-Abteilung: | 13   Fachbereich: 131 |
| Projekttyp: | Landwirtschaftliche Beratung |
| Zielsetzung des Projektes: | Durchführung von Projektplanung, und Projektevaluierung |

## II. Zeitlicher Ablauf

| | |
|---|---|
| Planungsbeginn: | März 1974 |
| Durchführungsbeginn: | 1. September 1974 |
| Deutscher Beitrag vereinbart bis: | 31. August 1976 |

## III. Personal

| | |
|---|---|
| Personal des Gastlandes (Soll): | 1 |
| Personal der BRD (Soll): | 1 |

## IV. Sachausrüstung

1 Landrover 109 (Station Wagon plus Zubehör)

## V. Kapitalaufwand

| | |
|---|---|
| Kapitalaufwand des Gastlandes: | |
| Kapitalaufwand der BRD: | 600.000,00 DM |

## VI. Projektbericht

Projektkurzbeschreibung

Einzelsachverständiger im Planning and Programming Department des Äthiopischen Landwirtschaftsministeriums mit folgenden Aufgaben:
- Ausbildung von äthiopischen Counterparts in Projektplanung und Projektevaluierung;
- Planung, Organisation und Durchführung von sozio-ökonomischen Feldstudien;
- Analyse von sozio-ökonomischen Daten;
- Ausarbeitung von terms of reference;
- Erstellung von Projektberichten;
- Evaluierung laufender landwirtschaftlicher Projekte;
- Erarbeitung von Siedlungsprogrammen.

Projektplanung und -vorbereitung

- - - -

Projektdurchführung

In Zusammenarbeit mit äthiopischen Kollegen aus dem Planning and Programming Department sowie anderen autonomen Gesellschaften, die im landwirtschaftlichen Bereich tätig sind. (Land Settlement Authority, Livestock and Meat Board, Dairy Development Agency).

Arbeitsergebnisse

Bei Redaktionsschluß lagen noch kaum Arbeitsergebnisse vor, da die Arbeit durch den häufigen Personalwechsel im Planing and Programming Department besonders erschwert wurde.

# Äthiopien

## Aufforstung in den Provinzen Wollo und Tigre

### I. Allgemeines

PN: 74.2022.7

| | |
|---|---|
| Verantwortlicher deutscher Leiter des Vorhabens: | Peter G. von Carlowitz |
| Projektanschrift: | State Forest Development Agency P.O. Box 1034 Addis Abeba/Ethiopia Telefon 15 36 27 |
| Projektträger im Gastland: | State Forest Development Agency P.O. Box 1034 Addis Abeba/Ethiopia |
| Projektträger in der BRD: | GTZ |
| Zuständige GTZ-Abteilung: | 11    Fachbereich: 114 |

Zielsetzung des Projektes:
- Terrassierung und Aufforstung von erodierten oder von Erosion bedrohten Berghängen in semiariden Klimaten des Nordens und Ostens des Landes mit dem Ziel, die Wasserhaltekapazität des Bodens zu erhöhen, den Oberflächenwasserabfluß zu vermindern und zu kontrollieren. Außerdem geht es darum, weitere Erosion zu verhindern und Brennholz in den holzdefizitären Gebieten zu erzeugen.
- Projektbezogene Ausbildung von Fachkräften.

| | |
|---|---|
| Projekttyp: | Forstwirtschaftliches Vorhaben (Aufforstung, Bodenschutzmaßnahmen) |

### II. Zeitlicher Ablauf

| | |
|---|---|
| Planungsbeginn: | Verhandlungsbeginn über Projekt: 1973 |
| Durchführungsbeginn: | 1. Dezember 1974 |
| Deutscher Beitrag vereinbart bis: | November 1977 |

### III. Personal

| | |
|---|---|
| Personal des Gastlandes (Soll): | 28 |
| Personal der BRD (Soll): | 1 |

*IV. Sachausrüstung*

1 Landrover, 5 Unimogs, 2 Lkw, 10 Motorräder, 2.500 Hacken, Schaufeln, Spaten, Brechstangen, Vorschlaghämmer, 1.7 Mio. Plastik-Pflanzbeutel, 1 Schreibmaschine, einfache Meßgeräte (p.H-Meter, Kompaß, Gefällmesser).

*V. Kapitalaufwand*

Kapitalaufwand des Gastlandes:   keine Angaben

Kapitalaufwand der BRD:   1.100.000,00 DM

*VI. Projektbericht*

Projektkurzbeschreibung

Das Gesamtvorhaben besteht aus 4 Einzelprojekten gleichen Charakters in den vier äthiopischen Provinzen Eritrea, Tigre, Wollo und Harrar. Alle 4 Projekte werden auf der Basis ähnlichlautender Abkommen mit der äthipoischen Regierung vom WFP maßgeblich unterstützt.

Projektplanung und -vorbereitung

Die Einzelprojekte in Eritrea, Tigre und Wollo wurden 1971 begonnen und zunächst ausschließlich von USAID unterstützt. Der Mangel an Fachkräften, technischer Überwachung und Koordination verhindert namentlich in Tigre, aber auch in Wollo, zunächst einen durchschlagenden Erfolg.

Im November 1974 wurden per Vertrag die Einzelprojekte Tigre und Eritrea und am 20. November 1974 das Einzelprojekt Wollo vom WFP übernommen. 1973 richtete die äthiopische Regierung einen weiteren Antrag für ein gleichartiges Projekt in der Provinz Harrar an das WFP.

Gemäß den Operationsplänen sieht das Gesamtprogramm die Aufforstung von insgesamt ca. 9.000 ha vor.

Aufgrund eines Antrages der Planungskommission der äthiopischen Regierung vom 1. November 1973 wurde am 12. Februar 1974 seitens des BMZ entschieden, diese Aufforstungsprogramme durch Lieferung von Transportmitteln und Arbeitsgeräten sowie durch Entsendung eines Forstexperten, dessen Einsatz zunächst in den Projekten Wollo und Tigre festgelegt wurde, seitens der BRD zu unterstützen.

Projektdurchführung

Am 23. November 1974 ist der Projektleiter im Projekt eingetroffen und hat seine Arbeit aufgenommen. Die Projektdurchführung erfolgt in Form regelmäßiger Bereisungen der Einzelprojekte (mit Ausnahme des Projektes in Eritrea, das aus Sicherheitsgründen nicht zugänglich ist), Einsatzleitung von Transportmitteln, Werkzeugen und Personal nach aufzustellenden Prioritäten und durch Koordination und Planung des Einsatzes von Sach- und Finanzmitteln anderer, das Programm unterstützender Organisationen (WFP, FAO, EPID, Drought Relief and Rehabilitation Commission).

Enge und gute Zusammenarbeit mit dem Leiter und dem Management der State Forest Development Agency, die der eigentliche äthiopische Projektträger ist. Ebenso gute Kooperation mit WFP, die das Gesamtprojekt im Rahmen des "Food for Work" - Programms maßgeblich unterstützt. Des weiteren mit der Drought Relief and Rehabilitation Commission und der FAO, die dem Projekt einen Forstwissenschaftler für Holzartenanbauversuche zur Verfügung stellen werden, sowie mit der ECA/FAO Forst Industries Advisory Group for Africa bei der Beschaffung von forstindustriellen Grundlagendaten (z.B. Brennholz, Holzkohle).

Darüber hinaus bestehen enge Kontakte mit der vom britischen ODM finanzierten Consulting Firma "Hunting Technical Services Ltd", die im Projektbereich in der Provinz Tigre eine Entwicklungsstudie angefertigt hat und an der Durchführung geplanter Maßnahmen mitwirkt. In allen Fragen integrierter land- und forstwirtschaftlicher Programme besteht enge gegenseitige Konsultation.

Auf finanzieller und planerischer Ebene besteht auch mit der Leitung von EPID (Extension, Programming and Implementation Department des Landwirtschaftsministeriums) enger Kontakt und gute Zusammenarbeit.

Arbeitsergebnisse

In der abgelaufenen Pflanzsaison (Juni - August 1975) wurden insgesamt rd. 520 ha aufgeforstet (220 ha in Tigre, 300 ha in Wollo).

Die Organisation des Gesamtprojektes wurde neu geregelt. Es wurden von den provinziellen Landwirtschaftsbehörden unabhängige eigene Projektbüros eingerichtet.

Ein programmeigenes Budget wurde erstmalig erstellt.

Laufende Arbeiten:
- Einrichtung einer Muster- und Lehrbaumschule im Einzelprojekt Harrar für den programminternen Gebrauch;
- vorbereitende Arbeiten zur Vermessung, Inventur und Kartierung aller seit 1971 fertiggestellten Aufforstungsflächen;
- Vorbereitung eines projektbezogenen Ausbildungsprogramms für Projektpersonal der mittleren und unteren Stufe;
- Mitarbeit bei der Entwicklung eines integrierten land- und forstwirtschaftlichen Entwicklungsprogrammes im Projektbereich Wollo und Anfertigung einer entsprechenden Studie;

- Ausarbeitung von für alle Einzelprojekte gültigen forstpolitischen Richtlinien;
- Integration des "FAO - Forest Research" Projekts in das Aufforstungsprogramm;
- Kulturpflege-, Wegebau- und Bodenvorbereitungsarbeiten in den Einzelprojekten.

# Äthiopien

## Errichtung einer internationalen Genbank

### I. Allgemeines

PN: 74.2049.0

| | |
|---|---|
| Verantwortlicher deutscher Leiter des Vorhabens: | Dr. Hans-Henning Mündel |
| Projektanschrift: | Addis Abeba (genaue Anschrift steht noch nicht fest) |
| Projektträger im Gastland: | Institute of Agricultural Research, Addis Abeba |
| Projektträger in der BRD: | GTZ |
| Zuständige GTZ-Abteilung: | 11    Fachbereich: 111 |
| Projekttyp: | Angewandte Forschung |

Zielsetzung des Projektes: Aufbau und Organisation einer Genbank der in Äthiopien und Umgebung vorkommenden Wild- und Primitivformen sowie Sorten von Kulturpflanzen. Die Genbank soll Teil eines weltweiten Netzwerkes werden, das die Erhaltung des noch vorhandenen Genmaterials wichtiger Kulturpflanzen sichern soll. Ausbildung von einheimischen Fachkräften.

### II. Zeitlicher Ablauf

| | |
|---|---|
| Planungsbeginn: | Ende 1973 |
| Durchführungsbeginn: | Mitte 1976 |
| Deutscher Beitrag vereinbart bis: | drei Jahre nach Durchführungsbeginn |

### III. Personal

| | |
|---|---|
| Personal des Gastlandes (Soll): | 7 |
| Personal der BRD (Soll): | 4 |

### IV. Sachausrüstung

Klimatisiertes Langzeitsaatgutlager, Laborgerät, Ausrüstung für Sammelreisen, Feldgeräte, Dokumentationsgerät, Fotoausrüstung, Kraftfahrzeuge.

## V. Kapitalaufwand

Kapitalaufwand des Gastlandes:    462.000,00 Et.$ (577.500,00 DM)

Kapitalaufwand der BRD:    3.250.000,00 DM

## VI. Projektbericht

Projektkurzbeschreibung

Die Aufgabe der Genbank (Plant Genetic Resources Centre) ist sammeln, anbauen zur Vermehrung und Evaluierung, Dokumentation, Langzeitlagerung und Nutzbarmachung (durch Züchtung und internationalen Austausch) von vorhandenem Saatgut der Kulturpflanzen und deren wilden Verwandten. Die in Äthiopien vorhandene Formenmannigfaltigkeit ist zu erhalten, um für die nahe wie die ferne Zukunft nützliche Eigenschaften (z.B. Krankheitsresistenz und Dürretoleranz) in neue Hochleistungssorten einzuzüchten. Erfolgreiche Kulturpflanzensorten dienen der Erhaltung und Verbesserung der Ernährungsgrundlage nicht nur in Äthiopien, sondern weltweit.

Durch enge Zusammenarbeit mit dem Institute of Agricultural Research (IAR) und Universitätsinstituten soll das bereits vorhandene Genmaterial erfaßt und weiter untersucht werden. Die Genbank soll den "Rohstoff" Genmaterial für künftige Züchtungsvorhaben liefern.

Projektplanung und -vorbereitung

März 1972: CGIAR (Consultative Group for International Agricultural Research) der Weltbank empfiehlt u.a. eine Genbank in Äthiopien
Jan./Feb.1974 und August 1975: Gutachterreisen.
Juni 1974: Mittelbereitstellung durch BMZ.
Nov. 1975: Notenwechsel noch in Bearbeitung (Personal ausreisebereit).

Projektdurchführung

Vorbereitungen werden sowohl in der Bundesrepublik als auch in Äthiopien durch die jeweiligen Co-Direktoren getroffen.

Arbeitsergebnisse

----

# Ägypten

# Agro-Industrieprojekt El Nahda

## I. Allgemeines

PN: 74.2035.9

Verantwortlicher deutscher  Rudolf Kuenzi
Leiter des Vorhabens:

Projektanschrift:  c/o Generalkonsulat der BRD
P.O. Bag
Alexandria/Ägypten

Projektträger im Gastland:  El Nahda Agricultural Company

Projektträger in der BRD:  GTZ

Zuständige GTZ-Abteilung:  12    Fachbereich:  121

Projekttyp:  Tierische Produktion, Veterinärmedizin, Besamungsstation

Zielsetzung des Projektes:  Mit dem Projekt wird das Ziel verfolgt, für die Siedler im Projektgebiet eine nachhaltige Verbesserung des aus der Landwirtschaft erzielten Einkommens zu erreichen. Strukturelle, produktionstechnische und marktwirtschaftliche Maßnahmen sollen in das Förderungsprogramm einbezogen werden. Die Verbesserung der Einkommensverhältnisse der Siedler soll durch die Diversifizierung der Produktion erreicht werden, die sich in erster Linie auf die Sektoren: Milcherzeugung und Gemüseanbau erstrecken soll. Die Einführung von Milchkühen ist nur im Rahmen eines komplexen Förderungsprogrammes durchführbar, das folgende Sektoren umfaßt:
1. Milchviehzucht, -haltung und Milchhygiene,
1. Futterbau und Fütterung,
3. Tiergesundheits- und Besamungsdienst.

## II. Zeitlicher Ablauf

Planungsbeginn:  Prefeasibility Studie: Mai 1974,
Feasibility Studie: Oktober 1974

Durchführungsbeginn:  Juni 1975

Deutscher Beitrag
vereinbart bis:  April 1977

## III. Personal

Personal des Gastlandes (Soll):   6

Personal der BRD (Soll):   6

## IV. Sachausrüstung

400 Schwarzbunte Rinder, Traktoren und landwirtschaftliche Maschinen und Geräte, Veterinär-Laborausrüstung, Ausrüstung einer Besamungsstation, Ausrüstung einer Werkstatt.

## V. Kapitalaufwand

Kapitalaufwand des Gastlandes:   530.000,00 Ägypt.

Kapitalaufwand der BRD:   8.800.000,00 DM

## VI. Projektbericht

Projektkurzbeschreibung

Landgewinnung und Ansiedlung liegen in der Zuständigkeit des Ministry of Agriculture. Dieses Ministerium hat verschiedene Gesellschaften geschaffen, von denen die "El Nahda Agricultural Company" zuständig ist für das südlich von Alexandria gelegene 9.700 km$^2$ umfassende El Nahda Projekt. Die Urbarmachung von El Nahda begann im Jahre 1968. Das Projekt ist in 5 Farmen (Verwaltungseinheiten) eingeteilt. 2 Farmen sind an Siedler übergeben worden; bisher etwa 3.000 an der Zahl. Jede Siedlerfamilie erhält Nutzland in der Größe von durchschnittlich zwei Hektar, ein Haus, Rindvieh und einfache Einrichtungsgegenstände.

Hauptaufgabe im Anfangsstadium des ägyptisch-deutschen Projektes ist der Aufbau einer Projektfarm von etwa 350 ha.

Projektplanung und -vorbereitung

Der von einem deutschen Wissenschaftler im Mai 1974 durchgeführten Prefeasibility Studie folgte im Oktober 1974 die von der Agriculture & Food Co. ausgeführte Durchführbarkeitsstudie. Die Ausschreibung für die Durchführung des Projektes erfolgte seitens der BfE am 12.11.1974. Mit der Durchführung des Projektes wurde die AHT/ACC (ARGE) beauftragt. Von März bis August 1976 erfolgen in der BRD die Aus- und Fortbildung von 6 ägyptischen Counterparts.

Projektdurchführung

Die Ausreise der deutschen Experten erfolgte im September/Oktober 1975. Eine gemischte ägyptisch-deutsche Kommission selektierte die ersten 84 Rinder und sechs Bullen. Diese wurden im Dezember 1975 nach Alexandria geflogen. Die Restlieferung soll im Frühjahr 1976 erfolgen.

# Bangladesh

## Rinderzucht- und Milchwirtschaftsfarm Savar

### I. Allgemeines

PN: 62.2234.3

| | |
|---|---|
| Verantwortlicher deutscher Leiter des Vorhabens: | Dr. Wolfgang Richter |
| Projektanschrift: | Dairy Farm Savar<br>Dacca/Bangladesh<br>Telefon: Dacca 38 22 06 |
| Projektträger im Gastland: | Directorate of Livestock Service Ministry Forest, Fisheries and Livestock Dacca |
| Projektträger in der BRD: | GTZ |
| Zuständige GTZ-Abteilung: | 12     Fachbereich: 121 |
| Projekttyp: | Rinderzucht und -haltung einschließlich Beratung und künstliche Besamung |
| Zielsetzung des Projektes: | Ausbau der Farm der zentralen staatlichen Rinderzucht- und Besamungsstation für die Rinderzuchtplanung des Landes. |

### II. Zeitlicher Ablauf

| | |
|---|---|
| Planungsbeginn: | Dezember 1967 (1. Gutachten 1962) |
| Durchführungsbeginn: | März 1969 (Unterbrechung von März 1971 bis September 1972 |
| Deutscher Beitrag vereinbart bis: | Juni 1976 |

### III. Personal

| | |
|---|---|
| Personal des Gastlandes (Soll): | --- |
| Personal der BRD (Soll): | 16 |

## IV. Sachausrüstung

Landmaschinen, Traktoren, Geländefahrzeuge, Beregnungsanlage, Saatguttrocknung, Tierzuchtmaterial, Futtermisch- und -mahlanlage, veterinärmedizinische Instrumente und Geräte, Besamungslabor, Anlage zur Flüssigstickstoffproduktion, Molkereiausrüstung einschließlich 2 Milchsammelstellen, Projektwerkstatt.

## V. Kapitalaufwand

Kapitalaufwand des Gastlandes: Im Finanzierungsjahr 1974/75
4.700.000,00 Taka (= 1.560.000,00 DM)

Kapitalaufwand der BRD: 21.441.00,00 DM

## VI. Projektbericht

Projektkurzbeschreibung

Größe: 575 ha, Tierbestand: ca. 2.200 Rinder der Rassen Jersey, Frisian, Sindhi, Sahiwal und lokale Schläge. Geographische Lage: 24° nördlicher Breite 7 - 14 m über NN, ca. 30 km nordwestlich der Hauptstadt Dacca gelegen. Klima: Tropisches bis subtropisches Monsunklima. Jahresdurchschnittstemperatur: 18 - 24° C. Jahresniederschlag: stark wechselnd von 1.700 - 2.600 mm konzentriert auf 5 - 6 Monsunmonate.

Situation der Rinderhaltung in Bangladesh allgemein:
Geschätzte Gesamtzahl der Rinder :ca. 18 Mio; vorrangig Zugviehhaltung. Die Milchviehhaltung ist kaum entwickelt, nur unbedeutende Ansätze einer Tierzuchtplanung. Jährliche $\emptyset$-Milchleistung: 500 kg/Tier. Futteranbau und Futterkonservierung sind kaum üblich. Die Jungviehaufzucht ist ebenso wenig geregelt, wie die gesundheitliche Betreuung der Tiere. Hauptprobleme sind mangelhafte Ernährung, parasitäre Erkrankungen, MKS, Tbc, Sterilität, Mastitis. Keine systematische Ausbildung und Beratung auf dem Sektor Milchviehhaltung. Fehlen aller betriebswirtschaftlichen Unterlagen für die Milchviehhaltung.

Aufgabenstellung:
1. Erarbeitung der Grundlagen für die Rinderzuchtplanung des Landes durch:
   a) Entwicklung geeigneter Milchviehrassen unter Berücksichtigung der Zugkraftleistung durch Einkreuzung der Rassen Friesian und Jersey in lokale Schläge. Untersuchung der Anpassungsfähigkeit der Kreuzungstiere sowie der Rassen Sindhi, Sahiwal, Friesian und Jersey in Reinzucht im Vergleich zu lokalen Schlägen. Erzeugung von Zuchtvieh und Bereitstellung von Sperma für die Landestierzucht.

   b) Entwicklung des Feldfutteranbaus und der Futterkonservierung dadurch Schaffung der futterwirtschaftlichen und anbautechnischen Voraussetzungen; angepaßt an das System der bäuerlichen Landwirtschaft in seiner gegenwärtigen Struktur und eingepaßt in das existierende Landnutzungssystem. Durchführung von Düngungs- und Feldfutteranbauversuchen zur Identifizierung geeigneter Futterpflanzen.

c) Verbesserung der haltungstechnischen Voraussetzungen im landwirtschaftlichen Kleinbetrieb.

d) Ausbau der tierärztlichen Überwachung der Rinderbestände - Diagnostik der wichtigsten Krankheiten des Milchviehs, Einführung von Maßnahmen zur Bekämpfung dieser Krankheiten.

e) Aufbau einer organisierten Milchwirtschaft durch den Ausbau einer Pilot-Molkerei. Verbesserung der milchvermarktungstechnischen Voraussetzungen, insbesondere für marktferne Produzenten zur Sicherung und Erhöhung des bäuerlichen Einkommens.

2. Einführung einer systematischen künstlichen Besamung mit Flüssig- und Tiefgefriersperma. Aufbau einer landesweiten Organisation für die künstliche Besamung, um die Durchführung des gezielten Zuchtprogrammes langfristig zu sichern.

3. Entwicklung eines Rinderzucht-Beratungsmodells für den Bereich der Milchviehhaltung in der Projektregion unter Einsatz von Produktionsmitteln.

4. Ausbildung und Beratung verschiedener Gruppen im Rahmen der Projektarbeit im Hinblick auf die Einführung einer Milchviehhaltung.

Projektplanung und -vorbereitung

1962 Zusage der Projektrealisierung durch die Bundesregierung. Erstes und zweites Gutachten 1962 und 1967, dritte Untersuchung für detaillierte Projektvorbereitung und Materialbeschaffung Ende 1967.

Projektdurchführung

Als zentrale Rinderzuchtstation des Landes untersteht das Projekt organisatorisch dem "Directorate of Livestock Services" innerhalb des "Ministry of Forest, Fisheries and Livestock". Demzufolge ist es in folgende Fachabteilungen gegliedert:
1) Allgemeine Verwaltung, 2) Tierzucht und Tierhaltung, 3) Feldfutteranbau und Weidewirtschaft, 4) Futterversuchsanbau, 5) Beratung, 6) Veterinärwesen und künstliche Besamung, 7) Molkerei, 8) Werkstatt.

Die bengalische Seite ist verantwortlich für die allgemeine Verwaltung; der deutschen Seite obliegt die technische Leitung.

Im Rahmen der Projektaktivitäten wird mit anderen Beratungsorganisationen sowie mit Projekten anderer Geber zusammengearbeitet.

<u>Arbeitsergebnisse</u>

Die ersten ca. 1.000 Kreuzungsrinder stehen zur Verfügung. 150 Jungbullen befinden sich im Prüfprogramm, wovon bereits 50 zum regelmäßigen Einsatz innerhalb der künstlichen Besamung gelangen. Seit 1972 wurden ca. 400 verbesserte Zuchttiere (Jungbullen und Färsen) an Farmer, Genossenschaften und Besamungsstationen verteilt.

In der Beratungsregion werden im Monatsdurchschnitt 600 - 700 Besamungen durchgeführt, zusätzlich wöchentlich 500 Spermadosen an verschiedene Besamungsstationen des Landes versandt.

Innerhalb des Futterversuchsanbaues sind ca. 250 verschiedene Futterarten auf Anbau- und Ertragsfähigkeit geprüft worden.

In der Projektregion wurden bisher 500 Modell-Farmer für permanenten Futter- und Zwischenfutteranbau gewonnen.

In Zusammenarbeit mit der Bangladesh Agriculture Development Corporation wurden seit 1972 18.000 t Kunstdünger verteilt.

Die Milchsammelmenge aus der Projektregion konnte von 200 Litern pro Tag auf 8.000 Liter gesteigert werden. Im Durchschnitt liefert das Projekt täglich 10.000 Liter verarbeitete Trinkmilch nach Dacca.

# Bolivien

## Forstliche Planungsvorhaben

### *I. Allgemeines*

PN: 73.2024.5

| | |
|---|---|
| Verantwortlicher deutscher Leiter des Vorhabens: | Dr. Udo Vollmer |
| Projektanschrift: | Casilla 2977 <u>Santa Cruz</u>/Bolivia |
| Projektträger im Gastland: | Centro de Desarrollo Forestal |
| Projektträger in der BRD: | GTZ |
| Zuständige GTZ-Abteilung: | 11      Fachbereich: 114 |
| Projekttyp: | Forstliches Planungsprojekt |
| Zielsetzung des Projektes: | Aufbau des Forstdienstes |

### *II. Zeitlicher Ablauf*

| | |
|---|---|
| Planungsbeginn: | Februar 1973 |
| Durchführungsbeginn: | 15. Oktober 1973 |
| Deutscher Beitrag vereinbart bis: | 15. Oktober 1976 |

### *III. Personal*

| | |
|---|---|
| Personal des Gastlandes (Soll): | keine Angaben |
| Personal der BRD (Soll): | 3 |

### *IV. Sachausrüstung*

Ausrüstung für Projekt, Instrumente für Luftbildauswertung, Fahrzeuge, Büroausstattung.

### *V. Kapitalaufwand*

| | |
|---|---|
| Kapitalaufwand des Gastlandes: | ca. 2.000.000,00 DM |
| Kapitalaufwand der BRD: | 520.000,00 DM |

## VI. Projektbericht

Projektkurzbeschreibung

Das forstliche Planungsprojekt hat zum Ziel, die fachlichen Grundlagen für einen nationalen Forstdienst in Bolivien zu schaffen. Dazu sind mit den bolivianischen Counterparts folgende Aufgaben zu lösen:
- Formulierung der Forstpolitik;
- Schaffung einer umfassenden Forstgesetzgebung;
- Planung einer nationalen Forstverwaltung mit den entsprechenden regionalen Institutionen;
- Durchführung von Erkundungsinventuren zur Abgrenzung von Planungszonen;
- Erarbeitung einer Entwicklungsstrategie für den Forstsektor.

Projektplanung und -vorbereitung

Das Projekt ist als Nachfolgevorhaben aus einem Aufforstungsprojekt zur Erosionskontrolle in La Paz und Cochabamba entstanden. Das Fehlen eines nationalen Forstdienstes führte zu unkontrollierter Exploitation und zum Teil zur Waldverwüstung im Tiefland Boliviens, außerdem gab es keine Institution, die die internationale Hilfe für den Sektor auffangen konnte. Der Landwirtschaftsminister gab dem deutschen Berater freie Hand, ein Konzept zur Entwicklung des Forstsektors zu erarbeiten. Daraus entstand dieses Projekt.

Projektdurchführung

Als erstes wurde der Entwurf des Forstgesetzes in Angriff genommen, der schon im Februar 1974 zur Verabschiedung dem Kabinett vorlag. Im Laufe des Jahres 1974 wurden die Verwaltungsbestimmungen für das "Centro de Desarrollo Forestal (CDF)" und die Durchführungsbestimmungen für das Forstgesetz geschaffen. Leider wurde die Verabschiedung dieses Gesetzgebungswerkes durch Interessengruppen immer wieder hinausgezögert. In Erkundungsinventuren wurden Planungszonen ausgeschieden, die nach Prioritäten geordnet einer geregelten Bewirtschaftung zugeführt werden.

Arbeitsergebnisse

Schaffung einer Forstgesetzgebung. Gründung des "Centro de Desarrollo Forestal (CDF)" als unabhängige Institution mit einem eigenen "Fondo Forestal". Ausarbeitung der Verwaltungsbestimmungen für das CDF. Erkundungsinventuren auf einer Fläche von über 1 Mio. ha. Die Entwicklungsstrategie für den Forstsektor wird bis Oktober 1976 zum Ende der Projektlaufzeit fertiggestellt sein.

# Botswana

## Entsendung von Tierärzten

### I. Allgemeines

PN: 66.2049.6

| | |
|---|---|
| Verantwortlicher deutscher Leiter des Vorhabens: | Dr. N. Dräger<br>N.N. (Einzelsachverständiger) |
| Projektanschrift: | P.O. Box 6<br>Maun/Botswana |
| Projektträger im Gastland: | Landwirtschaftsministerium Botswana |
| Projektträger in der BRD: | GTZ |
| Zuständige GTZ-Abteilung: | 12      Fachbereich: 122 |
| Projekttyp: | Tierärztliches Beratungsprojekt |

Zielsetzung des Projektes: Unterstützung und Beratung der Counterparts Botswana auf dem Gebiet der Seuchenbekämpfung (MKS, Tollwut, Trypanosomiasis, Wildkrankheiten).

### II. Zeitlicher Ablauf

| | |
|---|---|
| Planungsbeginn: | 1966 |
| Durchführungsbeginn: | 1969 |
| Deutscher Beitrag vereinbart bis: | vorerst 30. April 1977 |

### III. Personal

| | |
|---|---|
| Personal des Gastlandes (Soll): | ---- |
| Personal der BRD (Soll): | 2 |

### IV. Sachausrüstung

2 Fahrzeuge, Laborausrüstung, Bücher

### V. Kapitalaufwand

| | |
|---|---|
| Kapitalaufwand des Gastlandes: | ---- |
| Kapitalaufwand der BRD: | 1.521.000,00 DM |

## VI. Projektbericht

Projektkurzbeschreibung

Dr. Dräger ist als Veterinary Investigation Officer von Maun in den Distrikten Ngamiland, Chobe und Ghanzi tätig. Diagnose und Bekämpfung von Tierseuchen (MKS, Trypanosomiasis, Parasitologie) bei Haus- und Wildtieren.

Der zweite deutsche Sachverständige arbeitete bisher als Veterinary Officer Research im Zentrallabor in Gaborone auf dem Tollwutsektor (Wild- und Haustier, Reservoir). Routinediagnose und Schulung von Laboranten.

Projektplanung und -vorbereitung

Dr. Dräger: Verbesserung der diagnostischen Tätigkeit in Maun durch Einrichtung eines Außenlabors. Weitere enge Zusammenarbeit mit anderen Projekten (UN-Okavangoprojekt und dem Zentrallabor in Gaborone.

Zweite deutsche Fachkraft: Schulung von Tierärzten und Laboranten auf dem Tollwutsektor, besonders der verschiedensten Diagnosemöglichkeiten.

Projektdurchführung

Dr. Dräger: Tierärztliche Untersuchung von Haus- und Wildtieren, Feldlabortätigkeit, Beratung, Material- und Datenverarbeitung, Veröffentlichungen.

Zweite deutsche Fachkraft: Eingehende Studie des Tollwutgeschehens in Botswana (Nager, kleine Fleischfresser, Schakal, Haushund). Routinediagnose, Beratung, Material- und Datenverarbeitung, Veröffentlichungen.

Arbeitsergebnisse

Studien und Veröffentlichungen auf dem Gebiet der Wild- und Haustierseuchen (MKS, Tollwut, Trypanosomiasis, bakterielle Erkrankungen). Verbesserung und Beschleunigung der Seuchendiagnose im Zentrallabor und in Maun, Schulung von tierärztlichen Hilfskräften.

# Brasilien
# Förderung der landwirtschaftlichen Interessengemeinschaft Nova Petrópolis (Staat Rio Grande do Sul)

## I. Allgemeines

PN: 64.2099.6

| | |
|---|---|
| Verantwortlicher deutscher Leiter des Vorhabens: | Dr. Manfred Bernhard |
| Projektanschrift: | Cooperativa Agropecuária Petrópolis Ltda. 95.150 Nova Petrópolis - RS/Brasil |
| Projektträger im Gastland: | Cooperativa Agropecuária Petrópolis Ltda. 95.150 Nova Petrópolis-RS/Brasil |
| Projektträger in der BRD: | GTZ |
| Zuständige GTZ-Abteilung: | 11      Fachbereich: 111 |
| Projekttyp: | Beratungs- und Genossenschaftsprojekt |
| Zielsetzung des Projektes: | Einkommenserhöhung der kleinbäuerlichen Betriebe in der Projektregion. |

## II. Zeitlicher Ablauf

| | |
|---|---|
| Planungsbeginn: | Juli 1967 |
| Durchführungsbeginn: | Januar 1970 |
| Deutscher Beitrag vereinbart bis: | 31. Dezember 1976 |

## III. Personal

| | |
|---|---|
| Personal des Gastlandes (Soll): | 43 |
| Personal der BRD (Soll): | 2 |

## IV. Sachausrüstung

Komplette Molkereianlage (Tageskapazität 25.000 l), Obstsortierhalle mit Kühlkammer, 4 Lkw für Produkteverkauf, 5 Kombi-Kfz, 1 Pkw für Beratungs- und Dienstfahrten, Produktionsmittel, Beratungsmaterial, Büroeinrichtung.

## V. Kapitalaufwand

Kapitalaufwand des Gastlandes:     790.000,00 DM

Kapitalaufwand der BRD:     4.900.000,00 DM

## VI. Projektbericht

Projektkurzbeschreibung

Das Projekt liegt in Rio Grande do Sul, dem südlichsten Staat Brasiliens. Die Projektaktivitäten erstrecken sich im wesentlichen auf das Munizip (in der BRD vergleichbar mit größerem Landkreis) Nova Petrópolis mit 15.000 Einwohnern. Das Klima: Übergang der subtropischen in die gemäßigte Zone: 30° C südlicher Breite, Jahres-$\emptyset$-Temperatur: 18° C, Jahresniederschlagsmenge 1.600 - 1.700 mm. Das Munizip hat rd. 2.000 haupterwerbliche, kleinbäuerliche Familienbetriebe mit durchschnittlich 20 ha; davon werden nur etwa 10 ha landwirtschaftlich genutzt. Das Gelände ist bergig und die Parzellen sind (Folge früherer Realteilung) stark zersplittert, weitgehend Selbstversorgung. Hauptkulturen: Mais, Maniok, Weizen, Reis, Kartoffeln, Obst und Gemüse; dazu kommen Ackerfutter und Standweide für die Viehwirtschaft. Die Milchviehhaltung bei Projektbeginn: $\emptyset$ 3,5 Kühe/Betrieb und 1.200 l Milch pro Kuh/Jahr.

Projektplanung und -vorbereitung

Gründe für die Projektaufnahme: schlechte wirtschaftliche Lage der Kleinbauern trotz Produktionsreserven und relativer Marktnähe (90 km Entfernung zum Großraum Porto Alegre mit 1,3 Mio. Einwohnern).

Der Projektvorschlag stammt aus dem Jahr 1967. Von Januar bis April 1970 wurde auf der Grundlage repräsentativer Umfrageergebnisse über die Agrarstruktur, die wirtschaftlichen Verhältnisse und die Vermarktungswege der genaue Projektplan erarbeitet. Danach folgte die Erstellung eines Produktions- und Verkaufsprogrammes für Milcherzeugnisse. Im Jahr 1974 wurde mit der Lieferung landwirtschaftlicher Betriebsmittel, 1975 mit der Vermarktung von Frischobst begonnen.

Projektdurchführung

Arbeitsschwerpunkte zur Erreichung des Projektzieles:
- Aufbau einer Genossenschaft;
- Steigerung der Milchleistung durch künstliche Besamung, Weideverbesserung und Futterkonservierung;
- Intensivierung des Zitrus- und Kernobstanbaus;
- Bau einer Molkerei und Obstsortierhalle mit Kühlraum;
- Absatzorganisation für Molkereiprodukte und Frischobst;
- Betriebsmittellieferungen zur höheren Flächenproduktion;
geplant Neubau einer Lagerhalle für Betriebsmittel.

Arbeitsergebnisse
- stärkere Ausrichtung der landwirtschaftlichen Produktion auf die Marktwirtschaft (Intensitätssteigerung);
- Aufbau eines Netzes von 8 Besamungsstationen (seit 1971: 6.294 künstliche Besamungen);
- Weideverbesserung - Anlage von 193 ha Intensivweiden;
- Einführung der Gärfutterbereitung; Bau von 2.097 m$^3$ Gärfutterraum;
- 1972 bis 1975: Steigerung der Milchlieferung an die Molkerei von 300.000 auf 600.000 l/Monat;
- Neuanlage von Obstplantagen: Pflanzung von 32.000 Obstbäumen.

Genossenschaft:
- Aufbau einer funktionsfähigen Genossenschaft (1.680 Mitglieder);
- Aufbau eines rentablen Genossenschaftsbetriebes: Die Abteilungen Molkerei und Betriebsmittel arbeiten mit Überschuß; 1975 begonnen Obstvermarktung mangels Umsatz noch nicht ganz kostendeckend.
- Leitung der Genossenschaft und des Genossenschaftsbetriebes durch einheimisches Management (deutsche Experten in Übergabephase nur noch Beratungsfunktion);
- Einkommenserhöhung der Genossenschaftsbauern durch höhere, kontinuierliche Einnahmen aus der Milchviehhaltung;
- Verbesserung der Kreditfähigkeit der Bauern durch Auszahlung des Milchgeldes und des Erlöses aus Obstverkäufen über eine Genossenschaftsbank.

# Brasilien

## Milchsachverständiger bei der ACAR MINAS GERAIS

### I. Allgemeines

PN: 71.2025.1

| | |
|---|---|
| Verantwortlicher deutscher Leiter des Vorhabens: | Volker Bruns (Einzelsachverständiger) |
| Projektanschrift: | ACAR<br>Avenida dos Andradas, 367<br>Caixa Postal 900<br>30.000 Belo Horizonte, MG, Brasilien<br>Telefon: 266422 |
| Projektträger im Gastland: | Associaçao de Credito e Assistência Rural ACAR |
| Projektträger in der BRD: | GTZ |
| Zuständige GTZ-Abteilung: | 12    Fachbereich: 121 |
| Projekttyp: | Beratungsprojekt |

Zielsetzung des Projektes: Verbesserung von Milch- und Molkereierzeugnissen, um den steigenden Qualitätsanforderungen des inländischen Marktes gerecht werden und Spitzenerzeugnisse exportieren zu können. Neueinführung bisher nicht oder nur wenig bekannter Molkereierzeugnisse. Neueinrichtung, Erweiterung und Modernisierung von Betriebsanlagen, Verbesserung des Ausbildungsstandes einheimischen Fachpersonals der ACAR.

### II. Zeitlicher Ablauf

| | |
|---|---|
| Planungsbeginn: | 1971 |
| Durchführungsbeginn: | 28. Juli 1972 |
| Deutscher Beitrag vereinbart bis: | Juli 1976 |

### III. Personal

| | |
|---|---|
| Personal des Gastlandes (Soll): | 2 |
| Personal der BRD (Soll): | 1 |

## IV. Sachausrüstung

Dienstwagen, Dienstschreibmaschine, fachliche Handbibliothek, Handrechengeräte, pH-Meßgerät.

## V. Kapitalaufwand

Kapitalaufwand des Gastlandes:  keine Angaben

Kapitalaufwand der BRD:  570.000,00 DM

## VI. Projektbericht

Projektkurzbeschreibung

Die ACAR ist die für den Staat Minas Gerais zuständige landwirtschaftliche Beratungsorganisation. Sie hat erst 1968 die Molkereifachberatung in ihr Programm aufgenommen. Sie arbeitet inzwischen mit 8 Molkereitechnikern, die vom Projekt in Belo Horizonte koordiniert und betreut werden. Es besteht enge Zusammenarbeit mit dem Molkereiinstitut und der Molkereifachschule in Juiz de Fora, 267 km südlich der Hauptstadt (Durchführung molkereitechnischer Versuche und Fortbildungskurse für Techniker der ACAR).

Projektplanung und -vorbereitung

Der Staat Minas Gerais erzeugt über 30 % des gesamten Milchaufkommens Brasiliens und über 60 % des im ganzen Lande verbrauchten Käses. Landesregierung und ACAR sind besonders bemüht, die Erzeugnisse zu verbessern und die Produktionseinrichtungen zu erweitern und zu modernisieren. Seit August 1972 befindet sich der deutsche Sachverständige in Belo Horizonte.

Projektdurchführung

Fachberatung: 8 einheimische Techniker, angeleitet und betreut durch den deutschen Sachverständigen, bearbeiten insgesamt 25 Einzelprojekte (Molkereien, Milchsammelstellen, Kühlzentralen). Die Beratung erstreckt sich insbesondere auf laufende Betriebsberatung zur Verbesserung der Produktionsqualitäten und Einführung neuer Produkte, auf Neuplanungen von Molkereibetrieben und Sammelstellen sowie auf Erweiterung und Modernisierung bestehender Betriebe und Betriebseinrichtungen.

Fortbildung der Molkereitechniker der ACAR: Ein erster einwöchiger Fortbildungskurs über Molkereiplanung, Bau und Einrichtung sowie Molkereihilfsstoffe wurde im April 1973 abgehalten, ein weiterer Kurs über moderne Käseherstellungsverfahren wird vorbereitet.

Versuchstätigkeit: In Zusammenarbeit mit dem Molkereiinstitut in

Juiz de Fora werden Versuche zur Neueinführung von Speisequark (einschließlich Quarkspeisenrezepte) und Camembertkäse durchgeführt. Im Laufe der Zeit sollen Standardmethoden zur Herstellung der Molkereierzeugnisse von Minas Gerais erarbeitet werden.

Arbeitsergebnisse

Das Projekt ist erst im Juli 1972 angelaufen; wesentliche Ergebnisse können noch nicht erwartet werden.

Laufende Arbeiten: Ständige Anleitung und Betreuung der Techniker, Planung und Vorbereitung von Beratungsprojekten. Sammlung statistischer Unterlagen. Vorbereitung und Durchführung von Fortbildungskursen und Versuchstätigkeit.

Projektproblematik: Weite Entfernungen zwischen Einzelprojekten, die sich auf 800 km westlich, 200 km nördlich, 450 km südwestlich, 400 km südöstlich und 300 km südlich vom Einsatzort erstrecken. Traditionsbeladenheit der Milchwirtschaft von Minas Gerais erschwert oft Einführung moderner Herstellungsverfahren und verbesserter Produktqualitäten.

# Brasilien

## Förderung der Grünlandwirtschaft in Ponta Grossa/Paraná

### I. Allgemeines

PN: 73.2016.1

| | |
|---|---|
| Verantwortlicher deutscher Leiter des Vorhabens: | Franz Jaster |
| Projektanschrift: | Estaçao Experimental de Criaçao UEPAE Ponta Grossa Caixa Postal 41 84.100 Ponta Grossa/Paraná Brasilien |
| Projektträger des Gastlandes: | Empresa Brasileira de Pesquisa Agropecuária EMBRAPA, Brasilia |
| Projektträger in der BRD: | GTZ |
| Zuständige GTZ-Abteilung: | 11    Fachbereich: 112 |
| Projekttyp: | Angewandte Forschung und Beratung |

Zielsetzung des Projektes: Anhand von Grünlandfeldversuchen sollen grundlegende Daten erarbeitet werden, die eine rationelle Weidewirtschaft innerhalb verschiedener Betriebssysteme der Fleisch- und Milchproduktion ermöglichen.

### II. Zeitlicher Ablauf

| | |
|---|---|
| Planungsbeginn: | Juli 1972 |
| Durchführungsbeginn: | März 1973 |
| Deutscher Beitrag vereinbart bis: | Oktober 1976 |

### III. Personal

| | |
|---|---|
| Personal des Gastlandes (Soll): | 2 |
| Personal der BRD (Soll): | 2 |

### IV. Sachausrüstung

Maschinen und Geräte für Feldversuche, Laborgeräte, Maschinen für großflächige Arbeiten, Weidezaunanlagen, Düngemittel und Fahrzeuge.

## V. Kapitalaufwand

Kapitalaufwand des Gastlandes:    keine Angaben

Kapitalaufwand der BRD:    662.000,00 DM

## VI. Projektbericht

Projektkurzbeschreibung

Die Versorgung der städtischen Bevölkerung mit Fleisch- und Milchprodukten ist in einigen Teilen Brasiliens nicht hinreichend gesichert. So beträgt der durchschnittliche Trinkmilchverbrauch in der Hauptstadt von Paraná nur ca. 1 Liter auf 10 Personen. Da außerdem bei fortschreitender Industrialisierung und Urbanisierung des Landes mit einem starken Anstieg des Bedarfs an tierischem Eiweiß gerechnet werden muß, ist die brasilianische Regierung bemüht, die Viehwirtschaft und besonders die Milcherzeugung durch Kredite und eigene Programme zu fördern.

Dieses Grünlandprojekt übernimmt dabei die Aufgabe, die produktionstechnischen Bedingungen für eine reichhaltige und gleichmäßige Futterversorgung, möglichst auf der Grundlage intensiv genutzter Dauerweiden, zu ermitteln. Unter besonderer Berücksichtigung der Wirtschaftlichkeit werden deshalb ertragssteigernde Maßnahmen wie Düngung, Weideunterteilung, Verwendung angepaßter Sorten auf der Weide und im Feldfutterbau sowie Ernte- und Konservierungsverfahren untersucht und die Ergebnisse für Empfehlungen an die Praxis verwendet.

Das Projekt ist der Versuchsstation für Tierzucht in Ponta Grossa/ Paraná angegliedert, die der brasilianischen Gesellschaft für landwirtschaftliche Forschung (EMBRAPA-Brasilia) untersteht. Arbeitsgebiet ist das südliche Hochland von Paraná mit ca. 21.500 qkm landwirtschaftlicher Nutzfläche bei Anteilen von 30 % Ackerland (Weizen-Soja), 62 % Naturweide ("Campo nativo") sowie 8 % verbesserte Weiden.

Die natürlichen, aber auch die wirtschaftlichen Voraussetzungen für eine Intensivierung der Viehzucht sind günstig.

Projektplanung und -vorbereitung

Das Projekt bildet für den Fachbereich Grünlandwirtschaft die Fortsetzung des im Dezember 1972 ausgelaufenen Projektes FE 1205 - "Landwirtschaftliche Sachverständige am IPEAME - Curitiba", das im wesentlichen die Untersuchung von Düngungs- und Anbaufragen von Ackerkulturen (Weizen-Soja) und von Futterpflanzen zum Inhalt hatte. Die seinerzeit begonnene Versuchsarbeit an Futterpflanzen sollte in einem eigenen Projekt fortgeführt und erweitert werden. Die Planung erfolgte in Zusammenarbeit mit einheimischen Fachkräften.

## Projektdurchführung

Das auf die regionalen Erfordernisse abgestimmte Versuchsprogramm enthält eine Anzahl von Exaktversuchen und Tests, die auf zwei repräsentativen Standorten, Ponta Grossa und Guarapuava (200 km Entfernung), zur Durchführung gelangen. Der Schwerpunkt liegt in der Düngung von Gräsern und Leguminosen des subtropischen und des gemäßigten Klimas. Praktische Arbeiten werden mit Hilfe der aus der BRD gelieferten Versuchsmaschinen und Geräte ausgeführt. Im übrigen werden die vorhandenen Einrichtungen der Versuchsstationen benutzt. Diese stellt ebenfalls Betriebsmittel und Hilfskräfte. Die Ergebnisse der Arbeit werden durch Berichte, Vorträge und Feldbesichtigungen dem Beratungsdienst oder den praktischen Landwirten direkt zugänglich gemacht.

Die Projektdurchführung wurde anfänglich durch Verwaltungsschwierigkeiten infolge Wechsels und Neuorganisation beim einheimischen Projektträger empfindlich gestört.

## Arbeitsergebnisse

Die in ca. 5 Jahren Versuchsarbeit im Projekt erzielten Ergebnisse erlauben es heute, gut fundierte Aussagen über Anbau, Düngung und Nutzung angepaßter Futterpflanzen zu machen. Die gewonnenen Daten bilden auch die Grundlage der Empfehlungsbündel, die offiziell unter Beteiligung von Forschung, Beratung und der praktischen Landwirte für Milchproduktionsbetriebe der subtropischen Region von Paraná aufgestellt wurden.

Die darin benutzten Betriebsmodelle sehen eine stufenweise Steigerung der Flächen-Nutzungsintensität vor. Ausgehend von der Naturweide mit nur 0,3 Kopf Vieh/ha steigt die Besatzstärke durch zusätzlichen Feldfutterbau, Anlage von Dauerweiden mit Nachsaaten und Vorratswirtschaft mit Heu und Silage auf Werte von 2,5 - 3.0 GVE/ha.

Vom Projekt propagierte Anbautechniken fanden auf breiter Linie Eingang in die Praxis. Der noch vor wenigen Jahren diskutierte Winterfutterbau wurde zum Hauptpfeiler der jährlichen Futterproduktion. Große Verbesserungen brachten auch die Einführung des Kleeanbaues, die Rotationsweide und der Übergang zur Winterdauerweide.

Die Untersuchungen über Sommerdauerweiden befinden sich noch im Versuchsstadium.

# Brasilien

## Audiovisueller Landw. Beratungs- und Informationsdienst

### I. Allgemeines

PN: 73.2060.9

| | |
|---|---|
| Verantwortlicher deutscher Leiter des Vorhabens: | Peter Hartmann |
| Projektanschrift: | Caixa Postal 1416<br>29.000<br>Vitoria-ES/Brasilien |
| Projektträger im Gastland: | ABCAR (Dachorganisation des landwirtschaftlichen Beratungsdienstes Brasilien) |
| Projektträger in der BRD: | GTZ |
| Zuständige GTZ-Abteilung: | 13    Fachbereich:   131 |
| Projekttyp: | Landwirtschaftliches Informationswesen |

Zielsetzung des Projektes: Herstellung, Verbreitung und Einsatz audiovisueller Beratungsmittel.

### II. Zeitlicher Ablauf

| | |
|---|---|
| Planungsbeginn: | 1972 |
| Durchführungsbeginn: | 1974 |
| Deutscher Beitrag vereinbart bis: | April 1976 |

### III. Personal

| | |
|---|---|
| Personal des Gastlandes (Soll): | ---- |
| Personal der BRD (Soll): | 1 |

### IV. Sachausrüstung

Film-, Ton- und Fotoausrüstung mit Zubehör; Filmmaterial

## V. Kapitalaufwand

Kapitalaufwand des Gastlandes: ----

Kapitalaufwand der BRD: 700.000,00 DM

## VI. Projektbericht

Projektkurzbeschreibung

Die landwirtschaftliche Beratungsorganisation ACARES des Staates Espirito Santo mit Sitz in Vitória hatte in den Jahren 1971 bis 1974 mit Hilfe eines deutschen TH-Vorhabens eine Abteilung für audiovisuelle Beratungshilfsmittel eingerichtet. Der hierzu entsandte deutsche Experte betreut seit 1974 diese Abteilung weiter und unterstützt zusätzlich die entsprechenden Beratungsorganisationen in den Staaten Minas Gerais und Rio Grande do Sul bei der Herstellung von Beratungsfilmen.

Projektdurchführung

Der Zielsetzung der brasilianischen Landwirtschaftsberatung - Steigerung der landwirtschaftlichen Produktion und Verbesserung der Lebensverhältnisse auf dem Lande - entsprechend, wird vom Projekt audiovisuelles Material, überwiegend in Form von Diaserien und Filmen für den Einsatz in der Beratung hergestellt.

Die Auswahl der Themen und des für die Darstellung des Inhalts zweckmäßigsten Hilfsmittels wird gemeinsam vom deutschen Sachverständigen mit der jeweiligen Direktion getroffen.

Arbeitsergebnisse

Folgende Tonbildreihen und Superacht-Filme befinden sich im Einsatz: Agrarkredit - Milchviehhaltung - Reisernte - Anzucht von Kaffeepflanzen - Kaffee aus Afonso Claudio - Gruppenarbeit beim 4S-Club (Landjugendgruppe) - Anlage von Kaffeekulturen am Hang.

16 mm-Lichttonfilme, die im Einsatz sind:
Veterinärambulanzen in Brasilien - Die Landjugend - Der Feldtag für die moderne Beratung (Zielgruppe Berater).

16 mm-Lichttonfilme in der Herstellung:
Apfelanbau - Feldversuche in Minas Gerais - Futterkonservierung in Rio Grande do Sul - Neuzeitliche Schweinemast.

# Brasilien

## Regierungsberater am Landwirtschaftsministerium in Minas Gerais

### *I. Allgemeines*

PN: 74.2191.0

| | |
|---|---|
| Verantwortlicher deutscher Leiter des Vorhabens: | Ernst C. Lamster |
| Projektanschrift: | C.P. 900 - 30000 Belo Horizonte MG Brasil - Telefon: 226-6422 |
| Projektträger im Gastland: | Secretaria de Estado da Agricultura de Minas Gerais (Landwirtschaftsministerium des brasilianischen Bundesstaates Minas Gerais) |
| Projektträger in der BRD: | GTZ |
| Zuständige GTZ-Abteilung: | 11    Fachbereich:   111 |
| Projekttyp: | Beratungsprojekt |

Zielsetzung des Projektes: Rationelle Nutzung der bewässerungsfähigen Niederungen des Bundesstaates Minas Gerais

### *II. Zeitlicher Ablauf*

| | |
|---|---|
| Planungsbeginn: | Juli 1974 |
| Durchführungsbeginn: | Januar 1975 |
| Deutscher Beitrag vereinbart bis: | 31. Dezember 1977 |

### *III. Personal*

Personal des Gastlandes (Soll):   143

Personal der BRD (Soll):   1

IV. Sachausrüstung

1 Pkw, 1 leichter Lkw, Nivelliergeräte und Zusatzausrüstung.

## V. Kapitalaufwand

Kapitalaufwand des Gastlandes:   keine Angaben

Kapitalaufwand der BRD:   950.000,00 DM

## VI. Projektbericht

Projektkurzbeschreibung

Landwirtschaftliches Beratungsprojekt im brasilianischen Bundesstaat Minas Gerais - 582.586 qkm für ca. 1.5 Mio. Hektar bewässerungsfähige Niederungen mit meist aluvialen Böden. Geografische Situation: 14° 13' - 22° 54' südliche Breite, 39° 52' - 51° 02' westliche Länge. Klima: Jahresdurchschnittstemperatur: + 21,6 °C, relative Luftfeuchtigkeit: ⌀ 69,4 %, Jahresniederschläge: 1.450 mm, Niederschlagsverteilung: Regenzeit November/April, Trockenzeit Mai/Oktober. Einwohnerzahl: 12 Mio. Hauptkulturarten: Mais, Reis, Soja, Bohnen, Manioka, Baumwolle, Kaffee und Erdnuß. Milch- und Mastviehhaltung - 20 Mio. Rinder - führen in der brasilianischen Milcherzeugung. Aufgabenstellung: Beratung des Landwirtschaftsministers in der rationellen Nutzung der bewässerungsfähigen Niederungen - Einsatz als technischer Assessor bei den halbstaatlichen Organisationen Associacao de Crédito e Assisténcia Rural ACAR und Fundacao Rural Mineira RURALMINAS, welche mit der Durchführung des Projektes PROVÁRZEAS, das die o. g. Ziele erreichen soll, beauftragt sind. Projektaktivitäten: Beratende Tätigkeit bei der Ausführung von infrastrukturellen Maßnahmen (Hochwasserschutz, Drainage), Anlage von Bewässerungssystemen und ganzjährige, intensive Nutzung der Flächen zur Steigerung der landwirschaftlichen und tierischen Produktion. Es handelt sich bei dem Programm PROVÁRZEAS um eine Vielzahl von individuellen Bewässerungsprojekten verschiedener Größe.

Projektplanung und -vorbereitung

Das vorliegende Projekt ist ein Folgeprojekt von FE 1502 (Sachverständiger für Feldversuchswesen in Minas Gerais), dessen Arbeitsergebnisse die Grundlage für die rationelle Nutzung der vorhandenen Niederungen bilden.

Projektdurchführung

Die oberste Leitung des Projektes liegt beim Landwirtschaftsministerium des Bundesstaates Minas Gerais. Aufgabenverteilung - größere infrastrukturelle Maßnahmen werden in Zusammenarbeit direkt vom DNOS (Departamento Nacional de Obras e Saneamento) durchgeführt (einer Abteilung des Bundesinnenministerium). Die ACAR ist verantwortlich für: Auswahl der Flächen, topografische Geländeaufnahme, Kreditplanung, technische Assistenz und Nutzungprogramm der Flächen.

Die RURALMINAS erarbeitet und kalkuliert die einzelnen Projektpläne und führt die notwendigen Ingenieurarbeiten durch. Für größere Projekte werden private Consultings kontraktiert. Im Dreijahresplan 1975/77 sollen 57.000 ha Niederungen für eine ganzjährige Nutzung vorbereitet werden. Kredite zur Finanzierung der Maßnahmen werden vorerst von den örtlichen Banken zur Verfügung gestellt (5jährige Laufzeit - 2 Freijahre - 15 % Zinsfuß).

Arbeitsergebnisse

Aufbau der Projektorganisation. Katastermäßige Erfassung der bewässerungsfähigen Niederungen des Bundesstaates (zu 90 % beendet). Durchführung von Schulungskursen für Techniker der ACAR und RURALMINAS in Projektplanung und -durchführung. Ausbildung von Traktorfahrern im Umgang mit Erdbewegungsmaschinen. Ausstattung der Techniker mit Geräten. Einrichtung von zwei Außenstellen in Muriaé und Pouso Alegre. Vorbereitung von ca. 3.000 ha Niederungen (topografische Geländeaufnahme, Kalkulation der Erdbewegung usw.) Durchführung von staatlichen Kampagnen.

Das Projekt PROVARZEAS (Rationelle Nutzung der bewässerungsfähigen Niederungen in Minas Gerais) ist ein staatliches Regierungsprogramm mit hohem Prioritätsgrad.

Durch die Möglichkeit der ganzjährigen Nutzung dieser Niederungen mit künstlicher Bewässerung (das Wasser steht in vielen Fällen mit natürlichem Gefälle zur Verfügung), kann das Reineinkommen der Bauern gesichert und erheblich gesteigert, die Landflucht verringert und die landwirtschaftliche Produktion des Staates Minas Gerais angehoben werden.

# Brasilien

## Regierungsberater für die Einrichtung von Maschinenringen

### I. Allgemeines

PN: 75.2073.7

Verantwortlicher deutscher
Leiter des Vorhabens: Peter Klingensteiner

Projektanschrift: Secretaria de Agricultura
Rua Julia de Castillo 585
7 andar 90.000
Porto Alegre-RS/Brasilien

Projektträger im Gastland: Landwirtschaftsministerium
des Bundesstaates Rio Grande
do Sul

Projektträger in der BRD: GTZ

Zuständige GTZ-Abteilung: 14    Fachbereich: 141

Projekttyp: Landtechnische Beratung

Zielsetzung des Projektes: Unterstützung kleinbäuerlicher Betriebe durch den Aufbau von Genossenschaften, durch überbetrieblichen Maschineneinsatz und durch Ausbildung im landtechnischen Sektor.

### II. Zeitlicher Ablauf

Planungsbeginn: Mai 1975

Durchführungsbeginn: März 1976

Deutscher Beitrag
vereinbart bis: Februar 1979

### III. Personal

Personal des Gastlandes (Soll): 20

Personal der BRD (Soll): 1

### IV. Sachausrüstung

wird fast ausnahmslos vom einheimischen Projektträger finanziert und im Einsatzland beschafft.

## V. Kapitalaufwand

Kapitalaufwand des Gastlandes:   ca. 2.000.000,00

Kapitalaufwand der BRD:   500.000,00 DM

## VI. Projektbericht

Projektkurzbeschreibung

Im brasilianischen Bundesstaat Rio Grande do Sul herrschen kleinbäuerliche Betriebe vor. Ihre Entwicklung zu gesunden Existenzgrundlagen für die Besitzer wurde u.a. beeinträchtigt durch fehlende Betriebsmittel und Kapitalknappheit.

Der Zusammenschluß von Einzelbetrieben in Genossenschaften ermöglicht den Landwirten Kreditaufnahme, Betriebsmittelbeschaffung und Beratung. Das TH-Projekt knüpft an den erfolgreichen Einsatz eines DED-Freiwilligen an.

Die deutsche Fachkraft initiiert und fördert den Zusammenschluß der landwirtschaftlichen Betriebe und berät sie in erster Linie auf dem Gebiet des überbetrieblichen Maschineneinsatzes.

Projektplanung und -vorbereitung

- - - -

Projektdurchführung

- - - -

Arbeitsergebnisse

Brasilien

# Einführung betriebslandwirtschaftlicher Methoden in Rio Grande do Sul

## I. Allgemeines

PN: 72.2065.0

| | |
|---|---|
| Verantwortlicher deutscher Leiter des Vorhabens: | Frieder Konold |
| Projektanschrift: | Caixa Postal 1467<br>90 000 Porto Alegre - RS/Brasilien |
| Projektträger im Gastland: | Secretaria da Agricultura do Estado do Rio Grande do Sul |
| Projektträger in der BRD: | GTZ |
| Zuständige GTZ-Abteilung: | 13    Fachbereich: 134 |
| Projekttyp: | Beratungsprojekt |

Zielsetzung des Projektes: Schaffung einer breiteren Basis für einzelbetriebliche und agrarpolitische Entscheidungen durch Einführung geeigneter betriebswirtschaftlicher Methoden zur Datenerfassung, Analyse und Planung in der Landwirtschaft des Bundeslandes Rio Grande do Sul im Hinblick auf eine Verbesserung der wirtschaftlichen und sozialen Verhältnisse der ländlichen Bevölkerung. Zu diesem Zweck soll die Unidade de Economia Agrícola (Abteilung für Agrarökonomie) der Secretaria da Agricultura (Landwirtschaftsministerium des Bundeslandes Rio Grande do Sul) beraten und bei der Entwicklung und Durchführung entsprechender Programme unterstützt werden.

## II. Zeitlicher Ablauf

| | |
|---|---|
| Planungsbeginn: | keine Angaben |
| Durchführungsbeginn: | August 1973 |
| Deutscher Beitrag vereinbart bis: | August 1976 |

## III. Personal

| | |
|---|---|
| Personal des Gastlandes (Soll): | 3 |
| Personal der BRD (Soll): | 1 |

## IV. Sachausrüstung

Pkw, Büroausrüstung, Beratungsmaterial

## V. Kapitalaufwand

Kapitalaufwand des Gastlandes:     keine Angaben

Kapitalaufwand der BRD:     412.000,00 DM

## VI. Projektbericht

Projektkurzbeschreibung

Die vor Durchführungsbeginn des Projektes neu geschaffene Unidade de Economia Agrícola der Secretaria da Agricultura hat die Aufgabe, ökonomische Forschung zu betreiben und für politische Entscheidungen wichtige Studien auf agrarökonomischem Gebiet zu erstellen.

Im Rahmen des Projektes soll dabei die wirtschaftliche Situation bei der Erzeugung landwirtschaftlicher Produkte sowohl in der privaten Landwirtschaft als auch an den den Forschungsinstituten für pflanzliche und tierische Produktion der Secretaria angegliederten Versuchsstationen geprüft werden. Die Kosten- und Leistungsstruktur wichtiger Erzeugnisse soll unter Berücksichtigung regionaler, technologischer, marktwirtschaftlicher und anderer struktureller Unterschiede untersucht und die Ergebnisse der Beratung zugänglich gemacht werden. Dabei sollen zunächst Informationen erfaßt, ausgewertet und vorgelegt werden, welche sowohl eine Beurteilung konkurrierender Betriebszweige bzw. alternativer Produktionsverfahren und Optimumsplanungen für landwirtschaftliche Betriebe erlaubt, als auch Daten zur Erarbeitung von Förderprogrammen, für die staatliche Preispolitik und regionale Entwicklungsplanung liefert.

Projektplanung und -vorbereitung

Die Projektplanung und -vorbereitung erfolgte in Zusammenarbeit mit dem Institut für landwirtschaftliche Betriebswirtschaft der Universität Hohenheim sowie in Absprache mit dem Landwirtschaftsminister des Staates Rio Grande do Sul anläßlich seines Besuches in der BRD im Jahre 1972.

Projektdurchführung und Arbeitsergebnisse

Durchführung von Untersuchungen der Kosten- und Leistungsstruktur für das Land RGS bzw. bestimmte Regionen wirtschaftlich bedeutender landwirtschaftlicher Erzeugnisse zunächst auf der Basis von Erhebungen durch Umfragen.
Neuorganisation einer landwirtschaftlichen Versuchsstation.

Entwicklung und Test eines für die permanente Lieferung von betriebswirtschaftlicher Information bestimmten und für die praktische Landwirtschaft geeigneten Datenerfassungssystems (Buchführung).

Durchführung von Kursen für Berater und Landwirte über Betriebskontrolle, -analyse und -planung mit Einführung in das landwirtschaftliche Rechnungswesen in Zusammenarbeit mit anderen mit diesem Sektor verflochtenen Institutionen (Beratungsorganisationen, landwirtschaftliche Syndikate, etc.).

# Brasilien

# Jungbaumberatung in Südbrasilien

## I. Allgemeines

PN: 65.2082.9

| | |
|---|---|
| Verantwortlicher deutscher Leiter des Vorhabens: | Günter Schewe |
| Projektanschrift: | Rua Marques do Herval 641, Caixa Postal 2564 90 000 Porto Alegre/RS/Brasilien |
| Projektträger im Gastland: | Secretaria da Agricultura do Rio Grande do Sul 90 000 Porto Alegre |
| Projektträger in der BRD: | GTZ |
| Zuständige GTZ-Abteilung: | 11     Fachbereich: 111 |
| Projekttyp: | Landwirtschaftliches Beratungsprojekt |

Zielsetzung des Projektes: Produktionstechnische und betriebswirtschaftliche Beratung brasilianischer Junglandwirte als Komplementärprogramm zu den von diesen absolvierten Fortbildungskursen in der Bundesrepublik Deutschland

## II. Zeitlicher Ablauf

| | |
|---|---|
| Planungsbeginn: | 1967 |
| Durchführungsbeginn: | Oktober 1970 |
| Deutscher Beitrag vereinbart bis: | 31. Dezember 1975 |

## III. Personal

| | |
|---|---|
| Personal des Gastlandes (Soll): | 1 |
| Personal der BRD (Soll): | 2 |

## IV. Sachausrüstung

Zuchtschweine, Saatgut zur Anlage von Weiden, Filmvorführwagen, Beratungshilfsmittel, Fahrzeuge

## V. Kapitalaufwand

Kapitalaufwand des Gastlandes: ca. 700.000,00 DM

Kapitalaufwand der BRD: ca. 1.748.000,00 DM

## VI. Projektbericht

Projektkurzbeschreibung

Die landwirtschaftlichen Verwaltungen der Südstaaten Brasiliens St. Catarina, Parana und Rio Grande do Sul haben besonderes Interesse an der Förderung der Landwirtschaft. Speziell die Gebiete mit kleinbäuerlichen Strukturen werden gefördert. In diesem Zusammenhang wird dem Projekt starke Aufmerksamkeit geschenkt, was sich u. a. in der pünktlichen Erfüllung der vereinbarten Partnerschaftsleistungen niederschlägt.

Projektart: landwirtschaftliches Beratungsprojekt.
Aufgabenstellung: Förderung einer bestimmten Gruppe, die über ein weites Gebiet verteilt ist. Die positive Entwicklung der einzelnen Jungbauern soll sich modellhaft auswirken. Die Sachverständigen sollen produktionstechnische, betriebs- und arbeitswirtschaftliche Beratung und Fortbildung durchführen. Sie helfen sowohl bei der Landbeschaffung zur Betriebsaufstockung und Betriebsneugründung wie auch bei der Vermittlung von Krediten für Investitionen und Betriebsmitteln.

Die zu betreuende Gruppe von derzeitig 260 Junglandwirten wohnt über Rio Grande do Sul, Santa Catarina und Parana verstreut. Die ungeheure räumliche Ausdehnung und die damit verbundenen landwirtschaftlichen und betriebswirtschaftlichen Unterschiede fördern eine überwiegend individuelle Beratung. Es können jeweils nur kleine Arbeitsgruppen in landwirtschaftlich und betriebswirtschaftlich ähnlichen Gebieten zusammengefaßt werden.

Projektplanung und -vorbereitung

Im Rahmen von Ausbildungsprogrammen der Zentralstelle für Landwirtschaft und Ernährung der DSE in Feldafing wurden brasilianische Bauernsöhne mit deutschen Sprachkenntnissen in Deutschland in praktischer Landwirtschaft mit Abschluß als landwirtschaftlicher Gehilfe oder auch Meister ausgebildet. Durch den 2 1/2jährigen Aufenthalt in der BRD hatten die nach Brasilien zurückkehrenden Junglandwirte Schwierigkeiten bei der Wiedereingliederung in die Familie, aber auch kaum Möglichkeiten oder eine Anleitung, ihr in der BRD erworbenes Wissen den Verhältnissen in ihrer Heimat anzupassen. Daher wurde dieses Beratungsprojekt konzipiert, um den Junglandwirten zu einer möglichst selbständigen Existenz in der Landwirtschaft zu verhelfen bzw. sie bei der Durchsetzung ihrer Kenntnisse im elterlichen Betrieb zu unterstützen.

## IV. Sachausrüstung

Lieferung der Laborausrüstungen, Dienst-Pkw, Motorboote und landwirtschaftliche Maschinen und Geräte für Versuchsbetrieb.

## V. Kapitalaufwand

Kapitalaufwand des Gastlandes: keine Angaben

Kapitalaufwand der BRD: 3.000.000,00 DM

## VI. Projektbericht

Projektkurzbeschreibung

Die entwicklungspolitischen Bemühungen der brasilianischen Regierung sind weiterhin intensiv auf die wirtschaftliche Erschließung des Amazonasgebietes gerichtet (Bau der Transamazonica). Dabei kommt der landwirtschaftlichen Erschließung und nachhaltigen "umweltschonenden" Nutzung dieses Gebietes große Bedeutung zu. Während der Laufzeit des Projektes sollen insgesamt 12 Counterparts in Instituten der BRD auf ihre spätere wissenschaftliche Tätigkeit und Weiterführung der Projektarbeit ausgebildet werden. Die EMBRAPA hat ein Gebäude zur Verfügung gestellt, in dem z.Z. Installationen zur Einrichtung der Laboratorien erstellt werden.

Die brasilianische Regierung hat in ihrem Plan für die Entwicklung des Amazonasgebietes 16 Einzelmaßnahmen vorgesehen, von denen mit deutscher Technischer Hilfe folgende durchgeführt werden:

- Aufbau von Laboratorien für tierische und pflanzliche Produktion in Zusammenarbeit mit der EMBRAPA im Staate Amazonas.

- Erarbeitung von Anbausystemen, die unter Erhaltung des ökologischen Gleichgewichts eine ökonomische landwirtschaftliche Nutzung der Terra firme-Böden ermöglichen.

Projektplanung und -vorbereitung

Die Projektplanung erfolgte auf der Grundlage eines von den Professoren der Forschungsanstalt für Landwirtschaft in Braunschweig-Völkenrode sowie der Landwirtschaftskammer Hannover erstellten Gutachtens, das jeweils im Frühjahr 1973 und 1974 durch weitere Kurzstudien aktualisiert wurde.

Projektdurchführung

Gastland stellt: Land, Gebäude, Counterparts, Arbeiter, z.T. landwirtschaftliche Maschinen, Produktionsmittel, Wohnung für Experten.

BRD stellt: Laborausrüstungen, landwirtschaftliche Maschinen, Geräte,

Fahrzeuge.

Die Laboratorien werden nach abgeschlossenem Ausbau im Herbst 1975 ihre volle Funktion aufnehmen.

Laufende Arbeiten: Rinderfütterungsversuche und Milchkontrolle. Feldversuche im Bereich der pflanzlichen Produktion.

# Brasilien

## Grünlandwirtschaft Santa Catarina

### I. Allgemeines

PN: 74.2221.5

| | |
|---|---|
| Verantwortlicher deutscher Leiter des Vorhabens: | Dr. Hans Winkler |
| Projektanschrift: | Caixa Postal 544<br>88.500<br>Lages, Santa Catarina/Brasilien |
| Projektträger im Gastland: | EMPASC (Emprèsa Catarinense de Pesquisa Aplicada) |
| Projektträger in der BRD: | GTZ |
| Zuständige GTZ-Abteilung: | 11      Fachbereich: 112 |
| Projekttyp: | Versuchs- und Beratungsprojekt |

Zielsetzung des Projektes: Aufbau und Betrieb einer Grünlandversuchsstation. Durch Versuchsanstellungen und Demonstrationen von Futterpflanzenkollektionen an ökologisch unterschiedlichen Standorten sollen Wege gefunden werden, um die Produktivität der bisher nur extensiv genutzten Weide- und Futterbauflächen im Staat Santa Catarina anzuheben. Beratung der Landwirte, der landwirtschaftlichen Behörden und Genossenschaften. Verbesserung des Ausbildungsstandes des einheimischen Fachpersonals.

### II. Zeitlicher Ablauf

| | |
|---|---|
| Planungsbeginn: | Juni 1974 |
| Durchführungsbeginn: | Oktober 1975 |
| Deutscher Beitrag vereinbart bis: | September 1978 |

### III. Personal

| | |
|---|---|
| Personal des Gastlandes (Soll): | ---- |
| Personal der BRD (Soll): | 2 |

## IV. Sachausrüstung

Maschinen und Geräte zur Anlage und Durchführung von Grünlandversuchen; Laborgeräte für die Untersuchungen von Pflanzenmaterial; Düngemittel, Pflanzenschutzmittel und Saatgut; Fachbücher.

## V. Kapitalaufwand

Kapitalaufwand des Gastlandes:     ----

Kapitalaufwand der BRD:             1.700.000,00 DM

## VI. Projektbericht

Projektkurzbeschreibung

Der Staat Santa Catarina im Süden Brasiliens hat etwa ein Drittel der Größe der Bundesrepublik Deutschland und gilt mit 3 Mio. Einwohner (1972) für brasilianische Verhältnisse als dicht besiedelt. Seine Lage in der subtropischen Klimazone in Verbindung mit gleichmäßig über das ganze Jahr verteilten Niederschlägen (durchschnittliche Regenmenge 1.500 mm) ermöglicht den Anbau einer Vielzahl von Kulturen. Bei den landwirtschaftlichen Besitzungen überwiegen die Kleinbetriebe (Größe ca. 20 ha) mit einer Zahl von durchschnittlich 5 Kühen. Schlechte Wegeverhältnisse, hochgelegenes Gelände mit wechselhafter Topografie, steinige Felder. Die natürliche Vegetation sind Araukarienwälder und Grassteppen, sogenannte "Campos Limpos".

Ausgangsmaterial der Böden sind Sandsteine, Schiefer und Basalt; die Böden sind allgemein humusreich, sauer, nährstoffarm, P-fixierend. Sie können verhältnismäßig leicht durch Kalkung und Düngung auf ein höheres Ertragsniveau gebracht werden.

Das Gebiet umfaßt ältere Siedlungszonen mit kleinbäuerlicher Struktur, hauptsächlich in Berg- und Hügelländern und Zonen ehemaligen Großgrundbesitzes, in denen erst in den letzten Jahrzehnten eine Aufsiedlung in mittel- und großbäuerliche Betriebsgrößen stattgefunden hat. Schrittmacher der landwirtschaftlichen Entwicklung, sowohl im modernen Ackerbau wie in der Tierhaltung, waren einige geschlossene Siedlungsgenossenschaften.

In den letzten Jahren wurden in verstärktem Maße Weizen und Soja angebaut, wobei beim Weizen jedoch häufig Rückschläge infolge klimatischer Einflüsse wie Nachfröste, Trockenheit und übermäßige Regenfälle zu ungünstigen Zeiten hingenommen werden mußten. Die schlechten Erfahrungen mit Weizen boten Anlaß dafür, die Viehwirtschaft auch in den Ackerbauzonen in den Vordergrund zu rücken und besonders zu fördern.

Kernproblem der Rindviehhaltung ist die Sicherung einer gleichmäßimäßigen Futterversorgung auf der Grundlage produktiver Dauerweiden. Die Nutzung der natürlichen Campweiden wie auch angebauter Sommer- oder Winterfutterpflanzen beschränkt sich jeweils immer nur auf kurze Zeitspannen. Bei extensiver Rindermast auf reinem Camp beträgt die Besatzstärke 0,2 - 0,3 Kopf/ha. Im gleichen Raum liegende Milchwirtschaften haben bereits höhere Intensitätsstufen erreicht, indem sie Düngung, Weideunterteilung und Winterfutterbau praktizieren oder sich durch Zukauf von Kraftfutter und Luzerneheu helfen. Die oftmals betriebswirtschaftlich schlecht koordinierten Maßnahmen schmälern jedoch den Betriebserfolg ganz beträchtlich, so daß gerade diese Betriebe wesentlich um ihre Rentabilität zu kämpfen haben.

Als Aufgabe für das Projekt ergibt sich deshalb, unter besonderer Berücksichtigung der Wirtschaftlichkeit, Intensivierungsmaßnahmen wie Düngung, Weideunterteilung, Umstellung von Natur- in Kulturweiden, Anbau von Feldfutterpflanzen sowie Futterkonservierungsverfahren zu untersuchen und die Ergebnisse der Arbeit umgehend der Praxis zur Verfügung zu stellen.

Projektplanung und -vorbereitung

Es handelt sich hierbei um ein Vorhaben, das die brasilianische Regierung anstelle einer Ausweitung des damals in Durchführung befindlichen Rinderzuchtprojektes im Itajai-Tal favorisierte. Die brasilianischen Stellen erklärten, der Projektvorschlag "Grünlandwirtschaft Santa Catarina" habe für sie absolute Priorität, da mit einem derartigen Vorhaben die Problematik der Rinderzucht bzw. Weidewirtschaft des gesamten Bundesstaates Santa Catarina erkannt und der Versuch unternommen werden kann, die Schwierigkeiten von zentraler Stelle aus, mit Unterstützung des der Staatsregierung zur Verfügung stehenden Forschungs- und Versuchsapparates sowie dem gut funktionierenden landwirtschaftlichen Beratungs- und Kreditvergabenetzes, zu beheben.

Projektdurchführung

Die Projektdurchführung begann vor wenigen Monaten und befindet sich noch in der Anlaufphase. Es werden Versuchs- und Arbeitspläne erstellt sowie einheimische Fachkräfte als Counterparts angeworben, um im April - Mai 1976 mit der Anlage der Versuche beginnen zu können.

Arbeitsergebnisse

Aufgrund der obigen Ausführungen können noch keine Arbeitsergebnisse vorliegen.

Chile

# Wasserbau-Mustervorhaben zur Erschließung der Grundwasservorräte im Tal des Rio Claro de Rengo

## I. Allgemeines

PN: 68.2072.4

Verantwortlicher deutscher
Leiter des Vorhabens:     Jan Oltmann

Projektanschrift:     Proyecto Rio Claro de Rengo
Casilla 167
Rengo/Chile
Telefon: 43

Projektträger im Gastland:     Ministerio de Obras Públicas
Dirección General de Obras
Públicas Dirección de Riego
Santiago de Chile

Projekttyp:     German Water Engineering GmbH

Zuständige GTZ-Abteilung:     14     Fachbereich: 142

Projekttyp:     Wasserwirtschaft

Zielsetzung des Projektes:     Mustervorhaben zur regionalen Entwicklung eines dürregefährdeten Gebietes in Zentralchile, wobei das Wasserdargebot durch Grundwasser- und Oberflächenwassererschließung vermehrt und gesichert, die Wasserverteilung und -anwendung verbessert, die Versorgung mit Trinkwasser ermöglicht, ein landwirtschaftlicher Entwicklungsprozeß eingeleitet und Umweltschutzmaßnahmen geplant werden.

## II. Zeitlicher Ablauf

Planungsbeginn:     November 1968 (1. Phase)

Durchführungsbeginn:     November 1969

Deutscher Beitrag
vereinbart bis:     Oktober 1976 (Planungszeitraum 3. Phase)

## III. Personal

Personal des Gastlandes (Soll):     nicht festgelegt

Personal der BRD (Soll):     6

*IV. Sachausrüstung*

Schweres Baugerät und Fahrzeuge    Laborgeräte.

*V. Kapitalaufwand*

Kapitalaufwand des Gastlandes:    ca. 15.000.000,00 DM

Kapitalaufwand der BRD:    15.700.000,00 DM

*VI. Projektbericht*

Projektkurzbeschreibung

Die Mehrung und Sicherung des Wasserdargebotes in dem etwa 10.000 ha großen Projektgebiet erfolgt über die Erschließung des Grundwassers (Brunnenbohrungen), des Oberflächenwassers (Staudammbau) sowie technische und organisatorische Verbesserungen in der Wasserverteilung und Wasseranwendung, dem sich die Realisierung eines landwirtschaftlichen Entwicklungsprogramms anschließt. Auf dem Gebiet des Umweltschutzes wird eine Kläranlage und ein Abwassernetz für die Stadt Rengo (20.000 Einwohner) geplant.

Projektplanung und -vorbereitung

Die Planungsaufgaben in der 1. und 2. Projektphase erstrecken sich im wesentlichen auf:
- laufendes Programm für Brunnenbohrungen,
- Staudamm Laguna de los Cristales, einschließlich Zufahrtsweg,
- Trinkwasserversorgung von 5 Dörfern,
- Grundlagenerhebungen für eine Rahmenplanung der landwirtschaftlichen Entwicklung und der neuen Wasserverteilung.

Die Planungsarbeiten in der derzeitigen 3. Phase umfassen:
- Detailplanung der Wasserverteilungen und der Einlauf- und Verteilerbauwerke,
- Detailplanung für landwirtschaftliche Entwicklung,
- Planung der Kläranlage und des Abwassernetzes der Stadt Rengo.

Projektdurchführung

Mit der Projektplanung und -durchführung ist von der GTZ die German Water Engineering GmbH beauftragt.

Die chilenischen Partnerschaftsleistungen erstrecken sich im wesentlichen auf:
- Stellung des Hilfspersonals,
- Bau und Betriebsstoffe,
- Bau der Trinkwasserversorgungsanlagen,
- Zufahrtsweg zur Laguna de los Cristales (Staudamm),

- Bau des Staudammes mit Ausnahme der Kerndichtung,
- Bau der Kleinbauwerke im Bewässerungsgebiet zur Wasserverteilung und -speicherung,
- Finanzierung eines 3jährigen Bewässerungsversuchsprogramms, Bewässerungsberatung und Expertengruppe zur landwirtschaftlichen Entwicklung.

Arbeitsergebnisse

Aufgrund der vorangegangenen Planung sind betriebsbereit übergeben worden: 20 Bewässerungsbrunnen, 5 Trinkwasserbrunnen und eine Trinkwasserversorgung von 5 Dörfern, Zufahrtswege zur Laguna de los Cristales, Düker des Kanals Errázuriz durch den Rio Claro.

Eine ausschreibungsreife Planung für den Bau eines Staudammes in der Hochkordillere liegt vor.

Über folgende Gebiete wurden Feasibility-Studien angefertigt:
- Landwirtschaft und Bewässerung (Ausgangszustand),
- landwirtschaftliche Entwicklung,
- Neuordnung der Wasserverteilung und Bewässerung,
- Bewirtschaftung des Projektes und Wirtschaftlichkeit,
- landwirtschaftliche Maschinenstationen,
- Neuordnung des Milchabsatzes,
- Verarbeitung und Lagerung von Obst und Gemüse,
- Bewässerungsversuche 1971/72 und 1972/73.

Die Detailplanungen für die Kleinbauwerke im Bewässerungsgebiet sind abgeschlossen.

Laufende Arbeiten:
- Planung der Kläranlage und des Abwassernetzes,
- Bau der Kleinbauwerke im Bewässerungsgebiet,
- Fertigstellung des Staudammes Los Cristales,
- Durchführung von Bewässerungsversuchen, Bewässerungsberatung und Betrieb eines Bodenlaboratoriums,
- Aufstellung eines Katasters der Bewässerungsbetriebe und der neuen Wasserrechte,
- Umwandlung der Kleinbauerngenossenschaft "Caupolicán" zur Projektorganisation;
- Durchführung einer massierten landwirtschaftlichen Beratung.

# Costa Rica
# Interessengemeinschaft Colonia Trinidad und der Regionalgenossenschaft URCOZON

## I. Allgemeines

PN: 64.2082.2

| | |
|---|---|
| Verantwortlicher deutscher Leiter des Vorhabens: | Hans F. Henningsen |
| Projektanschrift: | Apartado 6006<br>San José/Costa Rica<br>Telefon: 32-20-67<br>FS: CR 183 Embalem |
| Projektträger im Gastland: | Ministerio de Agricultura y Ganadería San José Avenida una, esq. Calle una |
| Projektträger in der BRD: | GTZ |
| Zuständige GTZ-Abteilung: | 11    Fachbereich:   112 |
| Projekttyp: | Regionale landwirtschaftliche Beratung und Verarbeitungs- und Absatzgenossenschaft |

Zielsetzung des Projektes: Aufbau einer Zentralgenossenschaft mit Agrarindustrie; Absatzförderung landwirtschaftlicher Produkte, insbesondere Tapiokaverarbeitung; Produktionsberatung bei Tapioka, Bananen, Kaffee, Zuckerrohr, Bohnen und Mais; Verbesserung des Lebensstandards der Kleinbauern durch Diversifizierung der landwirtschaftlichen Produktion und Einführung moderner Anbaumethoden.

## II. Zeitlicher Ablauf

| | |
|---|---|
| Planungsbeginn: | 1965 |
| Durchführungsbeginn: | Februar 1968 |
| Deutscher Beitrag vereinbart bis: | 31. Dezember 1976 |

## III. Personal

| | |
|---|---|
| Personal des Gastlandes (Soll): | ca. 40 |
| Personal der BRD (Soll): | 3 |

## IV. Sachausrüstung

1. Projektphase (30.6.1975 abgeschlossen)
1 Lkw, 2 Trockenanlagen für Kaffee, 1 Unimog mit Arbeitsgeräten, 1 Funksprechanlage, Dienstwagen, 3 Wetterstationen.

2. Projektphase:
Technische Ausrüstung einer Tapiokaverarbeitungsanlage mit Laboreinrichtung und Fuhrwerkswaage

## V. Kapitalaufwand

Kapitalaufwand des Gastlandes:   5.000.000,00 ₡
                                        (= ca. 582.000,00 US $)

Kapitalaufwand der BRD:        5.260.900,00 DM

## VI. Projektbericht

Projektkurzbeschreibung

Genossenschaftliches Vermarktungsprojekt mit landwirtschaftlicher Beratung im Hinterland der Provinz Alajuela, Canton San Carlos, 140 km nordwestlich der Hauptstadt.

Subtropische bis tropische Atlantikzone ohne ausgeprägte Jahreszeiten, 250 bis 500 über NN., 3.500 bis 4.000 mm Niederschlag. Schlechte Verkehrslage. Produktion: Viehhaltung, Kaffee, Zuckerrohr, Kochbananen, Tapioka; in kleinerem Ausmaß: Bohnen, Mais, Reis.

In der ersten Projektphase Gründung und Aufbau der landwirtschaftlichen Primär-, Produktions- und Absatzgenossenschaft La Trinidad. Neben der Sachausrüstung wurden landwirtschaftliche Produktionsmittel (Dünger und Pflanzenschutz) geliefert.

Seit Januar 1975 Beginn des Aufbaus einer genossenschaftlichen Tapiokaverarbeitungsanlage (Kapazität 10 t Frischwurzeln pro Stunde); Produktionsbeginn: Ende 1975; Träger: Regionalgenossenschaft URCOZON mit 11 Primärgenossenschaften, denen etwa 3.500 Landwirte angeschlossen sind.

Projektplanung und -vorbereitung

1965 durch Prof. Dr. Waggershausen
1. Projektlaufzeit 1968-1972, zweite von 1972-1975, dritte von 1975-1976.

Staatsvertrag 1965, Zusatzabkommen 1969, 1973, 1974, 1975.

Projektdurchführung

Die Genossenschaft La Trinidad wuchs von 31 Mitgliedern auf ca. 500. Die Beratung erstreckte sich auf die Organisation, Administration, Buchführung, Kreditwesen, Aufkauf und Vermarktung landwirtschaftlicher Produkte einschließlich Export, Aufbau einer Kaffeeverarbeitungsanlage, Erstellung eines Maschinenparks, einer Werkstatt, einer Tankstelle, Lagerhallen, Verkaufs- und Büroräume. Beratung der Bauern im Anbau, mechanischer Bearbeitung, Anwendung von Düngern und Pflanzenschutzmitteln.

Arbeitsergebnisse

Durch die getroffenen Maßnahmen konnten Erträge und Erzeugerpreise gesteigert und der Lebensstandard der Kleinbauern angehoben werden.

# Costa Rica
## Berater für Bienenzucht in mittelamerikanischen Ländern

### I. Allgemeines

PN: 66.2046.2

| | |
|---|---|
| Verantwortlicher deutscher Leiter des Vorhabens: | Horst Petersen |
| Projektanschrift: | Horst Petersen, Mision Tecnica Alemana en Apicultura, Apdo. 25 Turrialba/Costa Rica, C.A. |
| Projektträger im Gastland: | Landwirtschaftsministerium |
| Projektträger in der BRD: | GTZ |
| Zuständige GTZ-Abteilung: | 12    Fachbereich: 121 |
| Projekttyp: | Ausbildung und Beratung |

Zielsetzung des Projektes: Förderung der praktischen Imkerei, Verbesserung der Honigquantität und -qualität, Ausbildung von hauptamtlichen Bienenzuchtinstruktoren, Verbesserung des Bienenmaterials durch Zuchtprogramm, Verbesserung der Einkommensverhältnisse der Landbevölkerung.

### II. Zeitlicher Ablauf

| | |
|---|---|
| Planungsbeginn: | 1970 |
| Durchführungsbeginn: | 1. Juli 1973 |
| Deutscher Beitrag vereinbart bis: | 31. Dezember 1976 |

### III. Personal

| | | |
|---|---|---|
| Personal des Gastlandes (Soll): | Costa Rica: | 7 |
| | Panama: | 13 |
| | Guatemala | 2 |
| Personal der BRD (Soll): | 2 | |

### IV. Sachausrüstung

Laborausrüstung für Honiganalyse, Seuchenuntersuchungen, künstliche

Besamung von Bienenköniginnen, Königinnenzucht. Geräte für die praktische Bienenzucht, Königinnenzucht, Beobachtungswesen, Honiggewinnung. Wachszentrifuge und -sterilisator, Mittelwandwalz und -vorwalzmaschinen, Dampferzeuger. Holzbearbeitungswerkstatt, Büroeinrichtung, Kfz., Lehr- und Lehrmaterialien, (Film, Bild, Ton).

## V. *Kapitalaufwand*

Kapitalaufwand des Gastlandes: Gehälter für Bienenzuchtinstruktoren, Reisekosten, Unterkunft, Verpflegung für offizielle Kursteilnehmer, teilweise Einrichtung der Lehrbienenstände.

Kapitalaufwand der BRD: 665.000,00 DM

## VI. *Projektbericht*

Projektkurzbeschreibung

Seit Sommer 1973 bildet ein deutscher Sachverständiger in Mittelamerika Bienenzuchtinstruktoren aus. Dadurch soll eine Verbesserung der Bienenzuchtmethoden und eine Ausweitung der Imkerei in den Ländern Costa Rica, Guatemala und Panama erreicht werden. Die Instruktoren werden in einer von der Bundesrepublik Deutschland finanzierten Lehr- und Versuchsanstalt für Bienenzucht in Turrialba/Costa Rica geschult. In diesen Kursen werden nicht nur theoretische Kenntnisse vermittelt und praktische Übungen abgewickelt, sondern vor allem auch Unterrichtsversuche einschließlich didaktischer und methodischer Hinweise für die Unterrichtsplanung vorgenommen.

Durch Aufbau und Einrichtung von je einer Lehr- und Versuchsanstalt in Panama und Guatemala sowie durch Schaffung zahlreicher Lehrbienenstände in verschiedenen Teilen der Länder wird sichergestellt, daß die zukünftigen Bienenzuchtinstruktoren auch in ihrer Heimat praxisbezogen ihre Lehrveranstaltungen organisieren können. In Costa Rica gibt es ca. 20.000 Bienenvölker, in Panama betreuen ca. 890 Nebenerwerbsimker ca. 5.000 Völker und in Guatemala schätzt man ca. 160.000 Bienenvölker.

Projektplanung und -vorbereitung

1969 wurde von den Regierungen der Länder Costa Rica, Guatemala und Panama ein Bienenzuchtprojekt gewünscht. Durch Technische Hilfe sollte versucht werden, die Honigproduktion zu steigern, um durch Honigexport eine weitere Deviseneinnahmequelle zu schaffen.

Im Januar/Februar 1973: Gutachterreise von Prof. Dr. W. Dreschers, Bonn, durch diese Länder.
Im Juli 1973 Ausreise des deutschen Sachverständigen

Projektdurchführung

1. Phase: Aufbau einer Lehr- und Versuchsanstalt für Bienenzucht.
2. Phase: Ausbildung von Bienenzuchtinstruktoren und parallel dazu Aufbau von Lehr- und Versuchsanstalten in Panama und Guatemala und Demonstrationsbienenständen in den drei Ländern (Zuchtprogramm, Verbesserungsvorschläge und Unterstützung der einheimischen Imker).
3. Phase: Einarbeitung des besten Binenzuchtinstruktors als Leiter der Lehr- und Versuchsstation in Turrialba. Unterstützung der Bienenzuchtinstruktoren bei der Einführungsarbeit in ihren Ländern. Aufbau von Königinnenzuchtbetrieben, Zentralen für die Erstellung von Ablegern, Mittelwandproduktionsbetrieb.

Arbeitsergebnisse

Je eine Lehr- und Versuchsanstalt für Bienenzucht und neun Lehrbienenstände für die Länder Costa Rica, Panama und Guatemala sind inzwischen aufgebaut bzw. befinden sich in der Aufbauphase.

Nach Ausbildung durch die Mission sind nunmehr 22 Instruktoren in den drei Ländern tätig.

Nutzung der unproduktiven rustikalen Bienenvölker durch Umstellung auf ein modernes System.

Manual für Bienenzuchtinstruktoren erstellt.

Verbesserung des Bienenmaterials durch Zuchtprogramm unter Einsatz der künstlichen Besamung.

Verbesserung der praktischen Bienenzuchtmethoden.

Honigqualitätskontrolle.

# Costa Rica

# Errichtung einer internationalen pflanzlichen Genbank

## I. Allgemeines

PN: 74.2011.0

| | |
|---|---|
| Verantwortlicher deutscher Leiter des Vorhabens: | noch nicht bekannt |
| Projektanschrift: | Banco de Germoplasma CATIE Turrialba/Costa Rica |
| Projektträger im Gastland: | CATIE (Centro Agronomico Tropical de Investigacion y Ensenanza) |
| Projektträger in der BRD: | GTZ |
| Zuständig GTZ-Abteilung: | 11  Fachbereich: 111 |
| Projekttyp: | Genbank (Plant Genetic Resources Centre) |

Zielsetzung des Projektes: Aufbau und Organisation einer Genbank der im Karibischen Raum vorkommenden Wild- und Primitivformen, Landsorten, Zuchtstämmen, Mutanten und Sorten von Kaffee, Kakao, tropischen Forstpflanzen und tropischen Früchten. Die Genbank soll Teil eines weltweiten Netzwerkes werden, das die Erhaltung des noch vorhandenen Genmaterials wichtiger Kulturpflanzen sichern soll.

## II. Zeitlicher Ablauf

| | |
|---|---|
| Planungsbeginn: | Ende 1973 |
| Durchführungsbeginn: | Anfang 1976 |
| Deutscher Beitrag vereinbart bis: | drei Jahre nach Projektbeginn |

## III. Personal

| | |
|---|---|
| Personal des Gastlandes (Soll): | noch keine Angaben |
| Personal der BRD (Soll): | 2 |

## IV. Sachausrüstung

Klimatisiertes Langzeitsaatgutlager, Laborgerät, Pflanzenschutzausrüstung, Kraftfahrzeuge, Ausrüstung für Sammelreisen.

## V. *Kapitalaufwand*

Kapitalaufwand des Gastlandes:   noch nicht quantifiziert

Kapitalaufwand der BRD:   2.770.000,00 DM

## VI. *Projektbericht*

Projektkurzbeschreibung

Hauptaufgabe der Genbank ist die Erhaltung pflanzlichen Gematerials, da eine große Zahl tropischer Kulturpflanzenarten durch die Beschränkung des Anbaus auf wenige Sorten und durch die Umwandlung der ursprünglichen Landschaft in eine Kulturlandschaft in ihrer Formenmannigfaltigkeit erheblich eingeschränkt worden ist.

Die Genbank soll eine Langzeitkonservierung von Kulturarten und deren Verwandten aus dem karibischen Raum (im weitesten Sinne) durchführen, wobei es sich hier je nach Kulturart um "lebende Kollektionen" (Pflanzen) oder Saatgut handeln kann.

Für die Langzeitlagerung von Saatgut sollen neue Methoden entwickelt werden. Für die Erhaltung von lebenden Pflanzen soll die Meristemkultur angewandt werden.

Die Sammelaktivitäten sollen konzentriert werden auf Zentralamerika und Mexiko als Kerngebiet, ferner auf die Antillen und den an den Atlantik grenzenden Teil Südamerikas. Das durch Expeditionen gesammelte Genmaterial soll in Zusammenarbeit mit anderen Institutionen evaluiert werden.

Für die Benutzung und Ausnutzung des Materials ist ein Dokumentationssystem einzurichten, das auch den Austausch von Informationen mit anderen Genbanken ermöglicht (Grundlage des geplanten Austausches von Genmaterial).

Projektplanung und -vorbereitung

März 1972: CGIAR (Consultative Group on International Agricultural Research der Weltbankgruppe und Stiftungen) empfiehlt ein Netzwerk von Genbanken, u.a. Genbank in Costa Rica.
Nov. 1973: Projektvorlage
Mai 1974: Gutachtermission in Costa Rica
Aug. 1974: Durchführungsauftrag und Mittelbereitstellung
Nov. 1975: Notenwechsel noch in Bearbeitung

Projektdurchführung

----

# Jemen

## Aufbau eines Pflanzenschutzdienstes

### *I. Allgemeines*

PN: 73.2109.4

| | |
|---|---|
| Verantwortlicher deutscher Leiter des Vorhabens: | Dr. J. Zschintzsch |
| Projektanschrift: | Yemeni-German Plant Protection Project<br>P.O. Box 26<br><u>Sana'a,</u> A.R. Jemen |
| Projektträger im Gastland: | Ministry of Agriculture |
| Projektträger in der BRD: | GTZ |
| Zuständige GTZ-Abteilung: | 11    Fachbereich:    113 |
| Projekttyp: | Pflanzenschutzprojekt |

Zielsetzung des Projektes: Im Rahmen des Landwirtschaftsministeriums ist ein Pflanzenschutz-Department aufzubauen. Die bereits angelaufenen Einzelaktivitäten sonstiger bi- und multilateraler Projekte sind hierbei mit einzubeziehen. Zusätzlich setzt das Vorhaben Restaktivitäten eines ausgelaufenen allgemeinen landwirtschaftlichen Förderungsprojektes der BRD fort (allgemeine landwirtschaftliche Beratung, Saatgutverbesserung).

### *II. Zeitlicher Ablauf*

| | |
|---|---|
| Planungsbeginn: | 6. Mai 1973 |
| Durchführungsbeginn: | 1. Juli 1974 |
| Deutscher Beitrag vereinbart bis: | 30. Juni 1977 (1. Phase)<br>geplant sind weitere Aufbauphasen im Rahmen eines 10Jahres-Gesamt-Konzeption. |

### *III. Personal*

| | |
|---|---|
| Personal des Gastlandes (Soll): | 10 |
| Personal der BRD (Soll): | 7 |

## IV. Sachausrüstung

Lieferung von Werkstattausrüstung, Pestiziden, Spritzgeräten, (tragbar und fahrbar), Fahrzeugen, Basissaatgut, Pflanzmaterial, Kleintraktoren, Farmgerät (Saatgutreinigungsanlagen, Beizanlagen, Bodenbearbeitungsgerät). Budgetunterstützung durch entgeltliche Weitergabe von Produktionsmitteln und ein zusätzliches Betriebskonto.

## V. Kapitalaufwand

Kapitalaufwand des Gastlandes:   600.000,00 DM

Kapitalaufwand der BRD:   5.033.000,00 DM

## VI. Projektbericht

Projektkurzbeschreibung

Aufbau der organisatorischen Arbeitsvoraussetzungen. Durchführung von Bekämpfungskampagnen gegen Army Worm (und andere Großschädlinge und Krankheiten). Mithilfe bei Baumwollspritzaktionen gegen Schädlinge und Krankheiten. Pflanzenschutzberatung. Bestimmung von tierischen Schädlingen und Krankheitserregern. Feldversuche und Auslegen von Demonstrationen. Allgemeine landwirtschaftliche Beratung. Verteilung von Pflanzenschutzmitteln, Saatgut und Jungpflanzen. Vorratsschutz. Ausbau des Farmzentrum "Shoub Farm" in Sanaa.

Weitere Planungen:

Weiterer Aufbau der staatlichen Pflanzenschutzorganisation. Training von Landwirtschaftsberatern in Pflanzenschutz. Training von "Plant Protection Assistants". Aufbau der Verwaltung. Aufbau der Laboratorien. Erstellung zweckmäßiger Gebäude. Erstellung aufgabenbezogener Arbeitsprogramme. Fortführung systematischer Counterpartausbildung in Theorie und Praxis.

Projektplanung und -vorbereitung

Das Pflanzenschutzvorhaben schloß mit dem 1.Juli 1974 nahtlos an das auslaufende Vorhaben "Landwirtschaftliches Produktionsmittelvorhaben Jemen" an.

Die notwendigen Vorarbeiten waren mit einer Gutachterentsendung (November 1973), Auswertung und 1. Mittelbereitstellung Ende 1973 - Anfang 1974 erledigt worden.

Projektdurchführung

Es wurden Teilaufgaben des vorangegangenen Vorhabens fortgeführt (Verteilung von Saatgut und Jungpflanzen, allgemeine landwirtschaftli-

che Beratung) bzw. erweitert bei
- Feld- und Demonstrationsversuchen auf wichtige Pflanzenschutzfragen,
- intensivere Pflanzenschutzberatung,
- verstärkte Verteilung von Pflanzenschutzgeräten und Pflanzenschutzmitteln.

Neu aufgenommen wurde die
- Bearbeitung organisatorischer Fragen,
- Mitwirkung bei der Großschädlingsbekämpfung und bei Baumwollkampagnen,
- Bestimmung von Pflanzenkrankheiten und Schädlingen,
- Ausbau der Shoub Farm, insbesondere der Werkstatt- und Versuchsfelder,
- Aufbau der Verwaltung,
- Aufbau der Laboratorien,
- Aufbau der Trainingskapazitäten,
- Bearbeitung der Vorratsschutzfragen,
- Einbezug sonstiger Pflanzenschutzaktivitäten im Lande,
- Mitwirkung bei der Implementierung von allgemeinen landwirtschaftlichen Regionalentwicklungsvorhaben der BRD im Mittel- und Nord-Jemen.

Arbeitsergebnisse

Die erste Großkampagne gegen den "army worm"-Befall im jemenitischen Getreideanbau im Juli 1974 hat mit ihren Erfolgen dem Projekt einen guten Start verschafft.

Die überdurchschnittliche Aufnahmebereitschaft der jemenitischen Landwirte hat die Fortführung und Ausweitung der Beratungsaktivitäten gut vorankommen lassen.

Die Preissteigerungen bei Dünge- und Pflanzenschutzmittel in den Jahren 1974/75 haben dagegen ebenso hemmend gewirkt wie die mangelnde administrative Infrastruktur und das Fehlen eines noch nicht optimal ausgebauten jemenitischen Beraterpotentials.

Es wurde eine 1. Auflage eines "Agricultural Handbook" für die arabische Republik Jemen erstellt. Die zweite Auflage (in englisch und arabisch) ist in Arbeit.

Projektbegleitende betriebswirtschaftliche Erhebungen sollen die Bedeutung phytopathologischer Fragen und ihre wirtschaftliche Wichtigkeit klären.

# Dominik. Republik

## Entsendung von Beratern für das Landw. Ministerium San Cristobal

### I. Allgemeines

PN: 64.2084.8

Verantwortlicher deutscher
Leiter des Vorhabens:     Dr. Gerhard Jürgens

Projektanschrift:     Centro Nacional de Investigaciones
San Cristóbal/República Dominicana

Projektträger im Gastland:     Secretaría de Estado de Agricultura, Santo Domingo

Projektträger in der BRD:     GTZ

Zuständige GTZ-Abteilung:     11     Fachbereich: 113

Projekttyp:     Pflanzenschutzvorhaben

Zielsetzung des Projektes:     Aufbau der Pflanzenschutzabteilung im nationalen landwirtschaftlichen Forschungszentrum. Schaffung der Grundlagen für selbständige Arbeiten im Bereich der angewandten Forschung und im praktischen Pflanzenschutz.

### II. Zeitlicher Ablauf

Planungsbeginn:     1963

Durchführungsbeginn:     1964

Deutscher Beitrag
vereinbart bis:     Dezember 1976
Auslaufphase und Nachbetreuung erscheint notwendig

### III. Personal

Personal des Gastlandes (Soll):     9

Personal der BRD (Soll):     3

### IV. Sachausrüstung

Einrichtung von Entomologischem, Mykologischem, Herbologischem und Nematoden-Labor, Geräte und Pflanzenschutzmittel, Fahrzeuge, Fachliteratur.

## V. Kapitalaufwand

Kapitalaufwand des Gastlandes:  etwa 350.000 Peso Dom.

Kapitalaufwand der BRD: 2.630.000,00 DM für Gesamtlaufzeit bis 31.12.1976 einschließlich

## VI. Projektbericht

Projektkurzbeschreibung

Das Projekt ist in den landwirtschaftlichen Gesamtentwicklungsplan (PIDAGRO) integriert. Die deutsche Seite übernimmt den Pflanzenschutz, während die übrigen Bereiche der angewandten Forschung vorwiegend durch den BID gefördert werden. Das Unterstaatssekretariat für Forschung, Beratung und Ausbildung sowie die Forschungslaboratorien befinden sich in San Cristóbal, 30 km westlich der Hauptstadt. Es besteht eine gute Zusammenarbeit mit weiteren Versuchsstationen des Landes.

Projektplanung und -vorbereitung

Antrag der Dominikanischen Republik Dezember 1963. Erste Mittelbereitstellung Mai 1964. Abschluß Projektabkommen März 1964. Ausreise des ersten Experten Oktober 1964. Vorläufiger Abschluß der ersten Projektphase 1967. Weitere Mittelbereitstellungen März 1970 und Juni 1972. Abschluß eines ergänzenden Projektabkommens November 1969. Ausreise der Experten für die zweite Projektphase Juli 1970.

Projektdurchführung

1964 - 1967 beratende Tätigkeit eines deutschen Phytopathologen im Landwirtschaftsministerium. Nur beschränkte Arbeitsmöglichkeiten, da Laboratorien in San Cristóbal noch nicht verfügbar sind. Ausbildung von Pflanzenschutzagronomen durch Schulung und bei Felduntersuchungen. Unterbrechung der Arbeiten durch den Bürgerkrieg von 1965 und Krankheit des deutschen Beraters. Im Juni 1969 Erstellung eines Projektgutachtens. Erneute Entsendung von Experten im Jahre 1970 (Unkrautbekämpfung, Pflanzenschutztechniker) und im Jahre 1974 (Nematologe, Virologe, Entomologe). 1973 viermonatiger Einsatz eines Phytopathologen. Das Projekt begründet und verbessert die angewandte Pflanzenschutzforschung in den Sektionen für Entomologie, Phytopathologie (einschließlich Nematologie) und Unkrautbekämpfung.

Arbeitsergebnisse

1964 - 1967: Felduntersuchungen zu Krankheiten und Schädlingen, Herausgabe von Schulungsbriefen, Ausbildung von 3 Pflanzenschutzagronomen in Deutschland.

1970 - 1975: Survey über Schädlinge in landwirtschaftlichen Intensivkulturen. Entwicklung von Bekämpfungsverfahren gegen Epitragus und Kieferia. Bestimmung der wichtigsten pflanzenparasitären Nematoden. Entwicklung von Verfahren zur Gewinnung nematodenfreien Pflanzguts bei Bananen. Praktisches Bekämpfungsverfahren von Virosen in Paprika. Diagnose von Pflanzenkrankheiten. Sammlung und Bestimmung der Unkrautarten in den wichtigen landwirtschaftlichen Kulturen. Untersuchungen zum Entwicklungsrhythmus und zur Bekämpfung tropischer Unkräuter. Einfache herbizide und fungizide Mittelprüfung.

Die Counterparts wurden durch praktische Ausbildung im Labor und im Felde, durch Entsendung in die BRD und durch Teilnahme an Fachtagungen zum selbständigen Arbeiten angeleitet.

Um die gewonnenen Ergebnisse auf die Praxis zu vermitteln, wurden die laufenden Kurse des Beratungsdienstes genutzt, Broschüren an das Beratungspersonal verteilt und Pflanzenschutzseminare vom Projekt durchgeführt.

Die Projektproblematik liegt in der Fluktuation der Counterparts, welche häufig nach erfolgter Ausbildung zur agrochemischen Industrie abwandern.

# Ecuador

## Landwirtchaftliche Interessengemeinschaft San Isidro

### I. Allgemeines

PN: 64.2092.1

| | |
|---|---|
| Verantwortlicher deutscher Leiter des Vorhabens: | Axel van Hooven |
| Projektanschrift: | c/o Botschaft der BRD Quito/Ecuador Casilla 537 Telefon: 232 660 |
| Projektträger im Gastland: | Ministerio de Agricultura y Ganaderia Quito - Ecuador |
| Projektträger in der BRD: | GTZ |
| Zuständige GTZ-Abteilung: | 11         Fachbereich:   115 |
| Projekttyp: | Förderung einer landwirtschaftlichen Interessengemeinschaft |

Zielsetzung des Projektes: Aufbau einer landwirtschaftlichen Interessengemeinschaft zur Steigerung der pflanzlichen und tierischen Produktion durch fortschrittliche Bewirtschaftungsmethoden. Durch verbesserte Anbaumethoden und Viehpflege sollen das Pro-Kopfeinkommen der Bevölkerung erhöht, durch Wegebau die Gemarkungen erschlossen und Neuland gewonnen werden.

### III. Personal

Personal des Gastlandes (Soll):   24

Personal der BRD (Soll):   4

### IV. Sachausrüstung

Traktoren, Landmaschinen Getreidetrocknung und Reinigungsanlage. Produktionsmittel von BRD geliefert (50 Milchschafe). Gebäude und Wohnungen für Projektmitglieder vom Gastland erstellt.

### V. Kapitalaufwand

| | |
|---|---|
| Kapitalaufwand des Gastlandes: | 880.000,00 Sucres (1 DM = 9.55 Sucres) |
| Kapitalaufwand der BRD: | 3.900.000,00 DM |

## VI. Projektbericht

Projektkurzbeschreibung

Nach Unterzeichnung des Verlängerungsvertrages im Jahre 1971 wurde das Projekt auf die Außenstelle Mira und El Angel erweitert. Dem Projekt gehören insgesamt 726 Kleinbauern als Mitglieder mit 3.502 ha Ackerfläche an. Das ergibt eine durchschnittliche Anbaufläche von 4.8 ha pro Mitglied. Die starken Höhenunterschiede im Projekt von 2.400 bis 4.000 m bedingen eine stark voneinander abweichende Fruchtfolge und Bewirtschaftung. In den tieferen Lagen zwei Ernten pro Jahr, in den höheren Lagen drei Ernten in zwei Jahren. Angebaut werden Gerste, Weizen, Erbsen, Bohnen, Linsen, Kartoffeln und auf 2.400 m Zuckerrohr und Marygold. Die Bauern halten Rindvieh, Schafe, Schweine und Meerschweinchen.

Eine einmalige Lieferung von 300 Gespannpflügen aus der BRD, die verkauft wurden, sowie Zuwendungen der Deutschen Welthungerhilfe (Patenschaften) ermöglichten den Bau eines Sozialzentrums mit Kindergarten, Schulspeisung und Handarbeitswerkstatt. Die angefertigten Strick- und Stickwaren finden in Deutschland und in Quito sehr guten Absatz. 300 bis 350 Schulkinder erhalten täglich ein warmes Essen. Einen Teil der Grundnahrungsmittel liefert C.A.R.E. Die Sozialarbeit wird in Zusammenarbeit mit einer italienischen Nonnenmission durchgeführt.

Bisher wurden sieben Bauern aus dem Projektgebiet zur Fortbildung in die BRD gesandt, sowie fünf junge Mädchen zur Ausbildung als Dorfhelferinnen (zwei Bauern und ein Mädchen arbeiten im Projekt). Vier Bauern gehen 1975 zu einem dreimonatigen Kurs an das Institut für Genossenschaftswesen nach Panama.

Projektplanung und -vorbereitung

1964: Projekt durch deutsches Gutachterteam ausgesucht. 1968: Unterzeichnung des Regierungsabkommens. Erste Verlängerung und Ausweitung auf die Ortschaften Mira und El Angel am 22. Dezember 1971. Zweite Verlängerung bis 30. April 1977, unterzeichnet am 3. September 1974.

Projektdurchführung

Die drei landwirtschaftlichen Interessengemeinschaften werden von dem deutschen Projektleiter und seinen beiden deutschen Mitarbeitern geleitet. Die beiden Counterparts arbeiten in der Interessengemeinschaft San Isidro. Maschineneinsatz und Verkauf der Produktionsmittel werden in Mira und El Angel von den Mitgliedern des Beirates durchgeführt und überwacht.

Der deutschen Ortskraft obliegt die gesamte Buchhaltung sowie die

Leitung des umfangreichen Sozialprogramms. Jede der drei Interessengemeinschaften hat einen einheimischen Beirat, der in allen Verwaltungsfragen, sowie bei der Festsetzung der Preise der Produktionsmittel und Maschinenarbeiten mitzuentscheiden hat.

Arbeitsergebnisse

Bisher wurden im Projektgebiet 146 km Wege fertiggestellt und dadurch 10.000 ha Acker- und Weideland erschlossen. Die Aufstellung einer Vorreinigung, Getreidetrocknung, Reinigung und Beizanlage schafften die Voraussetzung zum Anbau von Saatgetreide unter Aufsicht des ecuadorianischen Landwirtschaftsministeriums. Die Einfuhr von 50 Milchschafen, die auf Weiden in Höhen von 3.100 m grasen, war ein voller Erfolg. In zwei Jahren konnte der Bestand auf 90 Muttertiere erhöht werden und außerdem 25 Vatertiere zur Zucht verkauft werden. Jährlich werden im Durchschnitt 50 ha erosionsgefährdete Gebiete und Hochland in Zusammenarbeit mit der Forstabteilung des ecuadorianischen Landwirtschaftsministeriums aufgeforstet.

## Elfenbeinküste
## Landwirtschaftliche Berater für Dorfentwicklung in Korhogo

*I. Allgemeines*

PN: 65.2035.7

Verantwortlicher deutscher
Leiter des Vorhabens:         Helmut Eicker

Projektanschrift:         B.P. 175
        Korhoge/Elfenbeinküste

Projektträger im Gastland:         SODERIZ
        B.P. 175, Korhogo

Projektträger in der BRD:         GTZ

Zuständige GTZ-Abteilung:     13    Fachbereich:   134

Projekttyp:         Landwirtschaftliche Strukturmaßnahmen (Vermessungswesen und Wasserwirtschaft)

Zielsetzung des Projektes:     Anhebung der Reisproduktion in der Region Baudamm-Solomougou durch intensive Beratung und Maßnahmen in der Wasserwirtschaft und im Vermessungswesen.

*II. Zeitlicher Ablauf*

Planungsbeginn:         1964

Durchführungsbeginn:         1965/66

Deutscher Beitrag ~~vereinbart bis~~
vereinbart bis:         Ende 1976

*III. Personal*

Personal des Gastlandes (Soll):     25-30

Personal der BRD (Soll):     1

*IV. Sachausrüstung*

keine

## V. Kapitalaufwand

Kapitalaufwand des Gastlandes:  ca. 30.000.000,00 DM

Kapitalaufwand der BRD:  ca. 2.500.000,00 DM

## VI. Projektbericht

Projektkurzbeschreibung

Projektart: Regionales landwirtschaftliches Kapitalhilfeprojekt (30 Mio. DM). Umwelt: Savannengebiet der nördlichen Elfenbeinküste mit hoher Bevölkerungsdichte (52 Einwohner/km$^2$). Projektaktivität: Förderung der Reiskultur (Schwerpunkt Bewässerungsreis); Aufforstung, Erosionsschutz; Zugtieranspannung; evtl. med. Überwachung und Betreuung des Nutzviehbestandes; Siedlungswesen und Wohnungsbau; Vermessungswesen.

Projektplanung und -vorbereitung

- - - -

Projektdurchführung

Verantwortlich für Organisation und Durchführung ist die Soderiz Societe por le developpement des viticultures, eine halbstaatliche Gesellschaft.

Arbeitsmethoden: Demonstration, Beratung, Ausbildung, Lieferung der Produktionsmittel, Vermarktung (Reis), Verbesserung der Infrastruktur.

Arbeitsergebnisse

Es wurden bis jetzt insgesamt elf Staudämme gebaut, von denen der EEF vier, die BRD vier und die ivorische Regierung drei finanziert hat. Weitere Staudämme sind noch vorgesehen.

# Elfenbeinküste

## Regierungsberater Tierzucht

### I. Allgemeines

PN: 74.2021.9

| | |
|---|---|
| Verantwortlicher deutscher Leiter des Vorhabens: | Dr. K. Hübl |
| Projektanschrift: | s/c Service Vétérinaire B.P. 120 Ferkessedougou/Cote d'Ivoire |
| Projektträger im Gastland: | Ministère de la Production Animale |
| Projektträger in der BRD: | GTZ |
| Zuständige GTZ-Abteilung: | 12     Fachbereich: 122 |
| Projekttyp: | Integrierter Regierungsberater |
| Zielsetzung des Projektes: | Förderung der Tierhaltung, Steigerung der Rindfleischproduktion in Westafrika |

### II. Zeitlicher Ablauf

| | |
|---|---|
| Planungsbeginn: | Oktober 1974 |
| Durchführungsbeginn: | Ende Juni 1975 |
| Deutscher Beitrag vereinbart bis: | a) Reg.-Beratung bis Anfang oder Mitte 1976 b) Rindermastprojekt (3 Jahre) bis 1979 |

### III. Personal

| | |
|---|---|
| Personal des Gastlandes (Soll): | entfällt |
| Personal der BRD (Soll): | 1 |

### IV. Sachausrüstung

1 Pkw Peugot 504, 1 Geländewagen Landrover Staion Wagon, Typ 88, Büroausrüstung

## V. Kapitalaufwand

Kapitalaufwand des Gastlandes:   ca. 50.000,00 DM

Kapitalaufwand der BRD:   334.700,00 DM

## VI. Projektbericht

Projektkurzbeschreibung

Die Republik Elfenbeinküste hängt zu über 80 % ihrer Fleischproduktion von Importen aus Nachbarländern ab. Die Versorgung mit Fleisch und Lebendvieh aus den angrenzenden Sahelländern erscheint langfristig nicht gesichert. Daher werden große Anstrengungen zum Aufbau einer eigenen Rinderproduktion gemacht. Die Rindermast wird als geeignetes Mittel angesehen, die Rindfleischproduktion kurzfristig zu erhöhen.

Sowohl bäuerliche als auch mittelgroße und industrielle Betriebe werden gefördert. Bei der Konzipierung und Realisierung dieser neuen Strukturen werden in den nächsten Jahren nicht nur finanzielle Unterstützung, sondern auch Fachwissen (Know-how) vermittelt und organisatorische Aufbauarbeiten geleistet.

Der Berater unterstützt das Ministerium für Tierproduktion in allen Fragen der verbesserten Rinderhaltung. Daneben hat er die Aufgabe, an der Konzipierung und darauf basierenden Implementierung von speziellen Rindermastbetrieben verantwortlich mitzuwirken.

Nach Abschluß diverser Vorarbeiten wird der Berater die Leitung des Melasse-Feedlots in Ferkéssedougou übernehmen.

Projektplanung und -vorbereitung

a) Durch BMZ-Erlaß - 113 - T 2032 Elfbk. - 148/74 - vom 14.8.1974 wurde entschieden, eine Studie über Probleme der Rindermast in der Elfenbeinküste zu erstellen.

b) In den Monaten Oktober, November, Dezember 1974 wurde von den Herren Serres (IEMVT), Roider und Hübl (GAWI/BfE) ein Gutachten in französischer Sprache erstellt, das den Titel trägt: "Etude des Possibilites d'Embouche Bovine en Cote d'Ivoire".

c) Am 3. Februar 1975 hat der Minister für Tierproduktion der Republik Elfenbeinküste den Antrag gestellt, Dr. Hübl als Berater für Fragen der Rindermast an sein Ministerium zu entsenden.

Projektdurchführung

a) In Hinblick auf die zu gründende Rindermaststation in der Nähe der Zuckerfabrik "Sodesucre" (Ferkessedougou) wurde begonnen (seit Juli 1975), die folgenden Fragen zu untersuchen:

Definition der Organisationsform des Projektes (staatlich, halb-
staatlich;
Finanzierung (Budget National, Kredite, TH, KH)
Standort und Bodenrecht des Projektes;
Preispolitik der im Lande erzeugten Futtermittel (agro-industrielle
Beiprodukte) in Zusammenarbeit mit dem Planungs- und dem
Landwirtschaftsministerium.

b) Routinebetrieb am Ministerium:
Teilnahme und Organisation interministérieller Besprechungen;
Kommentierung und Auswertung von Unterlagen;
Konzipierung und Planung von Projekten;
Ministerialkorrespondenz.

Arbeitsergebnisse

Die Organisationsform für das industrielle Rindermastprojekt wurde festgelegt.

Die Verkaufspreise für verschiedene Futtermittel, wie z.B., Melasse, Baumwollsaat, BWS-Kuchen, Reisnachmehle wurden seit September 1975 staatlich fixiert.

In Zusammenarbeit mit Experten der Staatsgesellschaft Sodepra wurden Projekttypen für die Rindermast im kleinbäuerlichen Milieu erarbeitet.

# Elfenbeinküste

## Regierungsberater am Landw. Ministerium

### I. Allgemeines

PN: 70.2031.6

| | |
|---|---|
| Verantwortlicher deutscher Leiter des Vorhabens: (Einzelsachverständige) | Dr. W. Roider<br>E. Simons |
| Projektanschrift: | B.P. 1572<br>Abidjan/Elfenbeinküste<br>Telefon: 321049 |
| Projektträger im Gastland: | Ministère de l'Agriculture<br>B.P. V 7<br>Abidjan/Elfenbeinküste |
| Projektträger in der BRD: | GTZ |
| Zuständige GTZ-Abteilung: | 13    Fachbereich: 134 |
| Projekttyp: | Regierungsberatung |

Zielsetzung des Projektes: Verstärkung der Landwirtschaftsverwaltung durch die Entsendung von zwei Beratern an das Landwirtschaftsministerium.

### II. Zeitlicher Ablauf

| | |
|---|---|
| Planungsbeginn: | Ende 1969 |
| Durchführungsbeginn: | März 1971 |
| Deutscher Beitrag fachlich vereinbart bis: | Januar 1977 |

### III. Personal

Personal des Gastlandes (Soll): 2

Personal der BRD (Soll):    2

### IV. Sachausrüstung

2 PkW, Büroausrüstung

### V. Kapitalaufwand

Kapitalaufwand des Gastlandes: bisher ca. 80.000,00 DM (Mietzuschuß)

Kapitalaufwand der BRD:    1.500.000,00 DM

## VI. Projektbericht

Projektkurzbeschreibung

Die beiden Diplomlandwirte widmen sich
- der agrarökonomischen Beratung des Directeur General du Developpement Agricole
- der Kontrolle des Sektors Reisanbau im Rahmen der Direction des Etudes et des Programmes

Projektplanung und -vorbereitung

Die Projektplanung und -vorbereitung erfolgte durch die Deutsche Botschaft in Zusammenarbeit mit dem BMZ.

Projektdurchführung

Im März 1971 reiste ein Wirtschaftsgeograph aus. Er wurde im Sommer 1974 durch einen Diplomlandwirt agrarökonomischer Fachrichtung ersetzt. Der zweite Diplomlandwirt ist seit Ende 1972 am Projekt.

Arbeitsergebnisse

Beide Experten sind voll in die Landwirtschaftsverwaltung des Landes integriert.

# Elfenbeinküste

## Landwirtschaftliche Genossenschaft SOCABO

### I. Allgemeines

PN: 68.2024.5

| | |
|---|---|
| Verantwortlicher deutscher Leiter des Vorhabens: | Anton Schoch |
| Projektanschrift: | B.P. 60 Bonoua/RCI/Elfenbeinküste |
| Projektträger im Gastland: | Landwirtschaftsministerium |
| Projektträger in der BRD: | GTZ |
| Zuständige GTZ-Abteilung: | 13   Fachbereich:   134 |
| Projekttyp: | Landwirtschaftliche Produktionsgenossenschaft |

Zielsetzung des Projektes: Gemäß Regierungsabkommen vom 10.11.1969 fördern die BRD und die Regierung der Elfenbeinküste gemeinsam die landwirtschaftliche Genossenschaft SOCABO mit dem Ziel, eine rentable Produktion von jährlich 50.000 t Ananas auf einer Fläche von 3.000 ha durch 700 Genossenschaftsmitglieder sicherzustellen.

### II. Zeitlicher Ablauf

| | |
|---|---|
| Planungsbeginn: | April 1969 |
| Durchführungsbeginn: | Oktober 1969 |
| Deutscher Beitrag vereinbart bis: | 31. Oktober 1975 |

### III. Personal

| | |
|---|---|
| Personal des Gastlandes (Soll): | 150 |
| Personal der BRD (Soll): | 3 |

### IV. Sachausrüstung

8 Lkw, 22-6-t-Container, 1 Radlader, 1 Grader, 1 Raupe, 32 Traktoren (60-120 PS), 43 landwirtschaftliche Anhänger, 2 Universal-Sprayer, schweres Gerät für Bodenbearbeitung, 2 Landrover, 7 Lie-

ferwagen, 15 Pkw, 41 Mopeds, 1 Bürogebäude, 1 Versammlungsgebäude, 1 Kfz-Werkstatt, 1 Halle mit Frischfruchtsortieranlage, 1 Düngerlager, 1 Traktorunterstand, 1 Gebäude zur Unterbringung von 50 Tagelöhnern, 8 Wohnhäuser.

## V. *Kapitalaufwand*

Kapitalaufwand des Gastlandes:     150

Kapitalaufwand der BRD:     20.000.000,00 DM

## VI. *Projektbericht*

Projektkurzbeschreibung

Initiative zum Projekt geht auf hochgestellte politische Persönlichkeiten des Gastlandes zurück.

Tropischer Regenwald, 5. Breitengrad, 60 km zur Hauptstadt Abidjan, Teerstraße, Elektrizität, Wasser und Telefon. Ökologische Bedingungen günstig. Rodung, Urbarmachung und Vermessung von 3.000 ha Wald. Planung, Organisation und Beratung im Ananasanbau. Einrichtung und Abwicklung eines geordneten Rechnungswesens der Genossenschaft. Beratung der Genossenschaftsdirektion im Management der Produktion.

Ananasanbau erfolgt arbeitsteilig zwischen Genossenschaft und deren Mitgliedern. Genossenschaft übernimmt Rodung, Bodenbearbeitung, Stecklingsernte, Stecklings-, Dünger-, Wasser- und Früchtetransport. Genossenschaftsmitglieder sind verantwortlich für Pflanzen, Unkrautjäten, Düngerausbringen, Hormonage und Ernte.

Vermarktung über Konservenfabrik "SIACA" bei der die Genossenschaft Mehrheitsaktionär (55 %) ist.

Hauptabnehmerländer sind Deutschland (45 %) und Frankreich (40 %). Spargelanbauversuch unter Leitung des Instituts für Gemüsebau in Geisenheim (Diversifikation).

Fütterungsversuch zur Verwertung von Ananasabfällen mit Rindern (einsiliert) und Schweinen (frisch) unter Leitung des Instituts für Tierernährung in Braunschweig-Völkenrode.

Projektplanung und -vorbereitung

Projektplanung erfolgte durch deutsches Consulting und Projektpersonal.

Projektdurchführung

Der deutsche Personalbestand wurde sukzessiv abgebaut und die Verantwortung für die verschiedenen Abteilung (acht) an die Counterparts übergeben. Ein deutscher Mitarbeiter steht der Genossenschaftsdirektion noch beratend zur Verfügung; zwei weitere sind mit der Durchführung eines Spargelanbau- bzw. Fütterungsversuchs betraut.

Produktionsziel von 50.000 t wurde bisher noch nicht erreicht.

<u>Arbeitsergebnisse</u>

Ananasproduktion:  1970    9.000 t
                   1971   22.000 t
                   1972   39.800 t
                   1973   32.000 t
                   1974   40.900 t

Produktion bisher immer defizitär (1974: 1.500.000,00 DM)
Gründe: 1. großzügige Entlohnung der Genossenschaftsmitglieder
2. zu niedrige Erträge (einerseits: Anwendung der kostenintensiven Technik des Plantagenbetriebes - andererseits: Ertragsniveau des traditionellen bäuerlichen Betriebes.

Vorgeschlagene Lösung: Einen Teil der Produktion in Eigenregie übernehmen.

# El Salvador

## Sachverständiger für Baumwollschädlingsbekämpfung

### I. Allgemeines

PN: 67.2041.1

| | |
|---|---|
| Verantwortlicher deutscher Leiter des Vorhabens: | Nikolas Bade |
| Projektanschrift: | Apt. 1784 Santa Tecla/El Salvador CA |
| Projektträger im Gastland: | Landwirtschaftsministerium |
| Projektträger in der BRD: | GTZ |
| Zuständige GTZ-Abteilung: | 11    Fachbereich: 113 |
| Projekttyp: | Pflanzenschutzprojekt |

Zielsetzung des Projektes: Fortsetzung der Maßnahmen zur Erarbeitung wirtschaftlicher Verfahren für die Bekämpfung von Schädlingen und Krankheiten im Baumwollanbau. Durchführung von Beispielversuchen und Beratung zur Verbreitung neuer praktischer und wirtschaftlicher Pflanzenschutzmaßnahmen. Unterstützung des Warndienstes. Bekämpfung der Baumwoll-Kapselfäule. Erstellung einer Beratungsbroschüre.

### II. Zeitlicher Ablauf

| | |
|---|---|
| Planungsbeginn: | 1966 |
| Durchführungsbeginn: | 26. Juni 1972 |
| Deutscher Beitrag vereinbart bis: | 30. Juni 1977. Davon mit ständiger Personalbesetzung (1 Sachverständiger bis 15.2.1976. Danach fallweise Kurzzeitexperten-Einsatz zur Klärung von Restfragen. |

### III. Personal

| | |
|---|---|
| Personal des Gastlandes (Soll): | 2 |
| Personal der BRD (Soll): | 1 |

## IV. Sachausrüstung

4 Pkw, 24 Motorräder, 1 Ackerschlepper, 1 Einachsschlepper, 1 Lichtthermostat, 1 Stereomikroskop, 1 Pflanzenschutzausrüstung, 4 Thermohygrographen, 3 Dia-Projektoren, 1 Fotoausrüstung, 1 Kopiergerät, 1 Mimeograph, 1 Mikroappliziergerät, u. a..

## V. Kapitalaufwand

Kapitalaufwand des Gastlandes: Finanzierung aller vertraglich vereinbarten Counterpartleistungen.

Kapitalaufwand der BRD: 628.000,00 DM
+ 30.000,00 DM Produktionsmittelhilfe

## VI. Projektbericht

Projektkurzbeschreibung

Das Projekt wurde zeitweise durch Produktionsmittellieferungen gefördert. Das Gastland übernahm folgende Leistungen: Betriebskosten und Instandhaltung der Sachmittelausrüstung, Bereitstellung von Versuchs- und Demonstrationsflächen sowie Materialien und erforderlicher Hilfsarbeitskräfte. Partnerschaftsleistungen für den deutschen Experten.

Ein Counterpart, Ausbildung 1974: 4 Monate Sprachkurs und 8 Monate technische Fortbildung auf dem Gebiet der Toxikologie und Rückstände von Pflanzenschutzmitteln, insbesondere Insektiziden, in der BRD.

Es bestehen Kontakte mit dem Tropeninstitut der Justus-Liebig-Universität, Gießen und der Phytopathologischen Abteilung der Louisiana State University, Baton Rouge, USA.

Zusammenarbeit mit Landtechnik-Projekt der israelischen landwirtschaftlichen Mission: Herbizid-Versuche und Herbizid-Einsatz zu Baumwolle, Zusammenarbeit mit Herstellerfirmen von Pflanzenschutzmitteln.

Projektplanung und -vorbereitung

Antrag aus El Salvador 1966. IRA TH-Beschluß 1967. Beginn der 1. Projektphase mit Ausreise des ersten Einzelsachverständigen im März 1968 für den Zeitraum von 15 Monaten bis 31.5.1969.

Der Einzelsachverständige Dr. Schütle überprüft seine Arbeiten aus den Jahren 1968/69 im Rahmen eines erneuten Drei-Monatseinsatzes von Oktober bis Dezember 1970.

Im Rahmen dieser Einsätze wurde in Verbindung mit landeseigenen Stellen und einer israelischen Mission ein Schädlingsbekämpfungs-

und Beratungsdienst eingerichtet, der ca. ein Drittel der Baumwollfläche des Landes betreut.

Im Rahmen der 2. Projektphase ab Juni 1972, die auf die Ergebnisse der vorangegangenen Arbeiten aufbaut, sollen die bisher erzielten Ergebnisse weiter gefestigt werden, für vorhandene Restprobleme praktizierbare Lösungen gefunden werden und insbesondere die Beratungstätigkeit auf die gesamte Baumwollfläche ausgedehnt werden.

Projektdurchführung

Im Mittelpunkt stehen Exakt- und Demonstrationsversuche mit chemischen Pflanzenschutzmitteln, integriert mit pflanzenbaulichen Maßnahmen. Daneben die technische Beratung auf allen Ebenen, vervollständigt durch Vorführungen. Veranstaltungen und kleine Ausbildungskurse. Fallweise Kurzzeit-Experteneinsätze nach dem 15.2.1976 für Lösung von Restaufgaben. Erstellung einer Beratungsbroschüre für den zentralamerikanischen Baumwollanbau.

Arbeitsergebnisse

Die Arbeitsergebnisse (Verringerung der Spritzfolge im Baumwollanbau, Einsatz integrierter Verfahren und moderner Pflanzenschutzmittel im Baumwollanbau, Auswirkungen der Baumwoll-Kapselfäulen etc.) werden in einer GTZ-Broschüre veröffentlicht.

# Gabun

## Forstschule Cap Estérias

### I. Allgemeines

| | |
|---|---|
| Verantwortlicher deutscher Leiter des Vorhabens: | Ekkehard Nolte |
| Projektanschrift: | Institut National d'Etudes Forestières<br>B.P. 2255<br>Libreville/Gabon |
| Projektträger im Gastland: | Ministère des Eaux et Forêsts<br>B.P. 32<br>Libreville/Gabun |
| Projektträger in der BRD: | BMZ |
| Zuständige GTZ-Abteilung: | 11    Fachbereich:   114 |
| Projekttyp: | Personeller und materieller Beitrag zu einem multilateralen Projekt |

Zielsetzung des Projektes:    Ausbildung von Forsttechnikern für Gabun und andere französischsprachige Länder Afrikas

### II. Zeitlicher Ablauf

| | |
|---|---|
| Planungsbeginn: | 1965 |
| Durchführungsbeginn: | 1969 |
| Deutscher Beitrag vereinbart bis: | 30. Juni 1976. Antrag auf Verlängerung über 1976 hinaus wurde von gabunischer Seite gestellt |

### III. Personal

| | |
|---|---|
| Personal des Gastlandes (Soll): | Geplant ist der Ersatz sämtlicher ausländischer Lehrkräfte durch Gabuner |
| Personal der BRD (Soll): | 2 |

### IV. Sachausrüstung

Beteiligung an Baukosten sowie Lieferung von Unterrichtsmaterial und zwei Fahrzeugen

## V. Kapitalaufwand

Kapitalaufwand des Gastlandes: ca. 250.000,00 DM (jährlich für den laufenden Schulbetrieb)

Kapitalaufwand der BRD: 3.240.000,00 DM

## VI. Projektbericht

Projektkurzbeschreibung

Die Forstwirtschaft ist für die Länder der äquatorialen Regenwaldzone von großer Bedeutung. Der staatliche Forstdienst und private Forstbetriebe haben auf lange Sicht einen großen Bedarf an Forsttechnikern. Es ist die Aufgabe der Forstschule, geeignetes Personal für die vielfältigen Arbeiten im Forstsektor auszubilden.

Die Forstschule Cap Estérias ist ein multilaterales Projekt, an dem UNDP/FAO, Frankreich und die BRD beteiligt sind.

Die Schule bildet Forsttechniker auf mittlerem und gehobenem Niveau für den Bedarf Gabuns und anderer francophoner afrikanischer Länder aus.

Das deutsche Projekt hat zum Bau der Schulgebäude beigetragen. Zwei deutsche Lehrkräfte erteilen theoretischen und praktischen Unterricht. Außerdem wurden für den Unterricht zwei Fahrzeuge und umfangreiches Forstgerät geliefert.

Angaben über das Gesamtprojekt:

Aufteilung der ständigen Lehrkräfte nach Geberinstitutionen:

FAO: zwei (einer ist gleichzeitig Berater des Direktors)

Frankreich: sechs

BRD: zwei

(außerdem nichtständige Lehrkräfte für Sport, Französisch, Englisch usw. insgesamt sieben).

Das Gastland stellt:
den Direktor der Schule,
1 Lehrer für Forstbotanik,
1 Förster für die Bewirtschaftung des Schulwaldes,
1 Wirtschaftsleiter für den Internatsbetrieb,
2 Bürokräfte,
1 Mechaniker,
(1 Lehrer für Topographie wird zur Zeit ausgebildet)

Aufteilung der Schüler nach Herkunftsländern (1975/76):
Gabun - 47, Zentralafr. Rep. - 8, Kongo - 1, Kamerun - 4, Zaire - 1, Senegal - 1 = gesamt: 62

Projektplanung und -vorbereitung

Die Forstschule besteht seit 1959. Aufgrund eines Regierungswunsches aus dem Jahre 1962 wurden 1965 Vorplanungen aufgenommen, die 1967 zum Beginn des FAO-Projektes führten. Im Oktober 1968 erfolgte der deutsch-gabunische Notenwechsel, 1969 wurde der erste deutsche Forstexperte entsandt.

Im November 1975 wird eine Evaluierungskommission begutachten, ob eine Teilnahme der FAO an dem Projekt über 1976 hinaus sinnvoll ist.

Projektdurchführung

Bis 1970 wurden die wichtigsten Gebäude (Klassenräume, Wohnungen für Lehrer und Schüler) erstellt. Mit Hilfe eines von der Weltbank zur Verfügung gestellten Kredites soll die Kapazität der Schule zunächst auf 100, später auf 150 Schüler erweitert werden.

Das Ausbildungsprogramm wurde in mehreren Etappen verändert und sieht nun zwei je dreijährige Lehrgänge auf mittlerem und gehobenem Niveau vor.

Arbeitsergebnisse

Bis Juni 1975 wurden 12 Lehrgänge des mittleren und 5 Lehrgänge des gehobenen Niveaus abgeschlossen. Die Absolventen stellten den Großteil der Forstangestellten Gabuns und der Zentralafrikanischen Republik.

Die beiden deutschen Lehrkräfte geben theoretischen und praktischen Unterricht in den Fächern Holznutzung, Forstinventur, Wege- und Brückenbau und Forstwirtschaftslehre.

# Ghana
## Landwirtschaftliche Beratung in Northern and Upper Regions

### I. Allgemeines

PN: 70.2182.7

Verantwortlicher deutscher  Peter Donder
Leiter des Vorhabens:

Projektanschrift: P.O. Box 171
Tamale/Ghana

Projektträger im Gastland: Ministry of Agriculture

Projektträger in der BRD: GTZ

Zuständige GTZ-Abteilung: 13   Fachbereich:

Projekttyp: Regionales Beratungsprojekt

Zielsetzung des Projektes: Hebung des Lebensstandards der ländlichen Bevölkerung im Projektgebiet. Steigerung der landwirtschlichen Produktion durch intensivierte Beratung und begleitende Hilfsmaßnahmen wie Düngemitteleinsatz, Anwendung von verbessertem Saatgut, Erprobung und Anwendung angepaßter Technologien bei der Mechanisierung und Lagerhaltung kleinbäuerlicher Betriebe. Unterstützung durch Infrastrukturmaßnahmen und problemorientierte Versuchsarbeit.

### II. Zeitlicher Ablauf

Planungsbeginn: Dezember 1969

Durchführungsbeginn: Januar 1970

Deutscher Beitrag  Dezember 1975
vereinbart bis: (Verlängerung um weitere 2 Jahre geplant). Das Projekt soll nach der Ausbildung geeigneter Counterparts in ein mit deutscher Finanzhilfe unterstütztes Entwicklungsprogramm umgewandelt werden.

### III. Personal

Personal des Gastlandes (Soll): 14

Personal der BRD (Soll): 18

## IV. Sachausrüstung

Umfangreicher Fahrzeugpark, technische Ausrüstung der verschiedenen Abteilungen, Ochsenpflüge, Düngemittel und Chemikalien.

## V. Kapitalaufwand

Kapitalaufwand des Gastlandes:    5.200.000,00 DM

Kapitalaufwand der BRD:    31.000.000,00 DM

## VI. Projektbericht

Projektkurzbeschreibung

Das Projektgebiet umfaßt einerseits die Northern-Region mit 70.383 km$^2$ (750.000 Einwohnern). Die Upper-Region andererseits bedeckt 27.319 km$^2$ (850.000 Einwohner). Beide Regionen bedecken das gesamte nördliche Savannengebiet Ghanas (97 - 98 % der Familien arbeiten in der Landwirtschaft-ca. 360.000 ha LN).

Höhenlage: 180-350 über NN. Die Böden: Sandstein, Granit und vulkanisches Gestein. Niederschläge: 750 bis 1.500 mm (3/4 zwischen Mai und Oktober - November bis April ausgeprägte Trockenzeit.

Das Projekt ist voll in die landwirtschaftliche Verwaltung der Northern and Upper Regions Ghana integriert. In allen Stationen arbeiten ghanaische Counterparts, außerdem 250 Landwirtschaftsbeamte mit den deutschen Beratern zusammen. Bisher haben drei Technical Officers an einem 16monatigen Ausbildungskurs in Deutschland teilgenommen. Ein Reismühlentechniker, der vor mehreren Jahren eine einjährige Ausbildung in Deutschland absolvierte, ging zu einem 6monatigen Ausbildungspraktikum nach Deutschland. Ausbildungsmöglichkeiten in Nachbarländern (IITA Nigeria) wurden ebenfalls in Anspruch genommen.

Das Projekt arbeitet in Ghana mit folgenden Institutionen fachlich und im Informationsaustausch zusammen:
- Crop Research Institut, Kumasi
- Soil Research Institut, Kumasi
- Christian Service Committee, Tamale
- Deutscher Entwicklungsdienst
- Kanadischer Entwicklungsdienst
- FAO Düngemittel-und Beratungsprojekt, Accra
- University of Ghana, Legon.

Projektplanung und -vorbereitung

Das Projekt wurde 1969 von der FAO als Nachfolgeprojekt eines Düngemittel-Demonstrationsprogrammes konzipiert. Schon nach einer relativ kurzen Anlaufphase hatte das Projekt den Rahmen der ursprünglichen Planung überschritten. Die ursprüngliche Planung wurde modifiziert und weiterentwickelt.

Projektdurchführung

Die deutschen Sachverständigen sind in die regionale Landwirtschaftsverwaltung eingegliedert bzw. leiten einzelne Spezialgebiete (Reismühlen, Feldversuchswesen, Kfz-Werkstatt, Landrodeeinheit). Das Landwirtschaftsministerium wird vom Projekt unterstützt bei: Saatgutvermehrung und -anwendung, Landrodung, Feldversuchswesen, Beratungswesen, Ochsenanspannung, Reisvermahlung, Kfz-Reparatur, Verbesserung der Vorratshaltung und Bauwesen.

Arbeitsergebnisse

Die Aufgaben der Düngemittelabteilung umfaßen Verteilung, Lagerung, Verkauf und Beratung bei der sachgemäßen Anwendung. Der Verbrauch an Dünger wurde von 600 t im Jahr 1969 auf 13.500 im Jahr 1974 gesteigert. Der Gesamtverbrauch in den Jahren 1970-1974 betrug 35.000 t.

Die Abteilung Saatgutvermehrung befaßt sich mit Prüfung, Erzeugung, Inspektion, Vermehrung, Reinigung sowie An- und Verkauf von verbesserten Saatgutsorten. In den Jahren 1970-1975 wurden folgende Mengen Saatgut bereitgestellt: Reis 110.000 Sack, Mais 12.000 Sack und Erdnuß 3.000 Sack. Sämtliches Saatgut wurde auf Keimfähigkeit untersucht und gebeizt.

Die Reismühlenabteilung hat durch das ghanaische Reisproduktionsprogramm sehr an Bedeutung gewonnen. Die fünf staatlichen Reismühlen im Projektgebiet wurden grundüberholt, eine weitere in Südghana demontiert und in Tamale aufgebaut. Die zu verarbeitende Reismenge ist von 4.260 t im Jahre 1972/73 auf 32.790 t 1974/75 gestiegen. Ein Labor, in dem Versuche mit Reissorten auf Vermahlungs- und Eßqualität durchgeführt werden, wurde 1974 in Betrieb genommen.

Die Informationsabteilung unterstützt die anderen Projektabteilungen, speziell bei Beratungsaufgaben, mit audio-visuellen Hilfsmitteln, Handbüchern, Broschüren und Plakatserien. Ein Kinomobil wird mit Beratungsfilmen und Diaserien eingesetzt.

Die Abteilung Feldversuchswesen prüft in Sorten- und Düngerversuchen die Verwendbarkeit von Saatgutsorten für die Wachstumsverhältnisse von Nordghana. Brauchbare Sorten werden an die Saatgutvermehrungsabteilung zur Verbreitung weitergegeben. In verschiedenen Standorten des Projektes wurden Klimastationen aufgebaut, um anbaubeeinflussende Klimadaten zu gewinnen. Zusätzlich ist die Abteilung für die Entnahme von Bodenproben und deren Analyse im Projektgebiet zuständig.

Die Landrodeeinheit begann Ende 1974 mit der Ausweitung der Reisanbauflächen (1975/76 wurden 2.200 ha gerodet). Die Rodungsarbeit umfaßt Vermessung, Kartierung, Bodenprobeentnahmen, Räumung und

Pflügen der Flächen. Zur Wasserkonservierung in Reisflächen wurden in der Anbausaison 1974 Konturdämme gezogen.

Das Ochsenpflugberatungsprogramm wurde 1974 mit dem DED begonnen. Zwei Beratungsstationen sind aufgebaut - drei weitere für Anfang 1976 geplant.

Das Siloprogramm soll Kleinbauern verbesserte Lagerhaltung für ihre Produkte aufzeigen und Lagerverluste vermindern.

Die Reparaturwerkstatt gewährleistet die Einsatzbereitschaft aller Projektfahrzeuge (Wartungskapazität: ca. 60 Fahrzeuge).

Im Beratungswesen steht die Schulung von Feldbeamten und Fachberatern der einzelnen Abteilungen im Vordergrund. Einheimische Institutionen und Entwicklungsprojekte beteiligen sich daran.

Aus Gegenwertmitteln für den aus Deutschland gelieferten Dünger wurden bisher folgende Baumaßnahmen finanziert: 1 Kfz-Werkstatt, 5 Düngemittellagerhallen (Kapazität: je 300 t), 26 Kleinlagerhallen, 3 Saatgutlagerhallen, 1 Lagerhalle für Ersatzteile und Produktionsmittel, 2 Beratungsstationen mit Wirtschaftsgebäuden.

# Indien

# Mikroalgentechnologie Mysore

## I. Allgemeines

PN: 70.2129.8

Verantwortlicher deutscher  Dr. Wolfgang Becker
Leiter des Vorhabens:

Projektanschrift: Indo-German Algal Project
c/o Central Food Technological
Research Institute
Mysore 570013/Indien

Projektträger im Gastland: Central Food Technological
Research Institute

Projektträger in der BRD: GTZ

Zuständige GTZ-Abteilung: 11    Fachbereich:   112

Projekttyp: Ernährungswissenschaftliches Forschungsprojekt

Zielsetzung des Projektes: Angesichts der in weiten Bevölkerungskreisen Indiens festzustellenden Proteinunterversorgung soll geprüft werden, inwieweit das von der Gesellschaft für Strahlen- und Umweltforschung München - Abt. Algenforschung Dortmund - entwickelte Verfahren zur Produktion von Protein aus Grünalgen für Indien geeignet ist.

Das vorläufige Ziel ist die Untersuchung der klimatischen Einflüsse auf das Algenwachstum und die Optimierung der Wachstumsrate. In Fütterungsversuchen an Wirbeltieren sollen die bereits in Deutschland gewonnenen Daten über Verträglichkeit, biologische Wertigkeit (BV), Net-Protein-Utilization (NPU) und Protein-Efficency-Ratio (PER) nochmals unter indischen Bedingungen überprüft werden. Im Anschluß daran soll die Akzeptabilität des gewonnenen Grünalgenproteins untersucht werden, wobei vorgesehen ist, bestimmte Personengruppen( wie z.B. Schulkinder und Heimzöglinge) über einen längeren Zeitraum mit durch Grünalgenprotein angereicherter Nahrung zu versorgen. Dazu dient die Entwicklung von speziellen Rezepten, die die Einführung der Grünalgen in die herkömmlichen Lebensmittel zum Ziel hat. Die Ergebnisse sollen durch Fragebögen ausgewertet werden.

Außerdem sollen Wirtschaftlichkeitsberechnungen vorgenommen werden, da die Produktionskosten so niedrig wie möglich gehalten werden müssen, um das entwickelte Produkt dann bedürftigen Bevölkerungsschichten zugänglich machen zu können.

## II. Zeitlicher Ablauf

Planungsbeginn: 1969

Durchführungsbeginn: Aufbau 1973, Inbetriebnahme 1974

Deutscher Beitrag vereinbart bis: Mitte 1976

## III. Personal

Personal des Gastlandes (Soll): 3

Personal der BRD (Soll): 2

## IV. Sachausrüstung

1 komplette Algenkulturanlage mit Erntemaschinen, 1 Laborausrüstung zur Durchführung von Kontrolluntersuchungen und kleinen Forschungsvorhaben, 1 Dienstwagen (VW Variant).

## V. Kapitalaufwand

Kapitalaufwand des Gastlandes: ca. 1000.000,00 DM

Kapitalaufwand der BRD: 1.465.000,00 DM

## VI. Projektbericht

Projektkurzbeschreibung

Die Stadt Mysore liegt im Bundesstaat Karnataka, dem sechstgrößten Staat der Indischen Union. Von den ca. 30 Mio. Einwohnern leben 80 % auf dem Lande. Das Klima ist an der Küste tropisch. Ca. 12 % der Anbaufläche sind ausreichend zu bewässern und werden für die Reis- und Zuckerrohrproduktion genutzt. In den trockenen Gebieten wird Hirse angebaut (Grundnahrungsmittel der ländlichen Bevölkerung). Für die meisten Einwohner Karnatakas steht nur eine Proteinmenge von 40 - 50 g/Kopf/Tag zur Verfügung (Optimale Proteinmenge/Kopf/Tag: 69 g).

Im Zusammenhang damit sind bei Kindern häufig Protein-Kalorien-Mangelkrankheiten festzustellen wie Kwashiokor und Marasmus. Religiöse Barrieren verbieten außerdem weiten Bevölkerungsteilen Fleisch und Eier zu sich zu nehmen. Das Grünalgenprojekt kann Proteinlücken schließen helfen.

Das Projekt besitzt zur Algenanzucht eine Außenanlage, die 15 Kunststoffbecken mit einer Gesamtfläche von ca. 200 qm umfaßt (seit August 1974 in Betrieb). Kultiviert wird die Alge "Scenedesmus obliquus", die im Institut für Algenforschung in Dortmund isoliert wurde und deren Eigenschaften dort während der letzten zehn Jahre eingehend untersucht wurden.

Projektplanung und -vorbereitung

Während die ursprüngliche Projektplanung vorsah, nur einen Ernährungswissenschaftler an das Central Food Technological Research Institute zu entsenden und die Durchführung des Projektes weitgehend durch das am Institut vorhandene Ausrüstungsmaterial zu bestimmen, wurde die Konzeption später auf Wunsch der indischen Seite geändert. Das Institut bat um eine umfangreichere personelle Ausstattung, so daß sich die deutsche Seite entschloß, dieser Bitte nachzukommen und außerdem das Projekt mit einer kompletten technischen Ausrüstung zu versehen.

Projektdurchführung

Das Projekt wird von einem Biologen geleitet. Bereits jetzt ist das Projekt Teil eines "All-India Coordinated Project on Algae", das im Dezember 1974 von allen in Indien existierenden Algen-Arbeitsgruppen gebildet wurde. Es ist dem National Council on Science and Technology angegliedert. Das Projekt in Mysore soll mit indischen Mitteln ausgebaut werden, um einmal als Zentrale alle Arbeitsgruppen betreuen zu können, die sich mit der Verwendung von Algen als Nahrungsmittel beschäftigen. Ein Finanz- und Personalplan für die kommenden vier Jahre ist aufgestellt worden. Die dadurch anfallenden Arbeiten decken sich mit den Aufgaben, die von Anfang an als Projektzielsetzung angesehen wurden:
- Standardisierung der Algenkulturmethode unter Berücksichtigung der indischen Verhältnisse,
- Entwicklung einfacher und billiger Anzuchtanlagen,
- Entwicklung von Rezepten und Verfahren zur Einführung des gewonnenen Algenmaterials auf dem indischen Markt,
- Beratung bei Tierversuchen und klinischen Tests zur Gewährleistung der Unbedenklichkeit dieses unkonventionellen Nahrungsmittels.

Arbeitsergebnisse

Aufbau der Algenanlage, Aufbau und Einrichtung des Labors, Produktion von Algenpulver, chemische und toxikologische Untersuchungen des gewonnenen Algenmaterials, Beginn von Fütterungsversuchen an Ratten.

# Indien

## Landwirtschaftliches Beratungsvorhaben in IGADA—Almora

### I. Allgemeines

PN: 68.2095.5

| | |
|---|---|
| Verantwortlicher deutscher Leiter des Vorhabens: | R. Dunkel |
| Projektanschrift: | IGADA Almora, U.P./Indien |
| Projektträger im Gastland: | Staatsregierung Uttar Pradesh |
| Projektträger in der BRD: | Gesellschaft für Agrarentwicklung (GAE) im Auftrag der GTZ |
| Zuständige GTZ-Abteilung: | 12    Fachbereich: 124 |
| Projekttyp: | Landwirtschaftliches Beratungsvorhaben |

Zielsetzung des Projektes: Steigerung der landwirtschaftlichen Produktion zur Verbesserung der Versorgung der Bevölkerung des Distrikts mit Grundnahrungsmitteln und zur Erhöhung der Angebote auf den lokalen Märkten durch intensive Beratung auf den Gebieten Acker- und Pflanzenbau einschließlich Futterbau, Gemüse- und Obstbau, Tierzucht, Landtechnik und Wasserbau.

### II. Zeitlicher Ablauf

| | |
|---|---|
| Planungsbeginn: | April 1968 |
| Durchführungsbeginn: | März 1970 |
| Deutscher Beitrag vereinbart bis: | August 1978 |

### III. Personal

Personal des Gastlandes (Soll):

Personal der BRD (Soll):    10

### IV. Sachausrüstung

Fahrzeuge, Dünger und sonstige Hilfsmittel für den Beratungsdienst, Pflanzmaterial, Saatgut, Saatgutanlage, Bodenlabor, Ausrüstung für eine Reparaturwerkstatt, veterinärmedizinische Ausrüstung einschließlich Material zur künstlichen Besamung. Zuchttiere, Flüßig-Stickstoffanlage.

## V. Kapitalaufwand

Kapitalaufwand des Gastlandes:

Kapitalaufwand der BRD:          18.482.000,00 DM

## VI. Projektbericht

Projektkurzbeschreibung

Das Projekt entspricht den Bestrebungen der Zentralregierung und der Regierung von Uttar Pradesh zur Entwicklung der Bergregionen. Diese Bestrebungen werden unterstrichen durch die Gründung einer Hill Development Authority im Jahre 1969, die dem Ministerpräsidenten von Uttar Pradesh unmittelbar untersteht.
Landwirtschaftliches Beratungsvorhaben in einem der 7 Bergdistrikte des nordindischen Bundesstaates Uttar Pradesh. Der Distrikt Almora liegt etwa auf dem 30. Breitengrad bei Höhenlagen zwischen 800 m und 3.000 m. Steile Hanglagen mit jungen Verwitterungsböden herrschen vor. Es gibt nur wenige breitere Flußtäler mit alluvialem Boden. Die Temperaturen schwanken zwischen +/-0° und +30° C. Niederschläge betragen ca. 1.200 mm; davon fallen etwa 1.000 mm im Sommermonsun und 200 mm im Wintermonsun.

Es wird angestrebt: Verbesserung der Bodenbearbeitung, von Düngung, Pflanzenschutz, Sortenwahl und Saatgutbereitung. Steigerung der Milchleistung durch Verdrängungskreuzung mit Jersey. Künstliche Besamung (das Sperma wird regelmäßig von der BRD eingeflogen). Verbesserung von Pfalnzenschutz bei Gemüsebau, Anleitung zu marktorientiertem Anbau. Ausbau des vorhandenen Obstbaus. Verbreitung des Nußbaumes. Unterrichtung in Pflege und Pflanzenschutz. Aufbau eines geschlossenen Obstbaugebietes für Sorten der gemäßigten Zone. Erschließung zusätzlicher Förderung der Landtechnik durch Wartung und Pflege der vorhandenen Maschinen. Geräte und Fahrzeuge. Herstellung von landwirtschaftlichen Geräten.

Projektplanung und -vorbereitung

Vorläufer des Projektes war ein multilaterales Düngemittellieferungsprojekt im Rahmen der Freedom from Hunger Campaign der FAO 1968. Erste Gutachterreise zur Erstellung des Projektrahmens im April 1968. Es folgten weitere Reisen zur Projektvorbereitung.

Projektdurchführung

Träger des Projektes im Gastland ist seit Dezember 1972 die "Indo-

German Agricultural Development Agency (IGADA). Der Entwicklungsgesellschaft gehören Mitglieder der verschiedenen Departments an. Dadurch sollen administrative Probleme schneller lösbar sein und letztlich die Effizienz der Projektarbeit erhöhen.

Der Beratungsbezirk wurde in zwei Regionen unterteilt. Für jede Region ist ein deutscher Regionalberater zuständig.

Der Tierarzt und der Sachverständige für Hoch- und Wasserbau werden noch bis Ende März 1976 tätig sein. Diese Aktivitäten werden nach diesem Zeitpunkt in indische Verantwortung übergeben.

Arbeitsergebnisse

Im Ackerbau ersetzen frühreife Hochertragssorten in Verbindung mit Mineraldüngung bereits zu etwa 35 % die traditionellen spätreifen Landsoten (Getreide, Soja). Damit sind die Voraussetzungen für eine Erhöhung der Ackernutzintensität geschaffen. Kartoffeln, Gemüse und Obst, die bisher vorwiegend im eigenen Haushalt verzehrt wurden, gewonnen an Aufbaufläche und werden dem Markt zugeführt. Sie verbessern die Bargeldsituation der bäuerlichen Familien.

Projektfahrzeuge und ein Netz von Lagerhäusern garantieren zeitlich und quantitativ die Versorgung mit Betriebsmitteln und die Vermarktung der landwirtschaftlichen Überschußproduktion.

Eine eigene Projektwerkstatt, ein Bodenlabor und eine Saatgutaufbereitungsanlage machen das Projekt unabhängiger von Verwaltungsentscheidungen auf höherer Ebene.

Aus dem künstlichen Besamungsprogramm gingen inzwischen 500 Kälber der F1-Generation und 20 Kälber der F2-Generation hervor. Die Milchleistung der F1-Kühe liegt um ein mehrfaches über der der lokalen Rasse.

Drei dem Projekt unterstehende Farmen wurden soweit ausgebaut, daß importiertes Zuchtmaterial (Rinder, Schafe, Hühner) gehalten und für die Landeszucht nutzbar gemacht werden können. Mit der Installierung der Flüßigstickstoffanlage verfügt das Projekt das komplette technische Instrumentarium für eine schnelle genetische Verbesserung des Rinderbestandes im Projektgebiet und darüber hinaus.

Laufende Arbeiten: Die Beratungsarbeit basiert auf den laufenden Felddemonstrationen, die als Package-Demonstrationen die gesamte Skala der ertragssteigernden Faktoren umfassen. Hinzu kommen Ausbildung und Anleitung der indischen Dorfberater.

Verbesserte Sorten von Kern- und Schalenobst wurden importiert und stehen zur Prüfung in einer Versuchsanstalt. Vorbereitende Informationen für den Olivenanbau wurden eingeholt.

Der Aufbau einer Bullenstation und einer Schafzuchtstation stehen kurz vor der Vollendung. Zuchttiere werden noch in diesem Jahr importiert.

Projektproblematik: Extreme Hängigkeit, Kleinbesitzstruktur und Flurzersplitterung verhindern jede Mechanisierung des Ackerbaus.

Andererseits sind die Betriebe zu marktfern und die Situation auf dem nationalen Getreidemarkt zu instabil, als daß der Anbau von Sonderkulturen anstelle von Nahrungsgetreide risikolos möglich wäre. Der Zugkraftbedarf für die Landwirtschaft, in Verbindung mit religiösen Tabus bedingt einen hohen Viehbesatz, der zu Überweidung und Erosion führt.

# Indien

## Landwirtschaftliche Beratung Kangra

### I. Allgemeines

PN: 62.2307.7

| | |
|---|---|
| Veranwortlicher deutscher Leiter des Vorhabens: | Christian Ehrich |
| Projektanschrift: | Indo-German Agriculture Project Kangra<br>Palampur, H.P., India<br>Telefon: 41 u. 75 |
| Projektträger im Gastland: | Government of Himachal Pradesh |
| Projektträger in der BRD: | GTZ |
| Zuständige GTZ-Abteilung: | 12    Fachbereich:    124 |
| Projekttyp: | Allgemeine Beratung im Acker- und Pflanzenbau, Wasserwirtschaft, Brunnenbau und Landtechnik |

Zielsetzung des Projektes: Intensivierung der pflanzlichen Produktion durch Einsatz landwirtschaftlicher Produktionsmittel und produktionstechnischer Beratung. Aufbau einer organisierten Saatgutvermehrung. Durchführung des Kulturbaus, der Bodenerhaltung und des Wasserbaus unter besonderer Berücksichtigung kleinerer Bewässerungsanlagen und Tiefbrunnenbau.

### II. Zeitlicher Ablauf

| | |
|---|---|
| Planungsbeginn: | 1966 |
| Durchführungsbeginn: | 7. Februar 1967 |
| Deutscher Beitrag vereinbart bis: | 31. Dezember 1977 |

### III. Personal

Personal des Gastlandes (Soll): 18

Personal der BRD (Soll):    6

## IV. Sachausrüstung

Lkw's, Kleinlastwagen, Jeeps, Bulldozer, Traktoren, 1 Schlagbohrgerät (Percussion) 1 Drehbohrgerät (Direct Rotary); Bodenuntersuchungslabor, Werkstattausrüstung, landwirtschaftliche Maschinen, Pflanzenschutz- und Düngemittel.

## V. Kapitalaufwand

Kapitalaufwand des Gastlandes:   62.000.000,00 Rs

Kapitalaufwand der BRD:          19.600.000,00 DM

## VI. Projektbericht

Projektkurzbeschreibung

Beginn der Projektaktivitäten am 7.2.1967 in 7 Blöcken. Ausweitung auf 10 Blöcke am 15.1.1968, auf 15 Blöcke am 17.7.1968 und auf 21 Blöcke am 20.2.1969.

Die Fläche des Beratungsgebietes betrug 772.398 ha. Am 30.9.1972 erfolgte die Dreiteilung des Kangra-Distriktes und die Projektaktivitäten konzentrierten sich nunmehr auf den verbleibenden Kangra-Distrikt (506.318 ha). Die neuen Distrikte Una und Hamirpur werden jedoch weiterhin mit Produktionsmitteln versorgt.

Der Kangra-Distrikt ist ein Teil des Staates Himachal Pradesh und liegt in den Vorbergen des Himalayas. Die Höhenlage variiert zwischen 300 m und 5.500 m NN und die jährlichen Niederschläge betragen 1.000 mm bis 3.000 mm. Das Klima ist durch den Monsun geprägt, mit der Hauptregenzeit in den Monaten Juli bis September und geringeren Niederschlägen in den Wintermonaten. Bedingt durch die unterschiedlichen Höhenlagen sind die agroklimatischen Bedingungen außerordentlich vielseitig.

Projektplanung und -vorbereitung

Ursprünglich war für den Staat Himachal Pradesh nur das Beratungsprojekt Mandi, PN: 62.2273,1, vorgesehen. Dem Wunsche des Gastlandes entsprechend, wurde am 7.2.1967 das Beratungsprojekt Kangra eröffnet.

Projektdurchführung

Entsprechend ministerieller Zuständigkeit wurden die Aktivitäten in verschiedene Fachbereiche aufgegliedert: Wasserwirtschaft, Pflanzenschutz, Obst- und Gemüsebau, Landtechnik, Informationswesen, Saatgutvermehrung, Bodenerhaltung, Demonstrationswesen, etc. Den deutschen Experten stehen eine oder mehrere Counterparts mit entsprechendem Personal zur Verfügung. Die vorgesehenen Planstellen sind jedoch sehr oft nicht besetzt.

Zusammenarbeit mit der University of Agriculture, Palampur.

Arbeitsergebnisse

Intensivierung der Saatgutvermehrung auf 6 Regierungsfarmen, Bohrung von 13 Tiefbrunnen, Bau von Düngemittelhallen und Milchsammelzentren, Intensivierung des Obst- und Gemüsebaus, Steigerung der landwirtschaftlichen Produktion durch verstärkten Einsatz von Düngemitteln, Pflanzenschutzmitteln, verbesserter Saatgutversorgung und intensiver Beratung.

|  | Durchschnittserträge dz/ha | |
|---|---|---|
|  | 1967 | 1974 |
| Reis | 8,26 | 14,55 |
| Weizen | 6,06 | 11,79 |
| Mais | 13,91 | 16,69 |

# Indien

# Landwirtschaftliches Entwicklungsprojekt Nilgiris

## I. Allgemeines

PN: 66.2074.4

Verantwortlicher deutscher　　　Dr. Friedrich Reich
Leiter des Vorhabens:

Projektanschrift:　　　　　　　Indo-German Nilgiris Development
　　　　　　　　　　　　　　　Project, Arani House
　　　　　　　　　　　　　　　Ootacamund/Nilgiris/India
　　　　　　　　　　　　　　　Telefon: 2676

Projektträger im Gastland:　　　Regierung von Tamil Nadu

Projektträger in der BRD:　　　GTZ

Zuständige GTZ-Abteilung:　　　12　　　Fachbereich: 124

Projekttyp:　　　　　　　　　　Pflanzenbau, Schädlingsbekämpfung,
　　　　　　　　　　　　　　　Vermarktung

Zielsetzung des Projektes:　　　Steigerung der landwirtschaftlichen
Einkommen durch:
- Chemische und biologische Bekämpfung der Kartoffelnematoden;
- Einführung verbesserter Kartoffel- und Gemüsesorten;
- Aufbau einer Vermarktungsorganisation für Gemüse.

## II. Zeitlicher Ablauf

Planungsbeginn:　　　　　　　1966

Durchführungsbeginn:　　　　　1967

Deutscher Beitrag
vereinbart bis:　　　　　　　　März 1976

## III. Personal

Personal des Gastlandes (Soll):　14

Personal der BRD (Soll):　　　　3

## IV. Sachausrüstung

Pkw, Lkw, Schlepper mit Zubehör, Ausrüstung für eine Kfz-Werk-

Phase I (1968 - 1970):
a) Rehabilitierung und Rationalisierung von 8 dem Projekt unterstehenden staatlichen Saatgut- und Versuchsbetrieben;

b) Durchführung eines umfangreichen Feldversuchsprogramms zur Ermittlung optimaler Kulturmaßnahmen im Kartoffelbau zur Erarbeitung von Fruchtfolgen und zur Eignungsprüfung von Substitutionsfrüchten;

c) Versorgung des Distrikts mit hochwertigem Kartoffelpflanzgut;

d) Erfassung und Aufbereitung der sozioökonomischen Struktur des Distrikts.

Phase II (1970 - 1972):
Ausbau der Beratungsaktivität aufgrund der ermittelten Ergebnisse.

Schwerpunkte: Einführung neuer Kartoffelsorten (Phytophtoraresistent) chemische und biologische Maßnahmen zur Bekämpfung der Nematodenverseuchung, Steigerung des Feldfutteranbaus für die Viehhaltung.

Phase III (1972 - 1974):
Wie Phase II. Dazu Verbesserung der Infrastruktur im Agrarsektor, insbesondere Kreditprogramm für Kleinbauern, Bau von Lager- und Kühlhäusern, Intensivierung der Fachausbildung.

Phase IV (1974 - 1976):
Erhöhte Bereitstellung von Gemüsesaatgut. Verlagerung der Saatgutbereitstellung von Importen auf die Saatgutvermehrung im Inland. Aufbau einer Vermarktungsorganisation für Gemüse.

Projektdurchführung

Die Bundesregierung stellte ein Beraterteam, dessen Stärke in der ersten Durchführungsphase 22 Experten umfaßte. Die Anzahl der Berater wurde entsprechend den positiven Arbeitserfolgen auf den jeweiligen Gebieten nach jeder Durchführungsphase graduell abgebaut. In der vierten Projektphase konzentriert sich der deutsche Beitrag auf das Gemüseanbau und -vermarktungsprogramm sowie auf die Gemüsesaatgutvermehrung.

Die deutschen Berater arbeiten mit einem oder mehreren indischen Counterparts zusammen, die ihrerseits über einen personellen Unterbau verfügen. Besonderes Gewicht wird auf die Verbreitung von Beratungsbroschüren hinsichtlich der Notwendigkeit von chemischen und biologischen Bekämpfungsmaßnahmen der "Potato Golden Nematode" gelegt. Darüber hinaus wird diese Aktivität ergänzt durch einfache Broschüren mit technischen Anbauempfehlungen für die vom Projekt eingeführten neuen bzw. verbesserten Sorten (Gemüse, Getreide, Futterpflanzen).

Zur Verfügungstellung von Hochleistungssaatgut, Düngemitteln, Schädlingsbekämpfungsmitteln (insbesondere Nematizide) durch eine projekteigene Organisation, die in der Lage ist, Gerechtigkeit in der Verteilung sowie fachgemäße Anwendung zu gewährleisten.

Arbeitsergebnisse

Die dem Projekt unterstehenden Staatsfarmen gelten heute als gut organisierte und voll leistungsfähige Betriebe.

In der chemischen Bekämpfung der Krtoffelnematode wurden von 1970 bis 1975 fünf Nematizidanwendungen auf insgesamt 7.280 ha vorgenommen. Der weiteren Ausbreitung der Nematode wird damit Einhalt geboten.

Zu dem Erfolg der Zurückdrängung der Nematoden trug und trägt in Zukunft der wachsende Anbau von Gemüse, Getreide und Futterpflanzen bei. Diese biologische Bekämpfungsmaßnahme ist langfristig von besonderer Bedeutung.

Mit dem Ziel, die Flächen unter Gemüse auf Kosten der Flächen Kartoffeln weiterhin auszuweiten, wurde die "Nilgiris Vegetable Growers' Association" Anfang 1975 gegründet. Ihr Hauptziel ist die Organisation der Gemüsevermarktung, um den Absatz zu sichern und damit die Erzeugererlöse zu steigern. Während der ersten zwei Monate der praktischen Vermarktungstätigkeit (Juni/Juli 1975) wurden 593,t Gemüse (Weißkohl, Blumenkohl, Möhren, Rettich, Erbsen, Bohnen und Rote Beete) in 5 Großstädten Südindiens vermarktet.

Die Erträge im Kartoffelbau, im Getreidebau und im Reisbau konnten, u.a. durch die Einführung von Hochleistungssorten, bis auf das Doppelte erhöht werden.

# Landwirtschaftliche Produktionsmittelhilfe— Düngemittel für Westbengalen

Indien

## I. Allgemeines

PN: 72.3541.9

| | |
|---|---|
| Verantwortlicher deutscher Leiter des Vorhabens: | Klaus Wiedemann |
| Projektanschrift: | Indo-German Fertilizer Educational Project<br>12 B Russel Street<br>Calcutta - 700016/Indien<br>Telegrammanschrift:<br>IGFEPWEB |
| Projektträger im Gastland: | Fertilizer Corporation of India (FCI) |
| Projektträger in der BRD: | GTZ |
| Zuständige GTZ-Abteilung: | 12    Fachbereich 124 |
| Projekttyp: | Landwirtschaftliches Produktionsmittel- und Beratungsprojekt |

Zielsetzung des Projektes:
- Einführung eines in Westbengalen neuen NP-Düngers (Ammoniumnitratphosphat 20-20-0), der ab 1977 in einem neuen Werk der FCI bei Kalkutta hergestellt werden soll.
- Steigerung des Düngerverbrauchs je Hektar in Westbengalen (Verbrauch 1971/72: 14 kg/ha NPK).
- Einführung einer ausgeglichenen Düngung

und damit über
- Steigerung der landwirtschaftlichen Produktion eine wirtschaftliche und soziale Verbesserung der Lage der Landbevölkerung.

## II. Zeitlicher Ablauf

| | |
|---|---|
| Planungsbeginn: | 1972 |
| Durchführungsbeginn: | Januar 1974 |
| Deutscher Beitrag vereinbart bis: | 31. Dezember 1976 |

## III. Personal

Personal des Gastlandes (Soll):   291

Personal der BRD (Soll):   1

## IV. Sachausrüstung

15 Fahrzeuge, Ausrüstung und Materialien für Beratung, Büroausstattung. Mit Ausnahme einiger weniger Einheiten wurde die gesamte Ausrüstung in Indien gekauft.

## V. Kapitalaufwand

Kapitalaufwand des Gastlandes:   ---

Kapitalaufwand der BRD:   25.000.000,00 DM

## VI. Projektbericht

Projektkurzbeschreibung

Mit einer Fläche von 87.882 km$^2$ (etwas größer als Bayern) und einer Bevölkerung von gegenwärtig 50 Mio. Einwohnern gehört Westbengalen zu den am dichtesten besiedelten Gebieten Indiens.

Das jährliche pro-Kopf-Einkommen in Westbengalen liegt bei ca. DM 250,00. Trotz einer über dem gesamtindischen Durchschnitt liegenden Industrialisierung ist Westbengalen überwiegend ein Agrarland. Die Agrarstruktur zeichnet sich durch das Vorherrschen kleinerer Betriebe aus: die durchschnittliche Betriebsgröße liegt bei 1,2 ha. 4/5 aller Betriebe bewirtschaften weniger als 3 ha. Etwa 20 % der Betriebe werden in der Form der Pacht oder Teilpacht bewirtschaftet.

Die natürlichen Standortbedingungen werden durch die (mit Ausnahme der nördlichen Distrikte) flache Topographie und den Monsun geprägt. Die jährlichen Niederschläge im Flachland betragen 1.435 mm, in der nördlichen Subhimalayaregion 3.126 mm. Der überwiegende Teil der Böden besteht aus Alluvium.

Von der Netto-Anbaufläche von 5,6 Mio. ha sind 25 % bewässerbar, jedoch nur ein kleiner Teil davon ganzjährig.

Reis (Durchschnittsertrag 11 dz/ha) steht in der Bodennutzung mit 5 Mio. ha an erster Stelle. Es folgen Weizen (9 dz/ha) mit 0,8 Mio. ha, Hülsenfrüchte (9,6 dz/ha) mit 0,7 Mio. ha, Jute (14 dz/ha) und Mesta (11 dz/ha) mit 0,54 Mio. ha und Kartoffeln (81 dz/ha) mit 80.000 ha.

Der Handelsdüngerverbrauch je Hektar LN lag 1971/72 bei 9,7 kg N und 14,5 kg Gesamtnährstoffen.

Da die Landwirtschaft in den östlichen Staaten Indiens, zu denen auch Westbengalen gehört, bisher in der Entwicklung zurückgeblieben ist, soll das indisch-deutsche Düngerberatungsprojekt im wesentlichen dazu beitragen, die bestehenden, durch den bisherigen Verlauf der "Grünen Revolution" noch verschärften interregionalen Einkommensdisparitäten abzubauen.

Das von der Fertilizer Corporation of India seit 1968 in 15 indischen Bundesstaaten durchgeführte Fertilizer Promotion Programme wird nun in einem intensiven Rahmen - zusammen mit den landwirtschaftlichen Regierungsstellen und fünf Großbanken - auf 12 der insgesamt 17 landwirtschaftlichen Distrikte Westbengalens ausgedehnt.

Die Gegenwertmittel aus dem Verkauf des aus Deutschland eingeführten Düngers werden für die Finanzierung dieses Programmes verwendet.

Projektplanung und -vorbereitung

Vorläufer des gegenwärtigen Vorhabens war ein seit 1970 von der deutschen Düngemittelindustrie getragenes Beratungsprojekt in Westbengalen. Ab 1972 war dieses Projekt von der Deutschen Agrarhilfe e.V. mit finanzieller Förderung durch das BMZ weitergeführt werden, bis es am 1.11.1972 von der BfE übernommen worden war.

Auf Antrag der Fertilizer Corporation of India und nach einer Gutachterentsendung im Frühjahr 1973 wurde am 27.9.1973 das deutsch-indische Abkommen über das gegenwärtige für drei Jahre geplante Vorhaben unterzeichnet. Das Projekt zielt weniger auf eine Weiterführung des begrenzten urpsrünglichen Beratungsvorhabens ab, sondern auf einen massiven deutschen Beitrag zu dem von der Fertilizer Corporation getragenen Fertilizer Promotion Programme in Westbengalen und eventuell später auch in den Nachbarstaaten Orissa und Bihar.

Projektdurchführung

Die Durchführung des Projektes liegt in indischen Händen. Die Bundesregierung stellt einen deutschen Chefberater, der bei der Organisation der Verteilung des Düngers, der Verwendung der Gegenwertmittel und der Formulierung der einzelnen Entwicklungsprogramme beratend mitwirkt.

Die eigentliche intensive Beratungstätigkeit konzentriert sich auf 144 Dörfer, die in 116 der insgesamt 335 Landkreise (blocks) des Staates Westbengalen ausgesucht wurden.

Extensive Beratung wird in neun um je ein sogenanntes Modelldorf liegenden Ortschaften betrieben, so daß insgesamt 1.440 Siedlungen mit ca. 300.000 ha in die Beratung eingeschlossen sind.

Das gesamte Beratungsprogramm umfaßt: Düngungsdemonstrationen,

Ausbildungsprogramme für Landwirte und Düngerhändler, Feldbegehungen, Gruppendiskussionen, Ausstellungen, Filmvorführungen, Lehrschauen, Verteilung von Anbaukalendern und Anbauanleitungen für die wichtigsten Pflanzen, Aufstellung von individuellen Anbauplänen und Unterstützung der Landwirte bei der Antragstellung für Kredite.

Arbeitsergebnisse

Anwerbung und Ausbildung von ca. 180 landwirtschaftlichen Beratern; Verteilung und Verkauf von bisher 15.000 t NP-Dünger; Anlage von 1.836 Demonstrationsanlagen bei Reis, Weizen, Jute und Kartoffeln; Durchführung von über 4.300 Beratungsversammlungen, 900 Feldbegehungen, 23 Düngerveranstaltungen 46 Ausbildungsprogrammen für Landwirte und 10 Düngerausstellungen. Weiterhin: Untersuchung von 11.000 Bodenproben und Mitwirkung an einem Weizensaatgutvermehrungsprogramm auf 477 ha.

Eine Auswertung der Wirkungen der durchgeführten Beratungsmaßnahmen ist jetzt noch zu früh.

# Indonesien
## Blatt- und Bodenanalyse-Labor Marihat Research Station

### I. Allgemeines

PN: 68.2113.6

| | |
|---|---|
| Verantwortlicher deutscher Leiter des Vorhabens: | Dr. Karlheinz Wolpers |
| Projektanschrift: | Marihat Research Station<br>P.O. Box 37<br>Pematang-Siantar/Indonesien<br>North-Sumatra |
| Projektträger im Gastland: | 1. Directorate of Estates im Landwirtschaftsministerium Jakarta<br><br>2. Perusahan Negara Perkebunan Marihat Research Station Pematang-Siantar |
| Projektträger in der BRD: | GTZ |
| Zuständige GTZ-Abteilung: | 11   Fachbereich: 112 |
| Projekttyp: | Pflanzliche Produktion, Düngungsberatung |

Zielsetzung des Projektes: Durchführung von Blattanalysen im bereits arbeitenden Blattanalysenlabor und Erstellung von Düngungsempfehlungen für die Ölpalmenflächen unter Berücksichtigung der Analysenergebnisse.

Einrichtung und Organisation eines Bodenlabors für die Durchführung von Routineanalysen und begrenzten Forschungsvorhaben. Die Untersuchungsergebnisse sollen zur Verfeinerung der bisher nur auf Blattanalysen basierenden Düngungsempfehlungen für den Ölpalmenbau beitragen und so zu einem wirkungsvolleren Einsatz der Mineraldüngung führen.

Im Rahmen kleinerer Forschungsvorhaben kommt der qualitativen und quantitativen Erfassung der Nährstoffauswaschung und der Einführung von geeigneten Maßnahmen zur Vermeidung oder Verringerung solcher Verluste eine Bedeutung zu. Darüber hinaus ist die Durchführung von langjährigen Felddüngungsversuchen von Interesse, um Boden- und Pflanzenanalysenergebnisse unter den lokalen Bedingungen mit den Erträgen korrelieren und kalibrieren zu können.

## II. Zeitlicher Ablauf

Planungsbeginn: 1968

Durchführungsbeginn: 1. November 1969

Deutscher Beitrag
vereinbart bis: 31. August 1977

## III. Personal

Personal des Gastlandes (Soll): 21

Personal der BRD (Soll): 2

## IV. Sachausrüstung

Komplette Ausrüstung für ein Blatt- und Bodenanalysenlabor, 2 VW-Transporter, 1 Unimog.

## V. Kapitalaufwand

Kapitalaufwand des Gastlandes: 20.200.000,00 RA

Kapitalaufwand der BRD: 2.167.000,00 DM

## VI. Projektbericht

Projektkurzbeschreibung

Indonesien ist mit derzeit etwa 175.000 ha Ölpalmenfläche (115.000 ha im staatlichen und 60.000 ha im privaten Besitz), die jährlich expandieren und bis 1985 auf etwa 250.000 ha ausgedehnt werden sollen, einer der bedeutendsten Exporteure von Palmöl.

Im Ölpalmenanbau schlägt die Mineraldüngung als einer der wichtigsten Steigerungsfaktoren durch. Die jährliche Blattanalyse wird deshalb heute weltweit als Grundlage für die Bemessung der Düngungsmaßnahmen im Ölpalmenanbau und als laufende Kontrolle des Nährstoffversorgungsgrades der Palmen durchgeführt. Zur Erreichung einer ökonomisch und produktionstechnisch optimalen Düngungsempfehlung wird in jüngster Zeit eine Ausweitung und Verfeinerung der Analysenmethoden angestrebt und deshalb in diesem Vorhaben die Bodenuntersuchung in das Arbeitsprogramm eingeschlossen. Nachdem die indonesische Regierung sich entschieden hat, die "Marihat Research Station" als Zentralforschungsstation für den Ölpalmenanbau einzurichten, erklärte sich die Bundesregierung bereit, in Zusammenarbeit mit dem "Soil Fertility Department" der Station die Labors für Blatt- und Bodenuntersuchungen aufzubauen und zu organisieren und damit eine leistungsfähige Einrichtung für die Durchführung der notwendigen Analysen zu schaffen. Durch diese Neuorganisation werden die indonesischen Ölpalmenanbauer von Instituten im asiatischen Ausland und Europa (wo die Analysen bislang durchgeführt wurden) unabhängig. Die Untersuchungen werden gleichzeitig verbessert, beschleunigt und vereinfacht. Darüber hinaus können die lokalen spezifischen Bodenfruchtbarkeitsprobleme des Ölpalmenbaus - durch die Forschungsstation am Ort - rascher erfaßt und Verbesserungen direkter vorgeschlagen werden.

Projektplanung und -vorbereitung

Wegen einer unzureichenden Planung zu Beginn des Projektes konnte die 1. Förderungsphase (Aufbau und Organisation des Blattanalyselabors) erst in dem Zeitraum von 1971 bis 1973 nach einer nochmaligen Überprüfung und Neuplanung durchgeführt werden.

Die 2. Projektphase begann im September 1974 und hat die Einrichtung des Bodenkundelabors zum Ziel.

Projektdurchührung

Das Blattuntersuchungslabor ist seit Herbst 1973 für die Bestimmung der Hauptnährstoffe in den Ölpalmblattproben einsatzbereit.

Das Labor nimmt auch mit gutem Erfolg regelmäßig an den von Wageningen organisierten "international cross checks" teil, um die Genauigkeit der in der "Marihat Research Station" durchgeführten Analysen kontrollieren zu können.

Der technische Aufbau des Bodenkundelabors steht kurz vor dem Abschluß, so daß nach dem Eintreffen der restlichen Geräte und der Einarbeitung der Laborkräfte gegen Ende des Jahres die Routineanalysen anlaufen können.

Arbeitsergebnisse

In den Jahren 1973/74 und 1974/75 führte das Blattuntersuchungslabor auf jeweils etwa 100.000 ha Ölpalmenflächen die Analysen durch. Die Ergebnisse wurden mit ausgezeichnetem Erfolg als Grundlage für die Erstellung der Düngungspläne verwendet.

# Indonesien

## Landwirtschaftliche Entwicklung in West-Sumatra

### I. Allgemeines

PN: 70.2150.4

| | |
|---|---|
| Verantwortlicher deutscher Leiter des Vorhabens: | Dr. Christian Häselbarth |
| Projektanschrift: | P.O.B. 56 Bukittinggi Sumatera-Barat / Indonesien |
| Projektträger im Gastland: | Indonesisches Landwirtschaftsministerium Jakarta Jalan Imam Bonjol 29 |
| Projektträger in der BRD: | GTZ |
| Zuständige GTZ-Abteilung: | 12       Fachbereich: 124 |
| Projekttyp: | Planungs- und Beratungsprojekt |

Zielsetzung des Projektes:
- Durchführung von Musterprogrammen zur Förderung der Landwirte in der Provinz West-Sumatra (40.000 km$^2$, 3 Mio. Einwohner).
- Förderung einer exportorientierten Produktion in regionalen Schwerpunkten - jeweils verbunden mit Schulung von Beamten und Bauern bei: Gummi, Rindermast, Weideverbesserung, Trockenreis, Soja, Erdnußanbau, Gewürzen, Ölpalmen, Kartoffeln und Zuckerrohr.

### II. Zeitlicher Ablauf

| | |
|---|---|
| Planungsbeginn: | 1969 |
| Durchführungsbeginn: | 1970 bzw. 1973 |
| Deutscher Beitrag vereinbart bis: | 1977 |

### III. Personal

| | |
|---|---|
| Personal des Gastlandes (Soll): | 500 |
| Personal der BRD (Soll): | 16 |

### IV. Sachausrüstung

Fahrzeuge, Kleingeräte, Traktoren, Labors, Demonstrationsanlagen wie Reismühle, Kraftfuttermühle, etc. Gummi, Palmöl-, Zuckerrohr- und Konservenfabrik werden in Zukunft durch Privatinvestoren gebaut.

## V. Kapitalaufwand

Kapitalaufwand des Gastlandes:   2.350.000,00 DM

Kapitalaufwand der BRD:   14.140.000,00 DM

## VI. Projektbericht

Projektkurzbeschreibung

Die Provinz West Sumatra liegt in tropisch maritimem Klima unter dem Äquator und bietet mit 2.000-6.000 mm Niederschlag/Jahr und einer Jahresmitteltemperatur von + 21 - 26° C sehr günstige Anbaubedingungen für eine breite Palette von Kulturen wie: Reis, Gummi, Kokos- und Ölpalmen, Zimt, Nelken, Muskat, Pfeffer, Soja, Erdnüsse, Mais, Kartoffeln, Gemüse, Zuckerrohr u.a.; ferner günstige Weidebedingungen zur Viehhaltung.

Projektplanung und -vorbereitung

Projektfindung und erste Projektplanung 1969. Permanente Planung ist Prinzip der Projektdurchführung. Weitere Prinzipien: Finden des geeigneten Projekt-Mix, Finden und Aufbau des geeigneten Projektträgers (möglichst nichtstaatlich), Materialeinkauf im Lande, Flexibilität durch Einsatz von Kurzzeitexperten. Enge Zusammenarbeit bei Planung und Projektdurchführung mit Prof. Kruse-Rodenacker, Institut für Entwicklungsforschung, Berlin.

Projektdurchführung

Nach einer Vorbereitungs- und Aufbauphase (1970-1972) begann das Projekt 1973 mit der eigentlichen Entwicklung der heute laufenden Projekte:
- 10.000 ha Kleimbauern Gummianpflanzung
- 500 ha Rinderzucht-, Mast- und Lehrfarm
- ca. 1.000 Bauern in einer Gewürzvermarktungskooperative und Ausbildungsstätte
- 500 ha Zimt-Neuaufpflanzung
- ca. 2.000 ha Neulandkultivierung durch Bauerngemeinschaften zum Anbau von Reis, Soja, Erdnüssen
- ca. 100 Bauern zusammengeschlossen in einer Vielzweckgenossenschaft
- ca. 200 Bauern in einem Saat- und Konsumkartoffelanbauprogramm incl. Lagerung und Vermarktung
- Aufbau eines Veterinärlabors und Veterinärdienstes

- Zuckerrohranbauversuche mit 7 Sorten werden 1975 abgeschlossen
- 10 Weideverbesserungsdemonstrationen und Erzeugung von Weidesaatgut
- Aufbau einer Kraftfutteranlage
- Pflanzenschutz und Rattenvertilgungsprogramme auf ca. 50.000 ha (bei verschiedenen Kulturen)
- Projektbegleitender Hoch- und Straßenbau
- 3 Projektwerkstätten

In Vorbereitung:
- 12.000 ha Ölpalmenanbau in Kooperation mit Kleinbauern und zwei Firmen
- Bau einer Gummiverarbeitungsfabrik in Zusammenarbeit mit einer Firma

Bereits übergeben:
- 1 Straßenbau (Feasibility Studie)
- Künstliche Besamungsprogramm bei Rindern
- 1 Reismühle
- 1 Bodenanalysenlabor
- 1 Reissaatgutaufbereitungsanlage
- 1 Feasibility Studie für Kokosanbau
- 1 Regionalplanungsstudie

und diverse Einzelprogramm Feasibility-Studien.

Arbeitsergebnisse

Das Projekt ist in weitgehend selbständig arbeitende Einheiten aufgeteilt, die ihren Aufgabenbereich vollverantwortlich abwickeln. Die Durchführung der Einzelprogramme geht zum großen Teil zügig voran - bisweilen treten die üblichen administrativen Angpässe auf.

Von der indonesischen Regierung wird das Projekt als Musterprojekt angesehen, das in anderen Regionen des Landes nachgeahmt werden soll.

Die Übergabe der Einzelprogramme erfolgt stufenweise an z.T. nichtstaatliche Träger, die ein finanzielles Eigeninteresse zur erfolgreichen Projektfortführung mitbringen.

# Indonesien

## Saatgutvermehrungszentrum Soropadan/Zentraljava

### I. Allgemeines

PN: 74.2177.9

Verantwortlicher deutscher
Leiter des Vorhabens:     O. Neuendorf

Projektanschrift:     noch nicht bekannt

Projektträger im Gastland:     Inspektorat Landwirtschaft Zentraljava

Projektträger in der BRD:     GTZ

Zuständige GTZ-Abteilung: 1     Fachbereich: 111

Projekttyp:     Saatgutvermehrung und Vermarktung

Zielsetzung des Projektes: Unterstützung beim Ausbau eines indonesischen Lehr- und Versuchszentrums für "Secondary crops" (Mais, Bohnen, Maniok und Süßkartoffeln); Saatguterzeugung und Ausbildung von bäuerlichen Saatgutvermehrern; Organisation von Kredit- und Vermarktungsorganisationen.

### II. Zeitlicher Ablauf

Planungsbeginn:     Januar 1974

Durchführungsbeginn:     1. Juni 1976 (am Ort)

Deutscher Beitrag
vereinbart bis:     1979

### III. Personal

Personal des Gastlandes (Soll):     5

Personal der BRD (Soll):     2

### IV. Sachausrüstung

Fahrzeuge, landwirtschaftliche Maschinen und Geräte, Saatgutuntersuchungslabor.

## V. Kapitalaufwand

Kapitalaufwand des Gastlandes:  keine Angaben

Kapitalaufwand der BRD:  1.491.372,00 DM

## VI. Projektbericht

Projektkurzbeschreibung

Im Rahmen des II. Fünfjahresplanes ist von Seiten der indonesischen Regierung vorgesehen, die "Secondary crops" stärker zu fördern, um einer schnell anwachsenden Bevölkerung (insbesondere auf Java) die Nahrungsgrundlage zu erhalten. Die Aufgabe des Projektes wird sein, umfangreiche Feldversuche durchzuführen, um das Ertragspotential vorhandener Kulturpflanzen abzuschätzen. Damit einhergehend soll eine Saatguterzeugungs- und -anerkennungsorganisation aufgebaut werden. Als flankierende Maßnahme ist die Schulung der Berater und Bauern vorgesehen sowie der Aufbau von Vermarktungseinrichtungen.

Projektplanung und -vorbereitung

Gutachten: Mai 1974
Durchführungsauftrag vom BMZ: 23. Oktober 1975
Projektleiter eingestellt: Dezember 1975

Projektdurchführung

----

Arbeitsergebnisse

----

# Aufnahme der Bodenfischbestände in der Java-See zur Entwicklung einer Grundschleppnetzfischerei

Indonesien

## I. Allgemeines

PN: 72.2101.3

| | |
|---|---|
| Verantwortlicher deutscher Leiter des Vorhabens: | Dr. Jürgen Saeger |
| Projektanschrift: | Lembaga Penelitian Perikanan Laut (Marine Fisheries Research Institute) -Demersal Fishery Project- Jl. Krapu 12 Jakarta - Kota/Indonesien |
| Projektträger im Gastland: | Direktorat Jendral Perikanan (Directorate General of Fisheries) Departemen Pertanian Ministry of Agriculture) |
| Projektträger in der BRD: | GTZ |
| Zuständige GTZ-Abteilung: | 12     Fachbereich: 123 |
| Projekttyp: | Fischereiförderung |

Zielsetzung des Projektes: Quantitative und qualitative Erfassung der Bodenfischbestände in der Java-See. Beratung beim Aufbau einer modernen, großräumig agierenden Trawlerflotte (kleine und mittlere Einheiten). Komplettierung von wissenschaftlichen Daten zu quantitativ verläßlichen Aussagen über Fischvorkommen und ihre Zusammensetzung als Grundlage zur wirtschaftlich optimalen Nutzung der Bestände (Feststellung höchstmöglichen Dauerertrages). Das bedeutet, daß bei weiterem Wachstum der lokalen Grundschleppnetzfischerei die für Eingriffe durch den Menschen anfälligen Fischbestände u.U. durch Schonmaßnahmen (Aufwandbeschränkungen, Quotaregulierungen) oder das Festlegen von Schonbezirken geschützt werden sollen. Einer Überfischung soll so vorgebeugt werden.

## II. Zeitlicher Ablauf

| | |
|---|---|
| Planungsbeginn: | Mitte 1972 |
| Durchführungsbeginn: | Baubeginn eines Forschungsschiffes: 1. März 1973 Fertigstellung und Beginn der Arbeit im Sinne der Projektbezeichnung: Juli 1974 |

Deutscher Beitrag
vereinbart bis:  März 1977

## III. Personal

Personal des Gastlandes (Soll): 1

Personal der BRD (Soll): 3

## IV. Sachausrüstung

Modern eingerichteter Forschungskutter, Forschungslabor.

## V. Kapitalaufwand

Kapitalaufwand des Gastlandes:  900.000,00 DM (Forschungsschiff)

Kapitalaufwand der BRD:  860.000,00 DM (Sachlieferungen für Schiff - ohne Kosten für Konstruktionsplanung und Bauaufsicht)
220.000,00 DM Ausrüstung für Forschungslabor

## VI. Projektbericht

Projektkurzbeschreibung

Quantitative und qualitative Erfassung der Bodenfischbestände in der Java-See. Beratung beim Aufbau einer modernen, großräumig agierenden Trawlerflotte (kleine und mittlere Einheiten). Komplettierung von wissenschaftlichen Daten zu quantitativ verläßlichen Aussagen über Fischvorkommen und ihre Zusammensetzung als Grundlage zur wirtschaftlich optimalen Nutzung der Bestände (Feststellung höchstmöglichen Dauerertrages). Das bedeutet, daß bei weiterem Wachstum der lokalen Grundschleppnetzfischerei die für Eingriffe durch den Menschen anfälligen Fischbestände u. U. durch Schonmaßnahmen (Aufwandbeschränkungen, Quotaregulierungen) oder das Festlegen von Schonbezirken geschützt werden sollen.

Projektplanung und -vorbereitung

Arbeitsplanung, Einsatzplan für Schiff, Literaturstudien.

Projektdurchführung

Die Gewässer, die von Indonesien in der Malakka-Straße sowie der Straße von Karimata beansprucht werden, sowie die Java-See wurden in sechs Untesuchungsabschnitte unterteilt. Während eines Zeitraums von jeweils sechs Wochen werden in den einzelnen Abschnitten Größe und Zusammensetzung der Fischbestände untersucht. Ergänzend dazu werden mit ozeanographischen, meerchemischen und planktologischen Arbeitsmethoden Fragen der Fruchtbarkeit von Meeresgebieten bearbeitet. Durch intensiven Arbeitskontakt, das Abhalten von Kursen und Seminaren sowie durch die Herausgabe eines in Vorbereitung befindlichen Handbuches ist für intensive Counterpartausbildung gesorgt. Als flankierende Maßnahme werden kurfristige Praktikantenstipendien vorgesehen.

Arbeitsergebnisse

Nach einer erstmaligen Untersuchung aller Untergebiete (s. Projektdurchführung), die voraussichtlich Ende des Jahres abgeschlossen sein wird, soll es möglich sein, grobe Anhaltswerte über den fischereilich wirtschaftlich nutzbaren Reichtum der Gebiete des Sundaschelfs zu geben.

Indonesien

# Genossenschaftlicher Bankberater

## I. Allgemeines

PN: 74.2184.5

| | |
|---|---|
| Verantwortlicher deutscher Leiter des Vorhabens: | Rudolf Cserny |
| Projektanschrift: | Botschaft der BRD<br>Jl. M.H. Thamrin<br>Jakarta/Indonesien |
| Projektträger im Gastland: | Departront of Transmigration, Manpower and Cooperatives, Directorato General of Cooperatives |
| Projektträger in der BRD: | GTZ |
| Zuständige GTZ-Abteilung: | 13       Fachbereich: 132 |
| Projekttyp: | Regierungsberatung - Gutachten |

Zielsetzung des Projektes:    Anfertigung eines Gutachtens über die Entwicklung des ländlichen Raumes durch das Bankensystem auf genossenschaftlicher Basis in West-Sumatra) mit möglicher anschließener Kapitalhilfe

## II. Zeitlicher Ablauf

| | |
|---|---|
| Planungsbeginn: | September 1974 |
| Durchführungsbeginn: | Dezember 1975 |
| Deutscher Beitrag vereinbart bis: | November 1977 |

## III. Personal

| | |
|---|---|
| Personal des Gastlandes (Soll): | ca. 5 |
| Personal der BRD (Soll): | 1 |

## IV. Sachausrüstung

1 Dienstwagen, übliche Büroausstattung

## V. Kapitalaufwand

Kapitalaufwand des Gastlandes:   keine Angaben

Kapitalaufwand der BRD:   364.814,00 DM

## VI. Projektbericht

Projektkurzbeschreibung

Da die Landwirtschaft der wichtigste Wirtschaftszweig des Landes ist, in der rund 80 % der Bevölkerung beschäftigt sind, ist im Rahmen des nationalen Entwicklungsplanes (2. Fünf-Jahresplan 1974 - 1979) ein wesentlicher Gesichtspunkt die Entwicklung eines genossenschaftlichen Bankensystems für den ländlichen Raum.

Projektplanung und -vorbereitung

Projekt läuft erst Ende 1975 an.

# Indonesien

## Landfunkberatung

### I. Allgemeines

PN: 4016

Verantwortlicher deutscher
Leiter des Vorhabens: Dr. Manfred Lohmann

Projektanschrift: c/o Embassy Federal Republic Germany
Jalan Thamrin - GTZ-Box
Jakarta/Indonesien

Projektträger im Gastland: Informations- und Landwirtschaftsministerium

Projektträger in der BRD: GTZ

Zuständige GTZ-Abteilung: 13    Fachbereich: 131

Projekttyp: Beratungsprojekt

Zielsetzung des Projektes: Aufbau eines Landfunksystems in Verbindung mit Radio Republik Indonesia

### II. Zeitlicher Ablauf

Planungsbeginn: 1968

Durchführungsbeginn: Juli 1969

Deutscher Beitrag
vereinbart bis: Mitte 1977

### III. Personal

Personal des Gastlandes (Soll): nicht genau festzulegen.

Personal der BRD (Soll): 5

### IV. Sachausrüstung

Lieferung von fünf VW-Käfern, ein Aufnahmewagen mit Tonbandgeräten, Mikrofonen und Mischanlage; Lieferung von Tonbandgeräten, Mikrofonen, Transistor- und Kassettenradios sowie Kassettenaufnahmegeräten. Mittel zur Herstellung programmbegleitender Hörerbroschüren.

## V. Kapitalaufwand

Kapitalaufwand des Gastlandes:   keine Angaben

Kapitalaufwand der BRD:   2.650.000,00 DM

## VI. Projektbericht

Projektkurzbeschreibung

Mit diesem Projekt wird versucht, die Landbevölkerung über das Medium Rundfunk in Zusammenarbeit mit dem landwirtschaftlichen Beratungsdienst zu informieren und zu beraten. Die Beratung erstreckt sich nicht nur auf das Gebiet der landwirtschaftlichen Produktion, sondern auch für Fragen der Ernährung, Gesundheitspflege und Vermarktung. Die Zielgruppen - Bauern, Bäuerinnen und Jungbauern - sind in Hörergruppen zusammengefaßt.

Projektplanung und -vorbereitung

1968 als Bestandteil eines deutsch-indonesischen Produktionsmittelprojektes konzipiert und seit 1970 eigenständiges Projekt mit landesweiten Aktivitäten.

Das Vorhaben wurde ab 1. November 1975 um weitere 2 Jahre verlängert und aufgrund des Rahmenvertrages GTZ/Deutsche Welle von letzteren kurzfristig durchgeführt.

Projektdurchführung

Zusammenarbeit mit dem Staatlichen Rundfunk (RRI) und dem Landwirtschaftsministerium.

Verbesserung der Landfunkprogramme durch Bereitstellung von Rundfunkproduktionsgeräten; Erstellung von Beratungsbroschüren; Aktivierung von Hörerklubs, Trainingsmaßnahmen für Landfunkjournalisten; Beratung bei Programmproduktion.

Arbeitsergebnisse

Neben der Beratung bei der täglichen Programmproduktion wird die Herausgabe eines Handbuches für Landfunkjournalisten vorbereitet. Außerdem werden Hörer- und Programmforschung sowie Trainingsveranstaltungen durchgeführt.

Jeweils zehn Counterparts - die Mitarbeiter der Landfunkredaktionen sind - wurden im Herbst 1974 und im Herbst 1975 im NBTC (Rundfunkausbildungszentrum der UNESCO) in Kuala Lumpur ausgebildet.

Neben diesen Ausbildungsmaßnahmen finden auf regionaler Ebene (z.B. für die Bereiche Zentraljava, Westsumatra etc.) workshops statt, an denen Landfunkjournalisten aus den genannten Bereichen in etwa 14tägigen Kursen fortgebildet werden.

# Iran

# Pflanzkartoffelveredlung

## I. Allgemeines

PN: 73.2044.3

| | |
|---|---|
| Verantwortlicher deutscher Leiter des Vorhabens: | Dr. Cay-D. Mentz |
| Projektanschrift: | Seed Potato Center of Iran P.O. Box 201 Hamadan/Iran |
| Projektträger im Gastland: | Kaiserlich Iranisches Landwirtschaftsministerium |
| Projektträger in der BRD: | GTZ |
| Zuständige GTZ-Abteilung: | 11   Fachbereich: 111 |
| Projekttyp: | Beratung (Aufbau eines Pflanzkartoffelversuchszentrums) |

Zielsetzung des Projektes: Unterstützung des Kaiserlich Iranischen Landwirtschaftsministeriums bei seinen Bemühungen um eine Steigerung der Kartoffelerträge und beim Aufbau eines Pflanzkartoffelversuchszentrums in Hamadan.

## II. Zeitlicher Ablauf

| | |
|---|---|
| Planungsbeginn: | 1973 |
| Durchführungsbeginn: | März 1974 |
| Deutscher Beitrag vereinbart bis: | 31. Dezember 1976 |

## III. Personal

| | |
|---|---|
| Personal des Gastlandes (Soll): | 21 |
| Personal der BRD (Soll): | 2 |

## IV. Sachausrüstung

1 Laboratorium zur Untersuchung virologischer, mykologischer und bakterieller Infektionen an Kartoffeln. 4 Gewächshäuser zur Anzucht der Testpflanzen, 2 Lagerhäuser, technisches Gerät zur Mechanisierung des Kartoffelbaus.

## V. Kapitalaufwand

Kapitalaufwand des Gastlandes: 1.200.000,00 Tuman (ca. 400.000,00 DM)

Kapitalaufwand der BRD: 900.000,00 DM

## VI. Projektbericht

Projektkurzbeschreibung

Das Iranische Landwirtschaftsministerium wünscht, daß von Hamadan aus zukünftig alle Bereiche des Iranischen Kartoffelanbaus zentral bearbeitet werden.

Vorerst wird die Erhaltungszucht der beiden beliebtesten iranischen Sorten "Pashandi" und Eslamboli" - die von der Biologischen Bundesanstalt Braunschweig virusbereinigt worden sind - aufgebaut und Vergleiche zu außer-iranischen Sorten angestellt. Zertifizierung des Pflanzguts und wissenschaftliche Bearbeitung pathologischer Probleme gehören zu den Hauptaufgaben. Später sollen auch neue Sorten gezüchtet werden.

Projektplanung und -vorbereitung

Am 1. Juni 1973 wurde von der BfE der erste Vorschlag für das Projektabkommen erstellt, der von iranischer Seite am 22. Juli 1974 mit einigen Änderungen paraphiert worden ist.

Wegen des starken Interesses, welches der zuständige iranische Staatssektretär an dem Projekt hatte, nahm der erste Experte der BRD schon am 7. März 1974 die Arbeit auf. - Von iranischer Seite wird die Gesamtplanung vom "Seed Improvement Institute", einer Abteilung des einheimischen Landwirtschaftsministeriums, durchgeführt.

Projektdurchführung

Das durch Meristemkultur virusbereinigte Pflanzkartoffelmaterial ist, neben dem größten Teil der von deutscher Seite zu stellenden Ausrüstung, im Projekt eingetroffen und im Gebrauch.

Arbeitsergebnisse

- Vermehrung des virusbereinigten Pflanzguts in der zweiten Vegetationsperiode;
- Untersuchung von Virusvektoren (Aphiden) im Raum Hamadans während der Vegetationszeit 1974;
- im Iran scheint die Erzeugung von gesundem Pflanzgut durch Welkepilze (Colletotrichum atramentarium, Fusarium oxysporum) stärker behindert zu werden als durch viröse Infektionen;

- Durchführung eines Sortenversuchs (29 Versuchsglieder) mit dem Ergebnis, daß nur ein geringer Teil der europäischen Kartoffelsorten für die Anbaubedingungen des Irans geeignet ist;
- Erarbeitung eines Vorschlags zur Zertifizierung von Kartoffelpflanzgut im Iran.

Iran

# Förderung der Faculty of Natural Resources der Universität Teheran

## I. Allgemeines

PN: 73.2003.9

| | |
|---|---|
| Verantwortlicher deutscher Leiter des Vorhabens: | Dr. H. E. Knopf |
| Projektanschrift: | Embassy of the Federal Republic of Germany<br>P.O. Box 48<br>Teheran/Iran |
| Projektträger im Gastland: | Universität Teheran, Faculty of Natural Resources |
| Projektträger in der BRD: | GTZ |
| Zuständige GTZ-Abteilung: | 11    Fachbereich: 114 |
| Projekttyp: | Beratung für Forst und Holzwirtschaft (Forschung) |

Zielsetzung des Projektes: Förderung der Forschung auf den Gebieten Forstschutz, forstliche Statistik-EDV und Holzwirtschaft.

## II. Zeitlicher Ablauf

| | |
|---|---|
| Planungsbeginn: | 1972 |
| Durchführungsbeginn: | Juni 1974 |
| Deutscher Beitrag vereinbart bis: | Oktober 1976 |

## III. Personal

| | |
|---|---|
| Personal des Gastlandes (Soll): | keine Angaben |
| Personal der BRD (Soll): | 3 |

## IV. Sachausrüstung

Ergänzungen zu der vorhandenen Ausstattung der Forschungseinrichtungen.

## V. Kapitalaufwand

Kapitalaufwand des Gastlandes:     keine Angaben

Kapitalaufwand der BRD:     970.000,00 DM

## VI. Projektbericht

Projektkurzbeschreibung

Die Faculty of Natural Resources hat seit ihrer Gründung als Projekt des UNDP zunächst als Abt. der Landwirtschaftlichen Fakultät später als selbständige Fakultät vorrangig die theoretische und praktische Ausbildung von akademisch gebildetem Personal für die iranische Forstverwaltung und die staatliche und private Holzindustrie betrieben.

Projektplanung und -vorbereitung

----

Projektdurchführung

Forstschutz seit Mitte Juni 1974; forstliche Statistik( EDV) seit August 1974; Holzwirtschaft seit September 1974.

Arbeitsergebnisse

Aufstellung von Zustands- bzw. Problemanalysen der jeweiligen Fachgebiete; Ausarbeitung von Vorschlägen für den organisatorischen, personellen z. T. auch räumlichen und apparativen Ausbau der Forschungseinrichtungen sowie an Prioritäten der Ausbildung und der forst- und holzwirtschaftlichen Praxis orientierten Arbeitsprogrammen. Bearbeitung vordringlicher Forschungsvorhaben sowie ad-hoc Beratung der Industrie, der forstlichen Praxis und verschiedener Einzelpersonen, im Rahmen der Aufgabenstellung.

Iran

# Forschungsinstitut für Pflanzenkrankheiten und -schädlinge

## I. Allgemeines

PN: 62.2200.4

| | |
|---|---|
| Verantwortlicher deutscher Leiter des Vorhabens: | Dr. Manfred Hille |
| Projektanschrift: | Biologische Bundesanstalt für Land- und Forstwirtschaft Messeweg 11/12 23 Braunschweig |
| Projektträger im Gastland: | Ministry of Agriculture and Natural Resources, Blvd. Elizabeth, Teheran |
| Projektträger in der BRD: | GTZ |
| Zuständige GTZ-Abteilung: | 11      Fachbereich:   113 |
| Projekttyp: | Pflanzenschutzvorhaben |

Zielsetzung des Projektes: Unterstützung der Forschungsarbeiten auf dem Gebiet der Pflanzenkrankheiten und -schädlinge durch Entsendung deutscher Fachkräfte.

## II. Zeitlicher Ablauf

| | |
|---|---|
| Planungsbeginn: | 1959/60 |
| Durchführungsbeginn: | Mai 1960 |
| Deutscher Beitrag vereinbart bis: | 30. Juni 1975 + Nachbetreuungsphase |

## III. Personal

Personal des Gastlandes (Soll): 520

Personal der BRD (Soll):   --

## IV. Sachausrüstung

Fahrzeuge, Pflanzenschutzgeräte, Laborausrüstungen.

## V. Kapitalaufwand

Kapitalaufwand des Gastlandes:      ----

Kapitalaufwand der BRD:      11.425.000,00 DM

## VI. Projektbericht

Projektkurzbeschreibung

Zusammenarbeit mit anderen Institutionen auf wissenschaftlichem Gebiet erfolgt wie international üblich (z.B. Literaturaustausch, Teilnahme an ausländischen Expeditionen im Iran. Entsendung von Wissenschaftlern an ausländischen Institute zur Fortbildung u. sw). Projekt u und Gastland erhalten keine Nahrungsmittellieferungen.

Bisher wurden 42 Mitarbeiter des Plant Pests and Diseases Research Institute für jeweils 12-16 Monate zur Fortbildung auf ihren speziellen Arbeitsgebieten in die BRD gesandt. Zusammenarbeit mit dem deutschen Pflanzenschutzdienst unter Federführung der Biologischen Bundesanstalt für Land- und Forstwirtschaft in Braunschweig.

Plant Pests and Diseases Research Institute in Teheran-Evin (15 km nördlich des Stadtzentrums) in 1.650 m Höhe, arides Klima mit heißen Sommern (bis +40° C) und kalten Wintern (bis -15° C). Auf 20 ha stehen 4 Gebäude mit Labors, mehrere Gewächshäuser, 1 Gebäude für die Verwaltung, Werkstätten und Lager, 1 Gästehaus mit Kantine und Sitzungssaal sowie 19 Bungalows für Institutsangehörige.

Das Institut besteht aus 9 Abteilungen (Pilzkrankheiten der Pflanzen, Viruskrankheiten und nichtparasitäre Schäden an Pflanzen, botanische Taxonomie, Mittel- und Geräteprüfung, entomologische Taxonomie, Schädlingsbekämpfung bei einjährigen Pflanzen, Schädlingsbekämpfung bei mehrjährigen Pflanzen, Nematologie, Nagetiere und andere Schädlinge (z.B. Milben, Molusken, Vögel).

Zu dem Institut gehören 15 Außenstellen in den Provinzen.

Projektplanung und -vorbereitung

Erster iranischer Antrag von Januar 1960; Abschluß 1. Projektabkommen am 16.4.1960; Laufzeit: 4 Jahre. Einsatz 4 deutscher Sachverständiger. Weitere iranische Anträge führten a) zu zeitlichen Verlängerungen (bis 30.6.1975), b) zu zeitweisen personellen Erweiterungen (bis zu 7 deutsche Wissenschaftler). Reduzierung bis 31.7.1973 auf 3 Sachverständige und Ad-hoc-Experten und bis 30.6.1975 auf 2 Sachverständige und Ad-hoc-Experten.

Projektdurchführung

1960 - 1963 Planung und Bau der ersten Labors auf dem heutigen Institutsgelände.

1969 Neubau für die entomologischen Abteilungen bezugsfertig.

Seit 1970 Ausbau der Außenstelle.

Das Projekt war an der Fortbildung der Institutsangehörigen, an der Ausstattung der Labors mit Geräten und der Bibliothek sowie an der praktischen Durchführung zahlreicher Forschungsarbeiten beteiligt.

Bericht an die zuständigen Ministerien und Behörden; Veröffentlichungen in den beiden Fachzeitschriften: Entomologie et Phytopathologie Appliquées (unregelmäßig, bisher 39 Hefte) und Iranian Journal of Plant Pathology (4 Hefte/Jahr, bisher 10 Bände) (beide Zeitschriften vom Plant Pests and Diseases Research Institute herausgegeben); Vorträge bei Seminaren und Tagungen; Beratungen für die Praxis:

a) Aufbau eines Warnsystems zur rechtzeitigen Bekämpfung des Reisanbaugebieten im Norden des Landes;

b) Prüfung von Pflanzenschutzgeräten aus einheimischer Produktion und aus geplanten Importen auf Eignung unter den hiesigen Bedingungen;

c) Beratung bei der Bearbeitung mykologischer und virologischer Probleme im Genüse- und Obstbau.

Insgesamt waren im Projekt tätig:

15 Wissenschaftler mit Einsatzzeoten von 1 bis 8 Jahren,
17 Wissenschaftler mit Einsatzzeiten von 1 bis 6 Monaten,
6 technische Assistenten mit Einsatzzeiten von 1 Monat bis 2 Jahren.

Arbeitsergebnisse

----

# Jordanien

## Aufforstungsberatung und Einsatz eines forstlichen Maschinenparks

### I. Allgemeines

PN: 73.2017.9

| | |
|---|---|
| Verantwortlicher deutscher Leiter des Vorhabens: | R. Becher |
| Projektanschrift: | Jordan-German-Forestry-Group P.O.B. 183 Amman/Jordanien |
| Projektträger im Gastland: | Ministry of Agriculture, Department of Forests |
| Projektträger in der BRD: | GTZ |
| Zuständige GTZ-Abteilung: | 11    Fachbereich: 114 |
| Projekttyp: | |

Zielsetzung des Projektes: Steigerung der Aufforstungstätigkeit in Jordanien durch Einsatz eines forstlichen Maschinenparks, Einbau von Beregnungsanlagen in Forstbaumschulen und Beratung der jordanischen Forstverwaltung in allen Fragen der Aufforstung, Waldbrandbekämpfung, Versuchspflanzungen und Waldbewirtschaftung, insbesondere unter Berücksichtigung der Wohlfahrtswirkungen des Waldes.

### II. Zeitlicher Ablauf

| | |
|---|---|
| Planungsbeginn: | 1972 |
| Durchführungsbeginn: | Februar 1974 |
| Deutscher Beitrag vereinbart bis: | Ende 1976 |

### III. Personal

| | |
|---|---|
| Personal des Gastlandes (Soll): | 20 |
| Personal der BRD (Soll): | 2 |

### IV. Sachausrüstung

1 Caterpillar D 6 mit Tieflader, 4 Unimog mit Hänger und Zusatzgeräten (Frontlader, Planierschild, Erdbohrer, Scheibenpflug, Kompres-

sor, Wasserpumpe und Wassertanks, Seilwinde), 5 Lkw, 8 VW-Transporter, 4 Generatoren für Werkstatt und Forstdienstgebäude, 3 Beregnungsanlagen für Forstbaumschulen, 1 mobile Bandsäge zum Einschnitt von schwachem Nadelholz, diverse Handgeräte für Werkstattbetrieb, Waldbrandbekämpfung und Holzeinschlag.

## V. *Kapitalaufwand*

Kapitalaufwand des Gastlandes: 500.000,00 DM

Kapitalaufwand der BRD: 2.500.000,00 DM

## VI. *Projektbericht*

Projektkurzbeschreibung

Aufforstungen in Jordanien dienen in erster Linie der Verbesserung der landeskulturellen Bedingungen des durch Erosion stark geschädigten und gefährdeten Hochlandes östlich des Jordan, einschließlich des Jordantales. Der stark angewachsene Umfang der jährlichen Aufforstungen (jährlich 200 bis 2.500 ha) ist nicht mehr wie bisher in reiner Handarbeit zu bewältigen. Die Pflanzungen verlangen sowohl größere und rationeller arbeitende Pflanzenanzuchtstätten als auch eine verbesserte Technik beim Pflanzentransport zu den Aufforstungsflächen und damit verbunden auch eine verbesserte Aufschließung der Forstflächen durch Zugangswege (letztere für spätere Bewirtschaftung der Wälder und bessere Waldbrandkontrolle notwendig).

Die den jordanischen Behörden zur Verfügung stehenden Mittel erlauben eine Investition an Maschinen und Geräten nur beschränkt. Da ein Teil dieser Ausrüstung durch das laufende Projekt zur Verfügung gestellt wird, können die vorhandenen Mittel zur Vergrößerung der Aufforstungsflächen verwendet werden. Die Handarbeitsstunden je Flächeneinheit werden durch die Maschinenarbeit zwar verringert, erlauben aber dadurch die Freisetzung von Arbeitskräften für weitere Arbeiten. Durch die Vergrößerung des Maschinenparks, einschließlich der dadurch bedingten Pflege- und Unterhaltung, werden außerdem ständige Arbeitsplätze geschaffen.

Schwerpunkte des Projekts sind:
1. Einsatzplanung und Einsatzkontrolle der gelieferten Maschinen- und Geräteausrüstung sowie der fahrbaren Werkstatt bei Pflege- und Reparaturarbeiten, Anlernen der Mechaniker, Fahrer und Hilfskräfte.
2. Einbau von drei Beregnungsanlagen in Forstbaumschulen.
3. Beratung der jordanischen Forstbehörde in allen Fragen der Aufforstung, Waldbrandbekämpfung, Anlage von Versuchsflächen, Maßnahmen zur Erhaltung und Ergänzung vorhandener Waldflächen, insbesondere unter Berücksichtigung der Wohlfahrtswirkungen des Waldes.

Projektplanung und -vorbereitung

Das Projekt geht auf eine Bitte der jordanischen Regierung nach Unterstützung der Aufforstungsvorhaben des Landes im Jahre 1972 zurück. Im Sommer 1972 wurde ein Gutachten zu diesem Vorhaben erstellt (Berichterstatter: Diplom-Forstwirt R. Becher, Bundesforschungsanstalt für Forst- und Holzwirtschaft, Reinbek - später Verantwortlicher für das Projekt). Nach Abschluß der Vorplanung wurde im Februar 1974 ein Regierungsabkommen zwischen Jordanien und der BRD unterzeichnet. Seit Februar 1974 sind die beiden deutschen Mitarbeiter im Projekt.

Das Projekt ist auf zwei Jahre ausgelegt; wegen der langen Lieferzeiten und zum Teil langen Antransportzeiten waren die Ausrüstungsgegenstände teilweise erst ab Ende 1974 im Projekt eingetroffen. Die jordanische Regierung hat daher eine Verlängerung des Projektes um ein weiteres Jahr beantragt.

Projektdurchführung

Der größte Teil der Ausrüstung war im Sommer 1975 im Projekt vorhanden. Das Projekt arbeitet voll integriert in der jordanischen Forstverwaltung. Die Verwaltung ist bemüht, dem Projekt die erforderlichen Counterparts sowie das Personal für die Werkstatt und den Maschinenpark zur Verfügung zu stellen. Mit dem Einbau der drei Beregnungssysteme in die Forstbaumschulen sind die Voraussetzungen für das volle Arbeiten des Projekts gegeben. Die Werkstattgebäude - ein Werkstattraum mit Ersatzteillager und Maschinenschuppen - sind im Bau und wurden im Herbst 1975 fertiggestellt (mit Gegenwertmitteln finanziert). Im folgenden werden neben der Beratung der einheimischen Forstverwaltung - Einsatzplanung und -kontrolle der Maschinenausrüstung Schwerpunkt der Projekttätigkeit sein, verbunden mit einer systematischen Ausbildung des Bedienungspersonals. Im Dezember 1975 gingen zwei Counterparts zu einer Spezialausbildung in die BRD.

Arbeitsergebnisse

Bis zum Sommer 1975 wurden mit den vorhandenen Maschinen und Geräten folgende Arbeiten durchgeführt:
- Wegebauarbeiten in Aufforstungsgebieten - Erweiterungsarbeiten in Forstbaumschulen;
- Pflanzentransporte in der Pflanzperiode 1974/75;
- Erdtransporte in Baumschulen (Füllung der Pflanzencontainer);
- Bewässerung von Straßenbepflanzungen in sehr regenarmen Gebieten;
- Arbeitertransporte zu Aufforstungsgebieten und Arbeitsplätzen;
- Holzeinschlagsarbeiten zur Behebung von Schneebruchschäden aus dem Winter 1973/74 mit anschließendem Holztransport;
- Einsatz der fahrbaren Werkstatt bei allen Pflege- und Reparaturar-

beiten (auch bei vorhandener Ausrüstung der jordanischen Forstverwaltung);
- Beratung der jordanischen Forstverwaltung bei Aufforstung, Baumschulplanung, Waldbrandbekämpfung, Waldpflegemaßnahmen.

# Jordanien

## Genossenschaftsberatung

### I. Allgemeines

PN: 73.2021.1

Verantwortlicher deutscher Leiter des Vorhabens: Dr. Peter Klemann

Projektanschrift: Jordan Cooperative Organisation (JCO)
P.O. Box 1343
Amman/Jordanien
Telefon: 23101

Projektträger im Gastland: Jordan Cooperative Organisation

Projektträger in der BRD: GTZ

Zuständige GTZ-Abteilung: 13   Fachbereich: 132

Projekttyp: ~~Beratungsprojekt~~ Beratungsprojekt

Zielsetzung des Projektes: Allgemeine Beratung bei der Entwicklung des Genossenschaftswesens in Jordanien.

### II. Zeitlicher Ablauf

Planungsbeginn: 1973

Durchführungsbeginn: September 1974 (Einsatz im Gastland)

Deutscher Beitrag vereinbart bis: September 1976

### III. Personal

Personal des Gastlandes (Soll): ca. 150

Personal der BRD (Soll): 1

### IV. Sachausrüstung

Dienstwagen/Büroausstattung

## V. Kapitalaufwand

Kapitalaufwand des Gastlandes:   keine Angaben

Kapitalaufwand der BRD:   373.000,00 DM

## VI. Projektbericht

Projektkurzbeschreibung

Einsatz eines Einzelberaters bei der Zentralen Genossenschaftsorganisation Jordaniens. Beratung in allgemeinen Fragen zur Förderung der genossenschaftlichen Entwicklung im Lande. Schwergewicht liegt beim Ausbau des ländlichen Bezugs und Absatzes. Darüber hinaus Bearbeitung spezieller Aufgaben nach Wunsch des Counterparts und Ausbildung von Genossenschafts-Funktionären.

Projektplanung und -vorbereitung

----

Projektdurchführung

----

Arbeitsergebnisse

----

# Jordanien

## Landwirtschaftlicher Regierungsberater

### I. Allgemeines

PN: 70.2119.9

| | |
|---|---|
| Verantwortlicher deutscher Leiter des Vorhabens: | Ernst P. Schulz<br>c/o Embassy of the Federal Republic of Germany<br>P.O. Box 183<br>Amman/H.K. of Jordan |
| Projektträger im Gastland: | Landwirtschaftsministerium Amman |
| Projektträger in der BRD: | GTZ |
| Zuständige GTZ-Abteilung: | 14    Fachbereich: 143 |
| Projekttyp: | Landwirtschaftliches Beratungswesen |

Zielsetzung des Projektes: Beratung der Regierung in landwirtschaftlichen Fragen, vor allem Pflanzenschutz und Pflanzenquarantäne sowie landwirtschaftliches Informationswesen betreffend. Mitarbeit bei der Planung und Durchführung von Maßnahmen im Rahmen der pflanzlichen Produktion.

### II. Zeitlicher Ablauf

| | |
|---|---|
| Planungsbeginn: | November 1969 |
| Durchführungsbeginn: | März 1970 (Unbesetzt von Juni 1970 bis Januar 1973) |
| Deutscher Beitrag vereinbart bis: | 31. Dezember 1976 |

### III. Personal

Personal des Gastlandes (Soll): 1

Personal der BRD (Soll): 1

### IV. Sachausrüstung

Büromaterial und Dienstwagen

## V. Kapitalaufwand

Kapitalaufwand des Gastlandes:   Unterhalt des Dienstwagens, Stellung von Büroräumlichkeit sowie Gewährung der vertraglich vereinbarten Expertenrechte.

Kapitalaufwand der BRD:   540.000,00 DM (bis 1976)

## VI. Projektbericht

Projektkurzbeschreibung

Beratung bei der Planung und Durchführung landwirtschaftlicher Projekte; Nachbetreuung deutscher TH-Projekte, insbesondere im Bereich Pflanzenschutz und Pflanzenquarantäne; Abstimmung der deutschen landwirtschaftlichen Förderungsmaßnahmen mit anderen Gebern und/oder deren Organisationen in Jordanien; Mitwirkung bei der Planung und Abwicklung deutscher Produktionsmittelprojekte sowie bei Effektivitätsprüfungen.

Der Schwerpunkt der Beratung ist entsprechend der Weiterentwicklung der jordanischen Landwirtschaft auf allen Gebieten auf den betriebswirtschaftlichen Bereich zu verlagern.

Projektplanung und -vorbereitung

Mitarbeit bei der Ausarbeitung von Pflanzenschutz- und Quarantänebestimmungen für ein neues Gesetz in Jordanien. Vorbereitung der Funktionsaufnahme von zwei Quarantänebegasungsstationen in Amman und an der irakischen Grenze. Planung und Durchführung von Schädlingsbekämpfungskampagnen. Vorbereitung von Informationsmaterial des landwirtschaftlichen Beratungsdienstes.

Vorbereitung landwirtschaftlicher Projekte, Prüfung von Wünschen des Gastlandes in Zusammenhang mit der TH. Koordination einzelner Maßnahmen im Bereich pflanzlicher Produktion.

Projektdurchführung

Seit März 1973 ohne Unterbrechung.

Arbeitsergebnisse

Abwicklung der Produktionsmittellieferungen; der Verkauf von Düngemitteln und Spritzgeräten durch die Jordan Cooperative Organisation wurde gefördert.
Verbesserung der Schädlingsbekämpfungskampagnen durch intensivere Planung und Vorbereitung. Anregungen zur Einführung eines Warndienstes und regelmäßiger Informationen für den Landwirt durch Presse und Rundfunk. Vorschläge für den Anbau von Pistazien und den Ausbau einer Zisternenkette.

Koordination von Maßnahmen für die pflanzliche Produktion.

Unterstützung anderer deutscher landwirtschaftlicher TH-Projekte.

Regelmäßige Funktionskontrollen der Quarantänestationen und Beratung des landwirtschaftlichen Informationsdienstes.

Planung und Kontrolle von Baumaßnahmen aus Gegenwertmitteln.

Auswahl von Stipendiaten zur Fortbildung in der BRD und in Drittländern.

# Jordanien

## German-Jordan-Veterinary Project

### I. Allgemeines
PN: 73.2045.0

Verantwortlicher deutscher  Dr. Frank Schenkel
Leiter des Vorhabens:

Projektanschrift:  P.O.B. 5244
 Amman/Jordanien

Projektträger im Gastland:  Ministry of Agriculture

Projektträger in der BRD:  GTZ

Zuständige GTZ-Abteilung:  12  Fachbereich: 122

Projekttyp:  Tierärztliches Beratungsprojekt

Zielsetzung des Projektes:
- Beratung und technische Unterstützung der jordanischen Regierung bei der Intensivierung des veterinärmedizinischen Felddienstes. Aus- und Fortbildung von Veterinärmedizinern.
- Reorganisation und Ausweitung der künstlichen Besamung beim Rind. Beratung in Fütterung und Haltung landwirtschaftlicher Nutztiere als Vorstufe eines landwirtschaftlichen Beratungsdienstes.

### II. Zeitlicher Ablauf
Planungsbeginn:  Juni 1973

Durchführungsbeginn:  Juni 1974

Deutscher Beitrag
vereinbart bis:  3 Jahre

### III. Personal
Personal des Gastlandes (Soll): 14

Personal der BRD (Soll):  4

### IV. Sachausrüstung

Sektion I: 12 Kraftfahrzeuge, Ausstattung von 4 Veterinärstationen mit Instrumenten und Medikamenten, Unterstützung prophylaktischer Maßnahmen, Lehr- und Lernmaterialien.

Sektion II: Container für Tiefgefriersperma, Sperma, Verbrauchsmaterial. Verschiedene Kleinmaterialien für landwirtschaftliche Beratung. Lehr- und Lernmaterialien.

## V. Kapitalaufwand

Kapitalaufwand des Gastlandes:  1.120.000,00 DM

Kapitalaufwand der BRD:  3.200.000,00 DM

## VI. Projektbericht

Projektkurzbeschreibung

Sektion I: Förderung des veterinärmedizinischen Felddienstes.

Sektion II: Förderung der künstlichen Besamung beim Rind; Beratung in Haltung und Futterung landwirtschaftlicher Nutztiere. Koordinierung beider Sektionen durch den deutschen Projektleiter.

Die deutschen Leistungen für dieses Vorhaben werden für 3 Jahre geplant. Hilfe bei der Counterpartausbildung ist vorgesehen. Die jordanische Regierung beteiligt sich an den Aufgaben durch Bereitstellung von Counterparts, Hilfspersonal, Gebäuden und Betriebsmitteln an der Durchführung des Projektes.

Projektplanung und -vorbereitung

Gutachterreise und Vorgutachten 1973. Anreise der deutschen Experten Juni, Juli, November 1974 und Januar 1975.

Projektdurchführung

I. Klinische Veterinärmedizin: Ausbildung und Training von Tierärzten im praktischen Felddienst. Hierzu stehen vier Veterinär-Stationen zur Verfügung, die als "Pilot-Clinics" ausgebaut werden.

II. Künstliche Besamung: Reorganisation und Ausbau der künstlichen Besamung in vier Besamungszentren.

III. Landwirtschaftliche Beratung: Systematische Auswertung der landwirtschaftlichen Struktur als Basis einer Beratungstätigkeit. Ausbildung von Beratungstechnikern. Initiierung eines funktionstüchtigen Beratungsdienstes.

Arbeitsergebnisse

Sektion I: Nach dem Eintreffen der deutschen Fachkräfte Auswertung verschiedener relevanter Faktoren für die Projektdurchführung. Beginn der Ausbildung von Personal.

Sektion II:

a) Aus- und Fortbildung von Besamungstechnikern. Besamungstätigkeit in 3 und 4 Stationen. Fortbildung von Tierärzten in Sterilitätserkennung und -behandlung.

b) Untersuchung und Auswertung der landwirtschaftlichen Struktur im Raum als Grundlage einer Beratungstätigkeit. Beratung in Haltung und Fütterung landwirtschaftlicher Nutztiere, praktische Ausbildung von Beratungstechnikern.

# Kamerun

## Ausbildungs- und Siedlungsvorhaben Wum

### I. Allgemeines

PN: 63.2032.9

| | |
|---|---|
| Verantwortlicher deutscher Leiter des Vorhabens: | Klaus Steger |
| Projektanschrift: | Wum Area Development Authority W.A.D.A. P.O. Box 13 Wum via Bamenda/Cameroun |
| Projektträger im Gastland: | Ministry of Agriculture, Yaoundé |
| Projektträger in der BRD: | GTZ |
| Zuständige GTZ-Abteilung: | 13    Fachbereich: 134 |
| Projekttyp: | Landwirtschaftliche Beratung |

Zielsetzung des Projektes: Hauptziel ist die Erhöhung des bäuerlichen Einkommens durch:
- bessere Organisation der landwirtschaftlichen Produktion im Rahmen von Blockanbau und "Group Farming";
- Einführung neuer Verkaufsfrüchte durch Sorten- und Düngungsversuche;
- Einführung verbesserter Fruchtfolgesysteme im Hinblick auf permanente Landwirtschaft für Männer und Frauen;
- Einführung von tierischer Anspannung als Alternative für Traktordienste zur Ausdehnung des intensiven Ackerbaus;
- Unterstützung von Genossenschaften und anderer bäuerlicher Gruppierungen zur Verbesserung der Versorgung mit Produktionsmitteln und Krediten sowie der Weiterverarbeitung, Lagerung und Vermarktung der Produkte.

Nebenziele sind:
- bessere Versorgung der Region mit handwerklichen Leistungen durch die Errichtung von zwei "Extension Workshops", bestehend aus jeweils einer Schreinerei- und einer Kfz-Werkstatt;
- Verbesserung der Wohnverhältnisse durch ein "Billig-Haus-Programm" und die Errichtung solider ("Nyanga-") Häuser;
- Unterstützung lokaler Käsereien zur Nutzung der Milch der Fulani-Kühe.

## II. Zeitlicher Ablauf

Planungsbeginn: Juni 1962

Durchführungsbeginn: Dezember 1966

Deutscher Beitrag
vereinbart bis: 31. Oktober 1977

## III. Personal

Personal des Gastlandes (Soll): 127

Personal der BRD (Soll): 7

## IV. Sachausrüstung

4 Traktoren mit Zubehör, diverse landwirtschaftliche Maschinen und Aufbereitungsanlagen, 1 Raupe, 2 Lkws, 1 Unimog, 1 Landrover, verschiedene Kleintransporter und Personenwagen; komplette Werkstattausrüstungen für Kfz-Werkstatt und Schreinereibetrieb.

## V. Kapitalaufwand

| | | |
|---|---|---|
| Kapitalaufwand des Gastlandes: | 1.452.000,00 DM | - 1972 - 1976 |
| | 363.000,00 DM | - 1974 - 1975 |
| Kapitalaufwand der BRD: | 6.200.000,00 DM | - 1972 - 1977 |

## VI. Projektbericht

Projektkurzbeschreibung

Das Projekt liegt im Grasland des nordwestlichen Teils von Kamerun auf ca. 1.000 m über NN. Die Böden sind vulkanischen Ursprungs und das Klima gemäßigt mit einer jährlichen Niederschlagsmenge (März bis Oktober) von ca. 2.700 mm und durchschnittlichen Max.-Min.-Temperaturen von 28° bzw. 20° C.

Das Projekt besteht aus folgenden Abteilungen:
Zentralfarm, Block-Beratungsprogramm, Unterstützung von Genossenschaften, Tierische Anspannung und Group-Farming Programm, Kfz-Werkstatt, Schreinerei und Verwaltung.

Das Projekt untersteht einem Aufsichtsrat, der sich aus Vertretern der regionalen Administration und verschiedener Ministerien zusammensetzt. Er bestimmt die Richtlinien der Projektarbeit. Das Projekt selbst wird derzeit von einem Kameruner Direktor geleitet.

Außerdem gibt es sieben weitere einheimische Fachkräfte, welche die

Verantwortung für die verschiedenen Abteilungen schrittweise übernehmen sollen.

Projektplanung und -vorbereitung

Am Ende der ersten Phase (1970) folgten zwei Übergangsjahre. Im Oktober 1972 Konzeptionsänderung und Beginn des "Block-Beratungsprogramms", 1974 Beginn des "Group-Farming-"Programms und 1975 des Programms für tierische Anspannung; der derzeitige Operationsplan gilt bis Oktober 1977.

Projektdurchführung

Die Produktion des Zentralbetriebes (Reis, Mais, Soja und Kaffee) wird stufenweise verringert oder verpachtet. Die Kulturarten-, Sorten- und Düngungsversuche im Interesse des Blockberatungs- und des Group-Farming-Programms bis auf weiteres fortgeführt. Die Zahl der Teilnehmer an diesen Programmen beträgt derzeit 128 bzw. 98 Farmer. Das vorbereitete Programm für tierische Anspannung sieht jährlich 14 Jungbauern für eine 2jährige Ausbildung vor. Die Genossenschaft - 1974 für die Beratungsbauern gegründet - wurde kürzlich durch die Eingliederung der Genossenschaften von vier umliegenden Orten erweitert. Von den beiden geplanten "Extension Workshop-" Anlagen in benachbarten Orten ist eine Schreinerei bereits in Betrieb.

Arbeitsergebnisse

Einführung und Ausdehnung anbauwürdiger Früchte: Reis (trocken und naß), Arabica-Kaffee, Soja, Mais und verschiedene Gemüse (Trockenzeit).

Im Umkreis von 30 km bäuerliche Produktionssteigerung 1973-1975 bei Reis von 0 auf 100 t, bei Naßreis von 50 auf 80 t. Erweiterung der Produktionsfläche von Mais, Kaffee und Plantains um jeweils 60 ha.

Profitable Qualitäts-Möbelproduktion und Re-Organisation aller Abteilungen.

# Kamerun

## Schule für Wildbewirtschaftung

### I. Allgemeines

PN: 69.2034.2

| | |
|---|---|
| Verantwortlicher deutscher Leiter des Vorhabens: | Dr. Wilfried Bützler |
| Projektanschrift: | B.P. 271 Garoua, Cameroun |
| Projektträger im Gastland: | Ministère d'Agriculture, Yaounde |
| Projektträger in der BRD: | GTZ |
| Zuständige GTZ-Abteilung: | 11    Fachbereich:   114 |
| Projekttyp: | Ausbildungsvorhaben, Wildschutz, Wildbewirtschaftung, Nationalparkwesen |

Zielsetzung des Projektes: Ausbildung von Fachpersonal für die Nationalparkverwaltung der frankophonen Länder Afrikas

### II. Zeitlicher Ablauf

| | |
|---|---|
| Planungsbeginn: | 1968 |
| Durchführungsbeginn: | 23. August 1970 |
| Deutscher Beitrag Vereinbart bis: | 31. Juli 1977 |

### III. Personal

Personal des Gastlansdes (Soll): 3

Personal der BRD:(Soll):    3

### IV. Sachausrüstung

Fahrzeuge, Kfz-Werkstatt, Jagdwaffen und -ausrüstung, Lehrmittel und Fachbibliothek

## V. Kapitalaufwand

Kapitalaufwand des Gastlandes: ca. 700.000,00 DM (geschätzt)

Kapitalaufwand der BRD: 3.020.000,00 DM

## VI. Projektbericht

Projektkurzbeschreibung

Die Schule für Wildbewirtschaftung bildet Fachpersonal für die Nationalparks, Wildreservate und Jagdzonen der französischsprachigen Länder Afrikas aus. Hierzu werden vorwiegend Beamte aus Forst- und Landwirtschaft sowie aus der Tourismusverwaltung in 9monatigen Kursen auf zwei verschiedenen Niveaus für mittleres und höheres Personal geschult.

Das Landwirtschaftsministerium Kameruns stellt als einheimischer Projektträger den Direktor der Schule und fünf Lehrkräfte. Die BRD und die FAO als durchführendes Organ des Entwicklungsfonds der Vereinten Nationen entsenden je drei Lehr- und Fachkräfte, die französische Regierung stellt einen Veterinär als Lehrkraft zur Verfügung.

In gegenseitiger Ergänzung finanzierte das Gemeinschaftsprojekt Bauleistungen und Sachlieferungen. Hieran beteiligte sich auch der Rockefeller Brothers Fund, die African Wildlife Leadership Foundation u.a.

Projektplanung und -vorbereitung

Die Planung der internationalen Unterstützung der Schule begann im Jahre 1965, als die Regierung von Kamerun einen Förderungsantrag an die Vereinten Nationen richtete. Auf Antrag der Kameruner Regierung wurden 1968 auch die deutschen Projektmittel bereitgestellt. Nach Vollzug des Notenwechsels reisten zunächst zwei deutsche Experten im August 1970 zu einem Studienaufenthalt nach Ostafrika aus und nahmen Anfang November - mit Beginn des Lehrbetriebs - ihre Tätigkeit in Garoua auf.

Projektdurchführung

Nach Abschluß der Projektvorbereitungen wurde am 12. November 1970 der erste Kurs begonnen. Seitdem wurde jährlich ein Ausbildungsgang abgeschlossen. Der Unterricht wird in folgenden Fachgebieten erteilt: Wildbewirtschaftung, Wildkunde, Zoologie, spezielle Botanik, Ökologie, Biotopbewirtschaftung Jagdwaffenkunde und Kontrolljagd, Wildkrankheiten, Tierpräparation, Kraftfahrzeugkunde und -pannenbehebung, Wegebau und Bauarbeiten, wirtschaftliche Nutzung der Wildbestände, Jagd- und Naturschutzgesetzgebung. In jedem Kursjahr werden mehrere Feldlager und Exkursionen in Nationalparks und Jagdzonen durchgeführt. Kürzere und häufigere Ausflüge führen in eine für die Schule reservierte Jagdzone nahe bei Garoua.

Die Schule verfügt über ein eigenes Gelände, auf dem Unterrichts- und Büroräume, Internatsgebäude und Werkstatt errichtet und seit 1972 bezogen wurden.

Zusätzlich zu den Kursen begann das deutsche Projekt 1975 mit kursbezogenen, wissenschaftlichen Studien über die wirtschaftliche Nutzung der Wildbestände Nordkameruns.

Arbeitsergebnisse

Von 1970 bis 1975 wurden fünf Kurse mit insgesamt 159 Teilnehmern aus 16 afrikanischen Ländern durchgeführt. Während der geplanten Projektlaufzeit werden jährlich weitere 40 bis 50 Fachkräfte geschult. Nachkontakte mit den Kursabsolventen und ihren entsprechenden Regierungsstellen ergaben, daß die ehemaligen Kursteilnehmer überwiegend als Fach- und Führungskräfte in den Nationalparkverwaltungen ihrer Länder eingesetzt wurden. Dabei ist vorrangig ihre Ausbildung an der Schule für Wildbewirtschaftung in Garoua die fachliche Grundlage für ihren Einsatz.

# Kamerun

## Genossenschaftsberater FONADER

### I. Allgemeines

PN: 74.2102.7

Verantwortlicher deutscher Leiter des Vorhabens: Ehrhart Hucke

Projektanschrift: c/o Deutsche Botschaft
Jaunde, Kamerun
B.P. 1160

Projektträger im Gastland: FONADER (Fond National de Developpement Rural)

Projektträger in der BRD: GTZ

Zuständige GTZ-Abteilung: 13    Fachbereich: 132

Projekttyp: Beratung beim Aufbau eines Agrarkreditsystems

Zielsetzung des Projektes: Aufbau einer genossenschaftlich orientierten Landwirtschaftsbank. Einrichtung von Kreditvergabestellen im Landesinnern. Einführung eines genossenschaftlichen Prüfungswesens. Förderung der agrarischen und tierischen Produktion durch Finanzierung und Beratung. Steigerung insbesondere der kleinen und mittleren Einkommen im ländlichen Bereich.

### II. Zeitlicher Ablauf

Planungsbeginn: Mai 1976

Durchführungsbeginn: November 1974

Deutscher Beitrag vereinbart bis: vorläufig 1977

### III. Personal

Personal des Gastlandes (Soll): 9

Personal der BRD (Soll): 3

### IV. Sachausrüstung

Fahrzeuge, Büroausrüstung, Fachliteratur

## V. Kapitalaufwand

Kapitalaufwand des Gastlandes:　　jährlich rd. 40.000.000,00 DM

Kapitalaufwand der BRD:　　1.434.000,00 DM

## VI. Projektbericht

Projektkurzbeschreibung

Aufbau einer genossenschaftlich orientierten Landwirtschaftsbank. Einrichtung von Kreditvergabestellen im Landesinnern. Einführung eines genossenschaftlichen Prüfungswesens. Förderung der agrarischen und tierischen Produktion durch Finanzierung und Beratung. Steigerung insbesondere der kleinen und mittleren Einkommen im ländlichen Bereich.

Projektplanung und -vorbereitung

Ein mit der Koordinierung des Projektes betrauter Einzelsachverständige ist als Genossenschaftsberater in der Zentrale des FONADER (der ländlichen Entwicklungsbank) tätig. Hauptaufgabenbereich: Organisation der Kreditabteilung. Aufbau eines genossenschaftlichen Kreditsystems, Einführung eines genossenschaftlichen Prüfungswesens.

Zwei Einzelsachverständige sind jeweils in Bamenda (anglophoner Bereich Kameruns) und Ngaoundere (frankophoner Bereich Kameruns) tätig. Hauptaufgabenbereich: Organisation und Durchführung der Kreditvergabe für die Viehwirtschaft (Mitarbeit im Weltbankprogramm für Kamerun "Plan Viande").

Produktionstechnische Beratung im Bereich der Viehwirtschaft in den beiden jeweiligen Gebieten.

Im wesentlichen Teil Kameruns ist das Genossenschaftswesen stark verbreitet. In den übrigen Teilen Kameruns ist es im Aufbau. Neben eigenen Fonader-Filialen sollen vor allem die landwirtschaftlichen Genossenschaften zur Verteilung des Fonader-Krediter herangezogen werden.

Projektdurchführung

Das Projekt befindet sich in der Aufbauphase. Das im FONADER arbeitende einheimische Personal hat bis auf ganz wenige Ausnahmen keinerlei Erfahrungen oder Kenntnisse, die für eine Tätigkeit im Kredit- bzw. Bankwesen notwendig sind. Die Einarbeitung des Personals ist von besonderer Bedeutung.

Unter den in Kamerun vorhandenen Vermarktungsgenossenschaften werden zur Zeit diejenigen ausgewählt, bei denen die Einführung einer Kreditabteilung erfolgversprechend erscheint. Damit werden die ersten Schritte zur Umwandlung der rein landwirtschaftlichen Genossenschaften (Bezug und Absatz) in Mehrzweckgenossenschaften (zzgl. Kredit-, später noch Sparfunktion) unternommen.

Die ersten Fonader-Filialen im Landesinnern werden vorbereitet als Kreditverteilungs- und Überwachungsstellen. Für den Aufbau der genossenschaftlichen Prüfung werden Vorbereitungen für die Ausbildung einheimischen Personals getroffen.

Im Bereich der produktionstechnischen Beratung für die Viehwirtschaft werden seit Juli 1975 Betriebe ausgewählt, für die ein Kredit- und Produktionsplan erarbeitet und die entsprechende Durchführung überwacht werden soll.

Arbeitsergebnisse

Aussagekräftige Arbeitsergebnisse können erst ab 1977 erwartet werden, wenn die in den Genossenschaften aufgebauten Kreditabteilungen selbständig arbeiten und wenn die ersten Ergebnisse von genossenschaftlichen Prüfungen vorliegen. Erste Erfahrungen zeigen jedoch schon, daß der Aufbau eines Agrarkreditwesens gleichzeitig die wichtige Aufgabe mit sich bringt, die Mentalität der ländlichen Bevölkerung zu ändern. Insbesondere im frankophonen Kamerun besteht die Tendenz, den Kredit als Staatssubvention zu nehmen, wodurch die Rückzahlung und damit das Kreditsystem gefährdet wird. Die Frage der Kreditüberwachung und des Prüfungswesens wird damit besonders bedeutsam.

# Kenia

## Berater für AFC

### I. Allgemeines

PN: 68.2044.3

| | |
|---|---|
| Verantwortlicher deutscher Leiter des Vorhabens: | Reiner G.T. Eich |
| Projektanschrift: | P.O. Box 30367 <br> Nairobi/Kenia <br> Telefon: 333733 |
| Projektträger im Gastland: | Agricultural Finance Corporation <br> P.O. Box 30367 <br> Nairobi/Kenia |
| Projektträger in der BRD: | Berlin-Consult GmbH. <br> 1 Berlin 10 <br> Ernst-Reuter-Platz 10 |
| Zuständige GTZ-Abteilung: | 13   Fachbereich: 131 |
| Projekttyp: | Beratungsprojekt |

Zielsetzung des Projektes: Beratung der Agricultural Finance Corporation auf den Gebieten der Kreditvergabe und Kreditverwaltung. Aufbau einer Farm-Management-Abteilung Umstellung des Rechnungswesens auf Computer, Aufbau der Innenrevision, Förderung des landwirtschaftlichen Kreditwesens.

### II. Zeitlicher Ablauf

| | |
|---|---|
| Planungsbeginn: | Herbst 1967 |
| Durchführungsbeginn: | Februar 1969 |
| Deutscher Beitrag vereinbart bis: | Februar 1977 |

### III. Personal

| | |
|---|---|
| Personal des Gastlandes (Soll): | 380 |
| Personal der BRD (Soll): | 6 |

## IV. Sachausrüstung

keine

## V. Kapitalaufwand

Kapitalaufwand des Gastlandes: keine Angaben

Kapitalaufwand der BRD: 4.306.700,00 DM

## VI. Projektbericht

Projektkurzbeschreibung

Das Projekt dient der Beratung der Agricultural Finance Corporation (AFC), einem halbstaatlichen landwirtschaftlichen Finanzierungsinstitut in Nairobi. Die AFC hat ca. 390 Mitarbeiter und 33 Zweigstellen. Das Geschäftsvolumen des Institutes beträgt ca. 500 Mio. KShs bei ca. 62.000 vergebenen oder verwalteten Krediten.

Das Vorhaben wurde zunächst mit einem Einzelberater begonnen, der mit dem Aufbau und der Verwaltung eines Darlehensprogrammes für 8.000 Kleinfarmer aus IDA-Mitteln in Höhe von 3,6 Mio. DM betraut wurde. Später übernahm er ein entsprechendes Programm für die Distrikte Kericho und Kisii in Höhe von 1,3 Mio. DM, das von der Kreditanstalt für Wiederaufbau finanziert wird. Danach baute er die Hauptabteilung für Kreditvergabe auf, deren Leitung er von September 1970 bis zu seinem Ausscheiden im Juni 1972 innehatte.

Der Projektleiter begann im März 1971 als Sachverständiger für das Rechnungswesen (buchhalterische Verwaltung diverser Programme und rationelle Buchungsverfahren) zu entwickeln.

Später übernahm er die Reorganisation des gesamten Rechnungswesens der AFC und führte eine funktionale Gliederung der Abteilungen ein, die zu einem schnelleren Datenfluß und einer verbesserten Bearbeitung führte. Daneben übernahm er die Leitung der Maschinenbuchhaltung mit fünf elektronischen Buchungsautomaten und bildete das einheimische Personal davon aus. August 1972: Übergabe der Maschinenbuchhaltung an das einheimische Personal und Hauptabteilung EDP Management (Reorganisation des Rechnungswesens).

Der Agrarökonom war als Area Manager mit der Überwachung von sechs Zweigstellen beauftragt. Er war für die Ausbildung des einheimischen Personals in den Zweigstellen verantwortlich. Die Zweigstellen haben im Zuge einer weitgehenden Dezentralisierung die Kreditvergabe der Kleinkredite voll übernommen. Daneben hat er sich vor allem der Rehabilitierung der notleidend gewordenen Kredite gewidmet und hat hierfür ein System der Produktions- und Finanzplanung entwickelt und eingeführt.

Im April 1975 Übergabe der Area Managers an einen einheimischen Mitarbeiter. Aufbaubeginn des Farm-Management mit Zusammenstellung und Auswertung von landwirtschaftlichen Daten, Entwicklung von Entscheidungskriterien für die Kreditnutzung und die Erarbeitung von Kreditmodellen als Richtlinien für die Kreditvergabe. Daneben sollen Richtlinien und Prüfungs- sowie Planungsverfahren für die Vergabe von Rehabilitierungskrediten an notleidende Betriebe entwickelt werden.

Der Computer-Manager hat seine Tätigkeit im April 1973 aufgenommen (zu seiner Unterstützung folgten im Januar 1974 zwei Systemanalytiker nach). Er wurde beauftragt, die gegenwärtig mit 17 Mitarbeitern besetzte Computer-Abteilung aufzubauen und das Rechnungswesen auf den seit Juli 1974 bei der AFC installierten Computer zu übertragen. Daneben ist es seine Aufgabe, ein Management-Informationssystem sowie Optimierungs- und Simulationsmodelle für die Farm-Management-, Ranch- und Kreditvergabe-Abteilung zu entwickeln.

Der Innenrevisor hat seine Tätigkeit im Juli 1975 aufgenommen. Er wurde beauftragt die Abteilung Innenrevision aufzubauen und deren Tätigkeit zu koordinieren. Zu seinen Aufgaben gehört die Ausarbeitung von Verfahren und Vorschriften für die Innenrevision, die Entwicklung eines verbesserten Systems der innerbetrieblichen Kontrolle sowie die Ausbildung der einheimischen Mitarbeiter.

Es existiert eine enge Zusammenarbeit mit der Deutschen Landwirtschaftlichen Beratergruppe in Kenia bei der Entwicklung der Regionen Kitale, Kericho und Kisii sowie auf dem Computer-Sektor mit der Tierzuchtabteilung dieser Gruppe.

Projektplanung und -vorbereitung

Das Landwirtschaftsministerium von Kenia ersuchte die BRD um Entsendung eines Agrarkreditexperten zur Unterstützung der in personellen und finanziellen Schwierigkeiten befindlichen AFC. Die Berlin-Consult GmbH. wurde am 17.2.1969 von der BfE mit der Durchführung dieses Projektes beauftragt. Am 24.2.1969 nahm der Sachverständige seine Arbeit in Nairobi auf. Das Projekt wurde um zwei Jahre verlängert und um einen Agrarökonomen und einen Sachverständigen für das Rechnungswesen aufgestockt. Danach wurde das Projekt um zwei weitere Jahre verlängert und um einen Computer-Manager und zwei Systemanalytiker erweitert. Im Februar 1975 wurde das Projekt erneut um zwei Jahre verlängert, dabei wurde die Position des Agrarkreditexperten nicht mehr benötigt und das Projekt um einen Innenrevisor ergänzt.

Projektdurchführung

Bisher wurden im einzelnen folgende Aufgaben wahrgenommen:
- Überarbeitung des Formularwesens, Rationalisierung von vorhandenen Arbeitsmethoden;

- Einführung von neuen Verfahren für die Kreditüberwachung, Kreditabwicklung und das Mahnwesen;
- wesentliche Mitarbeit bei der Reorganisation der Zentrale und der Zweigstellen, d.h. Aufbau einer funktionalen Organisation;
- Rekrutierung und Ausbildung von Personal;
- Einführung moderner Verfahren im Rechnungswesen;
- Umstellung der Kleinkredite und der Anbaukredite sowie der Lohnbuchhaltung auf Computerbetrieb;
- Verbesserung der Kreditpolitik.

Arbeitsergebnisse

Die für die Kleinkredite zur Verfügung stehenden Mittel konnten auch nach Aufstockung vorfristig ausgezahlt werden. Damit stieg die Zahl der Kleinkredite auf ca. 18.000 (über eine weitere Aufstockung der IDA-Mittel für Kleinkredite wird zur Zeit verhandelt). Das Rechnungswesen konnte auf den laufenden Stand gebracht werden und der Jahresabschluß der AFC wurde erstmalig termingerecht fertiggestellt. Die Überwachung und Abwicklung der Anbaukredite (bei denen in der Vergangenheit erhebliche Verluste eingetreten waren) konnte erheblich verbessert werden, die Rückzahlungsrate der Kredite wurde damit wesentlich erhöht. Die Reorganisation der Zentrale und der Zweigstellen konnte weitgehend durchgeführt werden. Die Position des Area Managers sowie die Leitung der Abteilung für Kreditvergabe und der Maschinenbuchhaltung konnten aufgrund der Ausbildung des einheimischen Personals an dieses übergeben werden. Der ganze Betriebsablauf ist durch die Einführung zahlreicher neuer Formulare verbessert und modernisiert worden. Durch den Aufbau der Computerabteilung wurde die AFC in die Lage versetzt, die Anbaukredite auf den Kleinfarmsektor auszudehnen.

# Kenia

## Landwirtschaftliche Beratergruppe Kenia
—Teilbereich Veterinärmedizin—

### I. Allgemeines

PN: 63.2046.9

| | |
|---|---|
| Verantwortlicher deutscher Leiter des Vorhabens: | W. Hannover (kommissarischer Projektleiter) Dr. K.-F. Löhr (stellvertretender Projektleiter) |
| Projektanschrift: | Vet. Res. Lab. P.O. Box <u>Kabete</u>/Kenia |
| Projektträger im Gastland: | Veterinary Research Laboratory |
| Projektträger in der BRD: | GTZ |
| Zuständige GTZ-Abteilung: | 12    Fachbereich: 122 |
| Projekttyp: | Veterinärmedizinische Beratung |
| Zielsetzung des Projektes: | Weiterentwicklung des Veterinärdienstes, der Diagnose, Prophylaxe und Therapie. |

### II. Zeitlicher Ablauf

| | |
|---|---|
| Planungsbeginn: | November 1964 |
| Durchführungsbeginn: | Juli 1965 |
| Deutscher Beitrag vereinbart bis: | März 1977 |

### III. Personal

Personal des Gastlandes (Soll):   --

Personal der BRD (Soll):   4

### IV. Sachausrüstung

----

### V. Kapitalaufwand

----

## VI. Projektbericht

Projektkurzbeschreibung

National Veterinary Research Laboratory, Kabete:
Drei Tierärzte und drei medizinisch-technische Assistentinnen. Neben der Wahrnehmung von Routine- und Verwaltungsarbeiten angewandte Forschung auf folgenden Gebieten: spezielle Pathologie von Rindererkrankungen (Trypanosomiasis); Ziegenerkrankungen (ansteckende Pleuropneumonie und Brucella Melitensisinfektionen), Hühnererkrankungen (vergleichende Lungenparasitosen und virale Infektionen); Wildtiererkrankungen und Parasitosen. Serologie, Immunologie und Epizootologie von Protozoenerkrankungen der Rinder; Anaplasmose, Babesiose, Theileriose und Trypanosomiasis. Feldversuche mit Akariziden.

Arbeitsergebnisse

Abteilung Pathologie:

Organveränderungen, die bei Rindern nach Infektion mit verschiedenen Trypanosomen-Stämmen der gleichen Art auftraten, wurden beschrieben. Ebenfalls beschrieben wurden Veränderungen, die bei der experimentellen Lungenseuche der Ziege zu beobachten waren. Es wurde weiterhin über Sarkosporidien beim Wild, über Aspergillose und Tuberkulose beim Wildvogel sowie über Brucellose beim afrikanischen Büffel berichtet. Weitere Beiträge bezogen sich auf die Differentialdiagnose zwischen Hühner-Lungenparasiten einerseits und Salmonellose, Tuberkulose, Aspergillose und Tumoren andererseits. Epidemictremor, infektiöse Bronchitis und Encephalomalazie bei Hühnern wurden im Zuge von Routineuntersuchungen zum ersten Male in Kenia festgestellt.

Eingehende histologische Untersuchungen über Pleuropneumonie bei Ziegen und über das Ostküstenfieber des Rindes wurden ebenfalls durchgeführt.

Abteilung Protozoologie:

Folgende serologische Untersuchungsmethoden wurden eingeführt:
Der indirekte Fluoreszenz-Antikörpernachweis, die Kapillarröhrchen-Aggulutination und die Komplementbindungsreaktion. Eine, zwei oder alle 3 dieser Verfahren wurden zum Nachweis von Labor- und Feldinfektionen mit Theileria parva und Theileria mutans, Babesia bigemina, Anaplasma marginale und Anaplasma centrale, Trypanosoma brucei, Trypanosoma congolense und Trypanosoma congolense und Trypanosmoa vivax sowie zum Nachweis von Malaria tropica herangezogen. Die Produktion von Trypanosomenantigenen konnte qualitativ und quantitativ stark verbessert werden. Der Trypanosomen KBR-Test wurde wesentlich verbessert. Die 5 gebräuchlichen Parasitennachweismethoden-dünner Ausstrich, dicker, Tropfen, Nativpräparat, Hämato-

kritzentrifuge und Mäuseinokulation - wurden bei Trypanosomen-Feld- und Laborinfektionen auf ihre Zuverlässigkeit hin untersucht. Der Blood Incubation Inhibition Test wurde eingeführt zur Differenzierung zwischen Rinder- und menschenpathogenen Trypanosoma brucei-Stämmen. Untersuchungen werden durchgeführt zum Nachweis von Trypanosomenantikörper mittels des Indirekten Hämagglutinations- und des Latex-Agglutinations Testes. Ein Trypanosomensurvey wird an der Küste durchgeführt. Es wurden Fragen der kolostralen Antikörperübertragung und der Premunisierung bei der Babesiose und Anaplasmose behandelt, außerdem Fragen der Immunität gegenüber der Babesiose bei entmilzten Rinderrassen gegen Anaplasma- und Babesia-Infektionen. Hämatologische Reaktionen gegen Babesia-Infektionen, Therapieversuche bei Anaplasma-, Babesia- und Trypanosoma evansi-Infektionen, Vakzinierungsversuche gegen das Ostküstenfieber, Akarizidversuche, Anaplasmose bei Antilopen, Krankheitsbeziehungen zwischen Antilopen und Rindern hinsichtlich intraerythrozytärer Parasitosen, Büffelkrankheit und Ostküstenfieber waren weitere Themenkreise.

Die Arbeit der deutschen Mitarbeiter in den Abteilungen Pathologie und Protozoologie konnte während der 10jährigen Projektlaufzeit durch 45 wissenschaftliche Veröffentlichungen dokumentiert werden.

Die Counterpartfrage ist in allen Teilprojekten zufriedenstellend gelöst.

# Kenia

## Dozent für Landtechnik am Egerton College

### I. Allgemeines

PN: 73.2011.2

| | |
|---|---|
| Verantwortlicher deutscher Leiter des Vorhabens: | Dr. Johannes Otto |
| Projektanschrift: | c/o Egerton College<br>P.O. Private Bag<br>Njoro/Kenya |
| Projektträger im Gastland: | Egerton College (Board of Governors) |
| Projektträger in der BRD: | GTZ |
| Zuständige GTZ-Abteilung: | 14    Fachbereich: 141 |
| Projekttyp: | Landtechnische Ausbildung |

Zielsetzung des Projektes:
1. Unterrichtserteilung in Landtechnik im Rahmen einer dreijährigen Ausbildung mit Abschluß "Diploma in Agricultural Engineering".
2. Anpassung des Lehrplanes an die Bedürfnisse des ostafrikanischen Raumes, insbesondere der Kleinbetriebe.
3. Erarbeitung von angepaßten Unterrichtsunterlagen.

### II. Zeitlicher Ablauf

| | |
|---|---|
| Planungsbeginn: | Mitte 1972 |
| Durchführungsbeginn: | September 1973 |
| Deutscher Beitrag vereinbart bis: | 31. März 1976 |

### III. Personal

| | |
|---|---|
| Personal des Gastlandes (Soll): | 21 |
| Personal der BRD (Soll): | 1 |

### IV. Sachausrüstung

Gesamte für theoretischen und praktischen Unterricht erforderliche

Hörsaal-, Labor- und Werkstatteinrichtung; Schlepper und Landmaschinen.

Von deutscher Seite lediglich Ergänzungen, da Grundausstattung bereits vorhanden.

## V. Kapitalaufwand

Kapitalaufwand des Gastlandes:  Material- und Instandhaltungskosten ca. 55.000,00 DM/Jahr; Personalkosten ca. 135.000,00 DM/Jahr

Kapitalaufwand der BRD:  370.000,00 DM

## VI. Projektbericht

Projektkurzbeschreibung

Das Egerton College bietet ca. 650 Studenten aus den ostafrikanischen Ländern eine dreijährige Ausbildung, die mit dem "Diploma" abschließt. Nahezu alle werden von den Regierungen finanziert und anschließend als Assistant Agricultural Officers übernommen. Angeboten werden neun verschiedene Fachrichtungen, die abschließen mit dem Diploma in:
1. Agriculture and Home Economics
2. Animal Husbandry
3. Agriculture
4. Horticulture
5. Dairy Technology
6. Farm Management
7. Agricultural Education
8. Agricultural Engineering
9. Range Management

Ein weiterer Ausbildungsgang in Food Technology ist für 1976 geplant.

Die deutsche Förderung beschränkt sich auf das Agricultural Engineering Department. Dozent ist weitgehend in den Lehrkörper des College integriert.

Projektplanung und -vorbereitung

Das Agricultural Engineering Department wurde mit amerikanischer Unterstützung aufgebaut. Nach Abzug der amerikanischen Lehrkräfte beantragte die kenianische Regierung Mitte 1972 die Entsendung einer deutschen Lehrkraft, da kenianische Lehrkräfte noch nicht in ausreichender Zahl zur Verfügung stehen. Nach längerer Personalsuche Ausreise im September 1973.

Projektdurchführung

Im Fachbereich Agricultural Engineering werden in jedem Jahr ca. 30 Studenten neu aufgenommen. Ihre Ausbildung umfaßt die Bereiche Schlepper und Landmaschinen, Elektrizitätsanwendung, Bewässerung,

Soil and Water Conservation und landwirtschaftliches Bauwesen. Neben Vorlesungen wird der praktischen Anwendung des vermittelten Wissens durch Praktika in Werkstatt und Feld breiter Raum eingeräumt. Andere Departments vermitteln landwirtschaftliche Fachkenntnisse in Acker- und Pflanzenbau, Tierhaltung, Betriebswirtschaft und Beratungswesen, ebenso wie Studenten anderer Fachrichtungen am Agricultural Engineering Department Vorlesungen und Praktika erhalten. Hierfür stehen eine gut ausgestattete Werkstatt, Schlepper und die wichtigsten Maschinen und Geräte, Vermessungsgeräte sowie ausgedehnte Demonstrationsflächen zur Verfügung.

Die deutsche Fachkraft befaßt sich neben der Vorlesungstätigkeit mit der Erstellung von Unterrichtsunterlagen und Lehrplänen; damit soll trotz einer für die nähere Zukunft anhaltenden Personalfluktuation eine gewisse Kontinuität der Ausbildung sichergestellt werden.

Arbeitsergebnisse

Jährlich verlassen etwa 20 bis 25 Landtechniker das College. Sie werden als landtechnische Berater und Ausbilder, beim Tractor Hire Service sowie im Soil Conservation Service eingesetzt. Einige wechseln später in den privaten Landmaschinenhandel über. Aufgrund ihrer stark praxisorientierten Ausbildung werden sie im allgemeinen gut aufgenommen.

Mit den Landmaschinenfirmen wurde ein Ferienpraktikum für Studenten vereinbart; angesichts der hohen Arbeitslosigkeit sind dem jedoch gewisse Grenzen gesetzt. Die bisher stark auf die Mechanisierungsbelange der Großbetriebe ausgerichtete Ausbildung wird zunehmend den Bedürfnissen der in Ostafrika überwiegenden Kleinbetriebe angepaßt. Hemmend wirkt sich dabei die Lage des College im traditionellen Großfarmengebiet aus, die durch seine koloniale Vorgeschichte bedingt ist.

Kenia

# Veterinäruntersuchungsamt Kericho und klinische Zentren in Kericho und Sotik

## I. Allgemeines

PN: 73.2009.6

| | |
|---|---|
| Verantwortlicher deutscher Leiter des Vorhabens: | Dr. K.-F. Löhr |
| Projektanschrift: | z. Zt. Veterinary P.O. Box Kabete/Kenia |
| Projektträger im Gastland: | Ministry of Agriculture |
| Projektträger in der BRD: | GTZ |
| Zuständige GTZ-Abteilung: | 12  Fachbereich: 122 |
| Projekttyp: | Veterinärmedizinische Untersuchung |

Zielsetzung des Projektes: Verbesserung der tierärztlichen Versorgung für die Viehhaltung durch: Diagnose, Untersuchung, Wahrnehmung von praxisbezogenen Forschungsaufgaben, Beratungstätigkeit auf den Gebieten der Tierkrankheiten und Veterinärhygiene, Anleitung und Ausbildung einheimischer Tierärzte und Laborpersonals und therapeutische Maßnahmen.

## II. Zeitlicher Ablauf

| | |
|---|---|
| Planungsbeginn: | 1970 |
| Durchführungsbeginn: | Oktober 1974 |
| Deutscher Beitrag vereinbart bis: | 1979 |

## III. Personal

Personal des Gastlandes (Soll): 33

Personal der BRD (Soll): 7

## IV. Sachausrüstung

4 Landrover, 1 Pkw, vollständige medikamentelle und instrumentelle Ausrüstung des Veterinäruntersuchungsamtes und der zwei klinischen Zentren durch die BRD.

## V. Kapitalaufwand

Kapitalaufwand des Gastlandes: ca. 2.500.000,00 DM

Kapitalaufwand der BRD: ca. 4.259.700,00 DM

## VI. Projektbericht

Projektkurzbeschreibung

Durch die ständig wachsende Zahl der Rinder europäischer Rassen mit ihrer höheren Leistung, aber auch größeren Krankheitsempfindlichkeit tritt neben der herkömmlichen Herdenbehandlung die Diagnose und Behandlung beim Einzeltier in den Vordergrund. Diese Aufgabe kann vom zentralen Vet. Res. Lab. in Kabete wegen der großen Entfernungen und seiner zu geringen Kapazitäten nicht mehr wahrgenommen werden. In den hochproduktiven Rinderzentren sollten daher 4 Veterinäruntersuchungsämter und 18 klinische Zentren errichtet werden. Zwei Veterinäruntersuchungsämter und 4 klinische Zentren sind fertiggestellt worden und haben ihre Arbeit aufgenommen.

Projektplanung und -vorbereitung

Aufgrund einer FAO-Studie (2970) und informeller Gespräche und Anträge (1970/71) kam es im März 1972 zum offiziellen Antrag Kenias an die BRD zur Mithilfe bei der Durchführung des genannten Projektes. Der darauf folgende Notenwechsel wurde im Oktober 1974 abgeschlossen.

Projektdurchführung

Liegt beim Gastland, das hierbei durch Maßnahmen deutscher Technischer Hilfe unterstützt wird.

Arbeitsergebnisse

Mit dem Bauvorhaben ist begonnen worden. Die Ausrüstung wurde zu einem großen Teil bestellt. Es wird angenommen, das Ende 1976/ Anfang 1977 die Tätigkeit in den Labors beginnen kann.

# Kolumbien
## Förderung der Rinderproduktion im Departamento de Cordoba

### I. Allgemeines

PN: 73.2136.7

| | |
|---|---|
| Verantwortlicher deutscher Leiter des Vorhabens | Detlef Tillack |
| Deutscher Tierarzt: | Dr. Friedl |
| Projektanschrift: | Apartado Aereo 626 Monteria/Colombia |
| Projektträger im Gastland: | Universidad Nacional de Cordoba/ Monteria |
| Projektträger in der BRD: | GTZ |
| Zuständige GTZ-Abteilung: | 12 Fachbereich: 121 |
| Projekttyp: | Tierzucht, Tierernährung, künstliche Besamung, Beratung |

Zielsetzung des Projektes: Verbesserung der Milch- und Rindfleischproduktion nach Menge und Qualität in landwirtschaftlichen Betrieben der Provinz Cordoba unter Nutzung der Ausbildungs-, Beratungs- und Versuchskapazitäten der Universidad Nacional de Cordoba.

### II. Zeitlicher Ablauf

| | |
|---|---|
| Planungsbeginn: | 1973 |
| Durchführungsbeginn: | 1. Juni 1975 |
| Deutscher Beitrag vereinbart bis: | 1977 (1. Phase) |

### III. Personal

| | |
|---|---|
| Personal des Gastlandes (Soll): | 44 |
| Personal der BRD (Soll): | 4 |

### IV. Sachausrüstung

3 Fahrzeuge, Einrichtung der Besamungsstation und der Experimentaleinheit Tierernährung, Instrumente für die Feldarbeiten, Verbrauchsmaterial

## V. Kapitalaufwand

Kapitalaufwand des Gastlandes: 800.000,00 Pesos (bis Juni 1976)

Kapitalaufwand der BRD: 1.600.000,00 DM

## VI. Projektbericht

Projektkurzbeschreibung

Das Departamento Cordoba umfaßt rd. 2,5 Mio. ha mit ca. 600.000 Einwohnern. Hauptstadt des Departamentos ist Monteria mit 165.000 Einwohnern. Klima: Jahresmitteltemperatur $27\text{-}29°$ C (Monteria), durchschnittlicher Jahresniederschlag 1.000 - 2.000 mm.

Im Rahmen des Projektes erfolgen der Aufbau einer KB-Station in Carimagua/Pueblo Nuevo sowie die Einrichtung eines Laboratoriums und einer Experimentaleinheit für Futtermittelanalytik und Tierernährung an der Universität in Monteria. Die Universität liegt 5 km, die Besamungsstation 69 km von Monteria entfernt.

Das Gastland stellt die notwendigen Gebäude und einige schon ausgebildete Besamungstechniker zur Verfügung und trägt die laufenden Kosten für die Durchführung des Projektes (Bezahlung der Counterparts und des anderen Personals, Betriebsmittel für Fahrzeuge, Kauf von Flüssigstickstoff, Futterkosten für zukünftige Stationstiere).

Tätigkeiten:

a) Besamungsstation: Fertigstellung und Einrichtung der Gebäude. Futteranbau und -gewinnung zur Versorgung der Stationstiere. Samengewinnung, -beurteilung, -verarbeitung, -konservierung von Fleckvieh und von Bullen der lokalen Rassen und deren Kreuzungen.

b) Feldarbeiten: Einführung der KB (Fleckvieh-Tiefgefriersperma) in klein- und mittelbäuerlichen Betrieben im Einzugsbereich der KB-Station. Hygienemaßnahmen, Brucellosis-Untersuchungen. Sterilitätsbekämpfung. Trächtigkeitskontrollen. Impfprogrammberatung. Erstellung eines Zuchtprogrammes. Kennzeichnung der Tiere. Gewichts-, Milchleistungs- und Fettgehaltskontrolle. Beratung in Fütterung und Weidewirtschaft.

c) Tierernährungslabor: Fertigstellung und Einrichtung der Gebäude. Futtermittelanalysen. Zusammenstellung von Kraftfutterrationen aus lokalen Futtermitteln. Verdauungsversuche.

d) Vorlesung und Ausbildung: Ausbildung von Besamungstechnikern. Vorlesungen an der Universität.

Projektplanung und -vorbereitung

Die Festlegung der Projektregion ergab sich aus der Antragstellung

(1973) für ein TH-Projekt durch die Universidad de Cordoba und ihre direkte Beteiligung an den Projektaktivitäten. Hinzu kam die Tatsache, daß Cordoba als eine der viehreichsten Gegenden Lateinamerikas gilt (ca. 2,8 Mio. Rinder) und sich auch deshalb als Projektstandort anbot. Ende 1973 Erstellung des Gutachtens, seit 1974 Projektvorbereitungen durch die Universidad de Cordoba, Anfang 1975 Unterzeichnung des Projektabkommens, Ende Mai 1975 Eintreffen der ersten deutschen Experten.

Projektdurchführung

Integration des Projektes in die Universität. Vorstellung des Projektes bei wichtigen landwirtschaftlichen Institutionen des Gastlandes und Gespräche über mögliche Zusammenarbeit. Besichtigung und Auswahl der am KB-Programm interessierten Betriebe. Kennzeichnung der Tiere. Trächtigkeitsuntersuchungen. Brucellosiskontrolle. Datenerfassung in den Betrieben. Beginn der KB (September 1975). Kontrolle der Besamungstechniker und deren laufende Versorgung mit Tiefgefriersperma und Flüssigstickstoff.

Arbeitsergebnisse

Fortsetzung der Bauarbeiten auf der Besamungsstation. Futteranbau für spätere Stationstiere. Besichtigung von 29 Betrieben (Fincas), deren Besitzer (Ganaderos) über das Programm informiert wurden. Vertragliche Bindung von vorerst 14 Ganaderos, die 915 ihrer 2.570 Kühe für die KB zur Verfügung stellen. Ende August Beginn der eigentlichen Feldarbeiten: 793 Kühe in 10 Betrieben gebrannt, auf Trächtigkeit untersucht und einer Brucellosiskontrolle unterzogen.

Zusammenarbeit mit dem ICA (Instituto Colombiano Agropecuario) und der veterinärmedizinischen Fakultät bei den Brucellosis- und Trächtigkeitsuntersuchungen.

Südkorea

# Koreanisch-Deutsches Waldbewirtschaftungs-Projekt

## I. Allgemeines

PN: 73.2055.9

| | |
|---|---|
| Verantwortlicher deutscher Leiter des Vorhabens: | Dr. Heino von Christen (kommissarisch) |
| Projektanschrift: | Korean-German Forest Management Project, Forest Research Institute, P.O. Box 159, Cheomgryangri, Seoul, South Korea |
| Projektträger im Gastland: | Office of Forestry (Ministry of Home Affairs) |
| Projektträger in der BRD: | GTZ |
| Zuständige GTZ-Abteilung: | 11    Fachbereich:   114 |
| Projekttyp: | Waldbewirtschaftung mit Demonstrations- und Ausbildungszielen |
| Zielsetzung des Projektes: | Förderung der Waldbewirtschaftung |

in Korea u.a.
- Entwicklung einheitlicher Planungsmethoden, insbesondere
- für die Optimierung und Koordinierung der Aufforstungs und Erosionsschutzmaßnahmen, Aufschließung und der Landschaftsgestaltung.

## II. Zeitlicher Ablauf

| | |
|---|---|
| Planungsbeginn: | 1972 |
| Durchführungsbeginn: | 1974 |
| Deutscher Beitrag vereinbart bis: | 1979 |

## III. Personal

| | |
|---|---|
| Personal des Gastlandes (Soll): | 11 |
| Personal der BRD (Soll): | 3 |

## IV. Sachausrüstung

Fahrzeuge, waldbauliche Geräte, Saatgut, Dünger u.a.

## V. Kapitalaufwand

Kapitalaufwand des Gastlandes:     460.000,00 DM

Kapitalaufwand der BRD:     4.085.000,00 DM

## VI. Projektbericht

Projektkurzbeschreibung

Das Projektgebiet liegt im Süden des Landes, im Einzugsgebiet der Großstädte Pusan, Taegu und Ulsan. Durch jahrhundertlange Fehlnutzung sind die ursprünglichen Wälder stark degradiert und liefern nur minderwertiges Holz in unzureichender Menge. Verschiedene Maßnahmen (Aufforstung/Erosionsschutz) wurden versucht, jedoch nie auf ihre Wirtschaftlichkeit, ihre sozialen Auswirkungen und ihre Standortadoption geprüft. Koordinierung aller notwendigen Planungsmaßnahmen fehlt.

Für ausgewählte Teilfächen des Projektgebietes wird eine Standortkartierung vorgenommen, die u. a. zur Planung von Aufforstung und Melioration von streugenutzten und erodierten Flächen dienen.

Vorhandene Aufforstungen werden in waldbauliche Pflegemaßnahmen einbezogen, ggf. werden davon Bestände für Versuchsflächen ausgewählt. Mit der Provinzregierung und dem koreanischen Institut für Forstpflanzenzüchtung sollen in den kommenden Jahren Aufforstungen durchgeführt werden. Die Beschaffung und Anzucht von hochwertigem Pflanzmaterial und die Entwicklung standortgemäßer und wirtschaftlicher Pflanzmethoden wird gefördert. Die forstliche Entwicklung wird durch den überwiegend kleinflächigen Bauernwald erschwert. Nach der Besitzart können drei Waldtypen mit unterschiedlich gewichteter Problemstellung unterschieden werden:
1. Staatswald (Nutzholzerzeugung und Erholungswald)
2. mäßig parzellierter Privatwald (Papierholzerzeugung, u.U. auf kooperativer Basis)
3. stark parzellierter Privatwald (Brennholzerzeugung und Bodensanierung).

Projektplanung und -vorbereitung

Die Projektplanung und Vorbereitung erfolgte auf der Grundlage des Gutachtens von Prof. Brünig (1972, Kocks Ingenieure). Die zunächst geplante, später aber nicht erfolgte, Gründung eines staatlich gelenkten Wirtschaftsbetriebes für den Privatwald machten einige Korrekturen in der Planung notwendig.

Projektdurchführung

Im Projektgebiet wurde im Mai 1975 mit der Standortkartierung und mit waldbaulichen Aufnahmen begonnen. Hierbei beteiligen sich Fachkräfte des Forest Research Institute, Seoul. Zusätzliche sozio-ökonomische und forstgeschichtliche Erhebungen sollen eine möglichst genaue Zustandserfassung des Gebietes geben und als Grundlage für einen langfristigen Arbeitsplan dienen.

Arbeitsergebnisse

----

# Korea

## Versuchsstation für Grünlandwirtschaft in Suweon

### I. Allgemeines

PN: 72.2110.4

| | |
|---|---|
| Verantwortlicher deutscher Leiter des Vorhabens: | Dr. U. v. Borstel |
| Projektanschrift: | Korean-German Grassland Research Project P.O. Box 20 Suweon/Korea |
| Projektträger im Gastland: | Landwirtschaftsministerium Korea (allgemein), Abteilung für ländliche Entwicklung (speziell) Office of Rural Development) |
| Projektträger in der BRD: | GTZ |
| Zuständige GTZ-Abteilung: | 11      Fachbereich:      112 |
| Projekttyp: | Landwirtschaftliches Forschungsvorhaben (Grünlandwirtschaft und Futterbau) |

Zielsetzung des Projektes: Aufbau einer leistungsfähigen Grünland- und Futterbauforschung als Grundlage für eine intensive Grünlandwirtschaft. Erschließung von Nahrungsmittelressourcen für die wachsende Bevölkerung durch Umwandlung von unproduktiven Berg- und Hügellagen in produktive Futterbauflächen mit dem Ziel einer quantitativen und qualitativen Verbesserung der Lebensmittelversorgung.

### II. Zeitlicher Ablauf

Planungsbeginn:
1970/71, aufbauend auf die im Rahmen der Technischen Hilfe seit 1968/69 errichtet Korean-German Dairy Farm, Anseong; Notenwechsel: 1. November 1972.

Durchführungsbeginn:
26.2.1973: Gespräche in Suweon zwischen deutscher und koreanischer Seite, um Projektanlauf zu organisieren;
3.6.1973: Eintreffen des deutschen Projektleiters, offizieller Projektbeginn,
Beginn der Versuchstätigkeit: Herbst 1973 und Frühjahr 1974

Deutscher Beitrag vereinbart bis Ende Mai 1977; eine Verlängerung um weitere 3 Jahre ist vorgesehen.

Der deutsche fachliche Beitrag richtet sich nach den Projekterfordernissen. Der Aufbau des Projektes ist in drei Phasen geplant, wobei der Erfolg der ersten Phase über die Fortsetzung des Projektes in der zweiten Phase entscheidet, usw.

Die erste Phase endet im Dezember 1976; die Projektevaluierungskommission stellte im Mai 1975 fest, daß der deutsche Beitrag zumindest bis zum Ende der zweiten Phase (1980) fortgesetzt werden sollte, wobei das Endziel des Projektes die Errichtung eines leistungsfähigen eigenständigen Grünlandforschungsinstitutes ist.

## *III. Personal*

Personal des Gastlandes (Soll):   16

Personal der BRD (Soll):   5

## *IV. Sachausrüstung*

Technische Ausrüstung zur Bewirtschaftung der Versuchsstationen (1 Hauptstation und 2 Nebenstationen), apparative Ausrüstung für ein Labor zur chemischen Futtermittelanalyse sowie für Bodenanalysen; ausreichende Büroeinrichtung, audiovisuelle Einrichtungen, Demonstrationsmaterial; Fahrzeuge.

## *V. Kapitalaufwand*

Kapitalaufwand des Gastlandes:   1.075.000,00 DM

Kapitalaufwand der BRD:   2.915.000,00 DM

## *VI. Projektbericht*

Projektkurzbeschreibung

Das Grünlandforschungsprojekt ist als Anschlußmaßnahme zu dem übergebenen Projekt "Zentrum für die regionale Entwicklung der Milchwirtschaft, Anseong (FE 970), zu sehen. Es ist Teil eines gesamtwirtschaftlichen Entwicklungsplanes, dessen Schwerpunkt in der Diversifizierung und Steigerung der landwirtschaftlichen Produktion durch Kultivierung von ca. 1,2 Mio. ha Berg- und Hügellagen liegt.

Das Projekt ist dem Office of Rural Development (O.R.D.) in Suweon angeschlossen und liegt ca. 40 km südlich von Seoul. Das O.R.D. ist direkt dem Landwirtschaftsministerium untergeordnet und ist mit rund 500 Wissenschaftlern und 6.000 Beratern die wichtigste landwirtschaftliche Forschungs- und Beratungsorganisation im Lande.

Innerhalb des O.R.D. ist das Projekt der Livestock Experiment Station in Suweon angeschlossen und arbeitet hier eng mit der Forage Crop Division zusammen.

In Suweon stehen dem Projekt zur Zeit 16 ha Versuchs- und Demonstrationsflächen, ein Versuchsfeldgebäude (Maschinenhalle und Arbeitsräume), ein chemisches Futtermittellabor und ausreichend Büroräume zur Verfügung. Dem Projekt sind zwei Außenstationen mit entsprechenden Einrichtungen an der Forage Crop Division der Alpine Experiment Station des O.R.D. im Osten und der Cheju Experiment Station des O.R.D. im Süden des Landes angegliedert.

Es ist geplant, das Projekt in den nächsten Jahren zu einem selbständigen Futterbauforschungsinstitut innerhalb des Verbandes der Forschungsinstitute des O.R.D. auszubauen.

Das Projektpersonal besteht aus 16 koreanischen Wissenschaftlern, 5 deutschen Experten sowie entsprechendem Hilfspersonal. Außer dem vom jeweiligen Land finanzierten Personal werden Operationskosten, Land und Gebäude von der koreanischen Seite, Sachmittel und Counterpartausbildung von der deutschen Seite getragen.

Die Zusammenarbeit mit den Counterparts und den koreanischen Dienststellen ist gut und das Projekt ist in die bestehende Organisation integriert.

Das Projekt hat die Aufgabe, die Grünland- und Futterbauforschung unter Berücksichtigung der verschiedenen ökologischen Bedingungen in Südkorea aufzubauen und zu fördern. Die Forschungsarbeit umfaßt die folgenden Hauptgebiete:
1. Entwicklung von Grünland in Berg- und Hügellagen,
2. Futterbau auf Ackerland einschließlich Zwischenfruchtbau auf Paddyland
3. Verbesserung des Kunstgrünlandes,
4. Futterkonservierung,
5. Saatgutproduktion.

Bevölkerungswachstum und Urbanisierung zwingen zur Erschließung neuer Landesressourcen und Nahrungsmittel. Die Kultivierung bisher kaum genutzter Berg- und Hügellagen für die Futterproduktion erschließt neue Nahrungsmittelquellen, ohne die bereits zu knappen Kulturflächen zu belasten.

Der regionale Forschungsansatz wird es ermöglichen, für verschiedene Betriebs- und Klimatypen verbindliche Aussagen zu erzielen.

Suweon, das Zentrum des Projektes, liegt im bevölkerungsreichen N dwesten Koreas. Es hat temperiertes Klima mit ca. 200 Vegetationstagen. Es liegt im Mittelpunkt des in den Ansätzen bereits erkennbaren Zentrums der Milchproduktion Koreas.

Die alpine Region mit Höhen über 800 m hat ein ebenfalls temperiertes Klima, jedoch mit strengen Wintern und mit nur 150 Vegetationstagen. Die überwiegend gebirgige und dünn besiedelte Region prädestiniert das Gebiet für die Mastrinderhaltung.

Die zweite Außenstation im Sünden des Landes auf der Insel Cheju repräsentiert die subtropische Region Koreas. Mit mehr als 240 Vegetationstagen herrschen hier die besten Klimaverhältnisse für den Futterbau, Marktferne wird aber zu extensiver Viehhaltung zwingen.

Projektplanung und -vorbereitung

Reisebericht von Prof. Dr. Bommer, Institut für Pflanzenbau der Forschungsanstalt für Landwirtschaft in Braunschweig-Völkenrode. Danach koreanischer Antrag vom Juli 1971.

Das Projekt baut auf die Erfahrungen der im Rahmen der Technischen Hilfe seit 1968/69 errichteten Korean-German Dairy Farm, Anseong, auf. Notenwechsel: 1. November 1972.

Die fachliche Betreuung des Projektes wird von dem Institut für Grünlandwirtschaft, Futterbau und Futterkonservierung (Leiter: Prof. Dr. E. Zimmer) der Forschungsanstalt für Landwirtschaft (FAL) in Braunschweig-Völkenrode, wahrgenommen.

Projektdurchführung

26. Februar 1973: Gespräche in Suweon zwischen deutscher und koreanischer Seite, um Projektanlauf zu organisieren.
3. Juni 1973: Eintreffen des deutschen Projektleiters; Beginn der Versuchstätigkeit im Herbst 1973 und Frühjahr 1974.

Die Durchführung des Forschungsprogrammes richtet sich nach einem jährlich von koreanischer und deutscher Seite nur überarbeiteten Forschungsprogramm. Auch die Ergebnisse werden jährlich veröffentlicht. Der Projektaufbau ist in folgende Phasen gegliedert:

1. Phase: In der ersten Phase werden auf den Gebieten Grünlandentwicklung, Grünlandbewirtschaftung, Feldfutterbau, Zwischenfruchtfutterbau und Futterkonservierung Kleinparzellenversuche zur Klärung grundsätzlicher landwirtschaftlicher Fragenkomplexe durchgeführt. Das Schwergewicht der Anfangsphase an allen drei Stationen liegt in Sortentest- und -ertragsversuchen. Gleichzeitig werden Fragen der Düngung und der Bewirtschaftung von Grünlandflächen unter Einschaltung von Qualitätsproblemen bearbeitet.

2. Phase: In der zweiten Phase werden die langfristig ausgelegten Nutzungs- und Düngungsversuche fortgeführt. Diejenigen Versuchsglieder, die sich im Kleinversuchsanbau als anbauwürdig erwiesen haben, werden im großen Maßstab auf regional gestreuten Farmen unter praxisnahen Bedingungen geprüft werden. Die Ausbildung von Grünlandberatungskräften wird intensiviert werden.

3. Phase: In der dritten Phase sollen die gewonnenen Erkenntnisse und Erfahrungen auf breiter Basis in die Praxis umgesetzt werden.

Diese Aufgabe wird dann voraussichtlich ausschließlich von koreanischer Seite wahrgenommen werden, lediglich für Spezialprobleme wird ein weiterer Kontakt zu deutschen wissenschaftlichen Institutionen notwendig sein.

Arbeitsergebnisse

Das Projekt fertigte einen ersten "Jahresbericht 1974" an, in dem die wichtigsten Ergebnisse festgehalten sind. Außerdem gibt das Projekt Versuchsprogramme und Versuchsfeldführer heraus.

Erste verwertbare Versuchsergebnisse werden im Frühjahr 1976 aus zweijährigen Sortenertrags- und Düngungsversuchen vorliegen.

Für den langfristigen Erfolg des Projektes ist ferner wichtig, daß das Projekt

a) in die koreanische Trägerorganisation integriert ist,
b) ein frühzeitig begonnenes und effizient arbeitendes Counterpartausbildungsprogramm eine gute Zusammenarbeit ermöglicht,
c) den Willen zur Selbsthilfe im Projekt erkennen läßt.

# Liberia

# Holzforschungsinstitut am College of Forestry in Monrovia

## I. Allgemeines

PN: 74.2084.7

Verantwortlicher deutscher
Leiter des Vorhabens:         Siegfried Dudek

Projektanschrift:         c/o German Embassy
P.O. Box 34
Monrovia/Liberia

Projektträger im Gastland:     University of Liberia

Projektträger in der BRD:     GTZ

Zuständige GTZ-Abteilung:     11     Fachbereich:     114

Projekttyp:     Holzforschungsinstitut

Zielsetzung des Projektes:     Anwendungsorientierte Untersuchungen über Be- und Verarbeitung bisher nicht genutzter liberianischer Holzarten. Erarbeitung von den liberianischen Verhältnissen angepaßten Verfahren für Holztrocknung, Holzschutz, Verleimung und Oberflächenbearbeitung. Beratung von Betrieben der Holzindustrie. Ausbildung von Counterparts.

## II. Zeitlicher Ablauf

Planungsbeginn:     Oktober 1974

Durchführungsbeginn:     16. Juli 1975

Deutscher Beitrag
vereinbart bis:     1978

## III. Personal

Personal des Gastlandes (Soll):     3

Personal der BRD (Soll):     3

## IV. Sachausrüstung

Zur Ergänzung der am Forest Products Research Laboratory vorhandenen Ausrüstung stehen 80.000,00 DM zur Verfügung. Einschließlich Transport- und Versicherungskosten sind 137.000,00 DM vorgesehen (als Sachkosten).

## V. Kapitalaufwand

Kapitalaufwand des Gastlandes:  450.000,00 DM

Kapitalaufwand der BRD:  1.486.230,00 DM

## VI. Projektbericht

Projektkurzbeschreibung

Das Holzforschungsinstitut ist bereits recht gut ausgerüstet; jedoch sind noch nicht alle vorhandenen Maschinen und Ausrüstungen installiert bzw. voll funktionsfähig Von den zur Verfügung stehenden Mitteln sind zunächst Maschinen zur Ergänzung der vorhandenen Tischlerei bestellt worden.

Projektplanung und -vorbereitung

Der das Projekt betreffende Notenwechsel wurde im April 1975 unterzeichnet.

Vorbereitungszeit der Projektmitarbeiter in Deutschland: Projektleiter: 1 Monat, Schreinermeister: vier Monate.

Projektdurchführung

Der Projektleiter hat in Übereinstimmung mit dem Direktor des Holzforschungsinstitutes ein vorläufiges Arbeitsprogramm erstellt. Bevor mit der praktischen Planung des zeitlichen Ablaufs begonnen werden kann, müssen die vorhandenen Maschinen überprüft und die neuen installiert werden.

Eine Vorauswahl der zu untersuchenden Holzarten wurde getroffen. Das Untersuchungsmaterial wird nach Ende der Regenzeit beschafft (etwa ab Dezember). Mit kleineren Versuchen über Holztrocknung, natürliche Dauerhaftigkeit und Imprägnierbarkeit einiger Holzarten wurde begonnen.

Arbeitsergebnisse

Noch keine nennenswerten vorhanden.

# Liberia

# Aufforstung Liberia

## I. Allgemeines

PN: 74.2085.4

| | |
|---|---|
| Verantwortlicher deutscher Leiter des Vorhabens: | Werner Frank |
| Projektanschrift: | German Forestry Mission to Liberia c/o Embassy of the Federal Republic of Germany P.O. Box 34 Monrovia/Liberia |
| Projektträger im Gastland: | Ministry of Agriculture - Bureau of Forestry - Monrovia/Liberia |
| Projektträger in der BRD: | GTZ |
| Zuständige GTZ-Abteilung: | 11   Fachbereich: 114 |
| Projekttyp: | Ausbildung und Beratung |

Zielsetzung des Projektes: Beratung der Regierung in allen Fragen der Förderung der Forst- und Holzwirtschaft Liberias. Unterstützung des nationalen Aufforstungsprogrammes durch Beratung, Ausbildung und Training.

## II. Zeitlicher Ablauf

| | |
|---|---|
| Planungsbeginn: | 1973 |
| Durchführungsbeginn: | 1974 |
| Deutscher Beitrag vereinbart bis: | 1977 |

## III. Personal

| | |
|---|---|
| Personal des Gastlandes (Soll): | 8 |
| Personal der BRD (Soll): | 8 |

## IV. Sachausrüstung

Sieben Kombi-Kfz, zwei Geländefahrzeuge, sieben Kurzwellensender

100 W, zehn Motorsägen und Zubehör (Werkstattausrüstung) sowie dieverse Forstwerkzeuge und -geräte, Büromaterial und Ersatzteile.

## V. Kapitalaufwand

Kapitalaufwand des Gastlandes:     2.200.000,00 DM

Kapitalaufwand der BRD:     3.600.000,00 DM

## VI. Projektbericht

Projektkurzbeschreibung

Es handelt sich um ein Folgeprojekt zu dem Vorhaben FE 106 "Waldinventur Liberia" (1960-1967) sowie dem Einzelberaterprojekt FE 1809 "Forstberater Liberia" (1972 bis November 1975).

Die Forstwirtschaft Liberias hat in den letzten Jahren eine rapide Aufwärtsentwicklung durchgemacht, mit der die Verwaltung weder organisatorisch noch personell Schritt halten konnte. Die Zahl der Holzkonzessionen stieg in den vergangenen zehn Jahren von sechs auf zweiundfünfzig, der Holzeinschlag von 30.000 auf 500.000 cbm. Die Staatseinnahmen aus Holzkonzessionsgebühren stiegen im gleichen Zeitraum von 0.1 auf 3.2. Mio. US-Dollar.

Um die Tätigkeit der privaten Holzkonzessionäre unter Kontrolle zu halten und einer Ausplünderung der Waldbestände vorzubeugen sowie gleichzeitig ein nationales Aufforstungsprogramm durchzuführen, war massive ausländische Hilfe vonnöten. Außer dem deutschen Forstprojekt sind z.Zt. 25 Förster des US-Peace-Corps im Landesinneren eingesetzt, insbesondere zur Kontrolle des Holzeinschlages und für die Aufforstung. UNDP hat einen Forest Economist an das Konzessionssekretariat im Finanzministerium entsandt. Das World Food Programme unterstützt die in der Aufforstung eingesetzten Arbeitskräfte mit Nahrungsmittellieferungen. Ferner liegen Zusagen vor von der BRD über die Durchführung einer Studie über die Entwicklung der holzverarbeitenden Industrie Liberias sowie von IBRD/FAO über die Reorganisation der Forstverwaltung Liberias.

Die Zusammenarbeit des deutschen Vorhabens mit den Behörden des Gastlandes sowie mit den vorgenannten anderen Organisationen ist ausgezeichnet: Maßnahmen werden gemeinsam besprochen und koordiniert, Erfahrungen werden ausgetauscht, Arbeiten werden auf Teilgebieten gemeinsam durchgeführt.

Projektplanung und -vorbereitung

Planung und Vorbereitung orientierten sich an den Ergebnissen und Empfehlungen der vorangegangenen deutschen Projekte sowie an den Wünschen der liberianischen Regierung anläßlich der Regierungsverhandlungen im November 1973 in Monrovia. Im September 1974 wurde ein neues Rahmenabkommen über die deutsche TH unterzeichnet; am 6.1.1975 trat das Projektabkommen in Kraft.

Das Forstprojekt arbeitet eng mit dem deutschen TH-Projekt PN 74.2084.7 "Unterstützung des Holzforschungsinstitutes am College of Forestry der Universität Liberia" zusammen.

Projektdurchführung

Der Projektleiter nimmt gleichzeitig die Funktion des Regierungsberaters wahr; als Mitglied des nationalen Aufforstungskomitees nimmt er Einfluß auf das Aufforstungsvorhaben; als Mitglied des Koordinationskomitees Forstverwaltung/Forstfakultät ist die Zusammenarbeit mit der Universität und dem angeschlossenen Holzforschungsinstitut gewährleistet.

Arbeitsergebnisse

Das Projekt befindet sich in der Anlaufphase; die Mitarbeiter sind noch nicht vollzählig eingetroffen. Über Ergebnisse kann noch nicht berichtet werden.

# Liberia

## Studie für die Entwicklung der Holzindustrie

### I. Allgemeines

PN: 75.2053.9

| | |
|---|---|
| Verantwortlicher deutscher Leiter des Vorhabens: | steht noch nicht fest (Consulting Atlanta, Hamburg) |
| Projektanschrift: | c/0 German Embassy, P.O. Box 34 Monrovia/Liberia |
| Projektträger im Gastland: | Ministry of Agriculture, Monrovia Bureau of Forest Conservation |
| Projektträger in der BRD: | BMZ/GTZ |
| Zuständige GTZ-Abteilung: | 11     Fachbereich:    114 |
| Projekttyp: | TH-Projekt/Durchführbarkeitsstudie |

Zielsetzung des Projektes: Erstellung einer Studie über die Möglichkeiten des Auf- und Ausbaus der Liberianischen Holzindustrie.

### II. Zeitlicher Ablauf

| | |
|---|---|
| Planungsbeginn: | Sommer 1975 |
| Durchführungsbeginn: | vorauss. Februar 1976 |
| Deutscher Beitrag vereinbart bis: | für 12 Monate |

### III. Personal

Personal des Gastlandes (Soll): 4

Personal der BRD (Soll): 5

### IV. Sachausrüstung

Pkws, Büroeinrichtung, Betriebsstoffe, Ersatzteile

### V. Kapitalaufwand

| | |
|---|---|
| Kapitalaufwand des Gastlandes: | keine Angaben |
| Kapitalaufwand der BRD: | 1.500.000,00 DM |

## VI. Projektbericht

Projektkurzbeschreibung

Ein 1973 von der liberianischen Regierung erlassenes Dekret (Processing Decree) sieht vor, daß innerhalb der nächsten zehn Jahre stufenweise das bisher exportierte Rundholz in Liberia verarbeitet werden soll. Die Studiengruppe soll in Zusammenarbeit mit dem liberianischen Bureau of Forest Conservation Möglichkeiten des Auf- und Ausbaus der liberianischen Holzindustrie untersuchen. Das Ergebnis der Studie soll als Vorlage für nationale und internationale Geberorganisationen und Privatinvestoren dienen. Die Arbeiten der Studiengruppe beziehen sich auf das ganze Land unter Berücksichtigung der forstlichen Aktivitäten und der bereits bestehenden Holzindustrieunternehmen.

Projektplanung und -vorbereitung

Eine Vorplanung des Projektes erfolgte aufgrund diverser Berichte der FAO (FAO/IBRD Cooperative Programme) von 1974 und Besprechungen einer Delegation des BMZ in Monrovia. Die Projektvorbereitung erfolgt durch die GTZ.

Projektdurchführung

Beginn ca. Februar 1976.
Die Durchführung des Projektes soll in zwei Abschnitten erfolgen. In der ersten Phase - von dreimonatiger Dauer - sollen Grunddaten erhoben und u. a. Vorschläge über den Standort denkbarer Holzindustriebetriebe ausgearbeitet werden.

Nach Vorlage der Ergebnisse der ersten Projektphase und Entscheidung durch die deutschen und liberianischen Projektträger, sind in der zweiten Phase gezielte Durchführbarkeitsstudien ausgewählter Projekte vorgesehen.

Arbeitsergebnisse

----

# Madagaskar

## Opération Tsarahasina

### I. Allgemeines

PN: 68.2052.6

Verantwortlicher deutscher
Leiter des Vorhabens:     Ernst August von der Heide

Projektanschrift:     B.P. 1
Port-Bergé/Madagaskar

Projektträger im Gastland:     Ministère du Développement Rural, Tananarive

Projektträger in der BRD:     Arbeitsgemeineschaft für Entwicklungshilfe e.V. (AGEH), 5 Köln-Deutz, Theodor-Hürth-Str. 2-6

Zuständige GTZ-Abteilung:     13     Fachbereich: 132

Projekttyp:     Landwirtschaftliche und soziale Beratung, Dorfentwicklung

### II. Zeitlicher Ablauf

Planungsbeginn:     18. Juli 1968

Durchführungsbeginn:     15. Oktober 1969

Deutscher Beitrag
vereinbart bis:     31. Januar 1977

### III. Personal

Personal des Gastlandes (Soll):     keine Angaben

Personal der BRD (Soll):     6

### IV. Sachausrüstung

Drei Wohnhäuser mit Ausstattung, zentrale Wasserversorgung für das Dorf Tsarahasina mit Wasserturm und Pumpstation, diverse Fahrzeuge. Zentralwerkstatt mit Ausrüstung für Holz- und Metallbearbeitung, Maurerarbeiten, Kfz-Mechanik einschließlich Schweißgeräten; Nebenwerkstatt in Tsiningia als Wanderwerkstatt gedacht zur Reparatur von landwirtschaftlichen Geräten in den Dörfern, verschiedene landwirtschaftliche Handgeräte und einfache landwirtschaftliche Maschinen als Demonstrationsmaterial.

## V. Kapitalaufwand

Kapitalaufwand des Gastlandes: keine Angaben

Kapitalaufwand der BRD:
1. Phase 675.000,00 DM
2. Phase 610.000,00 DM
3. Phase 335.000,00 DM

## VI. Projektbericht

Projektkurzbeschreibung

Die Methode der Beratung hat Anklang gefunden. Eine von Jahr zu Jahr gewachsene Zahl von Bauern wendet die neuen Methoden an und kauft auch bereits moderne landwirtschaftliche Geräte. Die Zusammenarbeit der deutschen Mitarbeiter mit den madagassischen zentralen, regionalen und lokalen Behörden ist gut.

Bei der Verbesserung der Lebensbedingungen der Bevölkerung liegt neben der Verbesserung des Anbaus von Subsistenzkulturen der Schwerpunkt auf der Steigerung der Produktion von Verkaufsfrüchten. Neben der Bewässerungslandwirtschaft (Bewässerungsreis) Förderung des Trockenreis, Erdnüsse, Mais, Maniok; Ausweitung der Gespannkulturen; Einführung intensiver Viehhaltung durch Aufbau von Modellbetrieben; Ausbildung von Dorfhandwerkern; Beratung der Frauen auf dem Gebiet der Hauswirtschaft, Gesundheitswesen, Kleintierhaltung und Obstbau; Versuch der Organisierung von Selbsthilfegruppen.

Projektplanung und -vorbereitung

Seit 1969 bei der AGEH in Abstimmung mit dem zuständigen Referat der GTZ und der Mitarbeitergruppe in Tsarahasina.

Projektdurchführung

15. Oktober 1969 Eintreffen des ersten Projektleiters.
1. Jahr Bau des Wohnhauses und der Werkstatt, Anlegen von Demonstrationsfeldern im Reisanbau.

2. Jahr Ausdehnung der landwirtschaftlichen Beratung (neue Anbaumethoden) auf größere Anzahl von Bauern, Einführung neuer Reissorten; Bau des 2. Wohnhauses; Aufnahme der Herstellung landwirtschaftlicher Geräte und Maschinen sowie Möbel einschließlich ihrer Reparaturen.

3. Jahr Beginn von Modellbetrieben auf dem Gebiet der Viehzucht (Schweine- und Rinderhaltung); Beginn der Frauenarbeit; Ausweitung der Beratung auf das Gebiet von Léanja (Verdoppelung der Zahl der zu beratenden Bauern); Bau des 3. Wohnhauses (für den madagassischen

Direktor).

4. Jahr Übergabe der Leitung der Zentralwerkstatt an madagassischen Techniker, der in dieser Werkstatt fortgebildet worden war; Ablösung des ersten deutschen Projektleiters durch einen neuen deutschen Projektleiter, der jetzt Kodirektor wird, da die Leitung der Operation an madagassische Landwirtschaftstechniker übergeht; Ausweitung der Operation auf die gesamte Sous-Prefektur Port-Bergé mit einer Ausdehnung von 7.500 km$^2$ und einer Bevölkerung von 68.000; Einrichtung der Werkstatt in Tsiningia.

5. und 6. Jahr Intensivierung der Beratung und Ausbildung der Feldberater, durch Fortbildungskurse auf der Operation; Reparatur von landwirtschaftlichen Geräten in allen Kantonen der Sous-Prefekture; Aufbau des Demonstrationsbetriebes Bongolava; Ausweitung der Frauenarbeit auf den Kanton Tsiningia.

Arbeitsergebnisse

Reisanbau:
| Jahr | 70/71 | 71/72 | 72/73 | 73/74 | 74/75 |
|---|---|---|---|---|---|
| Bauern | 11 | 199 | 235 | 897 | 1469 |
| ha | 7,5 | 43 | 78 | 944 | 1683 |

Erdnüsse:
| | | | | | |
|---|---|---|---|---|---|
| ha | | | 2 | 13,5 | 240 | 151 |

Durch die verbesserte Anbaumethode (Bodenbearbeitung) lassen sich Erträge im Reisanbau bis zu 30 % steigern.

Kleintierhaltung: Einführung von 400 Rhode-Island-Rassehähne zur Verbesserung der lokalen Rasse.

Verkauf von 300 Obstbäumen, Orangenbäumen, Kokospalmen und Mangobäumen. Errichtung der zentralen Wasserversorgung für das Dorf Tsarahasina (3 km Wasserleitung mit 12 Wasserstellen in den Ortsteilen). Herstellung von 170 Scheibeneggen, 60 Zinkeneggen, 80 Planiergeräten, 90 Reihenziehern und 4 Dreschmaschinen.

Laufende Arbeiten: Besonderer Nachdruck wird auf die Ausweitung der Beratung auf andere Trockenkulturen, auf die Ausweitung der Frauenarbeit, auf die Verbesserung der Tierhaltung, auf die theoretische Fortbildung der madagassischen Dorfberater und auf die Einbeziehung aller Teile der Unterpräfektur Port-Bergé gelegt.

Projektproblematik: Durch die schlechten Straßenverhältnisse innerhalb der Unterpräfektur ist es sehr schwierig, alle Teile in das Beratungsprogramm einzubeziehen.

# Madagaskar

## Tierärztlich-landwirtschaftlicher Beratungsdienst Madagaskar

### I. Allgemeines

PN: 65.2068.8

| | |
|---|---|
| Verantwortlicher deutscher Leiter des Vorhabens: | Dr. Alfred Wolf Karrasch |
| Projektanschrift: (für Mitarbeiter Karrasch, Böhnel, Dinter) | Fafimalal B.P. 99 Tuléar/Madagaskar Telefon: 415.65 |
| (für Mitarbeiter Schimann) | Fafimalal B.P. 1031 Fianarantsoa/Madagaskar Telefon: 505.32 |
| Projektträger: im Gastland: | Ministere du Developpement et de la Reforme Agraire |
| Projektträger in der BRD: | GTZ |
| Zuständige GTZ-Abteilung: | 12   Fachbereich: 122 |
| Projekttyp: | Beratungsprojekt für Veterinärmedizin, Tierernährung und Tierzucht |

Zielsetzung des Projektes: Erhöhung der tierischen Produktion in den Provinzen Fianarantsoa sowie Tulear (Stufe I) und Majunga und Diego Suarez (Stufe II). Hierzu Einrichtung von diagnostischen Labors, Leitung und materielle Unterstützung des Veterinärdienstes, Weidemelioration, Aufbau eines Beratungsnetzes, Saatgutvermehrung, Betreuung der service-eigenen Farmen. Durchführung von Futter- und Bodenanalysen.

Die Projektaktivitäten dienen auch als Modell für andere Provinzen.

### II. Zeitlicher Ablauf

| | |
|---|---|
| Planungsbeginn: | Für die erste Phase (Entsendung eines tierärztlichen Beraters) 1965 |
| | Für die zweite Phase (Ausdehnung auf weitere Provinzen, Entsendung von einem Tierarzt und von Landwirten 1972 |

Durchführungsbeginn: Erste Phase - September 1967
Zweite Phase - Zweiter Tierarzt 1973,
2 Landwirte 1974

Deutscher Beitrag
vereinbart bis: 31. Dezember 1977

## III. Personal

Personal des Gastlandes (Soll): 6 Fachkräfte und zugehöriger Felddienst (550)

Personal der BRD (Soll): 4

## IV. Sachausrüstung

Zwei diagnostische Veterinärlabors wurden in Fianarantsoa und Tulear eingerichtet. Weitere 10 Kleinuntersuchungsstellen sind für die Präfekturen von vier Küstenprovinzen geplant. Ein landwirtschaftliches Analysenlabor besteht in Tulear, ein zweites soll in Fianarantsoa errichtet werden. Zusätzlich zu den service-eigenen Fahrzeugen wurden bisher von der BRD geliefert: 10 Geländewagen, 5 leichte Pkw, 78 Motorräder bzw. Mopeds, 100 Fahrräder, 4 landwirtschaftliche Zugmaschinen mit Arbeitsgeräten. Ferner wurden Medikamente, veterinärmedizinische Instrumente, Saatgut und Betriebsmittel finanziert.

## V. Kapitalaufwand

Kapitalaufwand des Gastlandes: Zum Normalbudget (umgerechnet etwa 350.000,00 DM/Jahr/Provinz) bewilligte Madagaskar für 1974 bis 1977 ein Sonderbudget von 98 Mio FMG (etwa 1.150.000,00 DM)

Kapitalaufwand der BRD: 5.868.000,00 DM

## VI. Projektbericht

Projektkurzbeschreibung

Das Gastland stellt auf seine Kosten geeignete Räume, das benötigte Fach- und Hilfspersonal und Betriebsmittel. Die Counterparts werden im Projekt ausgebildet. Zusätzlich wurden bisher 2 Assistenten und einem Tierarzt Ausbildungsplätze in der BRD gewährt. Weitere Stipendien sind vorgesehen.

Seit 1973 erstreckt sich das Projektgebiet über 265.000 qkm. Organisation intensiver Kampagnen gegen Fasciolose und Kälberparasitosen. Einrichtung eines weiteren diagnostischen Labors in Tulear.

Seit 1974 arbeiten zwei deutsche Landwirte mit folgenden Schwerpunkten: Melioration der Naturweiden (Leguminosen, Gramineen), Saatgutvermehrung, Feldversuche (teilweise in Zusammenarbeit mit der Zentralforschungsstelle Cenraderu), Beratungsdienst (Weidenutzung, Stallbau, Futterkonservierung, Fruchtfolgen), Betreuung der service-eigenen Farmen, Förderung der Milchvieh- und Mohairziegenzucht, Boden- und Futteranalysen, Ausbildung der Counterparts.

Projektplanung und -vorbereitung

1964 Antrag des Gastlandes auf Entsendung eines Tierarztes
1967 Ausreise des Tierarztes
1972 Antrag auf Projekterweiterung
1973 Ausreise des zweiten Tierarztes
1974 Ausreise von zwei Landwirten
1975 Antrag des Gastlandes auf Projektverlängerung abgesandt.

Projektdurchführung

Das Vorhaben ist voll in das madagassische Regierungsprogramm zur Steigerung der tierischen Produktion integriert. Die Experten unterstehen dem einheimischen Landwirtschaftsministerium. Das Konzept sieht alle technischen Maßnahmen vor, die geeignet sind, Tierverluste und Minderleistungen der tierischen Produktion zu reduzieren.

Arbeitsergebnisse

Der Jahresbericht 1974 weist u. a. folgende durchgeführte Arbeiten auf:

| | |
|---|---|
| Schutzimpfungen gegen Milzbrand, Rauschbrand und Colibazillose (trivalent) | 2.386.035 Tiere |
| gegen Schweinepest | 20.627 Tiere |
| gegen Schweinepasteurellose | 33.989 Tiere |
| gegen Geflügelcholera | 307.260 Tiere |
| gegen Pockendiphtheroid | 120.723 Tiere |
| Behandlungen gegen Fasciolose | 505.292 Tiere |

Das diagnostische Labor Fianarantsoa führte während des Jahres 6.346 parasitologische und bakteriologische Untersuchungen durch. Im Rahmen der landwirtschaftlichen Beratung wurden während der letzten Vegetationsperiode an 74 Orten Feldversuche und Demonstrationsparzellen angelegt. Zur Saatgutvermehrung, Dauerweideanlage, Heugewinnung und Anbau von Feldfrüchten bearbeiten die beiden Unimogs etwa 1.000 ha. Das steigende Interesse der Dorfgemeinschaften beweist den Ausstrahlungseffekt.

# Malawi

# Regionalvorhaben Salima
(Central Region Lakeshore Development Project)

## I. Allgemeines

PN: 66.2046.2

| | |
|---|---|
| Verantwortlicher deutscher Leiter des Vorhabens: | Dr. Uwe Otzen |
| Projektanschrift: | P.O. Box 34 Salima/Malawi |
| Projektträger im Gastland: | Ministry of Agriculture and Natural Resources, Lilongwe |
| Projektträger in der BRD: | GTZ |
| Zuständige GTZ-Abteilung: | 13   Fachbereich: 131 |
| Projekttyp: | Regionalentwicklungsprojekt (Verbundprojekt von Technischer Hilfe, Kapitalhilfe und Produktionsmittelhilfe) |

Zielsetzung des Projektes: Förderung der Produktion von Baumwolle, Erdnüssen, Reis und Mais sowie Zucht-, Milch-, Schlacht- und Zugvieh. Erhöhung der Familieneinkommen, Verbesserung der Lebensbedingungen unter Schaffung von Chancengleichheit für alle Familien, Ausnutzung aller sozioökonomischen Ressourcen, Verbesserung der Infrastruktur und des Gesundheitswesens.

## II. Zeitlicher Ablauf

| | |
|---|---|
| Planungsbeginn: | 1965 |
| Durchführungsbeginn: | 1968 |
| Deutscher Beitrag vereinbart bis: | 1976 (Regionalvorhaben) 1977 (Dorfhandwerkerschule) |

## III. Personal

| | |
|---|---|
| Personal des Gastlandes (Soll): | 465 |
| Personal der BRD (Soll): | 7 |

## IV. Sachausrüstung

Umfangreiche Fahrzeuge und Gerätschaften für Personentransport, Lastentransport, Straßen-, Häuser-, Brücken- und Anlagenbau, Feldwirtschaft. Generatoren für Wasser- und Stromversorgung, Reistrocknungs- und Reinigungsanlage. Ausrüstungsgegenstände für Zentralwerkstatt, Dorfhandwerkerschule, Farm-Institut, zwei Zentralbüros und sieben Beratungszentren.

## V. Kapitalaufwand

Kapitalaufwand des Gastlandes:   3.758.000,00 DM

Kapitalaufwand der BRD:   29.084.000,00 DM

## VI. Projektbericht

Projektkurzbeschreibung

Das Projekt ist durch Übernahme einer gesamten Agricultural Division völlig in das malawische Verwaltungssystem integriert. Gedanken- und Erfahrungsaustausch besteht mit drei gleichgearteten Weltbankprojekten im Gastland. Zur Durchführung von Infrastrukturmaßnahmen im Projektgebiet steht Kapitalhilfe zur Verfügung (Verbundprojekt). Produktionsmittellieferungen (vorwiegend Mineraldünger) auf Gegenwertbasis werden für flankierende Maßnahmen eingesetzt.

Dem Vorhaben war seit 1969 eine Dorfhandwerkerschule eingegliedert (Ausbildung von jungen Handwerkern für Metall- und Holzbearbeitung), die seit April 1975 dem Jugend- und Kulturministerium unterstellt und damit institutionell aus dem Projekt herausgelöst worden ist. Das Regionalprojekt Salima umfaßt den größten Teil der 500 m hoch gelegenen Zentraluferregion im afrikanischen Grabenbruch am Malawisee. In diesem 3.800 km$^2$ großen Küstenstreifen wohnen 196.000 Menschen mit ca. 44.000 Familien. Das Land befindet sich in Stammesbesitz und wird meist in 2 ha großen Kleinbetrieben bewirtschaftet. In dem tropischen Klima mit 23° C Jahresdurchschnittstemperatur und einer ausgeprägten viereinhalbmonatigen Regenzeit (700 - 800 mm) wachsen auf lehmigen Sand- bis sandigen Lehmböden vornehmlich Mais, Baumwolle und Erdnüsse. In Seenähe wird auf Schwemmlandböden Reis angebaut.

Zur Verwirklichung der Projektziele wurde eine Vielzahl sich gegenseitig stützender Maßnahmen ergriffen: Bau von Allwetterstraßen, Bohrung von Brunnen, Ausbau und Modernisierung von Vermarktungseinrichtungen, Neuorganisation und Ausbau des landwirtschaftlichen Beratungsdienstes, Bau der notwendigen Beraterunterkünfte, Errichtung einer Landwirtschaftsschule für Berater, Bauern, Bäuerinnen und lokalen Führern, Gründung von Dorfkomitees, Intensivierung des Versuchswesens, Aufbau einer landwirtschaftlichen Kreditorganisation zur Kreditvergabe für Saatgut, Insektizide, Düngemittel, landwirtschaftliche Geräte und Zugvieh. Besiedlung von ungenutztem Land durch Bauern aus übervölkerten Gebieten, Rodungshilfe und Aufbau einer mechanisierten Bodenbearbeitungseinheit, Aufbau einer Ranch zur Einführung der Rindermast in Kleinbetrieben, Fertigstellung einer Studie über die Nutzungsmöglichkeiten einer 10.000 ha großen Niederung, Bau und Betrieb der Dorfhandwerkerschule für 100 Schüler, Aufbau eines Versorgungsdienstes für Dorfläden, Schulung von Ladenbesitzern, Förderung der Community-Development-Dienste und der Gesundheitsfürsorge durch Ausbau von zwei Krankenhäusern und zwölf Außenstationen.

Laufende Arbeiten: Aufbau von Dorfkomitees, Schulung von lokalen Meinungsbildnern, verstärkte Einführung von Düngemitteln mit und ohne Betriebsplanung, vielfältigerer Anbau, Intensivierung des Reisanbaues durch Wasserregulierung und Düngung, Modernisierung der Hauptmärkte, Weiterführung des Straßen- und Hausbaues und ihre Unterhaltung, Ausbildung von Dorfhandwerkern und Dorfladenbesitzern, Förderung des Gesundheitsdienstes.

Projektplanung und -vorbereitung

Das Projekt wurde von 1965 bis 1967 geplant (getrennte Planung für Technische Hilfe, Kapitalhilfe, Produktionsmittelhilfe und Eigenbeitrag erschweren Projektplanung). Projektleitung erschwert durch unabhängige, nicht aufeinander bezugnehmende Verträge, unterschiedliche Bedingungen, Vergaberichtlinien und Verwendungsnachweis.

Projektdurchführung

Ab 1968 Detailplanung und Leitung des Projektes durch 20 deutsche Fachkräfte. Deutscher Projektleiter war bis 1975 beiden Regierungen gegenüber verantwortlich (seconded). Landwirtschaftliche Verwaltung des Projektgebietes war deutschem Projektleiter unterstellt, schloß die Verwaltung der Kapitalhilfe, der Produktionsmittelhilfe und der Landesmittel ein. Die deutschen Fachkräfte waren bis März 1975 als leitende Angestellte ihren malawischen Mitarbeitern vorgesetzt. Durch Schulung wurde angestrebt, die Malawier im Stellenplan aufrücken zu lassen und die deutschen Fachkräfte abzulösen. Die Übergabe der Projektleitung in malawische Hände erfolgte zum April 1975. Ein Team deutscher Mitarbeiter verbleibt bis 1976 bzw. 1977 (Dorfhandwerkerschule) in beratender Funktion. Ihm obliegt die Erhaltung des erzielten Entwicklungsniveaus, die Konsolidierung und Vorbereitung auf Projektphase III, die Malawi mit Hilfe anderer Finanzierungsträger in eigener Regie durch Zuführer beabsichtigt. Das Projekt ist in fünf Hauptabteilungen, Planung Verwaltung, Beratung, Infrastruktur und intensive Dienste und diese wiederum in Abteilungen aufgegliedert.

Arbeitsergebnisse

Crop Sales to and Maize Purchases from ADMARC [1]

| Crop | 1965/68 | 1968/69 | 1969/70 | 1970/71 | 1971/72 | 1972/73 | 1973/74 | 1974/75 [2] |
|---|---|---|---|---|---|---|---|---|
| | | | | (Short tons, 1 sh.t. = 200 pounds) | | | | |
| Cotton | 2193 | 2530 | 3117 | 3955 | 3705 | 3851 | 3723 | 4000 |
| Groundnuts: | | | | | | | | |
| Chalimbana | 743 | 926 | 294 | 758 | 1004 | 570 | 530 | 300 |
| Manipintar | - | - | 12 | 51 | 337 | 701 | 1193 | 2500 |
| Maize Balance [3] | -1200 | -1200 | -1400 | -1760 | -540 | -2400 | +192 | -200 |
| Paddy Rice | 149 | 843 | 386 | 998 | 946 | 1254 | 1740 | 1800 |

1) Halbstaatliche Vermarktungsorganisation
2) Estimates
3) Farmers sales to ADMARC minus farmers purchases from ADMARC.

Development of Cotton Production and its Indications

| Item | | 1967/68 | 68/69 | 69/70 | 70/71 | 71/72 | 72/73 | 73/74 | 74/75 [1] |
|---|---|---|---|---|---|---|---|---|---|
| | | | | | Crop Years | | | | |
| Total Production | sh.t. | 2111 | 2530 | 3117 | 3955 | 3705 | 3851 | 3723 | 4000 |
| Sprayers in use | No. | 74 | 644 | 1290 | 1950 | 2464 | 2690 | 3040 | 3540 |
| Growers | No. | 4018 | 5368 | 6485 | 8053 | 7507 | 7021 | 8836 | 9300 |
| Spraying Growers | No. | 691 | 1034 | 2139 | 4717 | 5646 | 5750 | 7433 | 8500 |
| | % of Total | 17 | 19 | 33 | 59 | 73 | 82 | 85 | 91 |
| Yield of Sprayed Cotton | lbs/acre | n.a. | 576 | 873 | 1177 | 929 | 1040 | 802 | 900 |
| Yield of fertilized Cotton | lbs/acre | - | - | - | - | 1100 | 1200 | 950 | - |

1) Estimates.

Current Value of Major Cash Crop Sales, Input Purchases and Cash Surplus from Agriculture

| Item | 1965/68 | 68/69 | 69/70 | 70/71 | 71/72 | 72/73 | 73/74 | 74/75[1] |
|---|---|---|---|---|---|---|---|---|
| | | | | (K1000) [2] | | | | |
| Cotton | 194 | 234 | 303 | 411 | 386 | 442 | 568 | 610 |
| Groundnuts | 73 | 84 | 29 | 79 | 121 | 110 | 187 | 270 |
| Maize Balance | -48 | -48 | -56 | -64 | -22 | +1 | +7 | - |
| Paddy Rice | | | | | | | | |
| Total Production | 225 | 312 | 302 | 492 | 547 | 637 | 882 | 1024 |
| Total Inputs | 30 | 39 | 63 | 87 | 88 | 135 | 220 | 250 |
| Cash Surplus | 195 | 273 | 239 | 405 | 453 | 502 | 662 | 674 |
| | | | | (Index) | | | | |
| Production | 100 | 139 | 134 | 219 | 243 | 283 | 392 | 455 |
| Inputs | 100 | 130 | 210 | 290 | 293 | 450 | 733 | 1166 |
| Cash Surplus | 100 | 140 | 123 | 208 | 235 | 257 | 339 | 346 |

1) Estimates   2) 1 K = 3 DM

Issue and Recovery of Short Term Credit

| Year of Issue | Amount Issued | Number of Credit Farmers | Accumulated Recovery % Crop Year | | | | | | |
|---|---|---|---|---|---|---|---|---|---|
| | | | 1968/69 | 69/70 | 70/71 | 71/72 | 72/73 | 73/74 | 74/75 [1] |
| | K | | | | | | | | |
| 1968/69 | 33,252 | 1037 | 91.00 | 97.3 | 98.6 | 100 | 100 | 100 | 100 |
| 1969/70 | 55,562 | 2300 | - | 88.7 | 96.8 | 97.1 | 99 | 99 | 99 |
| 1970/71 | 69,935 | 4031 | - | - | 91.3 | 96.3 | 98 | 99 | 99 |
| 1971/72 | 77,900 | 5618 | - | - | - | 94.4 | 97 | 98 | 99 |
| 1972/73 | 110,788 | 6204 | - | - | - | - | 95 | 97 | 98 |
| 1973/74 | 173,356 | 12000 | - | - | - | - | - | 95 | 97 |
| 1974/75 | 278,830 | 15000 | - | - | - | - | - | - | 95 |

[1] Estimates

# Malaysia

# Beratung der Fischereientwicklungsbehörde Lembaga Kemajuan Ikan Malaysia (LKIM)

## I. Allgemeines

PN: 74.2117.5

Verantwortlicher deutscher     Dr. Klaus von der Decken
Leiter des Vorhabens:

Projektanschrift:     c/o Lenbaga Kemajuan Ikan Malaysia
4 th Floor, EPF-Building
Petaling Jaya/Malaysia

Projektträger im Gastland:

Projektträger in der BRD:     im Auftrage der GTZ:
GOPA- Gesellschaft für Organisation,
Planung und Ausbildung

Zuständige GTZ-Abteilung:     12     Fachbereich: 123

Projekttyp:     Beratung eines Staatsbetriebes für Fischerei

Zielsetzung des Projektes:     Beitrag zu einer sinnvollen Entwicklung der Fischerei, speziell an der Ostküste Malaysias; u.a.
- Verbesserung der wirtschaftlichen Lage und der sozialen Bedingungen der Fischer,
- Erhöhung der Fischproduktion und Steigerung ihres Wertes,
- Steigerung der Leistungsfähigkeit der Fischer.

## II. Zeitlicher Ablauf

Planungsbeginn:     1973

Durchführungsbeginn:     Januar 1975

Deutscher Beitrag
vereinbart bis:     Februar 1977

## III. Personal

Personal des Gastlandes (Soll):     keine Angaben

Personal der BRD (Soll):     3

## IV. Sachausrüstung

2 Pkw, Fischereigerät zu Demonstrationszwecken.

## V. Kapitalaufwand

Kapitalaufwand des Gastlandes:   ca.   90.000,00 DM

Kapitalaufwand der BRD:   ca. 750.000,00 DM

## VI. Projektbericht

Projektkurzbeschreibung

Die Fischerei Malaysias hat sich bisher auf die Ausbeutung der Küstengewässer beschränkt, für die so wenig Kapital erforderlich war, daß die Fischerei als Auffangbecken für Arbeitslose wirkte, die schneller als mit Neulanderschließung Geld verdienen wollten. Wegen der Reserve an billigen Arbeitskräften unterblieben aber Investitionen für moderne Produktionsmittel, deren Einsatz das Einkommen der Fischer verbessern könnte und die zum Befischen küstenferner Gewässer nunmehr dringend erforderlich wären. Das Beratungsprojekt dient einem staatlichen Fischereiunternehmen, das diese strukturellen Schwächen beheben soll. Die Aufgaben des Unternehmens sind:
- Betrieb eines Fischereiunternehmens mit derzeit u. a. 60 Schleppnetz-Fischkuttern und einer Fischkonservenfabrik,
- Förderung eines effizienten Managements von privaten Fischereiunternehmen im Rahmen von Genossenschaften und Joint Ventures,
- Vervollkommnung der staatlichen Dienstleistungen für die Fischer, insbesondere Verwaltung von Kreditprojekten
- Förderung einer effizienten Fischvermarktung.

Projektplanung und -vorbereitung

Der Projektvorbereitung dienten u.a.:
- ein Gutachten der BfE, 1973,
- Branchenerfahrungen des Projektträgers GOPA,
- Landes- und Fachkenntnisse der Projektmitarbeiter,
- Abstimmung des Projektplans mit Bundesforschungsanstalt für Fischerei, Hamburg und mit FAO, Rom.

Projektdurchführung

Die drei Projektmitarbeiter sind getrennt tätig: der Fischereikapitän bei den Schleppnetzfischereiprojekten an der Ostküste Malaysias, der Fischverarbeitungstechnologe bei der Fischkonservenfabrik Kuala Kedah an der Westküste, der Genossenschaftsökonom am Hauptsitz des Unternehmens in der Hauptstadt. Den Beratern sind Counterparts beigeordnet worden, denen die erforderlichen Sachkenntnisse zu selbständiger Weiterarbeit vermittelt werden.

Arbeitsergebnisse

- Erstellung eines betriebswirtschaftlichen Gutachtens und eines Arbeitsplans,
- Entwicklung fischereitechnischen Geräts speziell für die Gewässer Malaysias,
- Planung der Betriebsorganisation und des Betriebsablaufs für eine zu Exportgeschäften fähige Fischverarbeitungsfabrik,
- Aufarbeiten der Statistik über den Entwicklungsstand der handwerklichen Fischerei und Planung ihrer genossenschaftlichen Weiterentwicklung, insbesondere eines Kreditprojekts.

# Malaysia

# Berater für die National Livestock Development Authority Malaysia

## I. Allgemeines

PN: 72.2098.1

| | |
|---|---|
| Verantwortlicher deutscher Leiter des Vorhabens: | Kurt J. Peters |
| Deutscher Tierarzt: | Dr. Uebach |
| Projektanschrift: | National Livestock Development Authority Jalan Selangor Petaling Jaya/Malaysia Telefon: 03-551711 |
| Projektträger im Gastland: | Ministry of Agriculture and Rural Development |
| Projektträger in der BRD: | GTZ |
| Zuständige GTZ-Abteilung: | 12    Fachbereich: 121 |
| Projekttyp: | Tierproduktion, Beratung |

Zielsetzung des Projektes: Schaffung der Voraussetzungen für eine Vermehrung der Rinderbestände unter wirtschaftlich vertretbaren Bedingungen. Planung des organisatorischen Aufbaues einer Landeszucht. Dadurch soll als langfristiges Ziel der Aufbau einer Rinderwirtschaft auf industrieller Basis unter besonderer Berücksichtigung der Probleme und Bedürfnisse der zu errichtenden kleinbäuerlichen Viehhaltung erreicht werden.

## II. Zeitlicher Ablauf

| | |
|---|---|
| Planungsbeginn: | 1972 |
| Durchführungsbeginn: | 1974 |
| Deutscher Beitrag vereinbart bis: | vorläufig bis 31. Mai 1976 |

## III. Personal

| | |
|---|---|
| Personal des Gastlandes (Soll): | ca. 907 |
| Personal der BRD (Soll): | 3    und 30 Mann-Monate für Kurzzeit-Experten |

## IV. Sachausrüstung

3 Dienstfahrzeuge, Veterinärausrüstung, Werkzeugausrüstung, Bürogeräte.

## V. Kapitalaufwand

Kapitalaufwand des Gastlandes: ca. 26.000.000,00 DM für die Laufzeit von 2 Jahren
Kapitalaufwand der BRD: 1.200.000,00 DM

## VI. Projektbericht

Projektkurzbeschreibung

Das Projekt ist eingebettet in die Diversifizierungsbestrebungen der Landwirtschaft in Malaysia. Im zweiten malaysischen Entwicklungsplan wurde der National Livestock Development Authority (NLDA) die führende Funktion zur Schaffung geeigneter Kreuzungsrinder für die Landeszucht, zur Ausdehnung der Rinderpopulation über Importe, zum Aufbau eines Milchvermarktungswesens und zur Durchführung der Fleischvermarktung zugeteilt.

Zur Entwicklung der Rinderproduktion errichtet die 1972 gegründete National Livestock Development Authority 7 sogenannte Cattle Multiplication Units (CMU) mit einer Gesamtfläche von ca. 12.300 ha durch Rodung des tropischen Regenwaldes. Bis Mitte 1975 sind ca. 6.000 ha gerodet und mit Weidegräsern angesät worden. Der Zuchtviehbestand an Milch- und Fleischrindern wird schnell ausgeweitet und beträgt zur Zeit 6.640 Stück mit 3.200 Nachzuchtrindern.

Die gesamte Durchführung der Rodung, Anpflanzung der Weiden und der entsprechenden Rinderbestockung soll nach Plänen des Landwirtschaftsministeriums bis Ende 1976 abgeschlossen werden.

Zur Bewältigung der organisatorischen und technischen Aufgaben dieses unter großem Zeitdruck durchgeführten Aufbauprogrammes sind gegenwärtig weder die personellen noch die fachlichen Voraussetzungen auf der malaysischen Seite vorhanden.

Die organisatorische, produktionstechnische und züchtungstechnische Beratung der NLDA wird von deutscher Seite durch einen Tierzüchter, einen Tierarzt und einen Betriebsleiter wahrgenommen.

Zur Erarbeitung von Lösungsvorschlägen für spezielle Probleme des Produktionsprozesses, der Futtermittelbeschaffung und der Vermarktung der erzeugten Produkte sind 30 Mann-Monate für Sondersachverständige vorgesehen.

Die fachliche Betreuung des Beratungsprojektes sowie die Abwicklung der Einsätze von Sondersachverständigen wird durch Prof. Dr. Weniger, Institut für Tierproduktion TU-Berlin, wahrgenommen.

Projektplanung und -vorbereitung

Antrag der malaysischen Regierung von 1971. Projektprüfung 1972.
Weitere Projektplanungen und -vorbereitungen bis Juni 1974.

Projektdurchführung

Ausreise des Betriebsleiters im November 1974 und des Tierzüchters im Februar 1975. Dienstantritt des Tierarztes im November 1975. Die deutschen Sachverständigen sind voll in die NLDA integriert und dienen mit der Beratungstätigkeit der gesamten Organisation. Modellartig werden in einzelnen Cattle Multiplication Units technische Neuerungen eingeführt, die auftretende Mängel im Produktionsgeschehen effektiv reduzieren. Hierdurch werden Beispiele geschaffen, die auf alle C.M.U.'s übertragen werden können.

Besondere Probleme treten auf im Reproduktionsgeschehen der Zuchtherden, in der Kälberaufzucht, in der Herdenbetreuung und im Weidemanagement.

Arbeitsergebnisse

Planung und Ausbau von Behandlungseinrichtungen und Sprayanlagen zur Herdenbetreuung und Krankheitsprophylaxe. Verbesserung und Ausbau der Betriebsinfrastruktur und Weideeinrichtungen. Einführung eines geregelten Haltungssystems für Fleischrinder. Verbesserung der Kälberaufzucht durch Einführung geeigneter Aufzuchtverfahren. Laufende Beratung auf dem Gebiet der Fütterung von Fleischrindern und Milchkühen. Ausarbeitung und Lenkung eines umfassenden Zuchtprogrammes für die Züchtung von leistungsfähigen Kreuzungsrindern für die Milchproduktion und Fleischerzeugung. Einführung von Leistungskontrollverfahren und Erstellung von Zuchtkarteien für Milch- und Fleischrinder.

Einsätze von Sondersachverständigen für folgende Problemkreise
- Untersuchung der Bodenfruchtbarkeit auf allen 7 C.M.U.'s.
- Probleme der Pflanzenernährung und daraus abzuleitender Düngungsmaßnahmen.
- Brauchbarkeit verschiedener tropischer Weidegräser und möglicher Weidewirtschaftsmaßnahmen.
- Einführung eines betriebswirtschaftlichen Datenerfassungssystemes mit der Zielsetzung zur Durchführung einer betriebswirtschaftlichen Erfolgskontrolle.
- Erfassung des bestehenden Vermarktungswesens für Frischmilch und Milchprodukte und Maßnahmen zur Befriedigung des steigenden Milchabsatzes.

# Malaysia

## Veterinärmedizinisches Labor II in der Region Nord-Malaysia

### I. Allgemeines

PN: 71.2093.4

| | |
|---|---|
| Verantwortlicher deutscher Leiter des Vorhabens: | Dr. Ekkehard Wiesenhütter |
| Projektanschrift: | Regional Diagnostic Laboratory Bukit Tengah P.O. Box 63 Bukit Mertajam/Malaysia Telefon: Bukit Mertajam 1111 und 1115 |
| Projektträger im Gastland: | Ministry of Agriculture and Rural Development Veterinary Division Jalan Swettenham, Kuala Lumpur |
| Projektträger in der BRD: | GTZ |
| Zuständige GTZ-Abteilung: | 12 Fachbereich: 122 |
| Projekttyp: | Veterinärmedizinisches Labor |

Zielsetzung des Projektes:
a) Aufbau eines diagnostischen tierärztlichen Laboratoriums für Nord-Malaysia;
b) Aus- und Fortbildung von tierärztlichem, technischem und Feld-Personal, einschließlich eines 3jährigen Grundausbildungslehrganges für technische Laborassistenten;
c) Organisation eines Tiergesundheitsdienstes für das Einzugsgebiet des Laboratoriums.

### II. Zeitlicher Ablauf

Planungsbeginn: 1974

Durchführungsbeginn: Juni 1975

Deutscher Beitrag vereinbart bis: Mai 1976

### III. Personal

Personal des Gastlandes (Soll): 29

Personal der BRD (Soll): 5

## IV. Sachausrüstung

Laborausrüstungsgegenstände und Fahrzeuge

## V. Kapitalaufwand

Kapitalaufwand des Gastlandes: ---

Kapitalaufwand der BRD: 1.903.000,00

## VI. Projektbericht

Das Projekt Nr. 71.2093.4-II ist das Nachfolgeprojekt des am 31.5.1975 übergebenen Veterinärmedizinischen Untersuchungszentrums Selangor/ Malaysia (FE 1757, P.N. 71.2093.4).

Projektkurzbeschreibung

Der Aufbau des diagnostischen tierärztlichen Labors und seine Integrierung in die veterinärmedizinische Infrastruktur durch den Tiergesundheitsdienst ist eine unerläßliche flankierende Maßnahme zur Steigerung der tierischen Produktion in Nord-Malaysia. Die entwicklungspolitische Bedeutung wird durch die Förderung der besonders bedürftigen nördlichen Bundesstaaten und die Verbesserung der Lebensbedingungen der ländlichen malaysischen Bevölkerung dieses Gebietes unterstrichen. Durch die unterschiedliche Infrastruktur - zusätzliche Aufgabenstellung, Standortunterschiede und Grenznähe - ist der Aufbau dieses zweiten Laboratoriums in Malaysia eine notwendige Ergänzung der auf nationaler und überregionaler Ebene erforderlichen veterinärmedizinischen Infrastruktur und zugleich das entscheidende Mittel zur Konsolidierung des vorangegangenen Projekterfolges.

Vorläufige Planung für die Projektdurchführung

Vorbereitungsperiode (vom 1.6. bis 31.12.1975)

a) Vervollständigung des Gebäudes. Strom-, Wasser- und Telefonversorgung. Sicherung des Gebäudes, Umzäunung des Geländes. Materialbeschaffung am Ort. Bestellung von Ausrüstungsgegenständen in der BRD. Umlagerung von Material. Anfertigung von Mobilar.

b) Nachbetreuung des 1. Vorhabens (Selangor)

Arbeitsphase I (vom 1.1. bis 30.6.1976)

a) Labor: Ankunft, Aufbau und Inbetriebnahme der Ausrüstung. Funktionsfertigmachen der Hauptabteilungen (Pathologie, Bakteriologie, Parasitologie). Laboruntersuchungen im Rahmen der technischen und personellen Möglichkeiten. Übertragung des Organisationsschemas des 1. Vorhabens auf das Nachfolgeprojekt.

b) Ausbildung: Einarbeitung des Personals. Beginn des Grundausbildungslehrganges.

c) Tiergesundheitsdienst: Aufbau des Arbeitssystems (Kartei). Tätigkeit im unmittelbaren Einzugsgebiet des Labors.

Arbeitsphase II (vom 1.7.1976 bis 30.6.1977)

a) Labor: Arbeitsaufnahme aller Abteilungen (einschließlich Virologie und Serologie) Ausbau und Vervollständigung der Laboruntersuchungsmethoden. Konsolidierung der inneren Organisation. Ausdehnung der Arbeit auf die Betreuung anderer Staaten Nord-Malaysias.

b) Ausbildung: Grundausbildung für technische Assistenten. Einarbeitung von Counterparts. Beginn der Aus- und Fortbildung von Feldpersonal.

c) Tiergesundheitsdienst: Farm Surveys. Aufnahme der Tätigkeit auch im mittelbaren Teil des Einzugsgebietes. Einarbeitung und Spezialisierung der Mitarbeiter. Informations- und Beratungsdienst.

Arbeitsphase III (vom 1.7.1977 bis 30.6.1978)

a) Labor: Rountinearbeit des Labors. Einführung von Sepzialuntersuchungen. Ausdehnung der Tätigkeit auf ganz Nord-Malaysia. Unterstützung beim Aufbau und Inbetriebnahme von Zubringerlabors.

b) Ausbildung: Abschluß des Grundausbildungslehrganges. Spezialisierung von tierärztlichem Personal. Ausbildung von Personal für weitere Laboratorien.

c) Tiergesundheitsdienst: Routinetätigkeit des Dienstes im gesamten Einzugsbereich. Informations- und Beratungsdienst. Schwerpunktprogramme.

Nachbetreuungsphase (vom 1.7. bis 31.12.1978)

a) Labor: Koordinierung und Überwachung der diagnostischen Tätigkeit aller Abteilungen. Wissenschaftliche Orientierung. Auswertung der Untersuchungsergebnisse.

b) Ausbildung: Abschlußprüfungen der Kursteilnehmer. Durchführung von Seminaren für Tierärzte und Veterinärhelfer im Felddienst.

c) Tiergesundheitsdienst: Schwerpunktmäßige Nachbetreuung. Aktive Einflußnahme auf Herdenprobleme. Abschluß der Schwerpunktprogramme. Konsolidierung der Organisationsform. Arbeitswertung in Hinblick auf Lösung von Krankheitsproblemen.

# Mali

## Landwirtschaftliche Produktionsmittelhilfe

### *I. Allgemeines*

PN: 67.3565.8

| | |
|---|---|
| Verantwortlicher deutscher Leiter des Vorhabens: | Dr. Dr. Friedrich Rosmarin |
| Projektanschrift: | B.P. 1125 Bamako/Mali |
| Projektträger im Gastland: | Direction Nationale de la Formation et de l'Animation Rurales im Ministre de la Production, Bamako |
| Projektträger in der BRD: | GTZ |
| Zuständige GTZ-Abteilung: | 14   Fachbereich:   114 |
| Projekttyp: | Produktionsmittelhilfe und Einführung einfacher landwirtschaftlicher Arbeitsgeräte |

Zielsetzung des Projektes:
- Lieferung einfacher landwirtschaftlicher Arbeitsgeräte (Mehrzweckgeräte, Ochsenkarren, Zugochsen);
- Verteilung dieser Geräte an die Abgänger von zur Zeit insgesamt 54 landwirtschaftlichen Grundschulen (Centres d'Animation Rurale) gegen Ratenzahlung;
- Förderung der Zugtieranspannung in der kleinbäuerlichen Landwirtschaft Malis.

### *II. Zeitlicher Ablauf*

| | |
|---|---|
| Planungsbeginn: | Juli-August 1972 |
| Durchführungsbeginn: | Oktober 1973 |
| Deutscher Beitrag vereinbart bis: | Ende 1976 |

### *III. Personal*

| | |
|---|---|
| Personal des Gastlandes (Soll): | 1 |
| Personal der BRD (Soll): | 1 |

## IV. Sachausrüstung

1 Projektwagen (Landrover), Büroausstattung, Fachliteratur, 1 weiteres Fahrzeug wurde bereits bestellt).

## V. Kapitalaufwand

Kapitalaufwand des Gastlandes:     keine Angaben

Kapitalaufwand der BRD:     bis Ende 1976: rd. 4.000.000,00 DM

## VI. Projektbericht

Projektkurzbeschreibung

Zusammenarbeit des Projektes mit folgenden Stellen:
- Produktions- bzw. Landwirtschaftsministerium;
- Landwirtschaftliche Grundschulen und landwirtschaftliche Kreditinstitute im ganzen Land;
- Landwirtschaftliche Forschungsinstitute und sonstige Institutionen, die sich mit der landwirtschaftlichen Entwicklung in Mali befassen.

Das Projekt erfaßt fast ganz Mali (landwirtschaftlich genutzt!). Die Materialausrüstung ist für die Leute bestimmt, die aus den landwirtschaftlichen Grundschulen direkt in die Produktion gehen und in den Dörfern die Anwendung von modernen Geräten und tierischer Anspannung demonstrieren.

Die landwirtschaftlichen Grundschulen wurden im Jahre 1966 ins Leben gerufen. Zur Zeit existieren in Mali 54 landwirtschaftliche Grundschulen (Centres d'Animation Rurale - C.A.R.) mit jeweils 20 Schülern (Jungbauern). Die Ausbildung dauert zwei Jahre und umfaßt Unterricht in Lesen, Schreiben und Rechnen, praktische Landwirtschaftsausbildung mit Mehrzweckgeräten und Ochsenanspannung sowie auch eine vormilitärische Ausbildung. Man ist bestrebt, auch die Frauen der Absolventen in die Ausbildung mit einzubeziehen.

Die Verteilung von einfachen landwirtschaftlichen Arbeitsgeräten soll nach Listen erfolgen, welche an die SCAER (Societé de Credit Agricole et d'Equipement Rural - Staatliche Gesellschaft für landwirtschaftliche Kredite und Ausrüstung) weitergeleitet werden und wonach die Absolventen über die Schulen beliefert werden (Schuldurkunden mit Fingerabdruck des Empfängers).

Die rücklaufenden Mittel sollen das Programm nach Wegfall der Hilfe durch die BRD sichern.

Projektplanung und -vorbereitung

Rahmenabkommen über Technische Hilfe zwischen der Bundesrepublik

Deutschland und der Republik Mali vom 2.12.1960.
Juli-August 1972: Aufenthalt des Gutachters in Mali, im Auftrag der BfE; Ausarbeitung des Gutachtens.
März-September 1973: Unterzeichnung des Abkommens.

Projektdurchführung

Die Anlaufzeit war erschwert durch den zu großen Aktionsradius des Vorhabens (ganz Mali) - Kontrolle durch einen Sachverständigen nicht möglich; zu geringe Ausrüstung des Vorhabens mit Fahrzeugen; schleppende, unzureichende Aufstellung der Listen der Schulabgänger resp. Interessenten von Arbeitsgeräten.

Arbeitsergebnisse

Die durch die Bundesrepublik Deutschland bezahlten 1.000 Einheiten des landwirtschaftlichen Materials (je 1.000 Mehrzweckgeräte, 1.000 Radsätze-Karren einschließlich Geld für den Fertigbau - 10.000 FM pro Empfänger, sowie 1.000 Paar Zugochsen) wurden bis Ende 1974 restlos an die Schulabgänger verteilt.

Die Anwendung des verteilten Materials wird überwacht, Vorführungen werden auf den Feldern der Schulabgänger - bei verschiedenen Feldarbeiten, wie pflügen, eggen oder lockern, hacken (harken) und häufeln - durchgeführt.

Vorbereitungen für die Verteilung weiterer 1.000 Mechanisierungseinheiten.

Überwachung der Anwendung des verteilten Materials.

Organisation des Kreditsystems für die Empfänger der Produktionsmittelhilfe, mit Rückzahlung der Kredite.

Beratung der malischen Regierungsstellen beim Aufbau eines landwirtschaftlichen Beratungssystems zur Förderung der Junglandwirte.

Projektproblematik: Das Projekt erstreckt sich auf fast ganz Mali; ein Sachverständiger allein kann keine wirkungsvolle Kontrolle durchführen. Die malische Verwaltung befindet sich noch im Aufbau. Es fehlen Fach- und Führungskräfte.

Marokko

## Landtechnische Schule Sidi Bouknadel

### I. Allgemeines

PN: 70.2009.2

Verantwortlicher deutscher
Leiter des Vorhabens:     Otto Günther Goergen

Projektanschrift:     Ecole d'Adjoints-Techniques de Mécanique Agricole
Sidi Bouknadel/Marokko

Projektträger im Gastland:     Ministère de l'Agriculture et de la Réforme Agraire

Projektträger in der BRD:     GTZ

Zuständige GTZ-Abteilung:     14     Fachbereich:   141

Projekttyp:     Landtechnische Schulen

Zielsetzung des Projektes:     Ausbildung von Landtechnikern zur Instandhaltung und Reparatur von Landmaschinen, Rad- und Kettenschleppern und stationären Motoren auf den staatlichen Maschinenstationen und Domänen sowie den neugegründeten Maschinengenossenschaften Marokkos. Heranbildung von Werkstattlietern für die vorgenannten Stationen und Lehrkräften für andere Ausbildungsstätten.

### II. Zeitlicher Ablauf

Planungsbeginn:     1969

Durchführungsbeginn:     1. Juli 1970

Deutscher Beitrag
vereinbart bis:     Juli 1978

### III. Personal

Personal des Gastlandes (Soll):     16

Personal der BRD (Soll):     6

### IV. Sachausrüstung

Lehrausrüstung (Lehrmittel, Geräte, Maschinen, Werkstattausrüstungen) wurden im wesentlichen von der BRD geliefert.

## V. Kapitalaufwand

Kapitalaufwand des Gastlandes: keine Angaben

Kapitalaufwand der BRD: 2.023.000,00 DM

## VI. Projektbericht

Projektkurzbeschreibung

Im Jahre 1959 entstand in Zusammenarbeit zwischen Marokko und der Bundesrepublik Deutschland aus bestehenden kleinen Anfängen die Landmaschinen-Lehrwerkstatt Marokko in der Landeshauptstadt Rabat. Dort wurden von 1959 bis 1969 in achtmonatigen Kursen insgesamt 358 Jungmechaniker ausgebildet zur Pflege und Instandhaltung der Maschinen und Geräte der staatlichen Maschinenstationen.

Die Schule liegt etwa 11 Kilometer von der Landeshauptstadt entfernt, etwa 600 Meter nur durch einen Hügel getrennt vom Meer und ca. 300 Meter links der Fernstraße Rabat-Kenitra-Tanger.

Sie wurde von Marokko großzügig angelegt, mit eigenem Übungsgelände, einem Internat für 120 Schüler, eigener Wasserversorgung und einer Transformatorstation nebst Notstrom-Aggregat. Außer drei großen, geschlossenen, modernen Lehrhallen und einem offenen Maschinenschuppen besitzt die Schule fünf räumlich getrennte Hauptgebäude sowie drei Dienstwohnungen.

Die Schüler müssen laut königlichem Dekret das sechste Jahr der Höheren Schule vollenden und sich außerdem einer Aufnahmeprüfung unterziehen. Mit der Aufnahme sind sie verpflichtet, nach erfolgreichem Abschluß der zweijährigen Intensivausbildung auf Staatskosten (Internat und bescheidenes Taschengeld) anschließend als Adjoint-Technique acht Jahre lang bei angemessenem Gehalt im Auftrage des Landwirtschaftsministeriums zu arbeiten.

Unmittelbar vor Gründung der Schule von marokkanischer Seite gemachte Erhebungen ergaben, daß bereits 1970 für die abgehenden Schüler der elf ersten Jahre gesicherte Arbeitsplätze vorhanden waren. Der Bedarf ist zur Zeit noch so dringlich, daß für die Schule selbst nicht genügend Absolventen zurückgehalten werden können, die als Ersatz für die zur Zeit noch vorhandenen deutschen Lehrkräfte ausgebildet werden könnten.

Zur Zeit besteht der Lehrkörper aus elf marokkanischen und fünf deutschen Lehrkräften, sowie dem marokkanischen Schulleiter und dem deutschen Projektleiter. Beide sind verantwortlich für die Ausbildung und nehmen zeitweilig auch aktiv am Lehrbetrieb teil. Der marokkanische Direktor unterrichtet in Verwaltung und Recht während der Projektleiter Fahrunterricht und bei Bedarf Unterricht in Landmaschinenkunde erteilt.

Für die Grundausbildung und das Schmieden, Technisches Zeichnen, Werkzeugmaschinen, Elektrokunde und Blechbearbeitung, Landmaschinenkunde und Motorkunde ist jeweils eine deutsche Lehrkraft verantwortlich.

Zwei marokkanische Counterparts waren vierzehn Monate zur Ausbildung in Deutschland und drei weitere mehrmals auf Kurzkursen zur Fortbildung an der Deula-Schule in Kempen/Ndrh. Alle marokkanischen Kollegen nehmen freiwillig an Deutschkursen am Goethe-Institut teil. Sie haben z. T. schon gute Deutsch-Kenntnisse.

Zwischen den marokkanischen und deutschen Mitarbeitern herrscht ein kameradschaftlich-gutes Verhältnis.

Der Lehrplan umfaßt insgesamt 2.500 Stunden Unterricht, von denen 860 Stunden auf die Grundausbildung, 565 Stunden auf Motorkunde und 550 Stunden auf Landmaschinenkunde entfallen. Die restlichen 525 Stunden stehen für je eine Periode praktischer Ausbildung auf den Maschinenstationen des Landes während des ersten Jahres, zwischen den beiden Lehrjahren und in der zweiten Hälfte des zweiten Lehrjahres benutzt sowie für die ergänzenden Fächern Agronomie, Verwaltung, Recht, Physik und Chemie zur Verfügung.

Die Ausbildung entdet nach einundzwanzig Monaten mit einem Abschlußexamen und dem Diplom als "Adjoint-Technique specialisé en Mécanique Agricole".

Projektdurchführung

Eine große Problematik liegt darin, daß die Counterparts für den Unterricht eine unzureichende Bezahlung erhalten. Deshalb besteht die Gefahr der Abwanderung in die Industrie von guten marokkanischen Lehrkräften (bisheriger Verlust von drei guten Lehrkräften).

# Marokko
## Steigerung der tierischen Produktion durch künstliche Besamung

### I. Allgemeines

PN: 70.2010.0

| | |
|---|---|
| Verantwortlicher deutscher Leiter des Vorhabens: | Dr. G. Fraedrich |
| Projektanschrift: | Rue Cadi Abderrahman Britel<br>Rabat-Souissi/Marokko<br>Telefon: 501-79 |
| Projektträger im Gastland: | Ministère de l'Agriculture et de la Réforme Agraire, Direction de l'Elevage, Rabat/Marokko |
| Projektträger in der BRD: | GTZ |
| Zuständige GTZ-Abteilung: | 12    Fachbereich: 122 |
| Projekttyp: | Veterinärmedizinisches Projekt (Künstliche Besamung) |

Zielsetzung des Projektes: Verbesserung des genetischen Potentials der Rinderbstände durch künstliche Besamung und damit Erhöhung der Milch- und Fleischproduktion. Ausbildung von marokkanischen Tierzuchttechnikern. Nach Fertigstellung des Institutes Fortbildung von marokkanischen Tierärzten in der künstlichen Besamung und Reproduktionskrankheiten. Beratung des marokkanischen Landwirtschaftsministeriums und der Veterinärdirektoren der Provinzen in allen Fragen der künstlichen Besamung.

### II. Zeitlicher Ablauf

| | |
|---|---|
| Planungsbeginn: | 1969 |
| Durchführungsbeginn: | Frühjahr 1971 |
| Deutscher Beitrag vereinbart bis: | Finanzierung bis 15. November 1976 - geplante Übergabe frühestens 1978/79 |

### III. Personal

Personal des Gastlandes (Soll): 25

Personal der BRD (Soll):     11

## IV Sachausrüstung

1. Reine Sachmittel (BRD): Instrumente, Medikamente, Ausrüstung für Schüler, Kraftfahrzeuge, Institutsausrüstung, Lehrmaterial, Besamungsbullen, Tiefgefriersperma, Werkstatteinrichtung, Notstromaggregat, Ersatzteile etc.

2. Bauvorhaben (BRD): Bau des Zentralgebäudes (Besamungsinstitut einschließlich Ausbildungsräume), Bau der Bullenställe mit Ausläufen für etwa 16 Bullen, Werkstatt und Nebenräume, Trafostation, Garagen etc. Voraussichtliche Fertigstellung Ende 1975.

3. Bauvorhaben (Marokko): Bau eines Wohnheimes für 24 Schüler, Wohnungsbau für technisches Personal, Erschließungskosten, Gestellung des Baugeländes. Voraussichtliche Fertigstellung Anfang 1976.

## V. Kapitalaufwand

Kapitalaufwand des Gastlandes: Vom Gastland wird an Betriebsmitteln bereitgestellt: Kraftstoff und Unterhaltung der Kraftfahrzeuge, Flüssigstickstoff, Licht, Wasser, Telefon; = 2.300.000,00 DM

Kapitalaufwand der BRD: 8.438.000,00 DM

## VI Projektbericht

Projektkurzbeschreibung

Projektsitz (bis zur Fertigstellung des Institutes) Rabat (3 Mitarbeiter). Im Bau befindliches Institut und Haupteinsatzgebiet in Kentira, 40 km nördlich an der Atlantikküste (5 Mitarbeiter) und Sidi-Slimane - Sidi-Kac m, 60 km östlich Kenitra (2 Mitarbeiter). Das Gharb-Gebiet (Provinz Kenitra) ist eines der größten Bewässerungsgebiete mit Intensiv- und Extensivlandwirtschaft. Vorwiegend kleinbäuerliche Betriebe mit langsam beginnender moderner Landwirtschaft und Staats- bzw. halbstaatlichen Betrieben (C.O.M.A.G.R.I., S.O.G.E.T.A., Institut Hassan II). Absatzmärkte für Milch und Fleisch sind ausreichend vorhanden (Molkereien, Bevölkerungsballungszentren um Kenitra und Rabat). Die Viehdichte ist unzusammenhängend, daher relativ große Wegstrecken und Notwendigkeit der Errichtung vieler Unterstationen in viehdichteren Gebieten. Enge Zusammenarbeit mit den Provinzveterinärdirektionen und dem Amt für Landverbesserung (Office Régional de Mise en Valeur Agricole).

Projektplanung und -vorbereitung

Gründe für die Projektaufnahme:

a) Ersuchen der marokkanischen Regierung um Mithilfe bei der Verbreitung der künstlichen Besamung bei Rindern in Marokko (1968).

b) Möglichkeiten der direkten Einflußnahme auf die Verbesserung der marokkanischen Tierproduktion.
c) Mithilfe bei der Organisation und Reorganisation des gesamten marokkanischen Besamungswesens.
d) Ausbildung von Counterparts.
e) Erfolgversprechender Einsatz einer deutschen Gruppe in einem Demonstrationsgebiet.

Ablauf der Projekteinrichtung:
Frühjahr 1969 Vorgutachten, März 1970 Hauptgutachten, 2. Juli 1970 Regierungsabkommen, 15. November 1970 Eintreffen des deutschen Projektleiters in Marokko und vorbereitende Verhandlungen, Mai 1971 Eintreffen der letzten Mitarbeiter und Beginn des Einsatzes.

Projektdurchführung

1. Projektleitung: Beratung der marokkanischen Landwirtschaftsstellen in allen Fragen der künstlichen Besamung und Tierproduktionstechnik, Beratung der Veterinärdirektoren der Provinzen.

2. Besamungsinstitut und Lehrbezirk Kenitra:
   a) Produktion von Tiefgefriersperma verschiedener Rassen (erst nach Institutsfertigstellung, etwa Ende 1975);
   b) Ausbildung von Technikern und Counterparts;
   c) Unterhaltung des Lehr- und Demonstrationsbezirkes;
   d) Erstellung bzw. Überwachung von Unterstationen;
   e) Tiergesundheitsdienst.

Arbeitsergebnisse

Folgende Arbeiten wurden bisher durchgeführt:
- Einrichtung des Demonstrationsbezirkes um Kenitra;
- Errichtung von 15 Unterstationen;
- Ausbildung von rund 60 Technikern;
- Besamungen und Tiergesundheitsdienst:
  a) durchgeführte Besamungen insgesamt     25.017
     davon Nachbesamungen 6.098
  b) Aufnahme von Betrieben     3.883
     mit Ohrmarkenkennzeichnung 14.739
  c) Trächtigkeitsuntersuchungen     14.335
  d) gynäkologische Untersuchungen     15.864
  e) Kälberimpfungen     2.409
  f) Tuberkulinisierungen     1.639
  g) Impfungen gegen Milz- und Rauschbrand     5.011
  h) Brucellose-Untersuchungen     2.670
  i) Geburtshilfe und Kaiserschnitte     531

k) parasitologische Untersuchungen 937
l) Spermatologie (von Deckbullen) 130
m) Einzelbehandlung von Tieren 24.629
n) Aufnahme von aus künstlicher
   Besamung gefallenen Kälbern 4.413

# Marokko

## Sachverständige und Ausrüstung für Pflanzenschutzmaßnahmen

### I. Allgemeines

PN: 71.2004.1

| | |
|---|---|
| Verantwortlicher deutscher Leiter des Vorhabens: | Dr. K. Rolli |
| Projektanschrift: | B.P. 415<br>Direction de la Recherche Agronomique Phytiatrie<br>Rabat/Marokko |
| Projektträger im Gastland: | Ministère de l'Agriculture et de la Réforme Agraire<br>Direction de la Recherche Agronomique |
| Projektträger in der BRD: | GTZ |
| Zuständige GTZ-Abteilung: | 11    Fachbereich:   113 |
| Projekttyp: | Pflanzenschutzvorhaben |

Zielsetzung des Projektes: Intensivierung und Aktualisierung der angewandten Pflanzenschutzforschung (Entomologie-Akarologie, Phytopathologie, Nematologie, Virologie, Herbologie) und Pflanzenschutzberatung (Pflanzenschutzämter).

### II. Zeitlicher Ablauf

| | |
|---|---|
| Planungsbeginn: | 1970/71 |
| Durchführungsbeginn: | Januar 1972 |
| Deutscher Beitrag vereinbart bis: | Dezember 1976 |

### III. Personal

| | |
|---|---|
| Personal des Gastlandes (Soll): | 20 |
| Personal der BRD (Soll): | 10 |

## IV. Sachausrüstung

Fahrzeuge, Pflanzenschutzgeräte, wissenschaftliches Gerät, Geräte für Laboranbau, Gewächshausausstattung.

## V. Kapitalaufwand

Kapitalaufwand des Gastlandes:   keine Angaben

Kapitalaufwand der BRD:   5.075.000,00 DM

## VI. Projektbericht

Projektkurzbeschreibung

Die deutschen Experten arbeiten zur Hälfte in der angzenschutzforschung, Phytiatrie, Rabat und an fünf Pflanzenschutzämtern (jeweils integriert in die entsprechenden Abteilung der Direktion für landwirtschaftliche Forschung). Laufende Betriebsmittel sowie Bekämpfungsmittel und Geräte stellt der Partner. Es sind noch Experten aus anderen Staaten im Rahmen der Partnerbehörde tätig. Die Counterpartausbildung läuft. Es wird eine Fortbildung in Frankreich und Deutschland angestrebt.

Das Projekt verstärkt personell und mit Ausrüstung die Phytiatrie (Pflanzenschutzforschung) und den Pflanzenschutzdienst (Ämter) des Landes im besonderen für Intensivkulturen wie Zitrus, Frühgemüsebau, Zuckerrüben, Baumwolle usw. in den wichtigen Bewässerungsgebieten.

Projektplanung und -vorbereitung

Konzeption: zwei Experten an der Zentrale (Phytiatrie, Rabat) sowie Besetzung von vier Außenstellen mit je einem Sachverständigen wurde wegen der Fülle der ineinandergreifenden Probleme abgewandelt.

Die Zahl der Sachverständigen wurde erhöht (Phytiatrie fünf) und ein Teil der Materiallieferungen auf Labor- und Gewächshausausstattung konzentriert. Ein umfassender Operationsplan entschärft die Kooperationsprobleme.

Projektdurchführung

An der Phytiatrie in Rabat wurden die Abteilungen Entomologie und Phytopathologie auf experimentelles Arbeiten umgestellt, die Sektionen Virologie und Herbologie gegründet. An den Außenstellen Agadir, Casablanca, Marrakech, Oujda und Afourer ermöglichen die deutschen Experten fundierte Diagnose, Beratung und Bekämpfung sowie den Aufbau eines Warndienstes. In Zusammenarbeit mit der Phytiatrie bearbeiten die Außenstellen auch schwerpunktmäßig angewandt wissenschaftliche Fragen.

Auf dem Gebiet der angewandten Entomologie werden vorrangig bearbeitet: Auftreten und Schäden durch Nachtschmetterlinge, Kartoffelmotte, Sesamia bei Mais und Zuckerrohr, Apfelwickler, Borkenkäfer. Akarologisch werden alle wichtigen Gebiete aufgenommen, auch hinsichtlich Prädatoren und Bekämpfungsversuche angelegt. Nematoden-Arbeiten laufen bei Zuckerrüben, Vicia faba, Kartoffeln und Tomaten. Mykologisch wird vor allem Septoria spp. in Intensiv-Weizen, Anthracnose in Kichererbsen, Krankheiten im Obstbau bearbeitet. Auf dem Gebiet der Virologie werden die Identifikation und Bekämpfungsversuche besonders in Zuckerrohr, Cucurbitacease und Solanaceae fortgesetzt. In der Unkrautbiologie und -bekämpfung muß sich vorrangig Flughafer und Orobanche crenata bei Vicia faba gewidmet werden. An den Außenstellen haben sich die Experten allen Alltagsarbeiten eines Pflanzenschutzamtes zu stellen und an den Gemeinschaftsversuchen teilzunehmen.

Arbeitsergebnisse

Nur auf Teilgebieten: Diagnose von Nematodenschäden, Bekämpfung von Flughafer, Bestimmung von Spinnmilben, Identifikation einiger Virosen.

Projektproblematik: Die vollkommene Integration der Experten in zwei verwaltungsmäßig getrennte Organisationen verursacht gelegentlich Probleme, die gemildert werden durch die angestrebte Zusammenarbeit beider Dienste. Ausgesprochener Mangel herrscht noch an Counterparts.

# Marokko

## Förderung der marokkanischen Zuckererzeugung

### I. Allgemeines

PN: 62.2020.6

Verantwortlicher deutscher Leiter des Vorhabens: Dr. Gerhard Schmidt

Projektanschrift: 8 Zankat Soukainah
Rabat-Agdal/Marokko

Projektträger im Gastland: Direction de la Recherche Agronomique

Projektträger in der BRD: GTZ

Zuständige GTZ-Abteilung: 11   Fachbereich: 112

Projekttyp: Forschung über zuckerliefernde Pflanzen und deren Verarbeitung

Zielsetzung des Projektes: Erarbeitung der Grundlagen für die Einführung und industrielle Nutzung von Zuckerpflanzen. Versuchsanbau in verschiedenen Regionen Marokkos und Qualitätsbestimmungen am Erntegut im Zuckerpflanzenlaboratorium. Beratung der Regierungsstellen, der Zuckerindustrie und der landwirtschaftlichen Beratungsbehörden. Einführung, Prüfung und Vermehrung von Zuckerrohrpflanzgut.

### II. Zeitlicher Ablauf

Planungsbeginn: Mai 1961

Durchführungsbeginn: Mai 1962

Deutscher Beitrag vereinbart bis: 30. Juni 1977

### III. Personal

Personal des Gastlandes (Soll): 54

Personal der BRD (Soll): 5

### IV. Sachausrüstung

Fahrzeuge, Versuchsmaterial, Pflanzenschutzgeräte, Rüben- und Zukkerrohrpressen, Tiefkühltruhen, Tiefkühlfahrzeug, Ausstattung des zentralen Zuckerpflanzenlaboratoriums.

## V. Kapitalaufwand

Kapitalaufwand des Gastlandes:  5.000.000,00 DM

Kapitalaufwand der BRD:  6.768.000,00 DM

## VI. Projektbericht

Projektkurzbeschreibung

Das Projekt ist Teil der Zuckerpflanzenabteilung in der Direktion für landwirtschaftliche Forschung des Ministeriums für Landwirtschaft. Es organisiert und überwacht Versuche mit Zuckerrüben und -rohr in Marokko für die Einführung und industrielle Nutzung dieser Pflanzen. Die Ergebnisse dienen der Planungs-, Beratungs- und Gutachtertätigkeit (Zusammenarbeit mit zentralen Regierungsstellen und regionalen Landwirtschaftsbehörden sowie Zuckerfabriken). Vordringlich ist die Bestimmung der Eignung verschiedener Gebiete für den Anbau und Definierung der Möglichkeiten für eine optimale Ausnutzung der Verarbeitungskapazität (Erzielung hoher Erträge bei guter technologischer Qualität während einer möglichst langen Kampagnedauer).

Projektplanung und -vorbereitung

Hoher und wachsender Zuckerverbrauch wurde bis 1963 ausschließlich durch Importe gedeckt. Wunsch Marokkos: Eigenständige Zuckererzeugung aufzubauen, um Devisenverluste einzuschränken. Bitte um Unterstützung bei der Erarbeitung der Voraussetzung für Anbau und Betreuung der Zuckerpflanzen sowie Bitte um Beratung in technologischen und fabrikationstechnischen Fragen.

Projektdurchführung

Zentrale Arbeitsstelle in Rabat - Organisation, Planung und Auswertung der Feldversuche im Lande. Zuckertechnisches Laboratorium, Beratung der Landwirtschafts- und Industrieministerien und der Zuckerindustrie.

Neben den deutschen Fachkräften sind zur Zeit im Vorhaben tätig: 2 marokkanische Diplomlandwirte, 8 landwirtschaftliche Techniker, 5 Laboranten, 14 Hilfskräfte, 5 Chauffeure; zusätzlich weitgehend mit Projektarbeit beauftragt: 15 Leiter und 15 Techniker von Versuchsstationen nebst Arbeiten. Es handelt sich um Personal der Versuchsstationen der Direktion für landwirtschaftliche Forschung und für landwirtschaftliche Beratung und Interventionen, die die Forschungsvorhaben verwirklichen.

Arbeitsergebnisse

Erarbeitung der landwirtschaftlichen Grundlagen, Planung und Beratung für die Einführung und Festigung des Zuckerrüben- bzw. Zuckerrohranbaues in den Gebieten von bislang 9 erstellten Zuckerfabriken sowie in weiteren Gebieten, in denen später eine Zuckerproduktion vorgesehen ist. (Bau von 6 weiteren Zuckerfabriken ist geplant). Die Produktionserfolge sind bedeutend: Im Jahre 1974 wurden auf einer Fläche von 58.000 ha 1.944.000 t Rüben erzeugt und daraus 302.000 t Zucker gewonnen. Die Rohrzuckerproduktion ist im Jahre 1974 in der Basse Moulouya und in diesem Jahr in der Gharb aufgenommen worden. 45.000 t Zuckerrohr sind 1975 bereits verarbeitet worden.

# Marokko

## Regionalentwicklung Provinz Al Hoceima

### I. Allgemeines

PN: 65.2009.2

| | |
|---|---|
| Verantwortlicher deutscher Leiter des Vorhabens: | Dr. Hansgünter Schönwälder |
| Projektanschrift: | B.P. 12<br>Al Hoceima/Marokko<br>Telefon: 2121 |
| Projektträger im Gastland: | D.E.R.R.O. -Développement Economique Rural du Rif Occidental - Sonderbehörde im marokkanischen Innenministerium - Rabat |
| Projektträger in der BRD: | GTZ |
| Zuständige GTZ-Abteilung: | 14        Fachbereich: 143 |
| Projekttyp: | Vorhaben der Regionalentwicklung |

Zielsetzung des Projektes: Erarbeitung von Entwicklungsperimetern in der Provinz Al Hoceima (Nordmarokko). Technische Beratung bei der Aufstellung jährlicher DERRO-Investitionsprogramme und bei der Durchführung dieser Programme im land- und forstwirtschaftlichen sowie infrastrukturellen Bereich. Erosionsbekämpfung und Steigerung der Lebensverhältnisse der Bevölkerung durch Vermehrung von Olivenstecklingen in der DERRO-eigenen Pflanzschule in El Hancha (Provinz Kenitra) und Verbesserung des Gesundheitswesens im Landkreis Targuist (Provinz Al Hoceima).

### II. Zeitlicher Ablauf

| | |
|---|---|
| Planungsbeginn: | 1966 |
| Durchführungsbeginn: | November 1968 |
| Deutscher Beitrag vereinbart bis: | 31. März 1978 |

## III. Personal

Personal des Gastlandes (Soll):   ---

Personal der BRD (Soll):   bis 31. März 1976   14
　　　　　　　　　　　　　　ab 1. April 1976    8 - 9
　　　　　　　　　　　　　　　　　　　　　　(voraussichtlich)

## IV. Sachausrüstung

12 Pkw, 8 VW-Busse einschließlich 1 Filmvorführwagen und 1 Ambulanz, 3 Landrover, 1 Unimog mit Zusatzgeräten, 2 Schlepper, 1 Einachsschlepper, 1 Mähdrescher (8 Pkw und VW-Busse wurden im September 1975 übergeben). Material für eine Sägeschleifwerkstatt, Ausrüstung einer mechanischen Werkstatt, Material- und Medikamentenausstattung für das Krankenhaus Targuist, 2 Gewächshäuser, holz-, forst- und landwirtschaftliches Material. Die Übergabe verschiedenen Materials erfolgte im Herbst 1975.

## V. Kapitalaufwand

Kapitalaufwand des Gastlandes:   nur ungenau anzugeben; Jahresprogramm DERRO für die Provinz Hoceima 1975 beispielsweise 3,3 Mio. Dirham; DERRO-Beteiligung an Gewächshäusern: ca. 1 Mio. Dirham; Erstellung von 11 Wohneinheiten und 1 Büroblock; Übernahme laufender Kosten des Projektes.

Kapitalaufwand der BRD:   13.200.000,00 DM

## VI. Projektbericht

Projektkurzbeschreibung

Das deutsche TH-Vorhaben ist eine von drei bilateralen Maßnahmen in den Provinzen Al Hoceima und Nador (BRD), Taza (Belgien), Chaouen, Tetouan und Tanger (Kanada), die bei der Planung und Durchführung von DERRO-Vorhaben zur technischen Beratung einhergehen. DERRO-Central hat in Rabat als eigenständige Behörde des Innenministeriums Aufgaben im Bereich der Konzeption und der Mittelvergabe, arbeitet dabei auf der Grundlage von FAO/UNDP-Vorschlägen und wird von einem FAO-Team unterstützt. Auf Provinzebene werden die Maßnahmen unter bilateraler technischer Beratung von den lokalen Fachbehörden der Ministerien für Land- und Forstwirtschaft sowie öffentliche Arbeiten ausgeführt. Ziel von DERRO ist eine Sanierung der wirtschaftlich benachteiligten Nordprovinzen des Landes bei gleichzeitiger Erosionsbekämpfung im Rifgebirge. Alle Maßnahmen sind voll in den marokkanischen Fünfjahresplan integriert.

Auf Provinzebene ist die Mission Allemande der Cellule DERRO angegliedert und dem Provinz-Gouverneur unterstellt.

Das Projektgebiet, die Provinz Al Hoceima, steigt vom Mittelmeer bis auf 2.500 m im Rifgebirge an. Jährliche Niederschläge 250 bis 1.500 mm. Unterschiede zwischen mildem Mittelmeer und kaltem, schneereichen Höhenklima.

Wichtigste landwirtschaftliche Anbaufrüchte: Gerste, Hartweizen, Linsen, Bohnen, Gemüse, Mandeln und Feigen. Auf kleinen Bewässerungsterrassen werden u.a. Kartoffeln und Zwiebeln gezogen. Tierzucht wird mit lokalen Rinder-, Schaf- und Ziegenrassen betrieben. Für die Forstwirtschaft sind charakterisierend eine überwiegend degradierte Macchia, bis 1.300 m Oleo lentiscetum, ab 1.300 m Quercetum ilex superbis, ab 1.500 m Zedernwald. Das Gebiet ist von einer sich verstärkenden Erosion bedroht; der Bodenfruchtbarkeitsverlust wird auf jährlich ca. 2 % geschätzt.

Zieldefinition des Projektes: Maßnahmen zur Erosionsbekämpfung im Bereich der Aufforstung. Terrassierung mit Anpflanzung von Mandeln, Feigen und Wein, Verbau von Erosionsrinnen; mit Windschutzstreifen und bodenbedeckenden Pflanzen im Futterbau wurden Versuche vorgenommen. Durch Einkreuzung leistungsfähiger und Einführung neuer Rassen wird die Viehzucht verbessert (Rinder, Schafe, Ziegen und Kaninchen); Für die Hühnermast wurden Verteilungsprogramme eingeplant. Ferner wurde die Bienenzucht (Honigproduktion und Mandelbefruchtung) ausgeweitet. Daneben Ausbau der Infrastruktur (u.a. Pisten zur Erschließung entlegener Siedlungen und Zufahrtswege für Pflanzregionen), Verbesserung der Holzbe- und -verarbeitung (Schleifwerkstatt), Verbesserung des Gesundheitswesens durch den Einsatz eines Arztes und einer Hebamme/Krankenschwester sowie Material- und Medikamentenausstattung des Krankenhauses in Targuist.

Betreuung der DERRO-eigenen Pflanzschule in El Hancha zur Sicherstellung des DERRO-Bedarfes an Olivenpflanzen durch Stecklingsvermehrung im Gewächshaus, Überwachung der dortigen 70 ha Agrumen-Pflanzung.

Neben der Beratung bei der Durchführung der Maßnahmen liegt ein Schwergewicht der Arbeiten auf der Planung, die sich künftig auch auf Aufgaben außerhalb des DERRO-Programms zur wirtschaftlichen Entwicklung der Provinz Al Hoceima erstrecken soll.

Projektplanung und -vorbereitung
---

Das DERRO-Vorhaben wurde 1961 in Angriff genommen. Auf marokkanischen Wunsch wurde die deutsche TH interessiert. Das Projekt, das sich in die Großplanung für die Entwicklung des westlichen Rif einfügt, soll Möglichkeiten und Ansatzpunkte der Durchführung eines integrierten Entwicklungsprogramms im ländlichen Raum des Rifgebirges aufzeigen sowie bei der Durchführung der Maßnahmen beraten, wobei der Erosionskontrolle große Aufmerksamkeit zu schenken ist.

Während einer 6monatigen Planungsphase erfolgten erste Planungsar-

beiten auf der Grundlage von FAO/UNDP-Studien und Luftbildern. In
Zusammenarbeit mit den lokalen Stellen wurden Entwicklungseinheiten
(Périmètre du Développement Intégré-PDI) in der Größenordnung zwi-
3.500 - 9.000 ha ausgewählt, die mit Hilfe von Fragebogenaktionen
und Luftbildauswertungen in Einzelstudien untersucht wurden und werden. Auf der Grundlage dieser Studien werden die jährlichen DERRO-
Investitionsprogramme ausgearbeitet.

Projektdurchführung

Gegenwärtig sind sieben PDI in der Provinz Al Hoceima vorhanden.
Nach einer Phase des Engagements in der direkten Realisierung hat
sich das Projekt seit 1973/74 vorwiegend auf seine Rolle der technischen Beratung konzentriert, die sich auf die lokalen Landwirtschafts-
dienste, Wasserbaubehörde, Forstverwaltung, Veterinärdienst und
Straßenbauamt konzentriert.

Mit dem Umzug von Projektleiter, Stellvertreter und Verwaltungskraft
in die Provinzhauptstadt Al Hoceima am 15.5.1975 kann die Beratung
des Provinz-Gouverneurs in DERRO-Fragen sowie die Zuordnung zur
DERRO-Cellule noch stärker betont werden. Schwerpunkt des Projektes
bleibt die Station in Targiust. Das medizinische Personal ist in den
marokkanischen Gesundheitsdienst integriert.

Arbeitsergebnisse

Da die Probleme der Fruchtbaumpflanzungen in weiten Teilen bekannt
sind, kann auf diesem Gebiet die Beratung künftig eingeschränkt werden. Wegen der guten Leistungen der einheimischen Forstverwaltung
kann ein deutsches Engagement in diesem Bereich zum 31.3.1976 beendet werden. Schwierigkeiten liegen auf dem Viehzuchtsektor, im Futterbau und der Weideverbesserung (geringe Niederschläge und Selbstver-
sorgungsdenken in der traditionellen Landwirtschaft). Futterbau mit
Bewässerung wäre zu prüfen. Leistungssteigerung des Nutzviehbestandes durch verbessertes Zuchtmaterial ist erkennbar.

Bei den Bewässerungskulturen muß Wasserbereitstellung stärker beach-
tet werden.

Wegenetze und Forstpisten wurden durch Beratung verbessert.

1973 wurde die Pflanzschule in El Hancha vom Projekt übernommen.
Die Ergebnisse zeigten, daß die Produktion von Olivenstecklingen für
das gesamte DERRO-Programm nur durch Sprühnebelverfahren in Gewächshäusern erfolgen kann. Deshalb wurden im Rahmen der TH 1975
zwei weitere Gewächshäuser errichtet.

Die Einrichtung des Krankenhauses in Targuist wurde vervollständigt
(stationäre Behandlungen und kleinere bis mittlere Chirurgie jetzt
möglich), Mutter- und Kindberatung und präventive Medizin wurden
verbessert.

Die Übernahme der planerischen und beraterischen Aufgaben für die Cellule DERRO in der Provinz Nador wurde im Juni 1975 beschlossen (ähnliche Aufgaben wie in der Provinz Al Hoceima als eigenes Projekt geplant).

Im Rahmen der Straffung und des Auslaufens einiger Projektteile kommt der Materialübergabe verstärkte Aufmerksamkeit zu.

Das gesamte DERRO-Projekt befindet sich 1975 in einer Phase der kritischen Reflektion; Ausdruck davon sind die Evaluierungsgruppen: FAO (Mai 1975), Kanada (Juli 1975), BRD (August 1975).

Die Ergebnisse der Evaluierungen sollen dazu beitragen, die Strategie von DERRO zu verbessern und den Standort von DERRO im neuen Fünfjahresplan besser bestimmen zu können.

# Marokko

## Förderung der marokkanischen Ölpflanzenzüchtung

### I. Allgemeines

PN: 65.2008.4

Verantwortlicher deutscher
Leiter des Vorhabens: Wilfried Schwiebert

Projektanschrift: 20, Allée de Touraine
Rabat/Marokko

Projektträger im Gastland: Direction de la Recherche Agronomique, Rabat, BP. 415

Projektträger in der BRD: GTZ

Zuständige GTZ-Abteilung: 11  Fachbereich: 111

Projekttyp: Forschungsvorhaben

Zielsetzung des Projektes: Steigerung der marokkanischen Ölsaatenerzeugung durch züchterische Maßnahmen. Intensivierung der Saatgutvermehrung, Ölsaatenlabor für amtliche Untersuchungen. Kulturarten: Sonnenblumen, Saflor, Raps, Rizinus, Sesam, Erdnüsse, Öllein, Madia, Mohn und Soja.

### II. Zeitlicher Ablauf

Planungsbeginn: Oktober 1965

Durchführungsbeginn: April 1966

Deutscher Beitrag
vereinbart bis: 31. März 1976

### III. Personal

Personal des Gastlandes (Soll): 15

Personal der BRD (Soll): 1

### IV. Sachausrüstung

Ölsaatenlabor mit Serienanalysengerät, Fahrzeuge, wissenschaftliche Geräte, Schälmaschine für Rizinus, Dreschmaschinen, Saatgut-Reinigungsgeräte.

## V. Kapitalaufwand

Kapitalaufwand des Gastlandes:   860.000,00 DM

Kapitalaufwand der BRD:   1.500.000,00 DM

## VI. Projektbericht

Projektkurzbeschreibung

Landwirtschaftliches Projekt zur Züchtung und Erzeugung von Vorstufensaatgut von Ölpflanzen (Sonnenblumen, Saflor, Raps, Rizinus und Sesam) sowie Verbesserung der Anbaumethoden.

Umwelt: Speiseölbedarf augenblicklich ca. 100.000 Tonnen pro Jahr. Davon wurden im Mittel der letzten Jahre nur 10 % im Land selbst erzeugt (Sonnenblumen, Baumwolle und Saflor). Für die Importe von nicht raffiniertem Öl und Ölsaaten wurden jährlich 20 - 30 Mill. Dollar in Devisen aufgebracht.

Aufgaben: Kreuzungs-, Selektions- und Erhaltungszüchtung von Sorten mit landeskulturellem Wert. Erzeugung von Vorstufensaatgut. Anbauverbesserungen und Einführung der Ölkulturen in neue Anbaugebiete.

Ziel: Steigerung der Ölsaatenproduktion.

Aktivitäten: Züchtungsarbeit, Vermehrung von Basissaatgut und Kulturversuche auf Versuchsstationen in den Anbaugebieten. Aussaatplanung, Aufarbeitung und Auswertung der Ernten und Vegetationsbeobachtungen an der Zentralstation in Rabat. Lieferung von Vorstufensaatgut an die Direktion für Saatgutvermehrung und Saatgutkontrolle.

Projektplanung und -vorbereitung

Gründe: Das Projekt entstand aus dem Bedarf der marokkanischen Regierung nach einem Pflanzenzüchter für die Ölpflanzenabteilung an der Direktion für Landwirtschaftliche Forschung.

Projektdurchführung

Organisation: Das Projekt ist die Zentralstation für Ölpflanzen bei der Direktion für Landwirtschaftliche Forschung (Direction de la Recherche Agronomique), welche dem Landwirtschaftsministerium untersteht. Die Station leitet ein wissenschaftlicher Direktor und ein Generaldirektor. Die Ausrüstung war zum Teil vorhanden und ist durch Materiallieferung aus Deutschland ergänzt worden.

Personal des Gastlandes: 3 Landwirtschaftsingenieure, 4 Techniker, 3 Hilfskräfte, 1 Fahrer.

Arbeitsmethode: Der Anbau für Züchtung und Vermehrung erfolgt auf 15 Versuchsstationen nach Sorten getrennt (Fremdbefruchter). Aussaat,

Vegetationsbeobachtungen, Selektion und Ernte werden von Rabat vorbereitet und durchgeführt. Auswertung und Analysen der Ernten erfolgen in den Labors in Rabat.

Zur Kontrolle der gerechten Bezahlung der Landesernten durch die Industrie führt das Projekt ab 1973 die Bestimmungen des Ölgehaltes der von den Bauern abgelieferten Ernten durch.

Arbeitsergebnisse

In 7jähriger Arbeit des Projektes wurden die Zuchtziele bei den wichtigsten Kulturen nahezu erreicht:

Es entstanden zwei Sonnenblumensorten (ORO und CIRO). In der Hybridzüchtung bei Sonnenblumen wurde die Auslese der genisch männlichen Sterilität abgeschlossen. Mit der Einkreuzung eines Markierungsgens wurde begonnen. Mit mehreren zytoplasmatisch männlich sterilen Linien und einer Restaurerlinie, die das Projekt vom Institut für Pflanzenzüchtung in Montpellier erhielt, wurden Kombinationskreuzungen und Fertilitätstests eingeleitet.

Bei Saflor wurden drei Landpopulationen zu selbständigen, homogenen Sorten selektiert, eine eigene ölreiche Kreuzungssorte (ZITRANI) geschaffen und mit der Resistenzzüchtung begonnen. Bei Öllein entstanden drei homogene Sorten aus marokkanischen Populationen, die Selektion einer für die Brotherstellung geeigneten gelbsamigen Sorte wurde eingeleitet.

Bei Raps wurden nach mehrjährigen Prüfungen europäischer und kanadischer Herkünfte drei leistungsfähige Sorten in die Erhaltungszüchtung aufgenommen.

Bei Rizinus befinden sich aus einer größeren Anzahl amerikanischer, südafrikanischer, französischer und israelischer Sorten nach mehrjähriger Prüfung die drei leistungsfähigsten Sorten und eine eigene stachellose Kreuzungssorte (MELSA) in der Erhaltungszüchtung.

Mit der Selektion von Sesam aus einer marokkanischen Population wurde begonnen.

Seit 1970 produziert das Projekt gemäß dem Anbauprogramm des Fünfjahresplanes ausreichende Mengen von Basissaatgut bei Sonnenblumen, Saflor, Öllein und Raps.

Laufende Arbeiten: Aufbereitung, Ölgehaltsbestimmung und Auswertung der Ernte 1975, Planung der Kampagne für 1975/76 und Bestimmung des Ölgehaltes der Landesernten. Die Prüfung von Erdnuß- und Sojasorten wurde eingeleitet.

Projektübergabe erfolgte am 30.6.1975 an den marokkanischen Counterpart des Projektleiters.

Mexiko

# Aufnahme der nutzbaren Bodenfischbestände vor der mexikanischen Pazifikküste

## I. Allgemeines

PN: 66 2051.2

Verantwortlicher deutscher Leiter des Vorhabens: Dr. Gerhard Beese

Projektanschrift: Instituto Nacional de Pesca
Apartado Postal 550
Mazatlán/Sin./Mexiko

Projektträger im Gastland: Staatssekretariat für Fischerei im Wirtschaftsministerium

Projektträger in der BRD: GTZ

Zuständige GTZ-Abteilung: 12     Fachbereich: 123

Projekttyp: Fischereiwesen

Zielsetzung des Projektes: Erforschung bisher noch kaum befischter Gewässer im Hinblick auf ihr produktionsbiologisches Potential. Erarbeitung angepaßter Fangmethoden für den Aufbau einer kommerziellen Fischereiwirtschaft. Nutzung der Fischvorkommen zur besseren Versorgung der Bevölkerung mit tierischem Eiweiß.

## II. Zeitlicher Ablauf

Planungsbeginn: 12 Mai 1972

Durchführungsbeginn: Februar 1974

Deutscher Beitrag vereinbart bis: Januar 1976

## III. Personal

Personal des Gastlandes (Soll): Zahl nicht vertraglich vereinbart

Personal der BRD (Soll): 3

## IV. Sachausrüstung

Technische Ausrüstung und Ersatzteile für das Forschungsschiff (Maschinen- und fangtechnische Ausrüstung). Wissenschaftliche Geräte für meereskundliche Untersuchungen Labor- und Bürogeräte.

## V. Kapitalaufwand

Kapitalaufwand des Gastlandes:

Kapitalaufwand der BRD: 1.931.000,00

## VI. Projektbericht

Projektkurzbeschreibung

Im Rahmen eines mehrjährigen Forschungsprogrammes verfolgt die mexikanische Regierung das Ziel, die bisher wenig erschlossenen Bodenfischreserven für die Eiweißversorgung der Bevölkerung zugänglich zu machen. Das Untersuchungsgebiet erstreckt sich entlang der Halbinsel Kalifornien und umfaßt auch den Golf von Kalifornien.

Nachdem in den Jahren 1971-1973 schon einige Ergebnisse gewonnen werden konnten, wurde zwischen beiden Regierungen ein Übereinkommen getroffen, mit deutscher Unterstützung dieses Programm verstärkt fortzusetzen.

Das Aufgabengebiet der deutschen Experten umfaßt vor allem Beratungstätigkeit bei der Einsatzplanung, bei der Leitung des Forschungsschiffes und bei der Auswertung von Forschungsmaterial sowie bei der Wartung und Reparatur der Maschinenanlagen.

Projektplanung und -vorbereitung

Das mexikanische Außenministerium bat im Mai 1972 um ein Anschlußprojekt der Technischen Hilfe für das von der BRD gelieferte Forschungsschiff "Alejandro de Humboldt". Die personelle Besetzung des Vorhabens sah einen Fischereibiologen, einen Fischereikapitän und einen Maschinenbaumechaniker vor. Die Prüfung des Aufgabenbereiches und Abgrenzung der Kompetenzen für die zu entsendenden deutschen Experten sowie eine Bestandsaufnahme der fangtechnischen Ausrüstung wurde von zwei kompetenten Gutachtern im Juli 1972 und Dezember 1973 vorgenommen. Die von den Sachverständigen vorgelegte Konzeption dient als Grundlage für die Projektdurchführung.

Projektdurchführung

In den zurückliegenden Monaten wurden die Bodenfischbestände vor der niederkalifornischen Küste untersucht (primär zur Erfassung der Seehechtvorkommen). Erweitert wurde das Programm durch Bestandsaufnahmen der Anchoveta im gleichen Untersuchungsgebiet während der Sommermonate. An der Durchführung ist auch die FAO beteiligt. Die Erhebungen sollen einen Überblick über die produktionsbiologischen Grundlagen als Planungsbasis für die Entwicklung der mexikanischen Fischwirtschaft ermöglichen. Um die reibungslose Durchführung der Forschungsaufgaben sicherzustellen, erfolgte eine einmalige Lieferung von Ersatzteilen und Ausrüstungsgegenständen für das Forschungsschiff.

Arbeitsergebnisse

Die bisher gewonnenen Resultate lassen derzeit noch keine abschließenden Aussagen über den Umfang und Grad der Nutzung vorhandener Fischreserven zu.

# Nepal

## Landwirtschaftliches Beratungsvorhaben in der Gandaki-Zone

### I. Allgemeines

PN: 67.2076.7

| | |
|---|---|
| Verantwortlicher deutscher Leiter des Vorhabens: | Claus Winkler |
| Projektanschrift: | Gandaki Agr. Dev. Project P.O. Box 2 Pokhara/Nepal |
| Projektträger im Gastland: | Project Board, Gandaki Agr. Dev. Project Chairman: Secretary Ministry of Food, Agriculture & Irrigation His Majesty's Government of Nepal Singha Durbar Kathmandu/Nepal |
| Projektträger in der BRD: | GTZ |
| Zuständige GTZ-Abteilung: | 12    Fachbereich: 124 |
| Projekttyp: | Landwirtschaftliches Beratungsprojekt |

Zielsetzung des Projektes: Steigerung der landwirtschaftlichen Produktion durch gezielte Beratungsmaßnahmen, durch den Einsatz landwirtschaftlicher Produktionsmittel und individueller Sachkredite; Sicherung der Ernährung, Erhöhung der Flächenproduktivität zur Freisetzung von Selbstversorgerflächen für marktorientierten Anbau; Verbesserung der tierischen Produktion sowie Verstärkung des Obst- und Gemüsebaues;

### II. Zeitlicher Ablauf

| | |
|---|---|
| Planungsbeginn: | Februar 1967 |
| Durchführungsbeginn: | Februar 1969 |
| Deutscher Beitrag vereinbart bis: | März 1979 |

### III. Personal

| | |
|---|---|
| Personal des Gastlandes (Soll): | 260 |
| Personal der BRD (Soll): | 6 |

## IV. Sachausrüstung

Vorwiegend aus der BRD, soweit möglich aus Indien;

## V. Kapitalaufwand

Kapitalaufwand des Gastlandes:   15.200.000,00 Rupees

Kapitalaufwand der BRD:   8.000.000,00 DM

## VI. Projektbericht

Projektkurzbeschreibung

Landwirtschaftliches Beratungsprojekt in der Gandaki Zone 200 km westlich Kathmandu; Projektgebiet 83.000 ha LN; 180.000 landwirtschaftliche Kleinbetriebe; Klima subtropisch mit ausgeprägtem Sommermonsun, Jahresniederschläge 1.500 bis 3.500 mm; Höhenlage 500 bis 2.500 m über NN; Berg-Subsistenzlandwirtschaft mit Tal- und Terassenanbau; durchschnittliche Betriebsgröße unter 0,5 ha LN; Hauptfruchtarten Reis, Mais, neuderdings Weizen, Hirse, Senf, wenig Leguminosen, in Trockenlagen Buchweizen, in Höhenlagen Gerste und Kartoffeln; Obst und Gemüse für Eigenbedarf; Viehhaltung: Wasserbüffel (Milch), Rindvieh (Zugtiere), Ziegen, weniger Schafe, Schweine und Geflügel, in hohen Lagen vermehrt Schafe und Yaks sowie deren Kreuzungen; Bevölkerung: 1,1 Mio tibeto-burmanisch und indo-arisch gemischt; Hauptrekrutierungsgebiet der Gurkhas; Zusammenarbeit mit den Fachabteilungen der landwirtschaftlichen Verwaltung des Gastlandes sowie mit USAID, FAO Swiss Association for Technical Assistance (SATA) und mit englischem Agriculture Training Centre Lumle (westliches Pokhara); Projekt hat Vorrangstellung in der Regionalentwicklung der "Western Region" Nepals und gilt als Vorbild für landwirtschaftliche Vorhaben anderer Geberländer (Japan, Schweiz).

Projektplanung und -vorbereitung

Anlaufen des Projektes fiel zeitlich mit der einsetzenden stärkeren wirtschaftlichen Entwicklung in größeren Teilen des Projektgebietes durch den gleichzeitigen Bau von 2 Straßen zusammen.

Zweites Projektabkommen (1973-1976) enthält zusätzlich Maßnahmen zur Steigerung der tierischen Produktion und zur Verbesserung des Obst- und Gemüsebaues.

Seit Juli 1975 Erweiterung des Projektgebietes auf die gesamte Verwaltungseinheit der Gandaki Zone (7 Distrikte) und Unterstellung der Tierzuchtfarm Lamepathan (bei Pokhara) unter das Projekt.

Projektdurchführung

Projekt-Hauptstation in Khairenitar (30 km südlich Pokhara) mit Projektverwaltung und den Projektzweigen Beratungsdienst (Projektberater und unterstellt 7 Distriktbeamte mit je 10 - 20 Dorfberatern); Projektfarm (30 ha LN für Feldversuche, Saatvermehrung, Viehhaltung); der Obst- und Gemüsebau (Obstbaumschule, Gemüsesaatgutvermehrung); der Wasserbau und das Bodenlabor.

Projekt-Unterstation in Pokhara mit Kfz-Werkstatt, Fuhrpark und Lagerhäusern.

Projekt koordiniert landwirtschaftliche Beratung mit der Kreditvergabe durch die Landwirtschaftliche Entwicklungsbank und dem Absatz landwirtschaftlicher Produktionsmittel durch die Agriculture Inputs Corporation.

Arbeitsergebnisse

Einführung des Weizenanbaues und Ausdehnung auf 7.000 ha bei über 30.000 Farmern; Einführung verbesserter Maissorten auf 3.600 ha und ertragreicher Reissorten auf 2.200 ha.

Einführung der Handelsdüngeranwendung und Steigerung auf 1.500 to pro Jahr; Handelsdüngereinsatz bei über 30.000 Farmern mit Abgabemengen von oft weniger als einem Sack; Absatz erfolgt über rpivate Händler mit 14 neugegründeten Genossenschaften mit rd. 5.000 Mitgliedern; einheitlicher Düngerpreis im Projektgebiet, Transportkostenbezahlung aus Gegenwertmitteln.

Mehrproduktion an Nahrungsgetreide im Projektgebiet knapp 20.000 t; Wert der Mehrerzeugung über 30 Mio. Rupees.

Ingwerproduktionsprogramm mit Ausweitung des Ingweranbaues auf über 70 ha; Absatz zur Weiterverarbeitung nach Indien.

Absatz von jährlich 1.500 kg Gemüsesämereien.

Verkauf von Obstbaumsetzlingen: blattabwerfende Obstarten jährlich 10.000, subtropische Obstarten jährlich 40.000 Stck. Einrichtung von privaten Obstbaumschulen bei interessierten Farmen; Unterstützung eines neuen Wochenmarktes für Obst und Gemüse in einer Distriktstadt.

Schaffung der Grundlage für ein Einkreuzungsprogramm durch Einsatz von bisher 26 verbesserten Büffelbullen auf verschiedenen Deckstationen; Einrichtung einer jährlichen Tierschau und Anfänge eines regelmäßigen Viehmarktes.

Absatz von 700 Läuferschweinen zur Verbesserung der Ferkel- und Fleischproduktion bei Farmern; der steigende Bedarf an Mast- und Zuchtläufern kann nicht gedeckt werden.

Steigerung der Eier- und Fleischproduktion bei den Bergbauern durch jährliche Abgabe von 15.000 Junghühnern.

Jährlich werden von über 30.000 Farmern Kleindredite beantragt, von denen rd. 80 % bedient werden; neuerdings Produktionskreditangebot auch von kommerziellen Banken; vereinfachte Kreditvergabe.

Fachliche Weiterbildung der Dorfberater in Kurzlehrgängen saisonal in den Fachgebieten Acker- und Pflanzenbau, Tierhaltung und Fütterung sowie Obstbau; versuchsweise Ausbildung von fortschrittlichen Farmern zur Assistenz der Dorfberater.

Bau von Berater- und Lagerhäusern auf Distriktebene; Bau von Genossenschaftslagerhäusern.

Ausbau der Wasserversorgung für die Projekthauptstation; Beginn der Bauarbeiten für ein Kleinwasserkraftwerk; Ausbau einer Dorfverbindungsstraße; Planung für den festen Ausbau eines Bewässerungskanals; Planung der Wasserversorgung für die neuunterstellte Tierzuchtfarm.

Erzeugung hochwertiger Produktionsmittel und Feldversuche auf der intensiven Projektfarm.

Aufbau der Werkstatt und des Fuhrparks für alle Projekttransporte.

Aufbau einer kleinen, modernen Saatgutaufbereitungs- und Siloanlage.

# Nicaragua

## Ausbildung und Beratung im Pflanzenschutz

### I. Allgemeines

PN: 71.2062.9

Verantwortlicher deutscher
Leiter des Vorhabens: N.N.

Projektanschrift: P.O. Box 3995
Managua/Nicaragua

Projektträger im Gastland: Landwirtschaftsministerium und
Landwirtschaftliche Hochschule
"La Calera"

Projektträger in der BRD: GTZ

Zuständige GTZ-Abteilung: 11      Fachbereich: 113

Projekttyp: Pflanzenschutzprojekt

Zielsetzung des Projektes: Ausbildung von Counterparts und Beratung der Landwirtschaftsorganisation in Pflanzenschutzfragen. Mithilfe beim Aufbau eines Versuchs- und Beratungswesens. Kartierung von Krankheiten und Schädlingsvorkommen in Nicaragua. Unterstützung der Landwirtschaftlichen Hochschule "La Calera".

### II. Zeitlicher Ablauf

Planungsbeginn: 1970/71

Durchführungsbeginn: 1. Juli 1974

Deutscher Beitrag
vereinbart bis: 1. Juli 1977 (mit der Notwendigkeit einer Auslaufphase)

### III. Personal

Personal des Gastlandes (Soll): 8

Personal der BRD (Soll): 3

### IV. Sachausrüstung

Lieferung von Ausrüstungsbestandteilen für das phytopathologische Labor, Versuchsfeldausrüstung, Kraftfahrzeuge, wissenschaftliche und technische Zusatzausrüstungen, Vervollständigung der Bücher. Im Rahmen einer Produktionsmittellieferung sind Dünge- und Pflanzenschutzmittel zur Verfügung gestellt worden.

## V. Kapitalaufwand

Kapitalaufwand des Gastlandes:   70.000,00 US $   (4 Jahre)

Kapitalaufwand der BRD:   2.135.000,00 DM

## VI. Projektbericht

Projektkurzbeschreibung

a) Aufbau eines Instituts für Phytopathologie an der Landwirtschaftlichen Hochschule;
b) Feldversuche-Screening;
c) Ausbildung von Counterparts;
d) Aufbau eines Pflanzenschutzversuchswesens und Mitwirkung bei der Beratung im Pflanzenschutz.

Projektplanung und -vorbereitung

Projektantrag: 1970
Gutachtereinsatz: 1971
Mittelbereitstellung: 1971
Die Schwierigkeit der Auswahl und Vorbereitung der Sachverständigen verzögerte das Anlaufen des Projektes bis zum 1. Juli 1974.

Projektdurchführung

Etablierung in der Landwirtschaftlichen Hochschule "La Calera". Mitbeteiligung bei den Vorlesungen, Beginn des Labor- und Büchereiausbaues. Aufbau des Versuchs- und Beratungswesens. Systematische Befalls- und Schadenserhebungen.

Arbeitsergebnisse

Landwirtschaftsjahr 1974/75

a) Durchführung von Feldversuchen;
b) über 200 Krankheiten im Labor identifiziert;
c) Durchführung von phytopathologischen Vorlesungen;
d) fallweise Beratungstätigkeit;
e) Mitwirkung bei der Verteilung landwirtschaftlicher Produktionsmittel.

# Niger

# Berater für landwirtschaftliche und infrastrukturelle Entwicklung

## I. Allgemeines

PN: 74.2018.5

| | |
|---|---|
| Verantwortlicher deutscher Leiter des Vorhabens: | Wolfgang von Reitzenstein |
| Projektanschrift: | B.P. 907 <br> Niamey/République du Niger |
| Projektträger im Gastland: | Ministère du Développemen˙ <br> - Conseil National de Développement - <br> (CND) |
| Projektträger in der BRD: | INSTRUPA |
| Zuständige GTZ-Abteilung: | 13     Fachbereich:   134 |
| Projekttyp: | Regierungsberater |

Zielsetzung des Projektes:
- Allgemeine Unterstützung der nigrischen Regierung bei der lokalen Vorbereitung deutscher Entwicklungshilfeprojekte in den Sektoren Landwirtschaft und materielle Infrastruktur;
- Projektfindung;
- Vorgutachten für identifizierte Projektansätze;
- Ausarbeitung von Finanzierungs- bzw. Regierungsanträgen;
- Koordinierung verschiedener Maßnahmen der deutschen bilateralen Hilfe einerseits und Abstimmung mit gleichartigen Maßnahmen anderer Geber andererseits;
- Vorbereitung und Überwachung von beabsichtigten deutschen Maßnahmen, zur ländlichen Arbeitsbeschaffung (arbeitsintensive Vorhaben, "Food for work"-Programm).

## II. Zeitlicher Ablauf

| | |
|---|---|
| Planungsbeginn: | 1973 |
| Durchführungsbeginn: | Mai 1974 |
| Deutscher Beitrag vereinbart bis: | April 1976 |

## III. Personal

Personal des Gastlandes (Soll):   keine Angaben

Personal der BRD (Soll):   1

## IV. Sachausrüstung

Peugeot 404, Büroeinrichtung etc.

## V. Kapitalaufwand

Kapitalaufwand des Gastlandes:   keine Angaben

Kapitalaufwand der BRD:   407.000,00 DM

## VI. Projektbericht

Projektkurzbeschreibung

Zu Beginn seiner Tätigkeit wurde der Experte als Berater des Direktors der Planungsabteilung im Entwicklungsministerium eingesetzt. Sein Zuständigkeitsbereich umfaßte die Sektoren Landwirtschaft und Infrastruktur als Fachbereiche sowie die Koordination der gesamten deutschen Hilfe als regionalen Bereich.

Im März 1975 avancierte der Experte zum direkten Berater des Präsidenten des Nationalen Entwicklungsrates und Entwicklungsministers.

Neben der bereits o.a. Aufgabenstellung wurde der Berater mit einer Reihe von Sonderaufgaben, wie z.B. Einzelprojektplanung oder der Programmierung von Auslandsbesuchen beauftragt.

Projektplanung und -vorbereitung

----

Projektdurchführung

----

Arbeitsergebnisse

----

# Niger

## Reismühle Tillabéry

### I. Allgemeines

PN: 65.2047.4

| | |
|---|---|
| Verantwortlicher deutscher Leiter des Vorhabens: | Bruno Deumeland |
| Projektanschrift: | Le Riz du Niger<br>Tillabéry/Niger |
| Projektträger im Gastland: | Le Riz du Niger S.A.E.M.<br>B.P. 476<br>Niamey/Niger |
| Projektträger in der BRD: | Agrar- und Hydrotechnik - Essen |
| Zuständige GTZ-Abteilung: | 13    Fachbereich: 134 |
| Projekttyp: | Verarbeitung landwirtschaftlicher Produkte |

Zielsetzung des Projektes: Gewährleistung des technischen Betriebes der Reismühle in Tillabéry. Beratung im kommerziellen und verwaltungsmäßigen Teil. Ausbildung eines Counterparts.

### II. Zeitlicher Ablauf

| | |
|---|---|
| Planungsbeginn: | 1965 |
| Durchführungsbeginn: | Ende 1965 (Unterbrechung 1971/72) |
| Deutscher Beitrag vereinbart bis: | 1976 (Projekterweiterung geplant) |

### III. Personal

| | |
|---|---|
| Personal des Gastlandes (Soll): | 40 |
| Personal der BRD (Soll): | 1 |

### IV. Sachausrüstung

Eine Reismühle einschließlich Reisvorkochanlage, diesel-elektrisches Kraftwerk, Verpackungseinrichtung und Lagerhallen. Zusätzlich lieferte die BRD eine Brückenwaage (40 t), eine Vorreinigungsanlage und zwei Förderbänder.

## V. Kapitalaufwand

Kapitalaufwand des Gastlandes:  3.800.000,00 DM

Kapitalaufwand der BRD:  2.562.000,00 DM

## VI. Projektbericht

Projektkurzbeschreibung

Die unter Pos. IV. beschriebene Anlage wurde in Tillabéry (ca. 120 km von Niamey entfernt) gebaut, wo sich die wichtigsten und ältesten Reisanbaugebiete dieser Gegend befinden. Bis zur kürzlich erfolgten Errichtung einer Reismühle in Niamey war die Anlage in Tillabéry die einzige im Lande. Jetzt ist eine gewisse Unabhängigkeit gegeben. Der Inlandsmarkt kann teilweise aus eigener Produktion mit industriellem Reis versorgt werden. Von Bedeutung ist außerdem, daß in Nahrungsmittelkrisenzeiten eine gesteuerte Verteilung der vom Projekt erzeugten Produkte wesentlich leichter ist als auf dem traditionellen Wege (mit handgestampftem Reis).

Für das Projekt selbst sind keinerlei Leistungen und Zusammenarbeitsvereinbarungen mit anderen Institutionen oder Projekten durchgeführt worden und auch nicht geplant. Lediglich mit den für die Reisanlieferung zuständigen Genossenschaften im Raume Tillabéry (über die Union Nigérienne de Crédit et de Coopération und die Landwirtschaftsverwaltung) werden Hilfsprogramme zur Vergrößerung der Anbauflächen geplant oder durchgeführt (BIRD - FED - BRD).

Projektplanung und -vorbereitung

Das Projekt wurde zunächst vom Gastland in eigener Verantwortung und mit Selbstfinanzierung begonnen (1963-64). Die technische Beratung durch die BRD begann Ende 1965.

Projektdurchführung

--

Arbeitsergebnisse

Seit Bestehen der Mühle ist in einem gewissen Auf und Ab ein leichter Weg nach oben feststellbar. In den Jahren 1972-73 konnten Gewinne verzeichnet werden. Nach einem Rückschlag 1974 ist die Mühle 1975 120%ig ausgelastet; das Ergebnis wird entsprechend gut ausfallen.

Die vom Personal geleistete Arbeit kann als gut bis sehr gut bezeichnet werden.
Nach fast 11jähriger Betriebszeit ist mit einer stufenweisen Erneuerung der Maschinen begonnen worden.

# Nigeria

## Webervogelbekämpfung in Nordnigeria

### I. Allgemeines

PN: 70.3537.1

| | |
|---|---|
| Verantwortlicher deutscher Leiter des Vorhabens: | E. Dorow |
| Projektanschrift: | P.O. Box 87 Maiduguri/Nigeria oder |
| | P.M. Box 1061 Federal Pest Control Unit Maiduguri/Nigeria |
| Projektträger im Gastland: | Federal Ministry of Agriculture and Natural Resources, P.M. Box 12613, Lagos |
| Projektträger in der BRD: | GTZ |
| Zuständige GTZ-Abteilung: | 11 Fachbereich: 113 |
| Projekttyp: | Pflanzenschutz |

Zielsetzung des Projektes: Aufbau eines Bundespflanzenschutzdienstes in Nigeria mit Einrichtung mehrere Stützpunkte zur Gebietsbetreuung. Aufbau einer mobilen Bekämpfungseinheit und Agrarflugabteilung zur Bekämpfung von überregionalen Schädlingen und zur Durchführung von Hilfsaktionen.

### II. Zeitlicher Ablauf

| | |
|---|---|
| Planungsbeginn: | 1974 |
| Durchführungsbeginn: | 1. Juli 1975 |
| Deutscher Beitrag vereinbart bis: | 1980 |

### III. Personal

Personal des Gastlandes (Soll):

Personal der BRD (Soll): 1975/76 = 5
1976/77 = 6
1977/78 = 8

## IV. Sachausrüstung

Von seiten der BRD keine Leistungen von Sachausrüstung  diese wird voll von nigerianischer Seite getragen.

## V. Kapitalaufwand

Kapitalaufwand des Gastlandes:   4.000.000,00 Naira
(eta 16.000.000,00 DM)

Kapitalaufwand der BRD:   6.700.000,00 DM

## VI. Projektbericht

Projektkurzbeschreibung

Es handelt sich um ein allgemeines Pflanzenschutzprojekt, das zur Aufgabe hat:
Betreuung der nigerianischen Landwirtschaft, mit Betonung der nördlicheren Regionen.

Fachgebiete sind Schadvögel, Ratten, Vorratsschutz, sonstige wirtschaftlich bedeutende Schädlinge und Krankheiten an den Hauptanbaukulturen der nördlichen Region, Flugzeugeinsatz und Großbekämpfungsaktionen, Werkstattbetreuung, allgemeine Beratung.

Ausbildung von Counterparts und Pflanzenschutztechniker für den Bundespflanzenschutzdienst.

Aufbau einer mobilen Bekämpfungseinheit und Agrarflugabteilung.

Projektsitz ist in Maiduguri. Außenstellen sind vorgesehen für Enugu, Benin, Kaduna und Sokoto.

Es ist eine Projektlaufzeit von fünf Jahren vorgesehen.

Hauptaufgaben sind praktische Bekämpfungsdurchführung und Ausbildung von Fachpersonal.

Projektplanung und -vorbereitung

Mit Auslaufen des seit 1969 bestehenden Webervogelprojektes stand die Frage der Weiterführung der Pflanzenschutzaktivitäten des Bundes auf breiterer Ebene im ganzen Land, um überregionale Schädlinge zu bekämpfen und den einzelnen Ländern Unterstützung bei der Bekämpfungsdurchführung anbieten zu können.

Dafür wurde fachliche Unterstützung von der BRD geprüft und nach gegenseitiger Abstimmung beantragt.

Notenentwurf und Unterzeichnung des Projektabkommens ist inzwischen erfolgt.

Das neue Projekt baut sich aus dem ehemaligen Webervogelprojekt auf.

# Nigeria

## Pflanzenschutzvorhaben East Central State

### I. Allgemeines

PN: 75.2021.6

| | |
|---|---|
| Verantwortlicher deutscher Leiter des Vorhabens: | Hans-Jörg Glaser |
| Projektanschrift: | P.O. Box 171 Enugu/Nigeria |
| Projektträger im Gastland: | Ministry of Agriculture and Nat. Resources |
| Projektträger in der BRD: | GTZ |
| Zuständige GTZ-Abteilung: | 11    Fachbereich: 113 |
| Projekttyp: | Pflanzenschutzvorhaben |

Zielsetzung des Projektes: Steigerung und Sicherung der Agrarproduktion im East Central State vor allem im kleinbäuerlichen Bereich durch die Anwendung geeigneter Pflanzenschutzmaßnahmen.

### II. Zeitlicher Ablauf

| | |
|---|---|
| Planungsbeginn: | I. Stufe: Januar 1971<br>II. Stufe: April 1975 |
| Durchführungsbeginn: | I. Stufe: Januar 1971<br>II. Stufe: 1. April 1975 |
| Deutscher Beitrag vereinbart bis: | 1977 |

### III. Personal

| | |
|---|---|
| Personal des Gastlandes (Soll): | 88 |
| Personal der BRD (Soll): | 2 |

### IV. Sachausrüstung

Fünf Kraftfahrzeuge, 10 Motorräder, diverses Labormaterial, Pflanzenschutzchemikalien und Spritzgeräte.

## V. Kapitalaufwand

Kapitalaufwand des Gastlandes:  1.100.000,00 DM

Kapitalaufwand der BRD:  791.000,00 DM

## VI. Projektbericht

Projektkurzbeschreibung

Das Projekt hat sich aus dem Produktionsmittelprogramm 7030/7091 entwickelt und ist seit dem 1. April 1975 selbständig. Der im Aufbau befindliche Pflanzenschutzdienst soll weiter ausgebaut und verstärkt werden. Ein Frühwarnsystem über die Gebiete des ECS soll verbessert und intensiviert werden. Zusätzlich sollen Einzelsachverständige aus Europa und Afrika zu Spezialuntersuchungen herangezogen werden (Gesamteinsatz dieser Kurzzeitexperten 12 Mann/Monate).

Projektplanung und -vorbereitung

Die Weiterführung dieses Projektes basiert auf dem Abkommen über Technische Zusammenarbeit zwischen der Regierung von Nigeria und der Bundesrepublik vom 1.4.1974.

Projektdurchführung

Organisation und Neuaufbau des Pflanzenschutzdienstes mit gleichzeitiger Ausbildung der 82 Außendienstmitarbeiter. Verteilung der gelieferten Spritzen und Chemikalien. Durchführung von Großflächenbehandlungen sowie auch Kleinparzellen-Versuchsspritzungen. Alle laufenden Arbeiten werden nach Abstimmung zwischen dem deutschen Experten und den nigerianischen Counterparts durchgeführt.

Arbeitsergebnisse

Der Pflanzenschutzberatungsdienst wurde neu aufgebaut und steht den Farmern im ganzen E.C.S. zur Verfügung. Teilweise Behinderungen in der Programmdurchführung und durch schlechte Kommunikationsmöglichkeiten sowie durch organisatorische Mängel im Ministerium aufgetreten.

Durch Aufklärungskampagnen (Radio, Zeitung, Broschüren) und dem Einsatz neuer Chemikalien und Geräte wurde den Farmern die Bedeutung des Pflanzenschutzes dargelegt.

Schwerpunkte:
a) Prüfung und Einführung neuer Insektizide gegen Yemkäfer und Termiten in Cassava als Ersatzprodukte für Aldrin und Dieldrin.

b) Versuchsprogramme gegen Cassava Welke, Entwicklung resistenter Varietäten sowie Prüfung von neuen Bakteriziden und Fungiziden auf ihren möglichen Einsatz gegen Cassava Welke.

# Nigeria

## Bekämpfung der Tsetsefliegen durch Hubschraubereinsatz

### I. Allgemeines

PN: 73.2067.4

| | |
|---|---|
| Verantwortlicher deutscher Leiter des Vorhabens: Projektanschrift: | Dr. Ulrich Spielberger<br><br>Helicopter Unit<br>Tsetse & Trypanosomiasis Division<br>P.M.B. 1005<br>Kaduna/Nigeria |
| Projektträger im Gastland: | Federal Ministry of Agriculture & Rural Development Federal Livestock Department Tsetse & Trypanosomiasis Division<br>Kaduna P.M.B. 2005 |
| Projektträger in der BRD: | GTZ |
| Zuständige GTZ-Abteilung: | 12  Fachbereich: 122 |
| Projekttyp: | Veterinärwesen - Tsetsefliegenbekämpfung |

Zielsetzung des Projektes: Bekämpfung der Tsetsefliegen durch Ausbringen von Insektiziden mit Hubschraubern zur Schaffung von neuem Weideland für Rinder. Testen von neuen Insektizidformulierungen durch Feldversuche, biologische Tests und chemische Analysen. Verbesserung der Sprühausrüstung. Studien über die Nachtrastplätze von verschiedenen Tsetsefliegenarten. Einarbeitung von nigerianischen Hubschrauberbesatzungen.

### II. Zeitlicher Ablauf

| | |
|---|---|
| Planungsbeginn: | 1970 |
| Durchführungsbeginn: | 1971 |
| Deutscher Beitrag vereinbart bis: | 1978 |

### III. Personal

Personal des Gastlandes (Soll): 1 Projektleiter (Tierarzt oder Entomologe), 1 Entomologe, 1 Chemiker, 1 Labortechniker, 4 Tsetsekontrolloffiziere (senior staff), ca. 20 Tsetsekontrollassistenten (junior staff), ca. 10 Fahrer, 2 Lageristen, 1 Schreibkraft, 6 permanente Arbeiter, 50-100 temporäre Arbeiter, 3 Hubschrauberpiloten, 3 Hubschraubermechaniker.

Personal der BRD (Soll): 3 (2 Tierärzte, 1 Chemotechniker) sowie 3 Hubschrauberpiloten, 3 Hubschraubermechaniker für jeweils 5 - 6 Monate pro Jahr.

## IV. Sachausrüstung

Gastland: 6 Lkw (5-7 t), 3 Landrover, 1 Traktor, diverses Campingmaterial, 2 Lagergebäude, 2 Laborräume, Büroräume, ab 1976 2 komplette Hubschraubereinheiten.

BRD: 3 Lkw (5 t), 3 Landrover, 1 Traktor, 1 Insektizidlabor mit Gaschromatograph, 1 Funkgerät, diverses Campingmaterial, 2 UV-Lampen mit Genrator für die Nachtrastplatzstudien, Zeitschriften und Fachbücher.

Weiterhin auf Charterbasis: 2 komplette Hubschraubereinheiten, gechartert für insgesamt 700 Flugstunden pro Jahr. Finanziert von:
1970 - 1975, BRD
1975/76, BRD 50 %, Gastland 50 %
ab 1976, Gastland.

## V. Kapitalaufwand

Kapitalaufwand des Gastlandes: 1974/75 - ca. 1.600.000,00 DM
1975/76 - ca. 2.300.000,00 DM
1976/77 - ca. 3.000.000,00 DM

Kapitalaufwand der BRD: 1974/75 - ca. 2.300.000,00 DM
1975/76 - ca. 1.600.000,00 DM
1976/77 - ca. 500.000,00 DM bis
800.000,00 DM

## VI. Projektbericht

Projektkurzbeschreibung

Nigeria besitzt eine lange Erfahrung und gilt als führend in der Bekämpfung der Tsetsefliegen. Bis zum Jahre 1970 wurden in Nigeria etwa 130.000 qkm durch eine Applikation von DDT oder Dieldrin mittels Bodensprühgeräten frei von Tsetsefliegen gemacht. 1970 betrug diese Fläche schon 185.000 qkm. Dadurch, daß ein haftendes Insektizig auf die Rastplätze der Fliegen in der Trockenzeit ausgebracht wurde, war die Applikation sehr selektiv und auch sehr wirtschaftlich. Darüber hinaus gelang es, durch die Dauerwirkung des Insektizides, das Problem der Verschleppung von Tsetsefliegen in der Regenzeit, zumindest in der Trockensavanne zu meistern.

Mit dem Vordringen der Tsetsefliegenbekämpfungstruppe vom trockenen Norden in die feuchteren, südlicher gelegenen Savannen, stieß man auf Tsetsevorkommen von vergleichsweise sehr großer Flächenausdehnung (bis zu 30.000 qkm). Als weitere Erschwernis für die Bekämpfung sind die Habitats der Tsetsefliegen hier weniger konzentriert sondern diffuser über das Land verteilt. Das Problem der Fliegenverschleppung konnte nur noch durch den Einsatz mehrerer, simultan operierender, großer Sprühtrupps gemeistert werden. Dies gilt insbesondere für Vorkommen von G. morsitans.

Nigeria besitzt seit einer Anzahl von Jahren 5 große Bodensprühtrupps. Jeder Trupp besteht aus 300 - 400 Mann, wovon ca. 50 Mann geschultes Tsetsepersonal sind. Aus organisatorischen und personellen Gründen können diese Einheiten nicht mehr wesentlich erweitert oder vergrößert werden. Nur die Entwicklung einer neuen Applikationstechnik, wodurch vor allem geschultes Tsetsepersonal eingespart werden sollte, konnte hier Hilfe bringen.

Seit Mitte der sechziger Jahre deuteten die Ergebnisse der in Nigeria durchgeführten Untersuchungen über die Nachtrastplätze von G. morsitans darauf hin, daß diese Tsetsefliegenart in der Nacht vorwiegend auf Blättern im oberen Teil der Baumkronen rastet. Dies würde die Ausbringung von Insektiziden von der Luft aus begünstigen. Aufgrund dieser Resultate bemühte sich die nigerianische Tsetseabteilung, einen Versuch mit Flugzeugen oder Hubschraubern durchführen zu lassen.

Projektplanung und -vorbereitung

Die nigerianische Regierung formulierte 1970 einen Antrag an die BRD, worin um die Bereitstellung eines Hubschraubers gebeten wurde. Insbesondere sollte durch Großversuche festgestellt werden, ob der Hubschrauber folgende Bedingungen erfüllen kann:

a) Der Hubschrauber muß eine gezielte, selektive Insektizidapplikation (discriminated spraying) ermöglichen. Dies bedeutet, daß nur ca. 10 % des Projektgebietes, d.h. die Rückzugsgebiete der Fliegen gesprüht werden.

b) Durch eine einmalige Applikation muß eine völlige Vernichtung der Tsetsepopulation möglich sein.

c) Die Dauerwirkung des ausgebrachten Insektizides muß ausreichen, um alle nachschlüpfenden Jungfliegen zu erfassen, d.h. sie sollte 2 - 3 Monate anhalten. Hierfür geeignet erscheinende Insektizidformulierungen sollen getestet werden.

Arbeitsergebnisse

Seit Durchführungsbeginn im Januar 1971 wurde jährlich ein Hubschraubereinsatz in der nördlichen Guineasavanne durchgeführt. Zunächst kamen Emulsionskonzentrate (DDT und Dieldrin) zur Anwendung. 1972 wurden ULV (Ultra Low Volume) Formulierungen (Dieldrin und Thiodan) in größerem Maßstab eingeführt. 1973/74 kamen erstmals 2 Hubschrauber gleichzeitig zum Einsatz. Über die Jahre wurde versucht, neue Insektizide im Feldeinsatz zu erproben. Die Feldversuche wurden durch biologische Tests und seit 1974 durch chemische Analysen unterstützt. Das Tröpfchenspektrum und die Sprühbahnquerverteilung werden seit 1972 regelmäßig bestimmt. Es wurden Vorkommen von G. morsitans, G. tachinoides und G. palpalis gesprüht. Seit 1974 werden Studien über die Nachtrastplätze von G. palpalis und G. tachinoides durchgeführt. 1975/76 soll erstmals in der südlichen Guineazone gesprüht werden.

Schon im ersten Jahr zeigte sich, daß ein gezieltes, selektives Sprühen (discriminated spraying) mit dem Hubschrauber möglich ist und eine einmalige Insektizidapplikation eine genügende Dauerwirkung erzielt, um alle nachschlüpfenden Jungfliegen zu erfassen. Durch die Einführung der ULV-Technik konnte die Leistung des Hubschraubers erheblich gesteigert werden. Weiterhin wurde es hierdurch möglich, 2 Hubschrauber gleichzeitig einzusetzen. Die Methodik wurde vervollkommnet, so daß es jetzt möglich ist, in der nördlichen Guineazone, mit 2 Hubschraubern in einer Trockenzeit mehr als 3.000 qkm tsetsefrei zu machen. Für G. palpalis- und G. tachinoides-Vorkommen beträgt diese Fläche etwa das Doppelte.

Eine einmalige Applikation von ca. 1.000 Gramm Reinsubstanz von Dieldrin oder Thiodan pro Hektar gesprühte Fläche genügt im allgemeinen, um alle Tsetsefliegen auszuschalten. Alle anderen getesteten Insektiziden erzielten weniger gute Ergebnisse. Vom gesamten Projektgebiet werden nur jeweils ca. 10 % tatsächlich gesprüht. Insbesondere

a) Flußlaufvegetation
b) Isoberlinia doka -Wälder, eine Sprühbahn am Waldrand und Querbahnen in ca. 200 m Abständen in größeren Waldstücken.
c) In gemischten Waldstücken um Granithügel und Mäanderschlaufen gilt die gleiche Sprühtechnik wie unter b).
d) 1-2 Sprühbahnen an Wegen und Rindertrieben.

In großflächigen, nicht isolierten Vorkommen von G. morsitans beträgt der Grad der Fliegenverschleppung in der nachfolgenden Regenzeit zwischen 25 und 40 %. Durch die Zusammenarbeit mit Bodensprühtrupps konnte die Fliegenverschleppung verringert werden.

Die Bekämpfungskosten pro qkm Projektgebiet betragen derzeit in Nigeria ca. DM 760,00 und pro Hektar gesprühter Fläche DM 76,00. In linearen Vorkommen betragen die Kosten pro km Flußlauf DM 150,00 und sind niedriger als die Bodensprühkosten. Die Insektizidkosten haben sich in den letzten drei Jahren nahezu verdoppelt. Ähnliches gilt für Fahrzeuge sowie Ersatzteile und zum Teil auch für das Chartern der Hubschrauber.

Die Studien über die Nachtrastplätze von G. palpalis und G. tachinoides ergaben, daß beide Fliegenarten vorwiegend auf Blättern und zu einem geringeren Prozentsatz auf dünnen Zweigen rasten. Die Rasthöhe war höher als erwartet und betrug durchschnittlich bis zu 4 m über dem Boden. Dieses Verhalten der Fliegen begünstigt die Applikation mit dem Hubschrauber.

Seit ca. 2 Jahren befinden sich 3 nigerianische Hubschrauberpiloten und 3 Hubschraubermechaniker in der BRD zur Ausbildung. Sie sollen erstmals 1975/76 an einem Feldeinsatz in Nigeria teilnehmen. Ab 1976/77 ist vorgesehen, zunächst eine, später zwei, ausschließlich von Nigerianern geflogene und gewartete Hubschraubereinheiten einzusetzen. Die Projektübergabe soll 1978 erfolgen.

# Obervolta

## Berater an der Direction de l'Elevage et des Industries Animales

### I. Allgemeines

PN: 72.2018.9

| | |
|---|---|
| Verantwortlicher deutscher Leiter des Vorhabens: | Dr. Manfred Lindau |
| Projektanschrift: | s/c de l'Ambassade de la République Fédérale d'Allemagne B.P. 600 Ouagadougou/Obervolta |
| Projektträger im Gastland: | Ministère du Plan, du Développement Rural, de l'Environnement et du Tourisme Direction de l'Elevage et des Industries Animales |
| Projektträger in der BRD: | GTZ |
| Zuständige GTZ-Abteilung: | 12    Fachbereich: 122 |
| Projekttyp: | Regierungsberatung |

Zielsetzung des Projektes:    Beratung der Direction de l'Elevage et des Industries Animales im Hinblick auf die Förderung der Sektoren Viehwirtschaft und Veterinärmedizin.

### II. Zeitlicher Ablauf

| | |
|---|---|
| Planungsbeginn: | 1971 |
| Durchführungsbeginn: | Januar 1975 |
| Deutscher Beitrag vereinbart bis: | Dezember 1976 |

### III. Personal

| | |
|---|---|
| Personal des Gastlandes (Soll): | noch keine Angaben |
| Personal der BRD (Soll): | 1 |

### IV. Sachausrüstung

1 Landrover und Hilfsmaterial in sehr begrenztem Umfang.

## V. Kapitalaufwand

Kapitalaufwand des Gastlandes:  ----

Kapitalaufwand der BRD:  368.000,00 DM

## VI. Projektbericht

Projektkurzbeschreibung

Der Export von Lebendvieh, Fleisch sowie Häuten und Fellen steht in der Ausfuhrstatistik Obervoltas an erster Stelle. In den vergangenen Jahren lag der Anteil der tierischen Produktion am Gesamtexport zwischen 35 % und 50 %.

Intensivierung und Rationalisierung sowie Verhinderung einer unverantwortlichen Nutzung sind die wichtigsten Aspekte, denen im Rahmen der viehwirtschaftlichen Planung der obervoltaischen Regierung Rechnung getragen wird.

Im Rahmen eines "Bureau d'Etudes et Projects" werden konkrete Projektansätze erarbeitet und vorliegende Gutachten einer kritischen Betrachtung unterzogen. Neben der Formulierung von Anträgen an bilaterale und multilaterale Geber im Zusammenhang mit der Finanzierung von Programmen der tierischen Produktion sollen die einzelnen Projekte koordiniert werden. Die obervoltaische Regierung soll bei allen Maßnahmen des viehwirtschaftlichen Entwicklungsprogrammes und bei ihren Bemühungen, ein modernes System der Kommerzialisierung tierischer Produktion zu erarbeiten, unterstützt werden.

Die Weiterverfolgung initiierter Projekte, die gemäß dem Verteilungsschlüssel der Direction de l'Elevage et des Industries Animales in den Aufgabenbereich des Beraters fallen, wird angestrebt.

# Obervolta

# Einrichtung von drei Kfz-Werkstätten

## I. Allgemeines

PN: 74.2106.8

Verantwortlicher deutscher
Leiter des Vorhabens: Walter Seeger

Projektanschrift: Garage-Germano-Voltaique
B.P. 1069
Ouagadougou/Haute-Volta

Projektträger im Gastland: Landwirtschaftsministerium

Projektträger in der BRD: GTZ

Zuständige GTZ-Abteilung: 13    Fachbereich: 134

Projekttyp: Drei Reparaturwerkstätten für Lkw und Unimog sowie Landmaschinen

Zielsetzung des Projektes: Die Werkstätten sollen die regionalen Entwicklungsorganen im landwirtschaftlichen Sektor unterstützen; Reparatur aller von der Bundesrepublik an Obervolta gegebenen Fahrzeuge evtl. auch Reparaturhilfe bei Fahrzeugen aus deutschen Entwicklungshilfeprojekten.

## II. Zeitlicher Ablauf

Planungsbeginn: 4. April 1974

Durchführungsbeginn: 1. November 1975

Deutscher Beitrag
vereinbart bis: 30. September 1976

## III. Personal

Personal des Gastlandes (Soll): 11

Personal der BRD (Soll): 3


In Ouagadougou Werkstattausrüstung 250.000,00 DM
Werkstattausbau 120.000,00 DM
Ersatzteilstock 120.000,00 DM

In Dori und Ouahigouya ist die Ausrüstung ähnlich, der Ersatzteilstock aber geringer.

## V. Kapitalaufwand

Kapitalaufwand des Gastlandes:    Bereitstellung der Gebäude

Kapitalaufwand der BRD:    1.900.000,00 DM

## VI. Projektbericht

Projektkurzbeschreibung

Neben der Zentralwerkstatt in der Hauptstadt Ouagadougou werden jeweils eine Außenwerkstatt in den im Norden Obervoltas gelgenen Orten Dori und Ouahigouya eingerichtet. Jede dieser Werkstätten soll für zwei Jahre von einem deutschen Mechaniker geleitet werden (Werkstattleiter). In der Zentrale befindet sich ein Großteil des Ersatzteilstockes.

Projektplanung und -vorbereitung

Von Mitarbeitern der ehemaligen GAWI und BfE wurde das Projekt geplant und vorbereitet.

Projektdurchführung

Es wurden Mittel bereitgestellt für den Ausbau der vorhandenen Gebäude.

Ersatzteile sind für den Start der Werkstätten ausreichend angeliefert.

Arbeitsergebnisse

Der Ausbau der Gebäude ist zum größten Teil abgeschlossen.

Die für den Dürreeinsatz in der Sahelzone gelieferten Unimogs und Lkw werden in dem ersten Jahr der Laufzeit des Projektes weniger für den Lebensmitteltransport, dafür mehr zur Schädlingsbekämpfung eingesetzt. Die regelmäßige Wartung der Fahrzeuge hat sich als erheblichen Vorteil erwiesen.

Die Installation der Werkstatteinrichtung ist noch nicht voll abgeschlossen. Die Werkstätten haben inzwischen den Kundendienst und die Reparaturen für die Fahrzeuge der deutschen Projekte sowie für die Fahrzeuge, die vom zuständigen Ministerium für die Landwirtschaft eingesetzt werden, voll übernommen.

## Obervolta

# Tsetsebekämpfung in Bobo Dioulasso

## I. Allgemeines

PN: 73.2069.0

| | |
|---|---|
| Verantwortlicher deutscher Leiter des Vorhabens: | Dr. Heinz Politzar |
| Projektanschrift: | Institut d'Elevage et de Medicine Veterinaire des Pays Tropicaux B.P. 286 <u>Bobo Dioulasso</u>/Obervolta |
| Projektträger des Gastlandes: | Institut d'Elevage et de Medicine Veterinaire des Pays Tropicaux (I.E.M.V.T.) |
| Projektträger in der BRD: | GTZ |
| Zuständige GTZ-Abteilung: | 12   Fachbereich:   122 |
| Projekttyp: | Veterinärmedizin/Tsetsebekämpfung |
| Zielsetzung des Projektes: | Biologische Bekämpfung der Tsetsefliege |

## II. Zeitlicher Ablauf

| | |
|---|---|
| Planungsbeginn: | 1973 |
| Durchführungsbeginn: | 1974 |
| Deutscher Beitrag vereinbart bis: | 1977 |

## III. Personal

| | |
|---|---|
| Personal des Gastlandes (Soll): | Über den französischen Fond d'Aide et de Cooperation (FAC) 2 französische Tierärzte   und 1 Techniker |
| Personal der BRD (Soll): | 1 |

## IV. Sachausrüstung

Wird überwiegend vom I.E.M.V.T. in Paris bezahlt. Deutscher Beitrag: Laborausrüstung, Landrover, Campingausrüstung.

## V. Kapitalaufwand

Kapitalaufwand des Gastlandes: Das FAC/I.E.M.V.T. trägt folgende Kosten:

| | |
|---|---|
| Personal | 2.894.000,00 F.F.+) |
| Investitionen (Gebäude, Einrichtungen, Fahrzeuge) | 1.380.000,00 F.F. |
| Betriebskosten | 436.000,00 F.F. |
| +) 1 F.F. (Franz. Franc) = 0,5678 DM | 4.710.000,00 F.F. |
| Kapitalaufwand der BRD: | 1.018.000,00 DM |

## VI. Projektbericht

Projektkurzbeschreibung

Biologische Tsetsebekämpfung durch Zucht, Sterilisation und anschließender Freilassung von Glossinenmännchen. Großversuche zur Feststellung der Anwendbarkeit im Rahmen von großräumigen Bekämpfungsmaßnahmen. Die Kosten werden - außer dem deutschen Beitrag - voll von Frankreich übernommen. Obervolta hat lediglich ein Grundstück zur Verfügung gestellt. Das Vorhaben basiert auf einem Projektabkommen zwischen I.E.M.V.T. und Obervolta mit einer Laufzeit von 30 Jahren.

Projektplanung und -vorbereitung

Das Projekt wurde ursprünglich in der Zentralafrikanischen Republik geplant. Nach Ausweisung der französischen Experten aus der ZAR kam das Projekt in Obervolta zur Durchführung. Beginn der Vorbereitungen (Institutsneubau) 1972.

Projektdurchführung

Beginn der Gebietsprospektionen: November 1974. Beginn der Glossinenzucht: Januar 1975. Beginn der Sterilisationsversuche und Aussetzen von sterilen Männchen: Juli 1975.

Arbeitsergebnisse

Erste selbständige Kolonie G. palpalis (closed mass rearing) in Afrika durchgeführt. Erste Ergebnisse der sterile-made Methode werden Ende des Jahres 1975 vorliegen.

# Obervolta

## Aufforstung bei Ouagadougou und im Norden Obervoltas

### I. Allgemeines

PN: 74.2015.1

| | |
|---|---|
| Verantwortlicher deutscher Leiter des Vorhabens: | Peter Weinstabel |
| Projektanschrift: | Mission Forestière Allemande en Haute Volta<br>H.V.-Quagadougou/Obervolta<br>B.P. 13<br>Telefon: 31.31, 20.00/P: 41.21 |
| Projektträger im Gastland: | Ministre du Plan, du Développement rural de l'Environnement et du Tourisme - Direction des Services Forestiers |
| Projektträger in der BRD: | GTZ |
| Zuständige GTZ-Abteilung: | 11   Fachbereich: 114 |
| Projekttyp: | Aufforstungsvorhaben-Forstberatung |

Zielsetzung des Projektes: Aufforstung von Forstflächen zur Steigerung der Holzproduktion, Forstschutz, Erosionsbekämpfung, forstliche Beratung, Ausbau eines Pflanzgartens, Anlage eines Grüngürtels um die Stadt Ouagadougou. Errichtung einer Forststation im Sahel im Zuge des Ausbaus eines leistungsfähigen Forstdienstes.

### II. Zeitlicher Ablauf

| | |
|---|---|
| Planungsbeginn: | Oktober 1973 |
| Durchführungsbeginn: | 19. August 1974 |
| Deutscher Beitrag vereinbart bis: | Mai 1977 |

### III. Personal

| | |
|---|---|
| Personal des Gastlandes (Soll): | 6 |
| Personal der BRD (Soll): | 1 |

## IV. Sachausrüstung

Bulldozer (Cat D7), Lkw (Unimog), Tiefpflug, Jeep und Pkw, fahrbare Wassersysteme, forstliche Arbeitsgeräte und Ausrüstung, Beregnungsanlage für Pflanzschule, Containerausrüstung für Pflanzenanzucht, Forstschutzgeräte, Auswertungs- und Büromaterial.

## V. Kapitalaufwand

Kapitalaufwand des Gastlandes: es stehen keine eigenen Mittel zur Verfügung (wirtschaftliche Lage läßt keinen nennenswerten Beitrag erwarten; allenfalls evtl. Bereitstellung von Arbeiterunterkünften).

Kapitalaufwand der BRD: 2.757.000,00 DM

## VI. Projektbericht

Projektkurzbeschreibung

Aufforstung von 3.000 ha in fünf Jahren (1.800 ha in den ersten drei Jahren) im Forstreservat Gonsé, 25 km von Ouagadougou entfernt. Diese Aufforstung dient vor allem den steigenden Bedarf an Nutz-, Bau- und Brennholz sowie Holzkohle in Ouagadougou und Umgebung zu decken. Gleichzeitig werden bei den Vorbereitungen der Flächen Bodenmeliorationen und Erosionsbekämpfung durchgeführt (technnische Vorbereitung, Baumartenwahl).

Durch den Anbau von schnellwachsenden Holzarten kann bereits nach fünf Jahren mit der ersten Vornutzung gerechnet werden, durch deren Verkauf die selbständige Betriebsführung der Forstverwaltung Gonsé gesichert werden kann. Dafür ist die Errichtung eines nationalen Forstfonds (FFn) bereits in diesem Jahr vorgesehen. Gleichzeitig ist der Ausbau der größten Pflanzschule in Obervolta (Nagbangré) vorgesehen multilaterale Unterstützung: Deutsche Hilfe, UNDP, USAID, PAM), um die Bereitstellung des geeigneten Pflanzenmaterials und Pflanzenqualität sicherzustellen (Bewässerungssysteme, Containeranzucht).

Errichtung eines Grüngürtels um die Stadt Ouagadougou (Schutz- wie Sozialfunktion). Anfang im N/NO der Stadt - Schutz gegen die vom Wind mitgeführten Staubmassen. Versandung des für die Wasserversorgung notwendigen Stausees soll aufgehalten werden. Als Gesamtfläche ist in den ersten drei Jahren eine Bepflanzung von 200 ha geplant.

Aufbau einer Foststation im Sahelraum und kleinerer Aufforstungsvorhaben (um Brunnenstellen) mit der Hilfe der Bevölkerung zur Brennholzversorgung und Viehfutternutzung. Forstliche Schutzreservate (Mise en défense) sollen ausgegliedert werden. Dieses Programm soll ab Oktober 1975 am Standort Dori anlaufen und durch Forschungs- und Versuchsarbeiten unterstützt werden (Centre Technique forestier Tropical). Initiative für Regionalentwicklung soll nicht behindert werden.

Sahelzone ist Weidegebiet, daher haben "weidewirtschaftliche Kriterien" Vorrang.

### Projektplanung und -vorbereitung

Aufgrund eines obervoltaischen Regierungsantrages wurde 1973 Gutachten: "Forstliche Aufgaben in der Sahelzone" von H. J. von Maydell, Institut für Weltforstwirtschaft, Reinbek, erstellt. Die Projektvorschläge wurden darin wirtschaftlich und landeskulturell sehr positiv beurteilt. Projektabkommen März/Juni 1974. Voraussichtliche Projektlaufzeit: fünf Jahre, in erster Phase auf drei Jahre finanziert. - Ausreise des Sachverständigen: April 1974.

### Projektdurchführung

Forstwirtschaft seit Dürrekatastrophe in Obervolta vorrangig. Beginn technischer Aufforstungsvorbereitungen. Geräte und Maschinen als Partnerschaftsleistungen (teilweise über Deutschen Warenhilfekredit 1973) zur Verfügung gestellt. Zusammenarbeit mit der obervoltaischen Forstdirektion und anderen forstlichen Projekten (UNDP, USAID) als sehr gut. Über 300 ha Aufforstungsfläche waren im Juli/August 1975 bepflanzungsfähig (rd. 250 Arbeiter des deutschen Projektes im Forstreservat Gonsé führten die Bodenvorbereitungen und Pflanzungen durch). Ab Oktober 1975: Errichtung einer Foststation in Dori/Markoye geplant (später dort forstliche Forschungsarbeiten vorgesehen).

### Arbeitsergebnisse

- Aufforstung von über 300 ha im Foret classée Gonsé;
- Erweiterung der Pflanzschule Nagbangré auf eine Gesamtfläche 2,5 auf 4,5 ha (derzeitige Pflanzenkapazität: 1 Mio);
- Schaffung der administrativen Voraussetzungen zur Flächenauswahl für den Grüngürtel um Ouagadougou und den Standort der Forststation;
- Errichtung des nationalen Forstfonds, um die verschiedenen Projekte später aus dem Holzerlös wirtschaftlich weiterführen zu können.

# Paraguay

## Landwirtschaftliche Beratung Itapúa

### I. Allgemeines

PN: 71.2110.6

Verantwortlicher deutscher  Götz von Borries
Leiter des Vorhabens:

Projektanschrift: Mision Tecnica Alemana
Projekt Itapúa
Casilla 89
Encarnación/Paraguay

Projektträger im Gastland: Secretaria Técnica de Planificación
Cooperativa Colonias Unidas
Agricola LTDA

Projektträger in der BRD: GTZ

Zuständige GTZ-Abteilung: 11    Fachbereich: 115

Projekttyp: Beratungsprojekt

Zielsetzung des Projektes: Im Ostteil des Departemento Itapúa sollen die ansässigen Tung- und Yerba-Mate-Bauern bei der Umstellung von der bisherigen Produktion auf weitere marktgängige Produkte des Pflanzenbaues, wie Soja und Weizen, und beim Aufbau einer leistungsfähigen Rinderhaltung sowie in Fragen der Betriebs- und Marktwirtschaft und auf dem Gebiet der Veterinärmedizin unterstützt werden.

### II. Zeitlicher Ablauf

Planungsbeginn: Juli 1972

Durchführungsbeginn: Dezember 1973

Deutscher Beitrag
vereinbart bis: Ende 1976

### III. Personal

Personal des Gastlandes (Soll): 4

Personal der BRD (Soll): 4

## IV. Sachausrüstung

3 Caterpillar, Lkw, Werkstattausrüstung, Saatgut-Trocknungs- und Reinigungsanlage, Saatgutlabor, landwirtschaftliche Produktionsmittel, Ausrüstung für ein Veterinärlabor, Büroausstattung, Dienstfahrzeuge. Zusätzlich: Kesselanlage für Elektroenergie (die Mittel für die ursprünglich geplante Manioca-Verarbeitungsanlage wurden hierfür eingesetzt).

## V. Kapitalaufwand

Kapitalaufwand des Gastlandes:      355.000,00 DM

Kapitalaufwand der BRD:             4.637.000,00 DM

## VI. Projektbericht

Projektkurzbeschreibung

Die Entwicklung des Departemento Itapúa ist integraler Bestandteil des nationalen Entwicklungsplanes. Bei einer Bevölkerungsdichte von 4,5 Einw./qkm leben dennoch 64 % der Gesamtbevölkerung in der Hauptstadt und dem näheren Einzugsgebiet.

Dieser übermäßigen Konzentration will die paraguayische Regierung durch die wirtschaftliche Erschließung der Gebiete im Osten als auch im Nordosten des Landes entgegenwirken.

Bei den rd. 2,5 Mio. Einwohnern Paraguays und davon 80 % Selbstversorgern steht der Produktionssteigerung - außer bei Weizen - ein begrenzter Inlandsmarkt gegenüber. Die Planung der landwirtschaftlichen Produktion hat sich daher am Bedarf des internationalen Marktes auszurichten, wobei - wegen der Binnenlage Paraguays und des damit verbundenen Transportproblems - ein möglichst hoher Veredlungsgrad anzustreben ist.

Im Ostteil von Itapúa sind ca. 95 % der paraguayischen Tungproduktion und 60 - 70 % des Yerba-Mate-Anbaus konzentriert.

Die Yerba-Ausfuhren nach Argentinien - als wichtigsten Abnehmer - haben ihren Tiefstand beibehalten, wogegen der infolge industrieller Ersatzprodukte lang anhaltende Preisverfall für Tungöl im Zuge der Erdölpreiswelle abgefangen wurde.

Aufgrund der zurückliegenden schlechten Marktlage für Tung und Yerba hat sich die wirtschaftliche Lage der in diesem Gebiet ansässigen Kleinbetriebe laufend verschlechtert.

Durch Diversifikation soll insbesondere über die Steigerung der Soja- und Weizenproduktion ein Risikoausgleich geschaffen und höheres Betriebseinkommen erreicht werden.

Ebenso soll - flankiert durch den Aufbau eines Veterinärdienstes - eine

Leistungssteigerung in der Rinderhaltung erzielt werden.

Im Zuge einer Projektaufstockung sollte vor Ort die Möglichkeit der Errichtung einer Manioca-Verarbeitungsanlage - Chips oder Pellets - mit dem Ziel des Exportes nach Europa untersucht werden.

Projektplanung und -vorbereitung

Die Projektplanung und -vorbereitung erfolgte auf der Grundlage des Gutachtens der GOPA vom Juli 1972 "Ansätze für landwirtschaftliche Entwicklungsprojekte in Itapúa, Yegros und Nueva Germania".

Projektdurchführung

Aufgrund der wirtschaftlichen Lage Paraguays wurden vom Empfängerland keine wesentlichen Counterpart-Leistungen gefordert. Diese Leistungen mußten daher von der BRD organisiert und finanziert werden, was sich verzögernd auf die Anlaufphase des Projektes auswirkte.

Durch Verhandlungen mit dem Landwirtschaftsministerium konnte erreicht werden, daß sich das Gastland offiziell durch die Bereitstellung von zwei Counterparts für die Sektoren "Pflanzliche Produktion" und "Veterinärwesen" personell an der Durchführung des Projektes beteiligt.

Entgegen den Ergebnissen des Gutachtens der GOPA mußte durch die veränderte Weltmarktlage für Tungöl der ursprüngliche Arbeitsplan des Projektes korrigiert werden.

Stärker in den Vordergrund rückt die Frage der Mechanisierung, um den Mangel an Arbeitskräften zu beheben.

Da nur ca. 5 % der ackerbaulich nutzbaren Fläche wurzel- und stubbenfrei ist, müssen als Vorbedingung zur Mechanisierung die Rodungsarbeiten beschleunigt durchgeführt werden.

Weiterhin müssen Fruchtfolgen marktgängiger Kulturen eingeführt werden. Dabei gilt es die Mentalität der Landwirte zu ändern, die bisher überwiegend Erfahrungen mit Pflanzungen mehrjähriger Monokulturen wie Tung und Yerba haben.

Nachteilig haben sich die stark gestiegenen Düngemittelpreise auf die Projektdurchführung ausgewirkt.

Arbeitsergebnisse

Durchführung und Auswertung einer Fragebogenaktion um den landwirtschaftlichen Ist-Zustand des Projektgebietes zu erfassen.

Kontaktaufnahme und Zusammenarbeit mit den offiziellen landwirtschaftlichen und veterinärmedizinischen Stellen des Landes, um die Projektarbeit mit den Entwicklungszielen auf staatlicher Ebene zu koordinieren und brachliegende Ressourcen des Landes zu mobilisieren.

Einsatz von zwei Caterpillar (vorgesehen sind drei zur Stubben-Freimachung ehemaliger Tung-und Yerba- und sonstiger Flächen als Voraussetzung für die spätere Mechanisierung.

Im Rahmen des "nationalen Saatgutplanes" Vermehrung von zertifiziertem Saatgut für Soja und Weizen.

Installation der Saatgut-Trocknungs- und Reinigungsanlage und Aufbereitung von 350.000 kg Soja.

Anlage von Demonstrationsparzellen: Düngung und Pflanzenschutz.

Aufnahme und Vertrieb weiterer Insektizide und Herbizide über das bereitstehende Vertriebsnetz der Banco Nacional de Fomento.

Einführung von Umtriebsweiden in der Rinderhaltung. In Pilotbetrieben wurde für die Unterteilung der erforderliche Draht zur Verfügung gestellt.

Beschaffung der Einzelkomponenten und Zusammenstellung einer Mineralsalzmischung, die über die Genossenschaft an die Viehhalter verkauft wird (4.000 kg mit anhaltend steigender Nachfrage).

Anbau von Futterhafer zur Überbrückung der Futterknappheit in den Wintermonaten.

Anlage von Demonstrationsparzellen in der Weidehaltung mit leistungsfähigen und resistenten Grassorten mit dem weiteren Ziel der Vermehrung und Abgabe an die Landwirte.

Beschaffung von 12 Zuchtbullen der Rasse Zebu über die Versuchsstation des Landwirtschaftsministeriums zur Leistungssteigerung der Rinderhaltung im Projektgebiet.

Durchführung einer Studie über die Möglichkeit der Installation einer Mandioca-Verarbeitungsanlage im Projektgebiet mit dem Ziel des Exportes nach Europa (Ergebnis: Bei der derzeit gegebenen landwirtschaftlichen Situation im Projektgebiet, der Marktlage und der Transportbelastung ist der rentable Einsatz einer derartigen Anlage nicht gewährleistet!).

Erstellung einer Energiebilanz und Planung des künftigen Energiebedarfs der Genossenschaft sowie Kostenermittlung der Energieerzeugung.

Kostenberechnung der Tungölerzeugung sowie Rentabilitätsberechnung einer zusätzlichen Extraktion von Tungexpeller.

Kostenkalkulation für den Einsatz der Caterpillar zur Bildung von Gegenwertmitteln zur Finanzierung der Folgeinvestitionen (Mähdrescher).

Einsatz von Dreschmaschinen in zwei gegründeten Dreschgemeinschaften auf Gegenwertmittelbasis.

Kostenkalkulation für die Reinigung, Trocknung und Lagerung für Soja und Weizen (12.000 t) sowie für die Aufbereitung von 450 t Saatgut.

Auf dem Veterinärsektor wurde in Zusammenarbeit mit dem Zentralen Veterinärlabor des Landwirtschaftsministeriums eine Bestandsaufnahme der am häufigsten auftretenden Krankheiten im Projektgebiet mit folgendem Ergebnis durchgeführt:

100 % Befall von Endoparasiten
90 % Ektoparasiten (Dasselfliege)
75 % Ektoparasiten (Zecken)
55 % Caquexia (Kräfteverfall durch schlechte Ernährung)
Häufiges Auftreten von Eutererkrankungen und Hypocalzemie.

Mit der Einrichtung eines eigenen Veterinärlabors wurde begoennen.

Versorgung des Projektgebietes mit Vet-Medikamenten über die Genossenschaft.

# Peru

# Förderung einer landwirtschaftlichen Interessengemeinschaft

## I. Allgemeines

PN: 63.2059.2

| | |
|---|---|
| Verantwortlicher deutscher Leiter des Vorhabens: | Gerhard Bauer |
| Projektanschrift: | Casilla de Correo 246 Huancayo/Peru Telefon: 2727 Anexo 20 |
| Projektträger im Gastland: | Ministerio de Agricultura, Zona Agraria X, Huancayo |
| Projektträger in der BRD: | Agroprogress |
| Zuständige GTZ-Abteilung: | 11   Fachbereich: 115 |

Projekttyp: Umfassende Förderung der landwirtschaftlichen Produktion. Dabei wird auch die Erzeugung und Verarbeitung von Milch sowie die Vermarktung von Milch- und Milchprodukten unterstützt. Landwirtschaftliche Beratung und Saatgutvermehrung.

Zielsetzung des Projektes: Förderung der klein- und mittelbäuerlichen Betriebe durch Aufbau einer Tierzuchtstation, einer Molkerei, eines Landmaschinendienstes sowie Beratung zur Steigerung der pflanzlichen und tierischen Produktion. Vermehrung von Saatgut für den Futterpflanzenanbau. Hilfe beim Aufbau von landwirtschaftlichen Genossenschaften.

## II. Zeitlicher Ablauf

| | |
|---|---|
| Planungsbeginn: | 1967 |
| Durchführungsbeginn: | 1969 |
| Deutscher Beitrag vereinbart bis: | 1976 |

## III. Personal

Personal des Gastlandes (Soll): 16

Personal der BRD (Soll): 4

## IV. Sachausrüstung

Beraterausrüstung einschließlich Fahrzeuge und Material; Zuchtrinder und Ausrüstung einer Viehzuchtstation mit künstlicher Besamungsstation, landwirtschaftliche Maschinen und Geräte, landwirtschaftliche Produktionsmittel (Dünger, Saatgut etc.), technische Ausrüstung einer Molkerei einschließlich Fahrzeuge und Ausrüstung für Lehr- und Schulungszwecke.

## V. Kapitalaufwand

Kapitalaufwand des Gastlandes: 3. Projektphase 4.000.000,00 Sol
(1 Sol = 0,06179 DM)

Kapitalaufwand der BRD:    8.450.000,00 DM

## VI. Projektbericht

Projektkurzbeschreibung

Projektgebiet ist das ca. 750 qkm große und auf einer durchschnittlichen Höhe von 3.300 m über N.N. gelegene Mantarotal (Hauptort Huancayo) in den Zentralperuanischen Anden. Zur Hauptstadt Lima beträgt die Entfernung 350 km (6 Autostunden).

Etwa 25.000 Familien (ca. 200.000 Menschen) beziehen ihren Lebensunterhalt aus der Landwirtschaft (Gesamtbevölkerung ca. 400.000 Menschen). Etwa 80 % der ländlichen Familien besitzen weniger als 2 ha Wirtschaftsfläche und betreiben reine Subsistenzwirtschaft.

Die jährlichen Niederschläge von ca. 750 mm verteilen sich auf die Monate November bis April. Bedingt durch das unzureichende Kanalsystem ist nur ein Drittel der landwirtschaftlichen Nutzfläche - von etwa 45.000 ha - bewässerbar. Hauptkulturen sind Kartoffeln, Mais, Gerste, Hafer, Luzerne und Klee-Gras-Gemenge. Der Rinderbestand wird im Projektgebiet auf 25.000 geschätzt. Davon sind 2.500 Rinder reinrassige Holstein und Brown-Swiss. Der restliche und überwiegende Teil besteht aus der primitiven Criollo-Landrasse. Schaf- und Schweinehaltung haben geringere Bedeutung.

Ziel des Projektes ist es, durch Verbesserung der Produktionsmöglichkeiten und der Vermarktung landwirtschaftlicher Produkte die Einkommen der kleinbäuerlichen Betriebe nachhaltig zu verbessern. Wegen der natürlichen Standortfaktoren liegt der Schwerpunkt der Projektarbeit in der Förderung und Intensivierung der Rinderhaltung.

Projektplanung und -vorbereitung

Vorstudien 1967/68, Notenwechsel und Beginn der Arbeiten Mitte 1969. Konzeption und Planung einer möglichst umfassenden Förderung der Viehwirtschaft (Verbund Milchproduktion, -verarbeitung und -vermarktung). Änderung der ursprünglichen Konzeption durch den Aufbau von

Beratungsringen (anstatt Beispielsbetrieben, Verbleib der importierten Rinder als Stammherde in der Tierzuchtstation (statt Verteilung auf die Beispielsbetriebe) sowie Bildung eines genossenschaftlichen Maschinenrings (statt Verteilung auf die Beispielsbetriebe).

## Projektdurchführung

Das Projekt befindet sich derzeit in der dritten Durchführungsphase. Die Projektteile der Tierzuchtstation mit künstlicher Besamung und die Beratung bei der Milchanfuhr wurden den peruanischen Partnern bereits übergeben.

Neu in die Projektarbeit wurde die Vermehrung von Futterpflanzensaatgut aufgenommen, da es im Land kaum eine Vermehrung gibt und notwendige Exporte so gut wie ganz eingestellt wurden.

In der dritten Durchführungsphase werden die restlichen Projektteile in ihrer technischen Arbeit und Beratung abgeschlossen.

Die als Trägerorganisation vorgesehene Zentralgenossenschaft mußte aufgrund unzulänglicher Arbeit von den peruanischen Behörden aufgelöst werden. Deshalb ist es notwendig geworden, eine neue Trägerorganisation aufzubauen.

Zur Zeit ist das Projektpersonal damit beschäftigt, mit Hilfe des peruanischen Partners eine neue Trägerorganisation, die sich aus den Milchproduzenten zusammensetzt, aufzubauen. In dieser neuen Trägerorganisation sollen alle Projektteile, auch die bereits übergebenen, zusammengeschlossen und gemeinsam verwaltet werden.

## Arbeitsergebnisse

Die Beratung und Schulung der Bauern, besonders in Fragen der Milchproduktion, führte zu einer wesentlichen Steigerung der Futterproduktion und -vorratswirtschaft und damit zu einer Verdoppelung des Milchaufkommens.

Durch den Einsatz von Landmaschinen - auch in den Kleinbetrieben - wurden die Bodenerträge gesteigert und die Produktionskosten besonders im Futter- und Getreideanbau gesenkt.

Die von der Rinderzuchtstation ausgehenden Maßnahmen gewährleisten eine kontinuierliche genetische Aufwertung des Rindermaterials im Projektgebiet. Das angegliederte Schulungszentrum sichert die Ausbildung der Bauern und Techniker.

Die Molkerei mit ihrem eigenen Sammel- und Vertriebsnetz bietet einerseits den Bauern eine leistungsgerechte Bezahlung und sichere Abnahme der Milch, andererseits wird die Bevölkerung mit standardisierter Trinkmilch und hygienisch einwandfreien Milchprodukten versorgt. Die neuerstellte Molkerei ist die erste in Peru, die nicht nur Trinkmilch herstellt, sondern über ein komplettes Produktionsprogramm für alle Milchprodukte verfügt.

Die Versuche, Futterpflanzensaatgut unter den ökologischen Bedingungen auf 3.200 m N.N. zu produzieren, liefern bereits vielversprechende Aussagen.

Peru

# Erschließung unkonventioneller Eiweißquellen

## I. Allgemeines

PN: 71.2069.4

Verantwortlicher deutscher
Leiter des Vorhabens:     Dr. Peter Heussler

Projektanschrift:     Casilla 405
Trujillo/Peru

Projektträger im Gastland:     Ministerio de Pesquería
(Fischereiministerium)

Projektträger in der BRD:     GTZ

Zuständige GTZ-Abteilung:     11     Fachbereich:   112

Projekttyp:     Erprobung von Maßnahmen zur Schließung der Eiweißlücke

Zielsetzung des Projektes:     Untersuchungen zur Kultur und Anwendung für die menschliche Ernährung von Mikroalgen des Süßwassers unter peruanischen Bedingungen. Entwicklung einer angepaßten Technologie der Produktion und Verarbeitung der Algen. Verwendung der Algen allein oder in Kombination mit anderen Proteinträgern in der Ernährung und speziell zur Therapie von Mangelernährung.

Bearbeitung züchterischer, pflanzenbaulicher und technologischer Probleme zum Anbau und zur Verwertung von Bitter- und Süßlupinen als Rohstoff für Protein und Speiseöl.

## II. Zeitlicher Ablauf

Planungsbeginn:     Oktober 1970

Durchführungsbeginn:     November 1971

Deutscher Beitrag
vereinbart bis:     1976

## III. Personal

Personal des Gastlandes (Soll):     12

Personal der BRD (Soll):     3

## IV. Sachausrüstung

Anlage zur Kultivierung und Verarbeitung von Mikroalgen, Laborausrüstung für Ernährungsinstitut in Lima und verschiedene beteiligte Universitäten, Einrichtung eines Tierversuchslaboratoriums am Ernährungsinstitut in Lima.

## V. Kapitalaufwand

Kapitalaufwand des Gastlandes: 295.000,00 DM

Kapitalaufwand der BRD: 2.553.000,00 DM

## VI. Projektbericht

Projektkurzbeschreibung

Das Projekt befaßt sich mit der Erschließung unkonventioneller Eiweißquellen für die Einwohner.

Die Algenkulturanlage ist der Zuckerfabrik der Cooperativa de Agraria de Producción Ltda. No. 32 in Casa Grande angeschlossen. Dort werden in enger Zusammenarbeit mit Wissenschaftlern der Universität Trujillo die für eine spätere Großproduktion notwendigen Kulturversuche durchgeführt.

Der Schwerpunkt der Arbeiten mit Lupinen auf züchterischem, pflanzenbaulichem und technologischem Gebiet liegt an der Universidad Nacional San Antonio Abad del Cuzco. Auf dem pflanzenbaulichen Sektor arbeiten ferner mit die Universitäten in Huancayo, Cajamarca und die landwirtschaftliche Universität in La Molina (Lima).

Lupinen sind eine alte Kulturpflanze des peruanischen Hochlandes. Durch Anwendung moderner Pflanzenbaumethoden und Technologien soll der Ertrag gesteigert und der Samen als Rohstoff zur industriellen Verarbeitung zu Speiseöl und proteinreichen Nahrungsmitteln genutzt werden, um die Einkommenssituation der vorwiegend in Subsistenzwirtschaft lebenden Hochlandbauern zu verbessern und den Mangel an Öl und Protein auf dem peruanischen Markt zu vermindern.

Gegebenenfalls sollen noch andere Proteinträger, z.B. Fischproteinkonzentrat in das Arbeitsprogramm mit aufgenommen werden.

Die ernährungsphysiologische Untersuchung und Erprobung der Produkte wird am Ernährungsinstitut des Gesundheitsministeriums in Lima durchgeführt. Von diesem Institut wurden auch klinische Studien an mangelernährten Patienten betreut. Ferner wurden vom Institut Akzeptationstests in der peruanischen Bevölkerung durchgeführt und industrielle Rezepturen zur Herstellung angereicherter Nahrungsmittel entwickelt.

Von deutscher Seite arbeiten die folgenden Institutionen an der Betreuung des Projektes mit:

- Abteilung für Algenforschung und Algentechnologie der Gesellschaft für Strahlen- und Umweltforschung in Dortmund (fachliche Beratung zu den Algenkulturen);
- Landwirtschaftliche Versuchsstation Gorbea, Chile (Lupinen);
- Ernährungswissenschaftliches Institut I der Universität Gießen (ernährungsphysiologische Fragen).

Projektplanung und -vorbereitung

Vorplanungen wurden 1970 durch das BMZ in Zusammenarbeit mit der Abteilung für Algenforschung und Algenphysiologie der GSF in Dortmund und dem Ernährungswissenschaftlichen Institut I der Universität Gießen durchgeführt.

Die Projektarbeiten begannen im November 1971 zunächst nur mit Algen. Im Rahmen der ersten Projektverlängerung von 1973 bis 1975 wurden auch Lupinen in das Arbeitsprogramm mit aufgenommen.

Planungsgrundsätze: Experimentelle Vorbereitungen zum Aufbau einer industriellen Algenproduktion für Eigenbedarf des Landes und Export. Steigerung des Lupinenanbaus im peruanischen Hochland zur Verbesserung der wirtschaftlichen Situation der Bauern und Erschließung als Nahrungsquelle.

Projektdurchführung

Ein deutscher Spezialist für die Algenkultur und zwei Ernährungsfachleute bearbeiten zusammen mit einheimischen Fachleuten die folgenden Aufgaben:

a) Prüfung der Produktionsmöglichkeit und der wirtschaftlichen Gegebenheiten von Mikroalgen des Süßwassers unter peruanischen Bedingungen.

b) Koordinierung und Durchführung von züchterischen, pflanzenbaulichen und technologischen Arbeiten an Lupinen.

c) Klärung spezieller Probleme der Verarbeitung von Bitterlupinen.

d) Ernährungsphysiologische Studien und Akzeptationstests als Voraussetzung zur Einführung von Algen und Lupinenprodukten bei verschiedenen Bevölkerungsschichten.

e) Entwicklung von Rezepten zur Verwertung von Algen und Lupinen in der Nahrungsmittelindustrie.

f) Prüfung von Algen und Lupinenprodukten in Tierversuchen und klinischen Untersuchungen zum Zwecke der offiziellen Zulassung als Nahrungsmittel.

g) Prüfung der Mikroalgen auf ihre Eignung in der Therapie von Mangelernährungszuständen.

Arbeitsergebnisse

a) Die Kulturversuche zeigten, daß Mirkoalgen unter peruanischen Bedingungen sehr günstige Wachstumsergebnisse liefern. Es ist mit Durchschnittserträgen von 85 t Algentrockenmasse pro Jahr/ha (ca. 45 t Rohprotein) zu rechnen.

b) Aus den Arbeiten ergaben sich wertvolle Erfahrungen für die Anpassung der Algenkultur an die Verhältnisse des ariden Klimas. Hervorzuheben ist die Möglichkeit einer Algenproduktion auf landwirtschaftlich nicht nutzbaren Ödlandflächen am Rande der Bewässerungsgebiete.

c) Nach Ausgabe von rd. 6.500 Versuchsmahlzeiten in Akzeptatbilitätsstudien kann festgestellt werden, daß Algengerichte von der peruanischen Bevölkerung gut akzeptiert werden.

d) In klinischen Tests erwiesen sich algenhaltige Diäten bei der Therapie von Mangelernährungszuständen an Kleinkindern der herkömmlichen Ernährung als weit überlegen (auch kostenmäßig).

e) In der züchterischen Bearbeitung von Lupinen wurden beachtliche Fortschritte erzielt. Es stehen einige reine Linien zur Verfügung, die sie neben hohem, der Sojabohne vergleichbarem Flächenertrag durch Ölgehalte bis 25 % auszeichnen. Das Öl entspricht in seiner Qualität etwa dem Erdnußöl.

f) Untersuchungen zur Entfernung der Bitterstoffe (Alkaloide) aus dem Lupinenöl und dem proteinreichen Rückstand der Ölextraktion ergaben befriedigende Resultate, die auch die Möglichkeit einer großtechnischen Anwendung eröffnen.

g) Neben der in Peru nativen und seit langem kultivierten Bitterlupine (lupinus mutabilis) gelang an verschiedenen Stellen des Hochlandes die Kultur von Süßlupinen (Lupinus albus), die zwar weit geringere Ölgehalte aufweisen, aber wegen des niedrigen Alkaloidgehaltes für den direkten menschlichen Konsum weniger Probleme bieten.

h) Zahlreiche Nahrungsmittel und Speisen der peruanischen Küche lassen sich durch Lupinenmehl anreichern, ohne daß Probleme der Akzeptabilität auftreten. Besonders günstig erscheint die Möglichkeit zur Beimischung von 10 bis 20 % Lupinenmehl zu Brot und anderen Backwaren. Dadurch könnten nicht nur die beträchtlichen Brotgetreideimporte des Landes vermindert werden, sondern auch infolge der ergänzenden Wirkung des Leguminosenproteins zum Getreideportein die Backerzeugnisse in ihrem Nährwert verbessert werden.

Peru

# Vikunjabewirtschaftung

## I Allgemeines

PN: 71.2071.0

Verantwortlicher deutscher            Dr. Rudolf Hofmann
Leiter des Vorhabens:

Projektanschrift:                     Pampa Galeras
                                      Apartado 84
                                      Nazca/Peru

Projektträger im Gastland:            Ministerium für Landwirtschaft

Projektträger in der BRD:             GTZ

Zuständige GTZ-Abteilung:             12   Fachbereich: 121

Projekttyp:                           Wildtierbewirtschaftung

Zielsetzung des Projektes:     Prüfung der wirtschaftlichen Nutzungsmöglichkeit der Vikunjas bei gleichzeitiger Vermehrung des vorhandenen Bestandes und der Wiederbesiedlung ehemaliger Weidegebiete; Erhöhung der Bodenrente durch gemischte (kombinierte) Weidewirtschaft von Haus- und Wildtieren sowie Nutzbarmachung von Marginalböden und Ausschlußflächen.

## II Zeitlicher Ablauf

Planungsbeginn:                       1971

Durchführungsbeginn:                  April 1972

Deutscher Beitrag                     April 1976
vereinbart bis:

## III Personal

Personal des Gastlandes (Soll):       4  +  41 Wildwarte

Personal der BRD (Soll):              2

## IV Sachausrüstung          ng

4 Fahrzeuge und notwendige technische Ausrüstung.

## V. Kapitalaufwand

Kapital des Gastlandes:              28.000.000,00 Soles (≙1.500.000,00 DM)

Kapital der BRD:                  747.000,00 DM

## VI. Projektbericht

Projektkurzbeschreibung

Die moderne viehzüchterische Arbeit in den peruanischen Anden konzentrierte sich bisher fast ausschließlich auf die ertragreichen Weiden zwischen 2.500 m und 3.500 m Höhe. Bei den unbedeutenden Versuchen in der Puna, oberhalb 4.000 m, arbeitete man mit Vollumbruch und nachfolgender Aussaat ertragreicherer Futterpflanzen, Kunstdüngung, künstlicher Bewässerung und Portionsweiden. Diese Maßnahmen verursachen derartige Kosten, daß bei der Armut der Bevölkerung ihre Anwendung in großem Maßstab von niemandem auch nur ernsthaft in Erwägung gezogen wird. Der größte Teil der Hochweideflächen sind Gemeindeeigentum, ohne jede Begrenzung des Viehbestandes. In vielen Gebieten zeigt das Vorkommen des Kaktus Opuntia floccosa bereits eine Überweidung an.

Als Hauptaufgabe von Weideuntersuchungen gilt es festzustellen, welche Menge an Trockensubstanz die verschiedenen von den freilebenden und domestizierten großen Herbivoren aufgenommenen Pflanzen erzeugen, welche Menge davon direkt oder indirekt über Pansensymbionten für die verschiedenen Arten verdaulich ist, welche Veränderung die Gesamtproduktion und die Verdaulichkeit bei einem Wechsel der Weidegänge und in den verschiedenen Jahreszeiten unterliegen.

Außer der unterschiedlichen Nutzung der verschiedenen Pflanzenformationen ist das Vikunja in der Lage, bei allen Futterpflanzen basale, verholzte oder kieselsäurereiche Teile aufzunehmen, da seine Schneidezähne fast lebenslang nachwachsen; eine Besonderheit, die selbst den nahe verwandten Lamas und Alpakas fehlt. Außerdem sind sowohl die einheimischen Haustiere als auch die aus einem völlig anderen Klimagebiet stammenden Schafe bedeutend kompakter und kurzläufiger als das grazile Vikunja. Kalorienmäßig ist es für die ersteren unrentabel, täglich ausgedehnte Wanderungen zu unternehmen, um die Sättigung zu erreichen. Zudem ist ihr Wasserbedarf bedeutend höher als der der Vikunja. Ihr Weideradius wird noch durch die an feste Unterkunft und permanente Wasserstellen gebundenen Hirten eingeengt, denn mit Ausnahme der zum Lasttragen bestimmten männlichen Lamas werden alle Haustiere allnächtlich gepfercht. Diese Korrale befinden sich in unmittelbarer Nähe der Unterkünfte der Hirten. Dadurch bleiben die entfernter gelegenen, riesigen semiariden Gebiete ungenutzt durch Haustiere.

Bei der Zielsetzung dieses Projektes stand von Anfang an fest, daß sich die Arbeit nicht auf das relativ kleine Reservat beschränken könne.

Vielmehr mußten auf einer möglichst großen Fläche alle noch vorhandenen Restbestände an Vikunjas festgestellt werden, die entweder als Kern für eine künftige Wiederbesiedlung geeignet sind oder aber durch die sich ergänzenden Effekte des jährlichen Zuwachses und der Zuwanderung aus nicht geschätzten Gebieten, eine ständige Kontrolle rechtfertigen. Aus wirtschaftlichen Erwägungen blieben kleinere Verbände unberücksichtigt.

Projektplanung und -vorbereitung

Die außerordentliche Wertschätzung des Felles und der Wolle des Vikunja haben in der Vergangenheit zu einer fast vollständigen Ausrottung dieser Tierart geführt. Seit 1964 versucht die peruanische Forstverwaltung durch Wildpflegemaßnahmen diese Art von dem Aussterben zu bewahren. Um den Kern eines 6.500 ha großen Reservates wurden Schutzhütten gebaut, Wildwarte ausgebildet und eine Aufklärungskampagne für die Bevölkerung durchgeführt. Der Tierbestand wurde inzwischen von 640 auf 15.800 Tiere vermehrt. Somit mußte man an Folgemaßnahmen denken.

Planungsgrundsätze: Erhaltung der Art, Aufstockung des Wildtierbestandes, neue Fang- und Schurmethoden, veterinärmedizinische Betreuung der Tiere, neue Vermarktungsmethoden, Aufbau von Wollgenossenschaften, biologisch fundierte Besatzdichte, integrale Nutzung der hochandinen Naturweiden unter Einbeziehung der Begleitfauna des Vikunja, besonders Guanako und Andenhirsch.

Projektdurchführung

Das Projekt befindet sich in der Aufbauphase. Die zoologische Gesellschaft Frankfurt finanziert den Bau von 3, der World Wildlife Fund von 2 und die peruanische Forstverwaltung 5 Kontrollposten. Damit können täglich 350.000 ha Vikunja-Habitat überwacht werden.

Arbeitsergebnisse

Die in Zweijahresfrist erzielten Ergebnisse sind außerordentlich erfreulich. Steigerung des Tierbestandes auf 15.800 Individuen, Ausbau des Kontrollnetzes des Reservates, Bau von Pferdestall und Feldschmiede für Dienstpferde, Wohnhäuser für Familien der Wildwarte, positive Aufklärung der Bevölkerung, über den Wert der Vikunjas, Erarbeitung von neuen Fangmethoden, Ausbreitung (Erweiterung) des Projektes auf 3 weitere Provinzen, internationales Interesse in Argentinien, Bolivien und Chile. Diesen Ländern stehen zusammen mit Peru etwa 16 Mio ha Marginalböden und Ausschlußflächen für Vikunjabewirtschaftung zur Verfügung.

# Peru

# Landwirtschaftliche Beratergruppe im Tinajones-Bewässerungsvorhaben

## I. Allgemeines

PN: 66.2057.9

| | |
|---|---|
| Verantwortlicher deutscher Leiter des Vorhabens: | Dr. Dietrich Wolffgang |
| Projektanschrift: | Casilla 473<br>Chiclayo/Peru |
| Projektträger im Gastland:<br>bis 1973:<br><br>ab 1973:<br><br><br>ab 1975: | Ministerio de Agricultura:<br>Direción Ejecutiva del Proyecto Especial Tinajones (DPTI)<br>Zona Agraria II (ZA II) und Centro Regional de Investigación Morte (CRIAN)<br>Ministerio de Alimentacion (Zona de Alimentacion II und Centro Regional de Investigación del Norte II) |
| Projektträger in der BRD: | Gesellschaft für Agrarentwicklung (GAE) mbH |
| Zuständige GTZ-Abteilung: | 14    Fachbereich: 142 |
| Projekttyp: | landwirtschaftliches Versuchs- und Beratungsprojekt |

Zielsetzung des Projektes: Beratung des Tinajones-Bewässerungsprojektes und Ausbildung auf den Gebieten Pflanzenbau, Tierzucht, Landtechnik, Betriebswirtschaft, Genossenschaftswesen und Versuche und Ausbildung auf dem Gebiet des Wasserbaus.

## II. Zeitlicher Ablauf

| | |
|---|---|
| Planungsbeginn: | 1966 |
| Durchführungsbeginn: | 1967 |
| Deutscher Beitrag vereinbart bis: | 30. April 1976 |

## III. Personal

Personal des Gastlandes (Soll):   keine Angaben

Personal der BRD (Soll): Projektphase I: 1967-1970 4 Berater
Projektphase II: 1970-1973 7 Berater
Projektphase III: 1973-1976 14 Berater

## IV. Sachausrüstung

Büroausrüstung, Schreib- und Rechenmaschinen, 19 Fahrzeuge, fünf Traktoren mit Hydraulik, Anhängern und Ackergeräten, 1 Mercedes-Benz-Lastwagen mit kompletter Werkstatt, 2.500 to N-Dünger, 73 Zuchtrinder (Fleckvieh), jeweils komplettes bodenchemisches und physikalisches Labor, Pflanzenschutz- und Saatgutlabor, Stationsausrüstung für 12-ha-Bewässerungsversuchsfeld, agrarmeteorologische Station, tierärztliche Ausrüstung und Ausrüstung für KS-Station. Diverse Sä-, Dünge-, Pflege-, Erntegeräte für Tierzuchtstation PCRL und Versuchsstation CRIAN, vier Baustellenbürowagen, diverse optische Geräte: Nivelliergeräte, Teodolithen, Mikroskope, diverse weitere Maschinen, Geräte und Produktionsmittel.

## V. Kapitalaufwand

Kapitalaufwand des Gastlandes: 1.200.000,00 DM

Kapitalaufwand der BRD: 9.500.000,00 DM

## VI. Projektbericht

Projektkurzbeschreibung

Der geographisch günstig gelegene Großraum Chiclayo ist wirtschaftlicher Entwicklungsschwerpunkt im nördlichen Küstenbereich mit starker Ausstrahlung in die Sierra und Selva. Er umfaßt die Departamentos Lambayeque, Teile von Libertad, Cajamarca und Amazonas. Chiclayo ist Sitz der Zentralverwaltung der dieses Gebiet umfassenden Zona Agraria (ZA II) und des Centro Regional de Investigación del Norte, letzteres mit neuen Versuchs- und Forschungsanlagen in dem 300 ha großen und acht km nordöstlich von Chiclayo gelegenen "Vista Florida".

Im engeren Projektgebiet von Tinajones werden unter anderen Kulturarten, wie Mais (7000 ha), Bohnen (11000 ha), Luzerne (7000 ha), Baumwolle (5000 ha), Gemüse, Obst usw., hauptsächlich Zuckerrohr (25000 ha) und Reis (22000 ha) gebaut. Zur peruanischen Gesamtproduktion werden beigetragen:
Reiserzeugung ZA II: 65 % (Tinajones-Gebiet 20 %)
Zuckererzeugung ZA II: 42 % (Tinajones-Gebiet 32 %)

Projektplanung und -vorbereitung

Januar 1965 Kapitalhilfeprojektvertrag (1965-1968 Speicherbau)
Februar 1967 Notenwechsel Projektphase I (Beginn: Mai 1967)

März 1968 Vorlage des landwirtschaftlichen Teils der SIG-Feasibility-Studie
September 1969 Planung zur Projektphase II (Beginn: Mai 1970)
August 1971 Planung zur Projektphase III (September 1972 Projektevaluierung - Mai 1973 Beginn)

Projektdurchführung

Projektphase I (1967-1970): Schwerpunkt der Arbeit bei Schaffung der Grundlagen für Planung und Organisation auf der Verwaltungsebene (Projektleitung und Planung - Pflanzenbau - Agrarstrukturverbesserung - Genossenschaftswesen).

Projektphase II (1970-1973): Schwerpunkt in der Praxis (Projektleitung und Planung - Pflanzenbau-, Genossenschaftswesen - Tierzucht - Wasserbau).

Projektphase III (1973-1976): Schwerpunkt bei der Durchsetzung der Ziele der tierischen und pflanzlichen Produktion im gesamten Projektgebiet (Projektleitung und Planung, Betriebswirtschaft und Genossenschaftswesen - Pflanzenbau - Wasserbau - Bodenkunde - Tierzucht - Veterinärwesen und künstliche Besamung - Pflanzenschutz - Landmaschinentechnik).

Arbeitsergebnisse

Unter Mitwirkung der Beratergruppe wurden bis 1973 folgende Ergebnisse erzielt.
- Neuaufstellung eines Katasters auf rd. 100.000 ha;
- Aufstellung einer Wirtschaftskartei für rd. 1.000 Betriebseinheiten auf 15.000 ha in Ferrefiafe;
- Feasibility-Studien für Siedlungsprojekt Cofradía mit 60 Betriebseinheiten und für ein Mastzentrum mit 10.000 Rindern;
- Planung und Neubau des Kanal- und Verteilersystems auf 1.500 ha Bewässerungsfläche in Cofradía und Luzfaque;
- Mitwirkung bei der Neugestaltung des Wasserrechts und der Entwicklung der jährlichen Anbauplanung für das Gesamtgebiet;
- Organisation und Aufbau des ersten "Comite de Regantes" als Beispiel zukünftiger Einheiten der Produktions- und Bewässerungsplanung;
- Aufbau und Verwaltung des Gegenwertmittelfonds;
- Aufbau von Fertighauskomplexen für das Bewässerungskomitee Luzfaque, Beratungsstation PCRL, Beratungsstation Zentralwerkstatt;
- Durchführung einer Adaptationsstudie für Fleckvieh;
- Mitarbeit im nationalen Weizenprogramm, Anbauüberwachung auf 630 ha Großversuch;
- Nebenerwerbs- und Genossenschaftsförderung: Handwerkergenossenschaft Monsefu, Nähereigenossenschaft San Isidro, ACOMUC;
- Diverse Berichte, Beratungsschriften, Spezialstudien, Planungen, Befragungsaktionen, Einzelberatungen auf allen Ebenen der Verwal-

tung und Praxis;
- Ausbildung und Beratung der ständigen Counterparts, Ausbildung von fünf Counterparts in der BRD, Studienreise mit weiteren vier höheren Beamten der Counterpartbehörden in die BRD;

Laufende Arbeiten:
- Planung, Aufbau und Betrieb einer 12-ha-Bewässerungsversuchsstation im CRIAN sowie von bis zu drei weiteren Nebenstationen in Luzfaque, Mochumí und Lanbayeque;
- Einrichtung einer agrarmeteorologischen Station im CRIAN;
- Einrichtung eines bodenchemischen und -physikalischen Labors;
- Einrichtung eines phytopathologischen Labors;
- Prüfung der Anbaufähigkeit spezieller Bewässerungskulturen durch Anlage, phytosanitäre Überwachung und Auswertung von diversen Feldversuchen, insbesondere von Weizen und anderen "wassersparenden"Kulturen".

# Philippinen

## Philippine-German Crop Protection Program

### I. Allgemeines

PN: 74.2028.4

Verantwortlicher deutscher
Leiter des Vorhabens:  Dr. Jürgen Schäfer

Projektanschrift:  3, Cruzadas
Urdaneta Village
Makati/Rizal/Philippines

Projektträger im Gastland:  (Department of Agriculture)
Bureau of Plant Industry
President Quirino Avenue
Malate/Manila

Projektträger in der BRD:  GTZ

Zuständige GTZ-Abteilung:  11    Fachbereich: 113

Projekttyp:  Pflanzenschutzprojekt

Zielsetzung des Projektes:  Über vier Außenstellen in Luzon/Visayas und ein spezielles Projekt in Mindanao sowie ein Diagnose-Labor wird der Pflanzenschutzdienst des BPI (a) in der Verfeinerung und Verbreitung der eingeführten Feldrattenbekämpfungsmethode, (b) in der Einführung eines Warndienstes, (c) in der Errichtung eines nationalen Trainingszentrums für Feldtechniker und Bauern und (d) in der Errichtung eines Rückstandslabors unterstützt.

### II. Zeitlicher Ablauf

Planungsbeginn:  1968

Durchführungsbeginn:  1969-1974 Feldrattenbekämpfungsprojekt
1974    Erweiterung auf allgemeinen Pflanzenschutz

Deutscher Beitrag
vereinbart bis:  Ende 1978 mit Auslaufphase bis 1980

### III. Personal

Personal des Gastlandes (Soll):  16

Personal der BRD (Soll):  6

## IV. Sachausrüstung

43 Geländefahrzeuge, 17 Motorräder, fünf SSB Radios, vier Einheiten Audio-Visual Units + Generatoren, Pestizide, 186 Spritzgeräte (motor. und mech.), eine Pflanzenschutz-Diagnose-Laborausrüstung, Einrichtung eines Rückstandslabors, verschiedene Literatur (Bibliothek), Unterstützung bei der Ausnutzung des Maligaya-Trainingszentrums.

## V. Kapitalaufwand

Kapitalaufwand des Gastlandes:  11.100.000,00 DM

Kapitalaufwand der BRD:  7.515.000,00 DM

## VI. Projektbericht

Projektkurzbeschreibung

Das Projekt ist in hohem Maße operationsmäßig in den Organisationsablauf der Crop Protection Division des Bureau of Plant Industry (BPI) integriert. Die Projektverwaltung mit Sitz in der Zentrale steuert die Durchführung von vier Teilprojekten (Line Projects), führt Seminare durch und wählt die Kandidaten für das jährliche Counterpart-Training-Programm aus.

Die Teilprojekte sind:

I. Operations, unterstützt durch Pflanzenschutz-Diagnose-Labor:

Allgemeine Pflanzenschutzberatung mit besonderem Hinblick auf Feldrattenbekämpfung durch vier Außenstellen und ein "pilot project" in Zamboanga.

II. National Crop Protection Training Center, Sitz in Maligaya/Munoz, Nueva Ecija.

Der Aufbau dieser Schule ist unter dem Gesichtspunkt des praxisnahen Trainings besonders dringlich geworden.

III. Surveillance and Forecasting Monitoring System (SFMS)

Es wird z.Zt. in Abstimmung mit UPLB/CA und IRRI sowie GTZ an der Einführung eines Frühwarndienstes durch die bestehenden Außenstellen gearbeitet, wobei zunächst der Schwerpunkt auf "Surveillance" gelegt wird.

V. Residue Laboratory

Inbetriebnahme eines Rückstandslabors welches unter Mitwirkung von verschiedenen deutschen Stellen eingerichtet wurde. Dieses Labor ist von besonderer Wichtigkeit bei der Inkraftsetzung eines neuen Pflanzenschutzgesetzes, welches zum ersten Mal die Rückstandsproblematik miteinbezieht.

Counterpart-Training

1969 bis einschließlich 75/76:

| | |
|---|---|
| nach Deutschland, Spezialausbildung | 13 |
| nach Deutschland, Information | 2 |
| nach Beirut | 2 |
| nach England | 1 |
| in Philippinen, UPLB/CA | 5 |
| in Philippinen, CLEC | 1 |
| in Philippinen, Philair | 1 |
| im Projekt ausgebildet, Spezialkurs | 8 |
| im Projekt ausgebildet, SO-Asian Seminar | 17 |

Projektplanung und -vorbereitung

(Im Anschluß an die in "Deutsche Agrarhilfe" auf Seite 370 unter B aufgeführte Planung ist ab 1975 folgender Ablauf in die Wege geleitet worden:)

I  Januar - Juni 1975
   a) Neben der allgemeinen Pflanzenschutzberatung wurde die Feldrattenbekämpfung von "pilot project" - auf Regionalebene verlegt. Bauern werden zunehmend kollektiv angegangen.
   b) Der Frühwarndienst wurde in Außenstelle Manila (BPI Regional Office 4) eingeführt und getestet.
   c) Das Rückstandslabor und
   d) das Trainingszentrum befinden sich im Aufbau.

II Juli - Dezember 1975
   a) Allgemeine Pflanzenschutzberatung hauptsächlich im Reis, dann Mais, Coconuts, Baumwolle u. a.

   Feldrattenbekämpfung wird dann lt. NFAC auf nationaler Ebene durchgeführt, wobei die Bauern nun -durch Masagana-Kredite gefördert- über Gemeinden und "barangays" (= kleinste Siedlungseinheiten) beraten werden.
   b) Der Frühwarndienst wird in der Außenstelle San Fernando, Pampanga (BPI Regional Office 3), im Salug Valley (BPI Reg. Office 9) und in NIDC (Mindoro) eingeführt.
   c) Das Rückstandslabor wird eingerichtet.
   d) Das Trainingszentrum befindet sich weiterhin im Aufbau und wird teilweise eingerichtet.

III Januar - Juni 1976
   a) Allgemeine Pflanzenschutzberatung und Feldrattenbekämpfung wie beschrieben.

b) Der Frühwarndienst wird in den Außenstellen Iloilo (BPI Regional Office 6) und San Fernando, La Union (BPI Regional Office 1) eingeführt.

c) Das Rückstandslabor wird in Betrieb genommen.

d) Das Trainingszentrum wird voll eingerichtet und in Betrieb genommen.

IV  Juli - Dezember 1976

a) Allgemeine Pflanzenschutzberatung mit Feldrattenbekämpfung.

b) Der Frühwarndienst wird technisch weiter ausgebaut mit Hinblick auf "Forecasting".

c) Das Rückstandslabor ist in Betrieb. Es ist vorgesehen, den Sektor "formulation control" auszubauen.

d) Das Trainingszentrum ist funktionsfähig.

V  Januar - Dezember 1977

Intensivierung der Aktivitäten a) - d).

Projektdurchführung

Von der BPI-Verwaltung aus gesehen wird das Projekt über dessen 11 Regional-, 72 Provinzialbüros und 1.428 Gemeindeberatungsstellen (=Feldtechniker) durchgeführt, wobei sich die "deutschen" Aktivitäten jedoch nur auf Pflanzenschutz-Problemgebiete und dort hauptsächlich auf Reis konzentrieren (impact areas).

Arbeitsergebnisse

Bezüglich der Feldrattenbekämpfung liegen Arbeitsergebnisse wie in "Deutsche Agrarhilfe" auf S. 370 unter D. beschrieben vor.

Da das beschriebene Projekt hauptsächlich Dienstleistungen beinhaltet, wird die Erarbeitung von Arbeitsergebnissen als schwierig erachtet.

Es wird jedoch z.Zt. an einem System gearbeitet, die Produktivität aller Projektaktivitäten zahlenmäßig darzustellen.

Es werden auch landesinterne Ergebnisse in der Projektpublikation "Crop Protection News" - früher "The rat figther" - publiziert.

# Philippinen

## Schule für Aufforstung und Erosionskontrolle

### I. Allgemeines

PN: 67.2082.5

| | |
|---|---|
| Verantwortlicher deutscher Leiter des Vorhabens: | Dr. Theodor Hoenninger |
| Projektanschrift: | RP-German Training Center, Pacdal, Baguio City/Philippinen Telefon: 23-46 |
| Projektträger im Gastland: | Bureau of Forest Development (BFD) Diliman, Quezon City/Philippines |
| Projektträger in der BRD: | GTZ |
| Zuständige GTZ-Abteilung: | 11    Fachbereich: 114 |
| Projekttyp: | Schulungs- und Fortbildungszentrum |

Zielsetzung des Projektes:   Die Schule für Aufforstung und Erosionskontrolle in Baguio bildet in dreimonatigen Kursen die Leiter der Aufforstungsstationen sowie deren Stellvertreter theoretisch und praktisch aus.

### II. Zeitlicher Ablauf

| | |
|---|---|
| Planungsbeginn: | 1965 |
| Durchführungsbeginn: | Ausreise des Projektleiters Juli 1968 |
| Deutscher Beitrag vereinbart bis: | 31. März 1976 |

### III. Personal

| | |
|---|---|
| Personal des Gastlandes (Soll): | 4 |
| Personal der BRD (Soll): | 4 |

### IV. Sachausrüstung

Handgeräte und kleinere Motorgeräte für Pflanzgarten, Aufforstung und Erosionsbekämpfung; Fahrzeuge: 1 Mercedes-Lkw, 3 VW-Busse, 3 VW-Transporter, 1 VW-Pkw; Kraftfahrzeugwerkstatt, Schreinerei und Tischlerei.

## V. Kapitalaufwand

Kapitalaufwand des Gastlandes:   6.000.000,00 Pesos

Kapitalaufwand der BRD:   2.500.000,00 DM

## VI. Projektbericht

Projektkurzbeschreibung

Die Schule liegt in Nordluzon, wo sich fast die Hälfte aller Aufforstungsstationen befindet und in der Zentral-Cordillere, in der die Erosionsgefahr am größten ist. Die praktischen Übungen nehmen Zweidrittel der Ausbildung ein.

Die Arbeitsgebiete für die Kursteilnehmer liegen:
- im Raume Baguio City und Binga-Stausee (550 und 1.500 m Höhe);
- am Mount Data, rd. 100 km nördlich von Baguio (2.200 m Höhe);
- in Magat, rd. 100 km nordöstlich von Baguio im Tiefland.

Projektplanung und -vorbereitung

Gutachten der Consulting Firma Hendrikson (Dezember 1967).

Projektdurchführung

Deutsch-philippinisches Regierungsabkommen vom 26. März 1969; Operationsplan I und II

Arbeitsergebnisse

a) in zehn Kursen wurden fast 300 Forstleute ausgebildet; hiervon gehörte die Mehrzahl der staatlichen Forstverwaltung an; rd. 50 Teilnehmer kamen aus anderen asiatischen Ländern (deutsche Stipendiaten aus Süd-Vietnam, Laos, Indonesien, Pakistan, Thailand und Süd-Korea) sowie von privaten Gesellschaften und der katholischen Kirche.

b) Ausbildung der acht Counterparts/Projektassistenten in Taiwan (zwei Monate) und der Bundesrepublik (zwölf Monate).

c) Beratung der Forstverwaltung und Betreuung der ehemaligen Schüler (jetzt: Leiter von Aufforstungsstationen).

d) Erarbeitung eines englischsprachigen Handbuches für die forstliche Praxis durch den deutsch-philippinischen Lehrstab (Veröffentlichung des Handbuches im Rahmen der GTZ-Schriftenreihe).

# Philippinen

## Kartoffelpflanzguterzeugungsprogramm Baguio

### I. Allgemeines

PN: 74.2142.3

| | |
|---|---|
| Verantwortlicher deutscher Leiter des Vorhabens: | N.N. |
| Projektanschrift: | noch nicht bekannt |
| Projektträger im Gastland: | Bureau of Plant Industry (BPI) |
| Projektträger in der BRD: | GTZ |
| Zuständige GTZ-Abteilung: | 11    Fachbereich: 111 |
| Projekttyp: | Beratung |
| Zielsetzung des Projektes: | Aufbau einer Kartoffelpflanzguterzeugung auf Luzon |

### II. Zeitlicher Ablauf

| | |
|---|---|
| Planungsbeginn: | September 1974 |
| Durchführungsbeginn: | voraussichtlich 1976 |
| Deutscher Beitrag vereinbart bis: | 3 Jahre nach Anlauf |

### III. Personal

| | |
|---|---|
| Personal des Gastlandes (Soll): | ca. 20 |
| Personal der BRD: (Soll): | 2 |

### IV. Sachausrüstung

Laboreinrichtung, Maschinen und Geräte zur Anlage, Durchführung und Ernte von Kartoffelversuchen, Kühlaggregate und Kartoffelpflanzgut, Kraftfahrzeuge.

### V. Kapitalaufwand

Kapitalaufwand des Gastlandes:    keine Angaben

Kapitalaufwand der BRD:   1.493.433,00 DM

## VI. Projektbericht

Projektkurzbeschreibung

Lage: Hochland von Luzon.
Aufgaben: - Errichtung eines Vermehrungsbetriebes;
- Einrichtung eines Versuchsfeldes und Testlabors;
- Schaffung eines Anerkennungsdienstes für zertifiziertes Pflanzgut;
- Überwachung des Pflanzgutverkehrs (Vertrieb und Handel)

Projektplanung und -vorbereitung

Gutachten: Juni 1975
Notenwechsel in Vorbereitung.

Projektdurchführung

----

Arbeitsergebnisse

----

# Ruanda
## Landwirtschaftlicher Beratungsdienst und Molkerei Nyabisindu

### I. Allgemeines

PN: 69.2040.9

| | |
|---|---|
| Verantwortlicher deutscher Leiter des Vorhabens: | Dr. Tim Heinrich Zeuner |
| Deutscher Tierarzt: | Dr. Rolf Dieter Krüger |
| Projektanschrift: | B.P. 70 Nyabisindu/Ruanda |
| Projektträger im Gastland: | Landwirtschaftsministerium Kigali |
| Projektträger in der BRD: | GTZ |
| Zuständige GTZ-Abteilung: | 13 Fachbereich: 131 |
| Projekttyp: | Beratungsvorhaben mit Verarbeitungsbetrieb, Absatzorganisation und Versuchsbetrieben |

Zielsetzung des Projektes: Aufbau einer gebietsübergreifenden Milchverwertung durch Förderung der einzigen Molkerei Ruandas und Organisation des Absatzes. Organisation und Durchführung der Anbauberatung zur Produktionssteigerung, Einkommensverbesserung der Bauern und insbesondere zur kostensparenden Erhaltung der Bodenfruchtbarkeit auf überwiegend stark degradierten und erosionsgefährdeten Böden. Hierzu auch Förderung integrierter Viehhaltung, Organisation des Veterinärdienstes, Anzucht und Verteilung von Forst-, Obst- und Futterpflanzen, Erarbeitung von Grunddaten und Methoden ökologisch angepaßten Landbaus in 3 projekteigenen Versuchskleinbetrieben.

### II. Zeitlicher Ablauf

| | |
|---|---|
| Planungsbeginn: | 1968 |
| Durchführungsbeginn: | 1968 |
| Deutscher Beitrag vereinbart bis: | September 1976 |

### III. Personal

| | |
|---|---|
| Personal des Gastlandes (Soll): | 6 Fachleute sowie Hilfskräfte |
| Personal der BRD (Soll): | 6 |

## IV Sachausrüstung

Fahrzeuge, landwirtschaftliche Geräte sowie Molkereiausrüstung und Veterinärbedarf (insbesondere Medikamente).

## V Kapitalaufwand

Kapitalaufwand des Gastlandes:   Nicht genau festgelegt

Kapitalaufwand der BRD:   6.470.000,00 DM

## VI Projektbericht

Porjektkurzbeschreibung

Das Vorhaben hat seinen Sitz in Nyabisindu am Ort der Molkerei von Ruanda, 95 km südlich der Hauptstadt Kigali. Der Beratungsdienst umfaßt primär die zwei Präfekturen Butare und Gitarama. Futterbauberatung und Veterinärdienst sind auf 1/10 der Gesamtfläche Ruandas wirksam, hauptsächlich im Milchsammelnetz in 4 Präfekturen. Höhenlage 1.500-1.900 m. Niederschläge ca. 1.200 mm, kleine und große Trockenzeit. Übergang fließender Temperaturen: min. + 12° und max. + 30° C. Durchschnittliche Betriebsgröße 2 ha.
Subsistenzlandwirtschaft: Bananen, Bohnen, Maniok, Hirse, Mais, Erbsen. Durch den enormen Bevölkerungsdruck gehen Weideflächen stark zurück. Deshalb werden Grenzböden extremer Steillagen in Kultur genommen, die bei Beibehaltung der bisherigen Nutzungsformen mit Monokulturen und starker Unkrauthacke unweigerlich der Erosion und Degradierung preisgegeben sind.

Tierzucht: Ankole-Rinder, Sahiwal und Jerseykreuzungen, Schafe, Ziegen, Schweine, Geflügel.

Veterinärdienst: Zeckenbekämpfung gegen Ostküstenfieber, dazu Aufbau von Spraygängen, Dipping-Tanks Verbesserung des Gesundheitszustandes der Tiere durch Behandlungszentren, Immunisierungsversuche, Tuberkulinisierung, serologische Untersuchungen auf Brucellose. Verbesserung der veterinärmedizinischen Infrastruktur durch Einrichtung von "dispensaires rurales".

Projektplanung und -vorbereitung

1968 Projektbeginn, zunächst als ergänzende Maßnahme zur Molkerei von Nyabisindu. 1969 Aufbau des Milchsammelnetzes, Beginn der Futterbauberatung. 1971 Übertragung der technischen und finanziellen Verantwortung der Molkerei.

Seit 1971 verstärkter Aufbau des Veterinärwesens und der Tierzuchtaktivitäten. Aufbau von Versuchsbetrieben und Demonstrationsvveide. Organisation des Beratungsdienstes, Anlage von Baumschulen und Vermehrungszentren für Forst-, Obst- und Futterpflanzen. 1975 Auspflanzung von Pflanzgut zur Aufforstung und zum Erosionsschutz in großem Maßstab möglich, ebenso großräumige Versorgung der Bauern im Beratungsgebiet mit Pflanz- und Saatgut zur verbesserten Nahrungsproduktion und Gemüsevermarktung.

Projektdurchführung

Auf dem Veterinärsektor: Errichtung von Tränkstellen und primitiven Stallungen, Beratung in Fütterung, Einrichtung von 16 Behandlungszentren zur individuellen Behandlung. Im Milchsammelgebiet werden die Dipping-Tanks überwacht und Spraygänge betreut. Auf der Projektstation wird eine kleine Milchviehherde zu Versuchszwecken einer intensiven Tierhaltung im bäuerlichen Milieu gehalten: Verkürzung der Zwischenkalbezeiten und zugleich Erhöhung der Milchleistung. Immunisierungsversuche gegen Ostküstenfieber. Nebenbei wird eine 10 km entfernt liegende Tierzuchtfarm (700 GVE) des Instituts des Sciences Agronomiques du Ruwanda (ISAR) tierärztlich mitbetreut.

Arbeitsergebnisse

----

# Ruanda

## Finanzberater für OCIR

### I. Allgemeines

PN: 75.2025.7

| | |
|---|---|
| Verantwortlicher deutscher Leiter des Vroahebsn: | Guido Schmitt |
| Projektanschrift: | Office des Cultures Industrielles du Rwanda (OCIR)<br>P.B. 3344<br>Kigali/Ruanda |
| Projektträger im Gastland: | OCIR |
| Projektträger in der BRD: | GTZ |
| Zuständige GTZ-Abteilung: | 13   Fachbereich: 138 |
| Projekttyp: | Beratung |
| Zielsetzung des Projektes: | Beratung für den gesamten Finanzbereich der Teefabriken in Ruanda |

### II. Zeitlicher Ablauf

| | |
|---|---|
| Planungsbeginn: | Januar 1975 |
| Durchführungsbeginn: | Oktober 1975 |
| Deutscher Beitrag vereinbart bis: | September 1977 |

### III. Personal

| | |
|---|---|
| Personal des Gastlandes (Soll): | 1-3 |
| Personal der BRD (Soll): | 1 |

### IV. Sachausrüstung

ein Pkw.

### V. Kapitalaufwand

| | |
|---|---|
| Kapitalaufwand des Gastlandes: | 75.000,00 DM |
| Kapitalaufwand der BRD: | 409.000,00 DM |

## VI. Projektbericht

Projektkurzbeschreibung

Die halbstaatliche Organisation OCIR in Ruanda benötigt für die Abteilung Tee einen kaufmännischen Berater, der den gesamten Finanzbereich der Teefabriken untersucht, Verbesserungsvorschläge ausarbeitet und Finanzierungspläne für bestehende und geplante Projekte der OCIR erstellt.

Projektplanung und -vorbereitung

Anfang 1975 wurde ein Antrag der Regierung von Ruanda bekannt und im August 1975 der Notenwechsel abgeschlossen.

Projektdurchführung

Der deutsche Finanzberater ist in die Organisation OCIR integriert.

Arbeitsergebnisse

können noch nicht vorliegen.

# Sambia

# Regierungsberater für den Veterinärdienst

## I  Allgemeines

PN: 70.2078.7

| | |
|---|---|
| Verantwortlicher deutscher Leiter des Vorhabens: | Dr. Dieter Röttcher |
| Projektanschrift: | Central Research Station P.O. Box 50 Mazabuka/Sambia Telefon: 202 Office  204 Home |
| Projektträger Gastland: | Department of Veterinary and Tsetse Control Services, Ministry of Rural Development |
| Projektträger in der BRD: | GTZ |
| Zuständige GTZ-Abteilung: | 12    Fachbereich:    122 |
| Projekttyp: | Tiermedizinisches Beratungsprojekt |

Zielsetzung des Projektes:
a) Beratung zu veterinärmedizinischen Problemen, die in Gebieten entstehen, wo sich Menschen und Haustiere mit Wildtieren den Lebensraum teilen.
b) Erhaltung der Fauna und Flora der Nationalparks und der Wildreservate Sambias sowie Nutzung dieser Gebiete.
c) Gesunderhaltung von Wild- und Haustieren und Vermeidung von Zoonosen durch gezieltes Wildlife Management.
d) Einführung von Counterparts zur Weiterführung des Projektes.

## II  Zeitlicher Ablauf

| | |
|---|---|
| Planungsbeginn: | 1970 |
| Durchführungsbeginn: | 1970 |
| Deutscher Beitrag vereinbart bis: | 31. Dezember 1976 |

## III  Personal

| | |
|---|---|
| Personal des Gastlandes (Soll): | 3 |
| Personal der BRD (Soll): | 1 |

## IV Sachausrüstung

1 Projektfahrzeug

## V Kapitalaufwand

Kapitalaufwand des Gastlandes:         ca. 20.000,00 DM jährlich

Kapitalaufwand der BRD:                837.400,00 DM

## VI Projektbericht

Projektkurzbeschreibung

Ein deutscher Tierarzt ist als Regierungsberater für den Veterinärdienst auf dem Wildtiersektor tätig. Seine beratende Tätigkeit erfolgt in Zusammenarbeit mit folgenden Regierungsstellen:

- Department of Veterinary and Tsetse Control Services
- Department of Wildlife, Nationalparks and Fisheries
- Department of Medical Services

Die Erfüllung der sambischen Partnerschaftsleistungen war bisher gut.

Bei der Ausbildung von Counterparts sind Verzögerungen eingetreten, da Sambia noch nicht über genügend einheimische Fachkräfte verfügt.

Das Aufgabengebiet umfaßt Fragen der Wildnutzung, Wildfleischverwertung, Wildtierkrankheiten, Parasitosen, Wildtiernarkosen und -translokationen.

Die Beratung wird durchgeführt mit den Zielen: Erhaltung der Nationalparks und Wildreservate, Erhaltung eines gesunden Wildbestandes und wirtschaftliche Nutzung dieser Gebiete und der darin lebenden Tiere. Krankheiten, die von Wildtieren auf Menschen oder Haustiere übertragen werden können bzw. von Haustieren auf Wildtiere, stehen naturgemäß im Vordergrund. Besondere Bedeutung haben dabei Tuberkulose und Trypanosomiasis.

Projektplanung und -vorbereitung

Januar 1970 mit Note des Ministry of Rural Development and Finance. Antrag Sambias auf Entsendung eines deutschen Tierarztes als Regierungsberater für den Wildtierveterinärdienst im Rahmen der deutschen Technischen Hilfe für Sambia.

Noch 1970 Aufnahme der Tätigkeit des deutschen Experten. Bisher Verlängerung bis März 1976. Infolge des begrenzten Nachwuchses an sambischen Tierärzten konnte bisher kein Tierarzt als Counterpart für die Weiterführung des Projektes gestellt werden.

Projektdurchführung

In den ersten 5 Jahren war die Projekttätigkeit vorwiegend praktischer Art in den Nationalparks des Landes. Es wurden Basisuntersuchungen durchgeführt über die verschiedenen Wildkrankheiten.

Eine Konzentration auf einzelne wirtschaftlich bedeutungsvolle Wildkrankheiten und eine stärkere Betonung der Beratertätigkeit wird zur Zeit angestrebt, um eine größere Breitenwirkung des Projektes sicherzustellen.

Die dritte Phase des Projektes sollte der Bekämpfung der wichtigsten Tierseuchen gewidmet werden.

Da die Zahl der sambischen Tierärzte in den letzten 2 Jahren rückläufig war und sich die wirtschaftliche Lage des Landes sehr verschlechtert hat, ist personelle und materielle Hilfe von außen zur Zeit nötiger denn je. Auch nach 1976 wird die Veterinary Wildlife Section von Außenhilfe abhängig sein.

Arbeitsergebnisse

Grundlegende Untersuchungen über das Vorkommen von Krankheiten beim Wild in Sambia (Trypanosomiasis, Endoparasiten, Trichinose etc.). Veröffentlichung verschiedener Ergebnisse steht noch aus. Beratender Bericht zum Problemkomplex Erhaltung des Wildbestandes. Beratender Bericht zu den verschiedenen Möglichkeiten der Wildnutzung in Sambia.

In Vorbereitung: Ein Bericht über die Verbreitung und Bekämpfung der Tuberkulose im Wildbestand des Lochinvar National Parks, in den Rinderherden und bei der Humanpopulation der Umgebung.

# Sambia

## Versuchsstation für Bewässerungslandwirtschaft

### I. Allgemeines

PN: 72.2126.0

| | |
|---|---|
| Verantwortlicher deutscher Leiter des Vorhabens: | Klaus Lindner |
| Projektanschrift: | National Irrigation Research Station<br>B.P. Box 231<br>Mazabuka/Sambia |
| Projektträger im Gastland: | Ministry of Rural Development, Lusaka |
| Projektträger in der BRD: | GTZ (mit fachlicher und technischer Betreuung durch das Leichtweiss-Institut für Wasserbau der TU Braunschweig und<br><br>Food and Agriculture Organisation of the United Nations (FAO), Rome |
| Zuständige GTZ-Abteilung: | 14      Fachbereich: 142 |
| Projekttyp: | Versuchsstation für Bewässerungslandwirtschaft |

Zielsetzung des Projektes: Sambia besitzt keinerlei Tradition in Bewässerungslandwirtschaft. Die Nahrungsmittelerzeugung ist z. Zt. fast ausschließlich auf die vier bis fünf Monate dauernde Regenzeit beschränkt. Es sollen daher vorgenommen werden:
- Untersuchungen über die Interrelation Boden-Pflanze-Wasser-Klima. Die Ergebnisse sollen die Grundlage für die Entwicklung des Bewässerungslandbaues in Sambia bilden.
- Bestimmung von Bewässerungsarten, landwirtschaftlichen Methoden und Pflanzensorten, die den soziologischen und ökologischen Gegebenheiten des Landes entsprechen.
- Bereitstellung von Information zur Entwicklung des Bewässerungslandbaus auf nationaler Ebene.

### II. Zeitlicher Ablauf

| | |
|---|---|
| Planungsbeginn: | Mai 1972 |
| Durchführungsbeginn: | Januar 1974 |

Deutscher Beitrag
vereinbart bis: Ende 1978

## III. Personal

Personal des Gastlandes (Soll): 10

Personal der BRD (Soll): 5

Personal der FAO 3

## IV. Sachausrüstung

Traktoren, Pflüge, Eggen, Sämaschinen usw., Ausrüstung für landwirtschaftliche Versuche, Bewässerungs- und Entwässerungsgerät, Laborgeräte, Büroausstattung, eine komplette agrarmeteorologische Station, Wassermeßgerät, diverse Fahrzeuge (Lastwagen, Land-Rover, Pkw, Mopeds), Werkstattausrüstung, Geräte für Ertragsmessungen.

## V. Kapitalaufwand

Kapitalaufwand des Gastlandes: ca. 6.000.000,00 DM

Kapitalaufwand der BRD: ca. 1.600.000,00 DM

Kapitalaufwand der FAO: ca. 1.900.000,00 DM

## VI. Projektbericht

Projektkurzbeschreibung

Die Forschungsstation liegt ca. 100 km südwestlich der Hauptstadt Lusaka in einem Gebiet, dessen Boden und Klima für weite Teile des Landes repräsentativ sind. Die derzeitige Versuchsfläche umfaßt ca. 25 ha; weitere 65 ha für großmaßstäbliche Untersuchungen im Bewässerungslandbau (Ackerbau und Weidewirtschaft) werden z. Zt. erschlossen.

Projektplanung und -vorbereitung

Anläßlich seines Staatsbesuches in Deutschland trug Präsident Kaunda 1970 die Pläne Sambias hinsichtlich der Einrichtung einer Forschungsstation für Bewässerungslandbau vor.

Ab 1971 erste landwirtschaftliche Versuche (ohne ausländische Beteiligung).

Im April 1972 bereiste eine BRD-FAO-Gutachtergruppe Sambia, um die Arbeitsbedingungen der Station zu prüfen; danach sagen BRD und FAO ihre Unterstützung zu.

Ab Juni 1973 administrative und planerische Vorbereitungen unter Mitwirkung je eines BRD- und FAO-Vertreters.

Seit Anfang 1974 Ausbau der Station und Fortführung bzw. Ausweitung der Forschungsarbeiten.

## Projektdurchführung

- Vorarbeiten: Bereitstellung von Wohn- und Arbeitsgebäuden; Ausbau der Labors und der agrarmeteorologischen Station; Erweiterung der Versuchsflächen und Ausbau des Bewässerungssystems; Wasser- und Bodenanalysen.

- Angewandte Forschung bei Pflanze-Wasser-Boden-Klima: Ermittlung des Pflanzenwasserverbrauchs (z. B. für Gemüse, Getreide, Zitrus, Faserpflanzen, Futterpflanzen, Ölsaaten, Baumwolle, Bananen, Ananas); Entwicklung von Methoden zur Bestimmung des kurz- und längerfristigen Wasserbedarfs; Bestimmung optimaler Bewässerungsmethoden (Klima, Boden, Wasserverluste, Baukosten usw.); Untersuchungen von Drainagemethoden; Baumethoden und Baustoffe für Bewässerungskanäle, Meß-, Regulier- und Ableitungsbauwerke (Wasserverluste, Kosten, Unterhaltung usw.); Verhalten des Bodens unter Bewässerung, spezielle Untersuchungen für die Bewässerungspraxis (Schädlingsbekämpfung, Unkrautvertilgung usw.).

- Gartenbau: Sorten- und Ertragsversuche für eine Vielzahl von Nutzpflanzen und Untersuchungen zur Weiterverarbeitung.

- Bei Futterpflanzen und Weidewirtschaft: Versuche mit Gräsern und Leguminosen zur Klärung spezieller Probleme des Futterpflanzenbaus unter Bewässerung.

- Wirtschaftlichkeitsfragen: Kosten-Nutzen-Analysen im Bewässerungslandbau (Ernteerträge, Kosten verschiedener Bewässerungssysteme und Bewässerungsmethoden usw.).

- Ergänzende Tätigkeiten: Betreuung und Beratung von Zweigstationen; Veröffentlichungen der Versuchsergebnisse.

## Arbeitsergebnisse

Auf dem Pflanzensektor wurden bereits zahlreiche Versuche durchgeführt. Mit den Untersuchungen zum Pflanzenwasserverbrauch wurde in der Regenzeit 1974/75 mit Mais, Baumwolle, Erdnüssen und Sojabohnen begonnen; Kohl, Stargras und Luzerne, Weizen, Sonnenblumen und Kartoffeln sind für die Trockenzeit 1975 vorgesehen.

Versuchsflächen für weitere Untersuchungen werden zur Berichtszeit eingerichtet.

# Sambia

## Berater für Schweinehaltung

### I. Allgemeines

PN: 70.2077.9

Verantwortlicher deutscher Leiter des Vorhabens: Heinz Seifert

Projektanschrift: P.O. Box 27
Monze/Sambia

Projektträger im Gastland: Ministry of Rural Development

Projektträger in der BRD: GTZ

Zuständige GTZ-Abteilung: 12    Fachbereich: 121

Projekttyp: Beratungsprojekt - Schweinezucht und -haltung - Genossenschaftswesen

Zielsetzung des Projektes: Es soll eine Genossenschaft mit 100 Mitgliedern (= 100 Farmen) aufgebaut werden. Je Farm werden 8 Sauen und ein Eber angestrebt. Von einer Sau/Jahr werden 12,5 Schlachttiere in 1,5 Würfen erwartet (= 100 Schlachttiere per Farm oder 10.000 Schlachttiere insgesamt), womit die Genossenschaft selbsttragend und gewinnbringend wäre.

### II. Zeitlicher Ablauf

Planungsbeginn: 1970

Durchführungsbeginn: März 1972

Deutscher Beitrag vereinbart bis: 31. Januar 1976 (Zweijähriger Verlängerungsantrag wurde vom Gastland gestellt)

### III. Personal

Personal des Gastlandes (Soll): 25

Personal der BRD (Soll): 4

### IV. Sachausrüstung

1 Mahl- und Mischanlage, 2 Lkw (5 t und 12 t), Lkw-Anhänger (12 t),

5 Landrover, 5 VW-Fahrzeuge, 1 Pkw, 1 Viehanhänger, 2 Viehwaagen.

## V. Kapitalaufwand

Kapitalaufwand des Gastlandes:   108.192,82 K (DM ca. 440.000,00)

Kapitalaufwand der BRD:   2.500.000,00 DM

## VI. Projektbericht

Projektkurzbeschreibung

Kleinbetriebsberatung für Schweinezucht und -haltung im Umkreis von 80 km von Monze (6.400 km$^2$). Aufbau einer Genossenschaft, über die der Bezug von Produktionsmitteln und die Vermarktung der Schlachttiere abgewickelt werden. Vergabe und Überwachung von Subventionen und Krediten. Gesundheitsüberwachung der Schweinebestände. Counterparts und Finanzmittel sind bzw. werden vom Gastland ausreichend zur Verfügung gestellt.

Projektplanung und -vorbereitung

Nach dem ersten Gutachten (Pabst-Blume, 1970) wurde Keembe in der Zentralprovinz als Standort vorgeschlagen. Im Dezember 1971 fiel die Entscheidung für Monze. Dort hatte die sambische Regierung schon mit der Erfassung der Schweinehalter und dem Aufbau eines Erzeugerringes begonnen.

Projektdurchführung

Ausgehend vom zentralen Depot in Monze, in dem sich die Mahl- und Mischanlage, Büros, Werkstatt und Fahrzeuge, sowie ein Stall für Ebernachzucht befinden, werden die Mitgliedsfarmen mit Zuchttieren, Futter und Baumaterial versorgt und durch den Beratungsdienst betreut, der auch Tier- und Futterbestände überwacht und kontrolliert. Schlachttiere werden wöchentlich eingesammelt und per LKW mit Anhänger nach Lusaka zum Schlachthof gebracht. Auf dem Rückweg wird Rohfutter (Kleien, Konzentrat) mitgebracht. 60 % bis 65 % des Fertigfutters besteht aus Mais, der im staatlichen Maislager in Monze preiswert und ausreichend anfällt.

Der Vermarktungserlös wird den Mitgliederkonten gutgeschrieben, ein Baranteil in Höhe von 11 % bis 25 % (je nach Kontostand) wird ausgezahlt. Nach Zusammenbruch der Eiweißversorgung durch Schließen der Grenze nach Rhodesien, stellte die BRD Eiweißkonzentrat auf dem Schiffswege zur Verfügung. Der Gegenwert in Höhe von 60.000,00 K (ca.240.000,00 DM) wird in Form eines Revolving Fund zur Kreditierung von Stallerweiterungen und -neubauten sowie zur Verbesserung der Wasserversorgung auf den Farmen (Brunnen, Bohrlöcher) benutzt.

Arbeitsergebnisse

|  | 1972 | 1973 | 1974 | 1975 [1] | 1975 [2] |
|---|---|---|---|---|---|
| Mitglieder | 100 | 104 | 105 | 100 | 100 |
| Schweinehalter | 41 | 68 | 77 | 100 | 100 |
| Schweine-Produzenten | 37 | 57 | 77 | 100 | 100 |
| Tierbestand | 1162 | 1804 | 2497 | 3333 | 3333 |
| Eber | 35 | 56 | 72 | 80 | 80 |
| Sauen | 248 | 307 | 363 | 444 | 444 |
| im Jahr geschlachtet | 1293 | 1943 | 2218 | 2700 | 3200 |

Hinweis: 1) = Stichtag am 15.10.1975;   2) geschätzt

Laufende Arbeiten:
- Beratungs- und Kontrolldienst;
- Fertigfutterproduktion;
- Transportorganisation;
- Genossenschaftsadministration;
- Stallbau- und Erweiterungsprogramm;
- Zuchtplanung;
- Tiergesundheitsdienst.

# Senegal

## Aufforstung im Norden Senegals

### I. Allgemeines

PN: 75.2003.4

Verantwortlicher deutscher
Leiter des Vorhabens: Hellmut Scheffer

Projektanschrift: B.P. 366
Saint Louis/Senegal

Projektträger im Gastland: Ministere du Plan et de la Cooperation

Projektträger in der BRD: GTZ

Zuständige GTZ-Abteilung: 11    Fachbereich: 114

Projekttyp: Aufforstung

Zielsetzung des Projektes: Die fortschreitende Zerstörung natürlicher Ressourcen in der Umgebung der im sahelinen Teil Senegals liegenden Brunnenstellen soll aufgehalten und das natürliche Gleichgewicht soll wieder hergestellt werden.

### II. Zeitlicher Ablauf

Planungsbeginn: 1973

Durchführungsbeginn: Februar 1975

Deutscher Beitrag
vereinbart bis: Februar 1979

### III. Personal

Personal des Gastlandes (Soll): 5

Personal der BRD (Soll): 2

### IV. Sachausrüstung

Ein Unimog mit Zusatzgeräten, 4 Pkw (Landrover u.a.), Pumpen, Dieselaggregate usw., eine Kfz-Werkstatt, fünf Forsthäuser, vier Pflanzgärten.

## V. Kapitalaufwand

Kapitalaufwand des Gastlandes:   ca. 500.000,00 DM

Kapitalaufwand der BRD:   ca. 4.600.000,00 DM

## VI. Projektbericht

Projektkurzbeschreibung

Das Projekt ist die Reaktion auf die Dürreperiode im Sahel. Die um die Viehtränken entstandene wüstenähnliche Umgebung erweitert sich jährlich durch Viehfraß und Viehtritt. Durch Aufforstung mit autochthonen Holzarten sowie zeitweise Sperrung sollen diese Flächen sich regenerieren. An jeder Brunnenstelle sollen ca. 300 ha aufgeforstet werden. Neben der Wiederherstellung des ökologischen Gleichgewichts soll:
- exportfähiger Gummi arabicum erzeugt werden (acacia seneg.)
- Viehfutter für die Trockenzeit erzeugt werden (acacia tortilis u.a.)
- die landwirtschaftliche Produktion gefördert u. gesteigert werden (acacia albida u.a.)

An jeder Brunnenstelle wird eine Forstdienststelle eingerichtet, die mit einem senegalesischen Forstbeamten besetzt wird, der neben der Projekttätigkeit für ein Gebiet von 200 km$^2$ zuständig ist; das bedeutet:
- Verbesserung des Feuerschutzes (Buschfeuer)
- Verbesserung des übrigen Forstschutzes (Holzdiebstahl, Wilddieberei, Brandrodung usw.)

Durch erhöhte Produktion an land-, vieh- und forstwirtschaftlichen Erzeugnissen sowie die durch die Projekttätigkeit anfallenden Arbeitsplätze soll für die überwiegend nomadisierende Bevölkerung Anreiz geschaffen werden, seßhaft zu werden.

Projektplanung und -vorbereitung

Insgesamt sollen vier Brunnenstellen (von ca. 80) - die jeweils 30 - 40 km auseinanderliegen - in Angriff genommen werden. Geplante Aufforstungsfläche insgesamt: ca. 1.300 ha. Weiterhin ist der Bau einer Werkstatt geplant, die neben den Projektfahrzeugen auch den Fahrzeugpark der Forstinspektion Fleuve warten (ca. 35 Kfz) und entsprechendes Werkstattpersonal ausbilden soll.

Projektdurchführung

Seit Beginn des Projektes (Februar 1975) wurden zwei Brunnenstellen ausgewählt, zwei Baumschulen gegründet, ca. 80.000 Bäumchen geliefert und damit ca. 200 ha aufgeforstet und ein Forsthaus gebaut.

Arbeitsergebnisse

Das Projekt ist recht zügig angelaufen. Die für 1975 gesteckten Ziele wurden erreicht. Dies erscheint auch zukünftig.

# Somalia
# Rinderpestnachfolgeprojekt und Lungenseuchebekämpfung in Somalia

## I. Allgemeines

PN: 70.3543.9

| | |
|---|---|
| Verantwortlicher deutscher Leiter des Vorhabens: | Dr. Peter Viertel |
| Projektanschrift: | German Technical Assistance<br>J.P. 15 Follow-up Project<br>P.O. Box 672<br>Mogadishu/Somalia<br>Telefon: 8237 |
| Projektträger im Gastland: | Ministry of Livestock, Forestry and Range - Department of Animal Health |
| Projektträger in der BRD: | GTZ |
| Zuständige GTZ-Abteilung: | 12    Fachbereich: 122 |
| Projekttyp: | Seuchenbekämpfung |

Zielsetzung des Projektes: Unterstützung des somalischen Veterinärdienstes in der Bekämpfung der wichtigsten Tierseuchen sowie in der Erhaltung der im vorausgegangenen Projekt erzielten Rinderpest-Seuchenfreiheit (Rinderpestnachfolgeprojekt). Daneben Erstellung eines Programmes zur Bekämpfung der Lungenseuche (Felddienst und Labor).

## II. Zeitlicher Ablauf

| | |
|---|---|
| Planungsbeginn: | 1969 Projektstudie durch Dr. Viertel |
| Durchführungsbeginn: | März 1970 Ausreise der ersten beiden Experten |
| Deutscher Beitrag fachlich vereinbart bis: | 31. Dezember 1975 |

## III Personal

Personal des Gastlandes (Soll): 205 (davon 200 von der BRD finanziert)

Personal der BRD (Soll):    5

## IV Sachausrüstung

Lieferung von Fahrzeugen, Kühl-, Camping-, Funk- und tierärztlicher

Ausrüstung sowie der erforderlichen Ersatzteile. Kauf von Rinderpestimpfstoff aus Kenia; Übernahme eines Teiles der Betriebsmittel und Unterhalt einer projekteigenen Kfz-Werkstatt und eines Labors.

## V. Kapitalaufwand

Kapitalaufwand des Gastlandes: durch völlige Integration des Projektes in den somalischen Veterinärdienst nicht abschätzbar.

Kapitalaufwand der BRD:      9.790.000,00 DM

## VI. Projektbericht

### Projektkurzbeschreibung

Die nomadische Viehhaltung ist der bedeutendste Wirtschaftszweig in Somalia. Durch "Joint Projects", d.h. durch überstaatliche Lenkung, werden Bemühungen angestellt, der Viehseuchenbekämpfung in Afrika größere Erfolgsaussichten zu geben.

In diesem Sinne wurde 1969 auch in Ostafrika mit JP 15 "Joint Project against Rinderpest" begonnen. Ein "Joint Project against Contagious Bovine Pleuropneumonia" ist in Vorbereitung.

Der Teilbereich "Rinderpestnachfolgeprojekt" beinhaltet alle erforderlichen Maßnahmen, die zur Erhaltung der im Rahmen des JP-15-Rinderpestbekämpfungsprogrammes in Somalia gewonnenen Rinderpestseuchenfreiheit notwendig sind, d.h. vor allem Impfung aller neugeborenen und bisher noch nicht erfaßten Tiere, dazu Schaffung und Inkraftsetzen entsprechender veterinärpolizeilicher Maßnahmen. Darüber hinaus werden auch Lungenseuche, Milzbrand, Rauschbrand und alle anderen bedeutenden Tierseuchen systematisch bekämpft. Dabei wird von der Tatsache ausgegangen, daß das Projekt als Basis für eine zukünftige, wirksame und arbeitsfähige Viehseuchenbekämpfung in Somalia gedacht ist.

Wegen der besonderen Probleme bei der CBPP-Bekämpfung ist dem Projekt der spezielle Teilbereich "Lungenseuchenbekämpfung" neu angegliedert worden mit der Aufgabe, durch diagnostische Feld- und Laboruntersuchungen die Verbreitung dieser Rinderseuche in Somalia festzustellen, die Voraussetzung und detaillierte Vorschläge, einschließlich veterinärpolizeilicher Maßnahmen, für die praktische Bekämpfung zur erarbeiten.

### Projektplanung und -vorbereitung

Das Projekt ist die logische Fortsetzung des 1972 abgeschlossenen Rinderpestbekämpfungsprogrammes. Es ist auf eine dreijährige Dauer ausgerichtet.

### Projektdurchführung

Zur Durchführung der für das Rinderpestnachfolgeprojekt genannten

Aufgaben wurde das Rinderpestbekämpfungsprojekt dezentralisiert. Die früher von der Projektleitung zentral gelenkten Impfgruppen sind auf die 16 somalischen Regionen verteilt und unter Verantwortung der somalischen Regionaltierärzte gestellt worden. Die Versorgung mit Impfstoffen, Kraftstoffen, Ausrüstungsgegenständen und Betriebsmitteln erfolgt monatlich bei Entgegennahme der entsprechenden Berichte des Vormonats. Die Reparaturen der Fahrzeuge und Ausrüstungen erfolgen durch mobile Werkstätten, die regelmäßig die auf die Regionen verteilten Impfgruppen aufsuchen. Aus den regionalen Monatsberichten wird ein ganz Somalia berücksichtigender Tierseuchenbericht erstellt.

Mit Hilfe des Lungenseuchen-Feldteams wird durch Sammeln aller erforderlichen epidemiologischen Informationen und einer repräsentativen Anzahl von Serumproben, die im projekteigenen Labor ausgewertet werden, der genaue Verbreitungsgrad der Lungenseuche in den einzelnen Regionen ermittelt. Darüber hinaus werden von Schlachthäusern und bei Ausbrüchen Organproben gesammelt und im Labor untersucht. Die Möglichkeiten der Anwendung von Quarantäne- und anderen veterinärpolizeilichen Maßnahmen unter den besonderen somalischen Bedingungen werden ermittelt.

Über die serologische Lungenseuchediagnostik hinaus ist das Labor in der Lage, alle in Verbindung mit der Projektdurchführung notwendigen bakteriologischen, serologischen und zum Teil auch virologischen Arbeiten durchzuführen.

Arbeitsergebnisse

Seit dem Beginn der Dezentralisierung und Durchführung des Rinderpestnachfolgeprojektes im November 1972 wurden bis Ende April 1975 folgende Impfungen durchgeführt:

| | | |
|---|---:|---:|
| gegen Rinderpest insgesamt | 3.723.445 | (4.496.101) |
| davon Erstimpfungen: | 1.637.616 | (3.223.189) |
| und Nachimpfungen | 2.085.829 | (1.272.912) |
| gegen Lungenseuche | 1.127.271 | (1.593.000) |
| gegen Rauschbrand | 338.013 | (286.000) |
| gegen Milzbrand | 1.054.052 | (193.000) |
| gegen Maul- und Klauenseuche | 105.972 | (4.000) |

(Die in Klammern aufgeführten Zahlen zeigen die Impfergebnisse des vorausgegangenen J.P. 15 Rinderpestbekämpfungsprojektes von August 1969 bis Oktober 1972 an).

Neben den genannten Impfungen werden von den etwa 30 Impfgruppen auch sporadische Behandlungen gegen Trypanosomiasis und gegen Endo- und Ektoparasiten (vor allem Zecken) durchgeführt.

Durch die projekteigene Werkstatt werden etwa 45 Projektfahrzeuge, 16 Landrover der Regionaltierärzte und - gegen Erstattung der Ersatzteilkosten - weitere Fahrzeuge des Veterinärdepartments betreut. Ebenso wird die Kühl-, Camping- und Funkausrüstung aller bestehenden Impfgruppen und der zuständigen regionalen Veterinärdienste instandgehalten.

Pläne zur Bekämpfung der Lungenseuche wurden bereits für die Regionen Unterer Juba, Gedo, Bakool und Bay erarbeitet.

Inzwischen zur Routine gewordene Methoden zur serologischen Diagnostik der Lungenseuche und zur Diagnose der wichtigsten somalischen Tierseuchen wurden im Projektlabor erarbeitet.

# Sri Lanka

## Sachverständige für Obst, Gemüse und Pflanzenschutz

### I. Allgemeines

PN: 62.2241.8

| | |
|---|---|
| Verantwortlicher deutscher Leiter des Vorhabens: | Dr. V. Respondek |
| Projektanschrift: | German Agricultural Team<br>c/o. Department of Agriculture<br>Peradeniya/Sri Lanka<br>Telefon: Kandy 8331<br>Telegramm: AGROGERMA Peradeniya |
| Projektträger im Gastland: | Department of Agriculture, Peradeniya<br>Im Auftrage des ceylonesischen Landwirtschaftsministeriums in Colombo |
| Projektträger in der BRD: | GTZ |
| Zuständige GTZ-Abteilung: | 12    Fachbereich: 124 |
| Projekttyp: | Beratungsprojekt |

Zielsetzung des Projektes:
Ursprüngliche Zielsetzung: Durchführung von Reisanbauversuchen, Beratung im Reisanbau und Ausbildung von einheimischen Beratern.
Gegenwärtige (erweiterte) Zielsetzung:
- Erhöhung der Effizienz des einheimischen Beratungsdienstes durch Einführung geeigneter Beratungsmethoden;
- Prüfung und Einführung verbesserter Obst- und Gemüsesorten unter Berücksichtigung anbaufähiger Arten höherer Breiten und ihrer Eigenschaften zur lokalen Weitervermehrung, Demonstration verbesserter Anzucht- und Anbaumethoden;
- Aufbau der Produktion von Hochzuchtsaatgut aller landwirtschaftlichen und gartenbaulichen Kulturen einschließlich der erforderlichen staatlichen Kontrolleinrichtungen für anerkanntes Saatgut. Beratungs- und Ausstattungsunterstützung der staatlichen Saatgutvermehrungseinheiten und Aufbereitungszentren;
- Schaffung optimaler Erzeugungsbedingungen für Schnittblumen (Orchideen und Anthurien) hoher Exportqualität, Bereitstellung von Pflanzenmaterial für die Anbauer, Züchtung neuer marktgängiger Sorten und Aufbau eines Beratungsdienstes.

Gemeinsamkeit aller einzelnen Zielsetzungen:
Devisenersparnis (durch Erhöhung des Selbstversorgungsgrades) und

Devisengewinne (durch neue Exportprodukte); Einkommensverbesserung und Erschließung neuer Einkommensquellen für große Bereiche der bäuerlichen Landwirtschaft.

## II. Zeitlicher Ablauf

Planungsbeginn: 1966

Durchführungsbeginn: November 1967/Juni 1970

Deutscher Beitrag
vereinbart bis: März 1976

## III. Personal

Personal des Gastlandes (Soll): keine Angaben

Personal der BRD (Soll): 8

## IV. Sachausrüstung

Landwirtschaftliche Maschinen und Geräte, Beregnungsanlagen, Saatgutaufbereitungsanlagen, Laboratoriumsausrüstung, audiovisuelles Beratungsmaterial.

## V. Kapitalaufwand

Kapitalaufwand des Gastlandes: keine Angaben

Kapitalaufwand der BRD: 9.700.000,00 DM

## VI. Projektbericht

Projektkurzbeschreibung

Die Tätigkeit der deutschen Fachkräfte erstreckt sich auf Beratung, Sortenprüfung bei Gemüse, Elitesaatguterzeugung Gemüsesaatguterzeugung, Schnittblumenanbau und Aufbau von Baumschulen auf Staatsfarmen.

Das Projekt ist voll integriert in die einzelnen Abteilungen des Department of Agriculture, die Aktivitäten erstrecken sich auf die ganze Insel. Der Sitz der Verwaltung ist das Department of Agriculture in Peradeniya.

Mit Gegenwertmitteln aus Düngemittellieferungen werden die für das Projekt notwendigen Bauten erstellt, wie Lagerhäuser, Trocknungsböden, Unterkünfte für Beamte und Arbeiter.

Projektplanung und -vorbereitung

Planung der Projektaktivitäten in ständiger Zusammenarbeit mit den leitenden Beamten der betreffenden Abteilungen im Landwirtschaftsdepartment. Planung an den aktuellen Erfordernissen orientiert und daher flexibel gehalten.

Sektor Beratung: Verbesserung des Beratungswesens im organisatorischen methodischen und planerischen Bereich durch
- Ausbau und Aufbau von drei In-Service-Training-Centren in Gannoruwa (zentrale Mittellage), in Bindunuwewa (trockenes Hochland, Schwerpunkt Gemüse) und in Maha-Illupallama (Trockenzone) zur Aus- und Fortbildung von Beratern in Kursen und Seminaren in der Beratungsmethodik sowie Produktionstechnik (Bandarawela);
- Herstellung von audiovisuellen Hilfsmitteln, Anleitung zur Herstellung einfacher Beratungshilfsmittel;
- Entwicklung von Beratungsmodellen auf Distriktebene und deren praktische Anwendung.

Sektor Sortenprüfung: Prüfung aller erreichbaren Gemüsesorten des In- und Auslandes auf ihre Eignung unter lokalen klimatischen und anbautechnischen Voraussetzungen und Ableitung von Sorten-Empfehlungen aus den Ergebnissen an das Department of Agriculture in Hinblick auf eigene Saatguterzeugung oder erforderliche Importe. Einführung von Richtlinien für Sortenversuche im Gemüseanbau.

Sektor Saatguterzeugung und Pflanzenmaterial: Schrittweiser Aufbau eines eigenen Saatgutwesens für alle land- und gartenbaulichen Kulturen mit Ausnahme von Reis, der von der FAO behandelt wird. Einführung eines Anerkennungsdienstes. Ausstattung der staatlichen Vermehrungsbetriebe mit den erforderlichen Maschinen und Geräten, Anbauberatung. Werbung und Beratung privater registrierter Saatgutvermehrer mit dem Ziel der allmählichen Verlagerung eines wesentlichen Teiles des Vermehrungsanbaus in den privaten Sektor.

Sektor Elitesaatguterzeugung und Selektionen: Aufbau der erforderlichen Organisation zur Erzeugung von Elitesaatgut anerkannter Sorten landwirtschaftlicher und gartenbaulicher Kulturen mit Ausnahme von Reis, sowie systematische Selektionsarbeit an einheimischen Gemüse- und Feldfruchtarten mit dem Ziel, leistungsfähigere Sorten zu schaffen.

Sektor Schnittblumenerzeugung (insbesondere Orchideen und Anthurien:
Vermehrung des vorhandenen Pflanzenmaterials sowohl vegetativ als auch generativ;

Abgabe der Vermehrungsprodukte an interessierte Anbauer mit gleichzeitiger Beratung über Anbau und weitere Behandlung bis zum Überseexport;

Ausbau eigener Linien und Züchtung marktgerechter Exportware.

Projektdurchführung

Die einzelnen Projektmitgleider führen die Arbeiten auf ihrem jeweiligen Gebiet selbständig nach der in der Planung festgelegten Aufgabenstellung durch. Dies geschieht in enger Zusammenarbeit mit den ceylonesischen Counterparts.

Der Projektleiter koordiniert die Tätigkeiten in den Teilbereichen innerhalb des Projektes selbst und mit den für die einzelnen Arbeitsgebiete zuständigen leitenden Beamten des Landwirtschaftsdepartment. In regelmäßigen Besprechungen werden die laufenden Arbeiten auf ihre Planungskonformität hin untersucht.

Arbeitsergebnisse

Sektor Beratung: Die Beratungsarbeit im westlichen Küstendistrikt Colombo wurde abgeschlossen:

In das Programm des In-Service-Training-Centre Peradeniya wurde als fester Bestandteil die Beratungsmethodik aufgenommen. In einwöchigen Beratungsseminaren wurden alle Berater mittleren Grades in der Beratungsmethodik geschult.

Das Horticulture Training Centre Bindunuwewa/Bandarawela (In-Service-Training-Centre im Hochland ist coll arbeitsfähig.

Die Arbeit im In-Service-Training-Centre Maha Illippallama wurde begonnen.

In drei ausgewählten Beratungsbezirken (zentrale Mittelage, trockenes Hochland, Trockenzone) wurden intensive Beratungsprogramme in Form von Beratungsmodellen durchgeführt.

Filme und weitere Diaserien sind vorführreif. Handzettel und anderes Beratungsmaterial wurde fertiggestellt. Mitwirkung bei Ausarbeitung und Durchführung eines Vorlesungsplanes mit Seminaren in landwirtschaftlicher Beratung an der Universität Peradeniya.

Sektor Sortenprüfung: Umfassende Prüfungsergebnisse aus Sortenvergleich- und Exaktversuche in den sechs verschiedenen Klimazonen des Landes liegen vor. Entsprechende Empfehlungen werden vom Department of Agriculture in Hinsicht auf Eigenvermehrung und Saatgutimporte berücksichtigt.

Vorläufige Richtlinien für Sortenprüfung im Gemüsebau wurden eingeführt, sie bedürfen aber einer nochmaligen Überarbeitung, da sie auf nun vorliegende Erfahrungen abgestimmt werden müssen.

Sektor Saatguterzeugung und Pflanzenmaterial: Während der ersten Phase der Entwicklung wurden alle 30 Staatsfarmen mit einem Gesamtpotential von ca. 15.000 acres in Vermehrungsbetriebe umgewandelt, so daß heute etwa 40 verschiedene Kulturarten und Sorten vermehrt werden können. Gleichlaufend wurde in der Extension Division des Department of Agriculture eine Organisation aufgebaut, die für den Anerkennungsdienst und die Verteilung von Saatgut verantwortlich ist. Nach der Installation der ersten Saatgutaufbereitungsanlagen wurde im Department of Agriculture eine neue Division für Saatguterzeugung und Verteilung gegründet. Sie setzt sich aus der ehemaligen "Farms Division", Teilen des Extension Division und einer Begasungseinheit zusammen. Die neue Division ist allein verantwortlich für das gesamte Saatgutwesen im staatlichen als auch im privaten Bereich. Ihr steht ein unabhängiger Anerkennungsdienst als Kontrollorgan zur Seite. Mit Ausnahme von Reissaatgut liegt der Wert der jährlichen Saatgutproduktion bei 4.000.000 Rs. In einer ganzen Reihe von Saatgutarten deckt die Erzeugung bereits den Landesbedarf. Auf acht Staatsbetrieben wurden Baumschulen eingerichtet, die selektiertes Pflanzenmaterial an Anbauer abgeben.

Sektor Elitesaatguterzeugung und Selektionen: Von einer ganzen Reihe von Kulturarten wurde erstmalig systematisch Elitesaatgut erzeugt und zur Weitervermehrung zur Verfügung gestellt. Die Selektionsarbeit wirkt sich bereits positiv auf die Qualität des Saatgutes und die Qualität der Produkte aus.

Sektor Schnittblumenanbau: Der Zucht und Vermehrungsarten für Anthurien ist aufgebaut. Mit den 500 Mutterpflanzen werden pro Jahr 25 - 30.000 Jungpflanzen produziert und an die Anbauer verteilt.

Auf einer Fläche von ca. 3 acres werden etwa 8.000 sogenannte "Billigorchideen" (Arachnis, Aranda und Aranthera) über Kopfstecklinge vermehrt und an registrierte Anbauer abgegeben.

In der Dendrobiumzüchtung wurden 30 neue Hybriden erzeugt. Bis jetzt wurden 65.000 Jungpflanzen an die Anbauer verkauft. Das Orchideenlabor ist fertiggestellt und arbeitet.

Der Beratungsdienst betreut 300 registrierte und etwa die gleiche Anzahl anderer Anbauer.

Luafende Arbeiten: Die laufenden Arbeiten werden entsprechend der Zielsetzung und im zeitlichen Ablauf gemäß den Planungsphasen fortgeführt.

Projektproblematik: Die Zusammenarbeit zwischen Projektmitgliedern und Counterparts sowie das Einvernehmen mit den betreffenden einheimischen Behörden ist als sehr gut zu bezeichnen. Die beiderseitige Flexibilität hilft in vielen Fällen die auftretenden Schwierigkeiten zu überwinden.

## Sudan

# Bekämpfung der Rinderpest und Lungenseuche

## I. Allgemeines

PN: 73.2072.4

| | |
|---|---|
| Verantwortlicher deutscher Leiter des Vorhabens: | Dr. Hermann de Boer |
| Projektanschrift: | P.O. Box 913 UNDP Khartoum/Sudan (GTA Juba) |
| Projektträger im Gastland: | Regional Ministry of Agriculture, Forestry, Irrigation and Animal Production |
| Projektträger in der BRD: | GTZ |
| Zuständige GTZ-Abteilung: | 12   Fachbereich: 122 |
| Projekttyp: | Veterinärwesen |
| Zielsetzung des Projektes: | Verbesserung des Veterinärwesens im Rahmen einer Seuchenkampagne. |

## II. Zeitlicher Ablauf

| | |
|---|---|
| Planungsbeginn: | März 1973 |
| Durchführungsbeginn: | November 1974 |
| Deutscher Beitrag vereinbart bis: | Juni 1976 |

## III. Personal

| | |
|---|---|
| Personal des Gastlandes (Soll): | Direkt dem Projekt unterstellt sind 3 Veterinär-Assistenten sowie 1 Mechaniker |
| Personal der BRD (Soll): | 4  ( 3 Tierärzte und 1 Mechaniker) |

## IV. Sachausrüstung

Drei diagnostische Labors (Grundausstattung), 3 Survey-Fahrzeuge mit Campingausrüstung und veterinärmedizinischer Ausrüstung, 11

District-Veterinär-Stationen, insbesondere Fahrzeug, Kühlung, Campingausrüstung. 3 LKW für Versorgung, Tanklager, Expertenhäuser, Notstromaggregate.

## V. Kapitalaufwand

Kapitalaufwand des Gastlandes: Personalkosten

Kapitalaufwand der BRD:   2.800.000,00 DM

## VI. Projektbericht

Projektkurzbeschreibung

Das Projekt besteht aus 11 Distrikt-Veterinärstationen in den 11 viehreichsten Distrikten des Landes. Das gesamte dort eingesetzte Personal ist beteiligt. Im Rahmen der Durchführung von Impfaktionen Training des Personals auf allen Gebieten der präventiven Veterinärmedizin. Beteiligung an einer von der Weltbank finanzierten Schule als Ergänzung dazu.

Außerdem Survey auf drei mobilen Einheiten zur Feststellung der seuchenhaften Erkrankungen.

Projektdurchführung

Nach zehnmonatiger Laufzeit befindet sich das Projekt noch im Anfangsstadium.

Arbeitsergebnisse

Da das Projekt seine Aufgabe weitgehend in der Trainingsfunktion sieht, ist ein Ergebnis schwer statistisch zu erfassen. Außerdem ist die Projektlaufzeit bislang zu kurz, um eine Beurteilung zu rechtfertigen.

Technisch sind Verbesserungen in der Kommunikation innerhalb des Veterinärdienstes und in Versorgungsfragen erzielt worden.

# Sudan

## Beratung in Holz- und Forstwirtschaft

### I. Allgemeines

PN: 73.2059.1

| | |
|---|---|
| Verantwortlicher deutscher Leiter des Vorhabens: | Dr. George Conn |
| Projektanschrift: | German Forestry Team c/o UNDP - JUBA P.O. Box 913 Khartoum/Sudan |
| Projektträger im Gastland: | Regional Ministry of Agriculture, Animal Production and Forestry, Department of Forestry, Juba, Sudan |
| Projektträger in der BRD: | GTZ |
| Zuständige GTZ-Abteilung: | 11   Fachbereich: 114 |
| Projekttyp: | Beratungsprojekt - Forst- und Holzwirtschaft |

Zielsetzung des Projektes: Beratung und Leistung technischer Hilfe bei:
- Aufbau einer Schreinerei;
- Aufbau von zwei mobilen Waldkreissägen;
- Durchführung einer extensiven Waldinventur;
- Aufbau eines Modell-Forstamtes (einbegriffen sind Beratung bei den waldbaulichen Tätigkeiten, Ausbau des Forstwegenetzes, Aufforstung, Waldbrandbekämpfung, Wildhütung und Holztransport.
- der Ausbildung von Fachkräften in Theorie und Praxis.

### II. Zeitlicher Ablauf

| | |
|---|---|
| Planungsbeginn: | März 1973 |
| Durchführungsbeginn: | November 1974 |
| Deutscher Beitrag vereinbart bis: | Oktober 1976 |

## III. Personal

Personal des Gastlandes (Soll):  456

Personal der BRD (Soll):  5-6

## IV. Sachausrüstung

Unimogs, landwirtschaftliche Traktoren, Toyota 4/4 Landcruisers, Motorräder, Schreinereiausrüstung, 2 Mobilsägewerke, Funkgeräte und sonstige Forstgeräte.

## V. Kapitalaufwand

Kapitalaufwand des Gastlandes:  1.200.000,00 DM

Kapitalaufwand der BRD:  4.500.000,00 DM

## VI. Projektbericht

Projektkurzbeschreibung

Nachdem der Bürgerkrieg im Südsudan im Februar 1972 zu Ende gegangen ist, bestand eine dringende Notwendigkeit, die frühere geregelte Forst- und Holzwirtschaft wieder in Gang zu setzen.

Auf Wunsch der Zentralregierung in Khartoum und mit Vereimbarung mit der Regionalregierung in dem Süden wird von deutscher Seite Hilfe in den drei Süd-Provinzen des Landes auf dem Gebiet der Forst- und Holzwirtschaft zunächst für zwei Jahre gewährt.

Projektplanung und -vorbereitung

Der Südsudan wurde im März 1973 von Fachkräften aus der BRD besucht. Im Oktober 1973 wurde eine Projektvorlage erstellt und im Dezember 1973 die bisherige BfE mit der Durchführung beauftragt. Die Planungsbasis für das Projekt war:

1. den dringenden Holzbedarf des Südsudans teilweise aus eigenen Naturwäldern und Aufforstungsflächen zu decken;

2. eine geregelte Forst- und Holzwirtschaft in Gang zu setzen und

3. Arbeitsplätze zu sichern, sowie Fachkräfte in der Forst- und Holzwirtschaft auszubilden.

Projektdurchführung

Die Projektdurchführung wird gemeinsam mit der südsudanesischen Forstverwaltung (einer nachgeordneten Behörde des Regionallandwirtschaftsministerium) erfolgen.

Arbeitsergebnisse

a) Die Schreinerei ist schon eingerichtet und produziert;
b) das Modell-Forstamt wird noch eingerichtet führt aber schon einige Aufgaben praktisch durch;
c) die Leute für die Waldinventur werden z. Zt. ausgebildet;
d) die Ausbildung von Fachkräften in Maschinenführung und sonstige forstliche Aufgaben findet laufend statt;
e) der Aufbau der Kfz-Werkstatt hat gerade angefangen.

# Sudan

# Wasserhyazinthenbekämpfung

## I. Allgemeines

PN: 71.3545.0

| | |
|---|---|
| Verantwortlicher deutscher Leiter des Vorhabens: | Volkhart Leffler |
| Projektanschrift: | Plant Protection Administration P.O.B. 14 Khartoum/North/Sudan |
| Projektträger im Gastland: | Plant Protection Administration |
| Projektträger in der BRD: | GTZ |
| Zuständige GTZ-Abteilung: | 11   Fachbereich: 113 |
| Projekttyp: | Pflanzenschutzvorhaben |

Zielsetzung des Projektes: Untersuchung der ökologischen und biologischen Bedingungen des Wasserhyazinthen-Auftretens, Bekämpfung der Wasserhyazinthen auf dem Weißen Nil. Erarbeitung von neuen Methoden, Erprobung von neuen Pflanzenschutzmitteln und -verfahren gegen die Wasserhyazinthen. Abklärung von Verwertungsmöglichkeiten.

## II. Zeitlicher Ablauf

| | |
|---|---|
| Planungsbeginn: | 1972 |
| Durchführungsbeginn: | 1. August 1973 |
| Deutscher Beitrag vereinbart bis: | Ende 1980 (einschließlich Auslaufphase). Derzeitige Mittelbereitstellung bis 31. August 1976 |

## III. Personal

| | |
|---|---|
| Personal des Gastlandes (Soll): | 12 |
| Personal der BRD (Soll): | 5 |

## IV. Sachausrüstung

Fahrzeuge, Bekämpfungsgeräte, Werkstattausrüstung, Ersatzteillieferungen, wissenschaftliche und Laborgeräte, Lieferung einer weiteren

Hubschraubereinheit (zuzüglich in einer bereits vorhandenen Einheit).

## V. Kapitalaufwand

Kapitalaufwand des Gastlandes:     42.000.000,00 DM

Kapitalaufwand der BRD:     4.718.000,00 DM

## VI. Projektbericht

Projektkurzbeschreibung

Das Projekt wird als integriertes Projekt im Rahmen der sudanesischen Pflanzenschutzverwaltung abgewickelt. Die Wasserhyazinthen-Sektion im sudanesischen Pflanzenschutzdienst besteht seit 1968.

Ihr Sitz ist in Khartoum-North. Es werden 12 Außenstellen am Weißen Nil unterhalten.

Von hier aus werden die notwendigen Befallserhebungen, Bekämpfungsaktionen und Quarantänemaßnahmen getätigt.

Der Aufbau des technischen Dienstes (Zweigwerkstätten, Ersatzteillager) ist noch nicht abgeschlossen. Die Materialausstattung wird teilweise erneuert bzw. repariert. In der Zusammenarbeit mit "Society for Aquatic Weeds" (früher Waterhyacinth-Society), USA, Informationsaustausch zu Fragen der Wasserhyazinthenbekämpfung auf internationaler Ebene.

Ein entsprechende Counterpartausbildundsprogramm in der BRD und anderen Ländern wird zum Teil bereits durchgeführt, bzw. ist noch durchzuführen.

Die notwendigen Kurzzeit-Fachleute werden von der Universität Hohenheim, aus privaten Gutachtern u.a. Institutionen gestellt.

Die Zusammenarbeit mit anderen Projekten


Projektplanung und -vorbereitung

1. Sudanesischer Antrag vom Oktober 1972
2. Gutachten von Herrn Dr. Osterhild vom November 1972
3. Abschluß Projektnotenwechsel im Juni 1973
   Laufzeit zwei Jahre, bereits verlängert bis 31. August 1976
   Einsatz 3 Sachverständige, 2 PA zusätzlich sowie Ad-hoc-Experten

Projektdurchführung

Im Rahmen der "Waterhyazinth Section" des sudanesischen Pflanzenschutzdienstes und in Zusammenarbeit mit der sudanesisch-ägyptischen

Nilwasser-Kommission u. a. nationalen und internationalen Stellen soll die Wasserhyazinthen-Bekämpfung intensiviert und neueren Erkenntnissen angepaßt werden. Neben der Beachtung von ökologischen und biologischen Faktoren wird dem technischen Bereich (Geräteeinsatz, Reparaturen) und neuen Verfahren besondere Beachtung geschenkt.

Verwertungs- und Technologiefragen stehen ebenfalls im Vordergrund der Projektarbeit wie die Probleme der biologischen Bekämpfung.

Arbeitsergebnisse

Einzelfragen des Wasserhyazinthenproblems im Sudan sind bearbeitet worden. Durch straffere Organisation des Pflanzenschutzdienstes wurden gezieltere Bekämpfungsaktionen durchgeführt.

Ergebnisse über neue Bekämpfungsmethoden und Verwertung von Wasserhyazinthen liegen noch nicht vor.

# Förderung der vet.-med. Abteilung bei der National Taiwan University

## Taiwan

### I. Allgemeines

PN: 68.2523.6

| | |
|---|---|
| Verantwortlicher deutscher Leiter des Vorhabens (Einzelexperten) | Dr. P. H. Hummel<br>Dr. R. Wagner |
| Projektanschrift: | NTU-JCRR-GTZ Joint Programme<br>Department of Veterinary Medicine<br>College of Agriculture<br>National Taiwan University,<br>142, Chou San Road,<br>Taipei, Taiwan (107), Republic of China |
| Projektträger im Gastland: | National Taiwan University (NTU) und Joint Commission on Rural Reconstruction (JCRR) |
| Projektträger in der BRD: | GTZ |
| Zuständige GTZ-Abteilung: | 31     Fachbereich: 313 |
| Projekttyp: | Veterinärmedizin/Dozenturen |

Zielsetzung des Projektes: Förderung der vet.-med. Abteilung der National Taiwan University in Taipei und Hilfe beim Aufbau und bei der Verbesserung der Rinderzucht in Taiwan.

### II. Zeitlicher Ablauf

| | |
|---|---|
| Planungsbeginn: | Gutachten November 1968, Unterzeichnung des Abkommens 1. Dezember 1972 |
| Durchführungsbeginn: | Ausreise Dr. Hummel April 1975, Ausreise Dr. Wagner Juli 1975 |
| Deutscher Beitrag vereinbart bis: | Mitte 1977 (lt. Abkommen 24-monatiger Einsatz der deutschen Fachkräfte) |

### III. Personal

Personal des Gastlandes (Soll): Counterpart der Abteilung Virologie und Hilfspersonal;
Counterpart der Abteilung Klinik für Großtiere und Hilfspersonal

Personal der BRD (Soll):  2  (1 Mikrobiologe  und
 1 Großtierkliniker)

## IV. Sachausrüstung

Gebäude und feste Einrichtungen werden vom Gastland bezahlt, während die gesamte Laborausrüstung durch die Bundesrepublik Deutschland gestellt wird.

## V. Kapitalaufwand

Kapitalaufwand des Gastlandes: Bisher wurden für den Ausbau der Räumlichkeiten für die virologische Abteilung ca. DM 15.000,00 bereitgestellt. Weitere Mittel in gleicher Höhe sind für die Fertigstellung des Umbaues im Haushaltsplan 1975/76 und für laufende Ausgaben in Höhe von ca. DM 15.000,00 ebenfalls im Haushaltsplan 1975/76 (1.7.1975 - 30.6.1976) vorgesehen. Mittel für die klinische Abteilung für Großtiere stehen derzeit noch nicht zur Verfügung, sind jedoch beantragt und sollen entsprechend bereitgestellt werden.

Kapitalaufwand der BRD:  1.255.000,00 DM

## VI. Projektbericht

Projektkurzbeschreibung

Im Rahmen der Bildungshilfe wird ein virologisches Laboratorium und eine klinische Abteilung für Großtiere aufgebaut.

Virologisches Laboratorium:
- Einrichtung eines serologischen und Gewebekultur-Laboratoriums mit notwendigen Nebeneinrichtungen (Nährbodenküche, Abwasch- und Sterilisationsraum, etc.);

- Durchführung serologischer Arbeiten zum Nachweis und zur Feststellung des Vorkommens von Antikörpern gegen bestimmte Viruskrankheiten beim Rind (IBR-IPV, BVD-Mucosal Disease Complex, P-I 3, Ephemeral Fever, etc.), da, abgesehen von jüngsten Nebenergebnissen, keinerlei Informationen über das Vorkommen von Viruskrankheiten beim Rind in Taiwan vorliegen;

- Isolierung und Identifizierung der Erreger;

- Durchführung eines Kursus über diagnostische Mikrobiologie;

- Vorlesungen über Infektionskrankheiten des Rindes unter besonderer Berücksichtigung der für Taiwan exotischen Krankheiten.

Klinische Abteilung für Großtiere:
- Aufbau einer Demonstrationshalle mit kleinem Auditorium, Notstand und mobilem OP-Tisch (Stellplätze für 10-15 Tiere);

- Einrichtung eines klinischen Laboratoriums für Routineuntersuchungen; die Schwerpunkte liegen in der bakteriologischen Milchuntersuchung und bei infektiösen, venerischen Erkrankungen;

- Überblicksuntersuchungen über Vorkommen und Häufigkeit der Eutererkrankungen, Fortpflanzungsstörungen und Jungtiererkrankungen;
- Vorlesungen über Erkrankungen bei Großtieren (Chirurgie, Obstetrics);
- Geburtshilflicher Kursus, Propädeutik.

Projektplanung und -vorbereitung

Planung und Vorbereitung des Projektes wurden ausschließlich von deutscher Seite durchgeführt.

Projektdurchführung

April 1975 Ausreise des ersten deutschen Sachverständigen, vorbereitende Arbeiten zum Umbau der zur Verfügung gestellten Räumlichkeiten, Mittelbeantragung und -beschaffung (Partnerschaftsleistungen wurden erst nach Beantragung und Begründung bereitgestellt), Umbau der Räumlichkeiten im Rahmen der zur Verfügung gestellten Mittel, Neubeantragung von Mitteln für das Finanzjahr 1975/76.

Planung: Fertigstellung des Umbaues, vorbereitende Untersuchungen und Ausbildung des Personals, Beginn mit Überblicksuntersuchungen und gezielten Versuchen zur Isolierung von Erregern (Virus). Vorbereitung und Durchführung des mikrobiologischen Kurses, Vorlesungen. Beratende Tätigkeit bei der Joint Commission on Rural Reconstruction und dem Provincial Research Institute on Animal Health.

Großtierklinik: Ausreise des zweiten deutschen Experten im Juli 1975. Derzeit vorbereitende Arbeiten zur Mittelbeschaffung, Einrichtung der Räumlichkeiten, Teilnahme an der Ambulanz im Rahmen der begrenzten Möglichkeiten, Planung und Aufbau einer klinischen Abteilung für Großtiere, Vorlesungstätigkeit.

Arbeitsergebnisse

Virologie: Ausbau der Räumlichkeiten, Vorbereitung des mikrobiologischen Kurses und der Lehrtätigkeit, vorbereitende Arbeiten für Überblicksuntersuchungen.

Klinische Abteilung: Planung und Einrichtung des klinischen Laboratoriums, Besuch der Milchviehfarmen mit ambulanter Tätigkeit, Überblicksuntersuchungen über Fütterung, Haltung, Management der Rinderhaltung im Raum Taipei County. Vorbereitung der Lehrveranstaltungen.

# Tansania

# Ländliches Entwicklungsprogramm für die Tanga-Region

## I. Allgemeines

PN: 72.2042.9

| | |
|---|---|
| Verantwortlicher deutscher Leiter des Vorhabens: | Dr. K. Hubert |
| Projektanschrift: | Tanga Integrated Rural Development Programme (TIRDEP) P.O. Box 5047 Tanga/Tansania |
| Projektträger im Gastland: | Tanga Region The Regional Development Director P.O. Box 5095 Tanga/Tansania |
| Projektträger in der BRD: | GTZ |
| Zuständige GTZ-Abteilung: | 13     Fachbereich:   134 |
| Projekttyp: | Integriertes ländliches Entwicklungsprogramm |

Zielsetzung des Projektes: Ausarbeitung eines umfassenden integrierten ländlichen Entwicklungsprogrammes für die Tanga Region und die Durchführung von verschiedenen Einzelmaßnahmen, die im Rahmen der allgemeinen Planungsarbeiten identifiziert werden. Mit dem Aufstellen des Programms und den nachfolgenden Durchführungsmaßnahmen wird angestrebt, die Lebensbedingungen der ländlichen Bevölkerung auf breiter Basis wesentlich zu verbessern. Die Planungsarbeiten beziehen sich hauptsächlich auf die Gebiete Landwirtschaft, Viehwirtschaft, Fischereiwesen, Handwerk und Kleinindustrie, Ausbildungs- und Gesundheitswesen und Infrastruktur (Straßen, Wasser, Strom). Neben diesem traditionellen Ansatz der Einteilung in einzelne Sektoren berücksichtigt die Planung vor allen Dingen auch Aspekte der räumlichen und sozialen Entwicklung der Region. Hierzu orientiert sich die Planung völlig an den tansanischen Zielvorstellungen des Ujamaa-Sozialismus, der entscheidendes Gewicht auf einen Abbau aller historisch entstandenen Ingleichheiten zwischen verschiedenen Regionen und zwischen unterschiedlichen sozialen Gruppen legt. Bei den Vorschlägen für Durchführungsmaßnahmen wird versucht, die Anwendung arbeitsintensiver Techniken nach Möglichkeit in den Vordergrund zu stellen.

## II. Zeitlicher Ablauf

Planungsbeginn: 1971

Durchführungsbeginn: 1972

Deutscher Beitrag vereinbart bis: 1977

## III. Personal

Personal des Gastlandes (Soll): 68

Personal der BRD (Soll): 9

## IV. Sachausrüstung

25 Kraftfahrzeuge, vier Straßenbaumaschinen sowie sonstige Arbeitsgeräte.

## V. Kapitalaufwand

Kapitalaufwand des Gastlandes: keine Angaben

Kapitalaufwand der BRD: 1.755.000,00 DM

## VI. Projektbericht

Projektkurzbeschreibung

Aufgabe des Projektes ist die Erstellung eines integrierten ländlichen Entwicklungsprogrammes für die Tanga Region (26.800 km$^2$ rd. 900.000 Einw.) und die praktische Durchführung von verschiedenen Einzelmaßnahmen im Rahmen des Gesamtprogramms, das voraussichtlich im Laufe mehrerer Jahre und mit Hilfe von verschiedensten in- und ausländischen Organisationen allmählich in die Tat umgesetzt werden wird. Ziel des Projektes ist die allgemeine Verbesserung der Lebensbedingungen in den ländlichen Gebieten der Region (über 90 % der Bevölkerung). Das Entwicklungsprogramm umfaßt die Sektoren Produktion (Land- und Viehwirtschaft, Fischerei, Forstwesen, Handwerk und Kleinindustrie, Ausbeutung von Bodenschätzen), materielle Infrastruktur (Straßen, Wasserversorgung, Elektrizität, Vorratshaltung) und soziale Infrastruktur (Ausbildungs- und Gesundheitswesen, Dienstleistungen).

Die Planungsarbeiten beinhalten:
1. Grobe allgemeine Perspektivplanung über die Entwicklungsmöglichkeiten der Region in 25 Jahren.
2. Operationalen Entwicklungsplan für den Zeitraum 1975-1980 (Bestandteil der gesamten Landesplanung).
3. Detaillierte Durchführungsstudien für die erforderlichen Einzelpro-

jekte (soweit realisierbar). In allen Einzelsektoren werden einige Projekte bis zur Durchführungsreife geplant. Seit Herbst 197' ist mit der Durchführung verschiedener Einzelmaßnahmen begonnen worden:
- Stellung einer Fluß-Motorfähre;
- Bau von Primärschulen und Lehrerhäusern;
- Verbesserung der traditionellen Bienenzucht und Honiggewinnung;
- Bau von genossenschaftlichen Lagerhäusern;
- Ausbau von ländlichen Nebenstraßen.

Das Projekt ist weitgehend in die tansanische Zivilverwaltung integriert. Das Planungsteam untersteht dem "Regional Development Director" der Tanga Region. Die Planungsgruppe arbeitet im Büro des "Regional Planning Officer" und auf Regionsebene. Auf der Ebene der Zentralregierung ist das "Prime Minister's Office" federführend für die Gesamtabstimmung der Arbeiten der Planungsgruppe mit den tansanischen Wünschen und Zielvorstellungen.

## Projektplanung und -vorbereitung

Die im Dezember 1972 in die Tanga-Regionalverwaltung entsandte deutsche Planungsgruppe sollte im Korogwe-Distrikt der Tanga-Region ein integriertes ländliches Entwicklungsprojekt planen und prüfen, ob die Ausarbeitung eines Entwicklungsplanes für die Gesamtregion sinnvoll sei. Deutsch-tansanische Verhandlungen führten im Dezember 1973 zur Formulierung des o.a. Projektkonzeptes (Ausweitung der Planungsgruppe auf 12 Mitarbeiter).

## Projektdurchführung

Die deutsche Planungsgruppe ist in die Regionalverwaltung der Tanga Region integriert und arbeitet eng mit den für die einzelnen Sektoren zuständigen tansanischen Regionalbeamten zusammen. Zur Koordination aller Arbeiten innerhalb der Regionalverwaltung wurde ein Planungskomitee gegründet, das alle zuständigen Beamten der tansanischen Regionalverwaltung sowie die deutsche Planungsgruppe umfaßt und unter der Leitung des "Regional Development Director" in regelmäßigen Abständen zusammentritt.

## Arbeitsergebnisse

Der regionale Entwicklungsplan (drei Bände) für die Tanga Region wurde fertiggestellt und bildet die Grundlage für die Planung und Durchführung von Einzelmaßnahmen. Die genannten Projekte befinden sich in verschiedenen Stadien der Durchführung. Während die Fähre sowie die technischen Einrichtungen für das Bienenprojekt nahezu fertiggestellt sind und im Jahre 1975 übergeben wurden, handelt es sich bei den anderen Projekten um langfristige Maßnahmen, welche voraussichtlich erst nach einigen Jahren abgeschlossen werden können. Für eine Anzahl von weiteren Projekten liegen Studien vor. Die Durchführung dieser Projekte wird vorbereitet.

# Tansania

## Zentrales Veterinärlabor Dar es Salaam

### *I. Allgemeines*

PN: 62.2135.2

| | |
|---|---|
| Verantwortlicher deutscher Leiter des Vorhabens: | Dr. Werner Beinhauer |
| Projektanschrift: | Central Veterinary Laboratory (CVL) P.O. Box 9254 Dar es Salaam/Tansania |
| Projektträger im Gastland: | Ministry of Agriculture Livestock Development Division P.O. Box 9152, Dar es Salaam |
| Projektträger in der BRD: | GTZ |
| Zuständige GTZ-Abteilung: | 12    Fachbereich: 122 |
| Projekttyp: | Fachliche (tierärztliche) Beteiligung am CVL und am Veterinary Investigation Centre (VIC) Arusha |

Zielsetzung des Projektes:
1. Aufbau einer Abteilung für Herstellung von bakteriellen Vakzinen am CVL
2. Entsendung von 2 Tierärzten an das VIC Arusha für diagnostische Untersuchungen

### *II. Zeitlicher Ablauf*

| | |
|---|---|
| Planungsbeginn: | 1962 (Gutachten 1963) |
| Durchführungsbeginn: | September 1964 |
| Deutscher Beitrag vereinbart bis: | für das VIC Arusha    30.9.1975 für das CVL Dar es Salaam    30.9.1975 |

### *III. Personal*

| | |
|---|---|
| Personal des Gastlandes (Soll): | 1 Counterpart pro Tierarzt |
| Personal der BRD (Soll): | 4 (1 Tierarzt im CVL 1 Elektromechaniker für 6 Monate 2 Tierärzte in Arusha) |

## IV. Sachausrüstung

Für Vakzineabteilung: aus Projektmitteln aus der BRD;
für VIC Arusha: Ergänzung der vorhandenen Ausstattung durch BRD-
        Projektmittel.

## V. Kapitalaufwand

Kapitalaufwand des Gastlandes:   keine Angaben

Kapitalaufwand der BRD:   1.840.000,00 DM
                                (für Vertragszeit 1.10.1973-30.9.1976)

## VI. Projektbericht

Projektkurzbeschreibung

Ursprüngliches Projekt mit stärkerer deutscher Beteiligung (mehrere Tierärzte als Institutsleiter und Abteilungsvorsteher und MTAs im CVL, bis zu fünf Tierärzte an VIC und in anderen Positionen. im Land) lief am 30.9.1973 aus. Nur das VIC Arusha (zwei Tierärzte) wurde bis 30.9.1975 verlängert. Am CVL in Dar es Salaam Verlängerung nur in der Abteilung Bakteriologie und Vakzineherstellung, da die anderen Abteilungen von einheimischen Akademikern übernommen wurden.

Unregelmäßige Versorgung aus dem Ausland mit Impfstoffen für die Vorsorge gegen die Hauptrinderkrankheiten ließ den Gedanken an die Herstellung bakterieller Impfstoffe am CVL Dar es Salaam aufkommen.

Der Aufbau einer Abteilung für die Herstellung bakterieller Vakzinen (Milz- und Rauschbrand, Brucellose; evtl. auch andere Impfstoffe und Antigene) wurde erst 1971 dem Projekt angefügt; deutscher Tierarzt seit Anfang 1972, der zum 30.9.1973 das Projekt verließ.

Ein separater Bau für Vakzineproduktion auf dem Gelände des CVL, begonnen im November 1972, ist nun erst nahezu bezugsfertig. Aufnahme der Produktion erst gegen Jahresanfang 1976.

Die Abteilung Bakteriologie wird seit Ende 1974 von einem tansanischen Tierarzt bearbeitet.

Counterparts: ein tansanischer Tierarzt ist seit Februar 1975 für zwei Jahre zur Weiterbildung in der Bakteriologie in Australien. Ein Stipendium für 6 - 8 Monate Einarbeitung in Vakzineherstellung in Adis Abeba für einen medizinisch technischen Assistenten ist gewährt, Antritt ca. November 1975.

Große wirtschaftliche und lokale Versorgungsschwierigkeiten verzögerten den Aufbau der Abteilung für Vakzineherstellung außerordentlich und werden auch weiterhin wirksam bleiben.

# Tansania

## Versuchs- und Lehranstalt Ifakara (Katrin)

### I. Allgemeines

PN: 62.2136.0

| | |
|---|---|
| Verantwortlicher deutscher Leiter des Vorhabens: | Adolf Birk, |
| Projektanschrift: | Agricultural Research Institute Ifakara (Katrin), Private Bag, Ifakara/Tansania |
| Projektträger im Gastland: | Regierung der Vereinigten Republik Tansania, Landwirtschaftsministerium |
| Projektträger in der BRD: | GTZ |
| Zuständige GTZ-Abteilung: | 12   Fachbereich: 131 |
| Projekttyp: | Landwirtschaftliche Versuchsanstalt, landwirtschaftliche Beratung und Ausbildung |

Zielsetzung des Projektes:   Verbesserung der pflanzlichen Erzeugung im Kilomberotal. Durchführung von Pflanzenversuchen und Übertragung von Versuchsergebnissen und Erfahrungen in die Praxis durch: Beratung, Kurzlehrgänge, Publikationen.

### II. Zeitlicher Ablauf

| | |
|---|---|
| Planungsbeginn: | 1962 |
| Durchführungsbeginn: | Mitte 1964 |
| Deutscher Beitrag vereinbart bis: | Dezember 1976 |

### III. Personal

| | |
|---|---|
| Personal des Gastlandes (Soll): | 192 |
| Personal der BRD (Soll): | 11 |

### IV. Sachausrüstung

Institutsgebäude mit Büroräumen, Labors und Arbeitsräumen; Farm-

und Werkstattgebäude; 20 Studentenquartiere, Wohnlage für rd. 25 Mitarbeiter. Umfangreicher Fahrzeug-, Maschinen- und Gerätepark; Labor- und Lagereinrichtungen. Bewässerungsanlagen (15 ha).

## V. Kapitalaufwand

Kapitalaufwand des Gastlandes:    rd. 15.000.000,00 TShs
                                  (1 DM = 2.8 T.Schillinge)

Kapitalaufwand der BRD:           22.685.000,00 DM

## VI. Projektbericht

Projektkurzbeschreibung

Lage im Kilomberotal mit tropischem Tieflandklima. Landwirtschaftliche Versuchsstation mit den Abteilungen Reisbau, allgemeiner Pflanzenbau, Boden/Wasserwirtschaft und Betriebswirtschaft/Beratung. Betriebsfläche 1.500 ha, landwirtschaftliche Nutzfläche 100 ha mit alluvialem Schwemmlandboden. Natürliche Vegetation mit lichtem Trokkenlaubwald (Miombo-Wald) und hohem Grasunterwuchs. Kleine Regenzeit Dezember/Januar - große Regenzeit März/April. Höhenlage 270 mm über NN; mittlere Jahrestemperatur $26^{\circ}$ C; durchschnittliche Jahresniederschläge 1.200 m (Trockenzeit Juni/November mehr oder weniger stark ausgeprägt).

Die Station ist eine von neun Agricultural Research Institutes, die - dem Landwirtschaftsministerium unterstellt - in unterschiedlichen ökologischen Zonen schwerpunktmäßig und arbeitsteilig wichtige Kulturen als Forschungseinrichtungen betreuen. Neuere Zielsetzung: Die im unmittelbaren Umfeld angebauten Kulturen ihrem Anbauumfang entsprechend zu fördern (Übertragung der Arbeitsergebnisse und Erfahrungen in die landwirtschaftliche Praxis).

Die Station betreut schwerpunktmäßig:
Reis, Mais, Baumwolle, Zitrusfrüchte, Bananen, Zuckerrohr. Für Reis ist die ausschließliche Betreuung auf Landesebene vorgesehen. Wesentliche Aktivitäten sind ferner Beratung und Einrichtung bäuerlicher Bewässerungsanlagen als Modelle.

Projektplanung und -vorbereitung

Bei der Projektplanung standen zwei Standorte zur Diskussion, wovon Ifakara im Kilomberotal als Zentrum eines wenig erschlossenen Gebietes ausgewählt wurde. BRD stellt die gesamte Erstausrüstung einschließlich Gebäude - Tansania baute die Straßen und übernimmt die Betriebskosten.

Projektdurchführung

1964/65 zunächst umfangreiche Rodungen. Bis 1969 waren 200 ha unter dem Pflug. Zur Feldbearbeitung, Ernte, Transport etc. steht ein umfangreicher Fahrzeug-, Landmaschinen- und Gerätepark zur Verfügung.

Bis Ende 1968 waren nur behelfsmäßige Büros (Blechhütten) und Labors (Strohhütten) vorhanden. Im März 1969 waren die Wohnhäuser und die Institute erstellt sowie die vorgesehene Expertengruppe erstmals vollzählig. Die Labors waren 1970 voll ausgerüstet. Die Feldversuchstätigkeit begann 1967, der erste In-Service-Ausbildungskurs 1969.

Probleme: Organisation und konsequente Durchführung der Projektkonzeption litt unter häufigem Projektleiterwechsel und Änderung der Konzeption. Counterparteinsatz schwer zu verwirklichen, da dem Land bisher jährlich nur rd. zehn Diplomlandwirte zur Verfügung standen (ab 1973 jährlich 30, die an der neuen landwirtschaftlichen Fakultät im Land ausgebildet werden). Zur Zeit sind erst vier der neun benötigten Diplomlandwirte am Projekt tätig.

Arbeitsergebnisse

Reisanbau: Umfangreiche Sorten- und Anbauversuche im Regenfeld- und Bewässerungsanbau (Einführung verbesserter Sorten am Anfang).

Allgemeiner Pflanzenbau: Feldfrüchte: Sorten- und Anbauversuche mit verschiedenen Feldfrüchten (Mais, Baumwolle, Hirsearten, Sojabohnen u. a.) liefern Anbauempfehlungen für die Praxis.

Zuckerrohr: Erst vor kurzem voll aufgenommen.

Gartenbau: Vermehrung eingeführter virusfreier Zitrusarten und -sorten (Abgabe in alle Landesteile). Versuchsergebnisse von Bananen, Gemüse und Ananas sind praxisreif.

Pflanzenschutz: Untersuchungsergebnisse über wirtschaftliche Bedeutung und Bekämpfung von Pflanzenschädlingen veröffentlicht. Arbeiten in der Unkrautbekämpfung noch voll im Gange (erste praktische Erkenntnisse!) Ergebnisse im Vorratsschutz werden vermittelt.

Betriebswirtschaft/Beratung: Sozialökonomische Erhebungen, Studien der bäuerlichen Betriebsstruktur im Kilomberotal liefern Kenntnisse über Wirtschaftsweisen, Ertragspotential und Schwierigkeiten in der Landbewirtschaftung.

Die Anlage von Demonstrations- und Beobachtungsflächen auf Bauernland umfassen Reis, Mais, Baumwolle und Zitrus.

Farmsektor: Großflächige Anbaugemeinschaft ist voll im Gange. Ein bodenphysikalisches und ein -chemisches Labor führen notwendige Untersuchungen aus. Meteorologische Daten werden aufgezeigt.

Allgemeine Beratungsarbeit: Alle Abteilungen sind bei der Beratung von Großfarmen, Ujamaa-Dörfern, Schulen und bäuerlichen Betrieben und bei der Fortbildung einheimischer Beratungskräfte beteiligt.

# Thailand

## Nagetier-Bekämpfung und Vorratsschutz

### I. Allgemeines

PN: 75.2046.3

Verantwortlicher deutscher Leiter des Vorhabens: Norbert Weis

Projektanschrift: P.O. Box 9-39 Bangkok/Thailand

Projektträger im Gastland: Department of Agriculture

Projektträger in der BRD: GTZ

Zuständige GTZ-Abteilung: 11   Fachbereich: 113

Projekttyp: Allgemeiner Pflanzenschutz

Zielsetzung des Projektes: Einführung einer Methode zur Nagetierbekämpfung (Feldmüuse, Feldratten); Aufbau von Demonstrationsprojekten; Schulung von Pflanzenschutztechnikern des Extension Service (Dep. of Agriculture).

### II. Zeitlicher Ablauf

Planungsbeginn: Juli 1973

Durchführungsbeginn: Oktober 1975

Deutscher Beitrag vereinbart bis: September 1977

### III. Personal

Personal des Gastlandes (Soll): 10

Personal der BRD (Soll): 2

### IV. Sachausrüstung

Rodentizide, 12 Fahrzeuge, diverse Laborausrüstung, Lehr- und Unterrichtsmaterial.

## V. Kapitalaufwand

Kapitalaufwand des Gastlandes:   keine Angaben

Kapitalaufwand der BRD:   1.300.000,00 DM

## VI. Projektbericht

Projektkurzbeschreibung

In der thailändischen Landwirtschaft verursachen Nagetiere in nahezu allen Kulturen erhebliche Schäden. Bisher getätigte Maßnahmen erbrachten keine durchschlagenden Erfolge.

Ziel des Projektes ist es, eine Methode zur erfolgreichen und wirtschaftlichen Bekämpfung der Schädlinge in der Praxis einzuführen. Im Rahmen dieses Vorhabens sollen sogenannte Pilot (=Demonstrations-) Projekte aufgebaut und Pflanzenschutztechniker geschult werden. Außerdem sollen in der zoologischen Abteilung des zuständigen Ministeriums Untersuchungen über Nagetierpopulationen durchgeführt, sowie Köder- und Mittelfragen geklärt werden.

Projektplanung und -vorbereitung

----

Projektdurchführung

----

Arbeitsergebnisse

# Thailand

## Tierhaltungs- und Beratungsvorhaben Chiang Mai

### I. Allgemeines

PN: 62.2245.9

| | |
|---|---|
| Verantwortlicher deutscher Leiter des Vorhabens: | Dr. J.H. Gwildis |
| Projektanschrift: | Thai-German Livestock and Farming Project P.B. 25 Chiang Mai/Thailand |
| Projektträger im Gastland: | Department of Livestock Development, Ministry of Agriculture and Cooperatives, Bangkok |
| Projektträger in der BRD: | GTZ |
| Zuständige GTZ-Abteilung: | 1 Fachbereich: 121 |
| Projekttyp: | Beratungsvorhaben tierische Produktion |

Zielsetzung des Projektes: Förderung der Milch- und Fleischviehhaltung durch Beratung auf den Gebieten der Tierzucht und Tierhaltung, des Futteranbaus und der Weidewirtschaft; Intensivierung der künstlichen Besamung; Milch- und Fleischverarbeitung; landwirtschaftliche Beratung in der Region Chiang Mai.

### II. Zeitlicher Ablauf

| | |
|---|---|
| Planungsbeginn: | Oktober 1961 |
| Durchführungsbeginn: | August 1965 |
| Deutscher Beitrag vereinbart bis: | Oktober 1977 |

### III. Personal

| | |
|---|---|
| Personal des Gastlandes (Soll): | 32 |
| Personal der BRD (Soll): | 4 |

### IV. Sachausrüstung

Ausrüstungen für Molkerei und Schlachterei, Tierernährungslabor,

Farmbetrieb und Beratungswesen; Fahrzeuge für landwirtschaftliche Beratung und Verarbeitungsbetriebe.

## V. Kapitalaufwand

Kapitalaufwand des Gastlandes:  ca. 40.000.000,00 Baht
(1 DM = 7 - 8 Baht)

Kapitalaufwand der BRD:  10.000.000,00 DM

## VI. Projektbericht

Projektkurzbeschreibung

Projekt liegt am Stadtrand von Chiang Mai (ca. 110.000 Einwohner, 290-350 m ü.N.N.), 750 km nördlich von Bangkok. Beratungsgebiet umfaßt Provinzen Chiang Mai und Lamphun mit Ausstrahlung auf gesamte Nordregion. Projekt ist einer seit 1941 bestehenden staatlichen Tierzuchtstation angegliedert (Hauptstation: 18 ha, unter Beregnung; Außenstation: 100 ha, unter Regenfeldbau). Klima: tropisch-wechselfeucht, Monsun: Juni-Oktober; $\emptyset$ Niederschlag 1.440 mm, $\emptyset$ Jahrestemperatur 26,2 Grad C. In Tallagen dichte, tonige Reisböden, auf trockenen Aufschüttungsterassen und unteren Hanglagen meist arme, leichte Böden stellenweise produktive schwarze Kalkverwitterungsböden.

Vorherrschende Kulturarten: Reis (jetzt meist 2 Ernten), Tabak, Gemüse, Sojabohne, Erdnuß, tropische Früchte (Lamyai, Mango, Banane).

Viehhaltung: verbreitet Schweine, Geflügel, zunehmend Rindvieh mit Fleischnutzung, Milchviehhaltung zögernd zunehmend (Schwerpunkte in Beratungsgebieten mit künstlicher Besamung); Wasserbüffel als Zugtiere (Fleischleistung = Nebennutzung).

Kleinbäuerliche Betriebsgrößen ($\emptyset$ 2,5 ha) nur vereinzelt größere Einheiten mit speziellen Betriebszweigen.

Hauptarbeitsgebiete:

Landwirtschaftliche Beratung vornehmlich in tierischer Produktion in der Region Chiang Mai; Einführung und Förderung der Milch- und zunehmend auch der Mastviehwirtschaft in traditioneller Reislandwirtschaft und in trockenen, buschbestandenen "uplands" der Randgebiete. Förderung von Futterbau und Weidewirtschaft und der gemischt-wirtschaftlichen Betriebsweise mit betriebswirtschaftlichen Berechnungen.

Intensivierung der künstlichen Besamung (Milch und Fleisch); Verbesserung der veterinärmedizinischen Betreuung.

Verarbeitung von Kreuzungsbullen und einheimischem Vieh in Projekt-Schlachterei zu Fleisch- und Wurstwaren.

Milchverarbeitung in kleiner Molkerei (Herstellung: Trinkmilch, Eiskrem, Quark Butter).

Etwa 130 Bauern bilden Milcherzeuger-Genossenschaft (übernimmt teilweise Funktionen in den Verarbeitungsbetrieben).

Gute Zusammenarbeit mit bi- und multilateralen Projekten in der Region (UNDP/FAO Australien, Rockefeller Foundation), mit den königlichen Förderprojekten für die Bergstämme und der Universität Chiang Mai (projekteigene Demonstrationsfläche für tropische Gräser und Futterpflanzen).

Projektplanung und -vorbereitung

1961 Gutachten von H. H. Messerschmidt und H. Meggle;
1965 Absicherung des später importierten Reinviehzuchtbestandes gegen tropische Krankheiten, Vorbereitung des Futterbaues;
Ende 1965 Ankunft von Zuchttieren, Ausrüstungsgegenständen;
1970 Übergabe der Station, 1974 Übergabe der Molkerei und der Genossenschaft an Counterparts.

Schwergewicht heute: Beratertätigkeit in tierischer Produktion, Futterbau und Weidewirtschaft in Nordregion und technische Aufrechterhaltung der Verarbeitungsbetriebe.

Projektdurchführung

Gastland stellt: Land, Gebäude, den größten Teil der Betriebsmittel, Counterparts und anderes Personal, Wohnungen für die deutschen Fachkräfte.

BRD stellt: Technische Ausrüstungen, Maschinen, Geräte für Verarbeitungsbetriebe und Labors, Fahrzeuge, früher Zuchtvieh, jetzt Tiefgefriersperma. Fachliche Fortbildung in der BRD für fast alle Counterparts, Ausbildungsstipendien im Gastland. Fachliches know-how durch Einsatz von deutschen Fachkräften (Höchststand 1973/74: 9 deutsche Fachkräfte). Stufenweiser Abbau des Experteneinsatzes bis zur Projektübergabe im Oktober 1977.

Arbeitsergebnisse

Landwirtschaftliche Beratung: Beratung in Fragen der tierischen Produktion (Milch- und Mastvieh), Futterbau und Weidewirtschaft (z.B. Grasanbau in Obstplantagen als Unterkultur). Beratung bei Einrichtung und Organisation von 130 bäuerlichen Betrieben mit Milch- und Mastvieh. Ausbildung von Fachberatern und Bauern.

Schlachterei: Herstellung von Fleisch- und Wurstwaren hoher Qualität, unter vollständiger wirtschaftlicher Ausnutzung des Schlachtkörpers. Ausbildung in Fleischverarbeitung. Absatz der Produkte in Chiang Mai und Bangkok.

Molkerei: Herstellung von Milchprodukten (Frischmilch, Quark, Eiskrem, Butter); Absatz im Raum Chiang Mai.

Milcherzeuger-Genossenschaft: Ist bei Organisation, Geschäftsbetrieb der Verarbeitungsbetriebe und in die Vermarktung einbezogen und für mehrere Funktionen allein verantwortlich.

Tierzucht und künstliche Besamung: Die besten Resultate ergeben Kreuzungen von einheimischen Zebus mit einem Blutanteil zwischen 50-75 % Schwarzbunt, danach weitere Einkreuzung mit Red Sindhi (3-Rassen Rotationskreuzung).

Zunehmend mehr Nachfrage nach künstlicher Besamung und Fleischrassen (American Brahmin).

# Thailand

## Landwirtschaftliche Beratung und Genossenschaft Pimai

### I. Allgemeines

PN: 73.2039.3

| | |
|---|---|
| Verantwortlicher deutscher Leiter des Vorhabens: | D. Lepper |
| Projektanschrift: | Thai-German Pimai Landsettlement Project<br>P.O. Box 6<br>Amphur Pimai<br>Changwar Nakorn Ratchasima/<br>Thailand<br>Telegramm: tigipimai |
| Projektträger im Gastland: | Department of Public Welfare, Landsettlement Division, Ministry of Interior |
| Projektträger in der BRD: | GTZ |
| Zuständige GTZ-Abteilung: | 12      Fachbereich:  124 |
| Projekttyp: | Landwirtschaftliche Beratung und Genossenschaft |

Zielsetzung des Projektes: Verbesserung der Einkommenssituation der Bauern im Siedlungsgebiet Pimai durch Aufbau eines landwirtschaftlichen Beratungsdienstes (Know-how) und einer landwirtschaftlichen Mehrzweckgenossenschaft zur Beseitigung bestehender Vermarktung-, Bezugs- und Kreditprobleme. Steigerung der Erträge im Tapiokaanbau, Förderung der Seidenproduktion, Einführung neuer marktfähiger Kulturen wie Tabak, Erdnüsse, Mungbohnen, Medizinalpflanzen u.a. Sonderkulturen. Anleitung und Weiterbildung der thailändischen Beratungskräfte, Brunnenbau. Aufbau von Verarbeitungsanlagen für Tapioka und Seidenkokons.

### II. Zeitlicher Ablauf

| | |
|---|---|
| Planungsbeginn: | 1972 |
| Durchführungsbeginn: | 1974 |
| Deutscher Beitrag vereinbart bis: | 1976 |

## III. Personal

Personal des Gastlandes (Soll): 13

Personal der BRD (Soll): 3

## IV. Sachausrüstung

5 Kleintransporter, 1 Lkw, 2 Pkw, 12 Motorräder, 2 Ackerschlepper mit Zubehör, 1 Kleinschlepper, Büroausrüstung, bauliche Einrichtungen für Genossenschaft (Lagerhaus, Büro, Wohngebäude, Zement - Trockenflächen, Wege), Wasserversorgung.

## V. Kapitalaufwand

Kapitalaufwand des Gastlandes: 400.000,00 DM

Kapitalaufwand der BRD: 2.615.000,00 DM

## VI. Projektbericht

Projektkurzbeschreibung

Landwirtschaftliches Siedlungsgebiet in der armen NO - Region Thailands mit etwa 8.000 ha LN, ausgelegt für 1.600 Siedlerstellen, jedoch nur etwa 800 Siedler vorhanden. Dadurch große durchschnittliche Betriebsgröße mit extensiver Nutzung und Einsatz von Lohnunternehmern und Fremdarbeitskräften.

Tropisches Klima mit ausgeprägter Trockenzeit und ungewisser Niederschlagsverteilung zur Regenzeit. Sandige Böden, Siedlungsgebiet durch ganzjährig befahrbare Wege sehr schlechten Zustandes erschlossen.

Zum Projekt gehören: Aufzuchtstation für junge Seidenraupen, Versuchsflächen für Maulbeerbäume, Tapioka mit und ohne Intercrops, Anbauversuche für neue Kulturen, Genossenschaft und Beratungsdienst.

Die verwaltungsmäßige Zuordnung zum Department of Public Welfare bringt Vereinfachung in der Abstimmung fachlicher Programme. Zuordnung zum Landwirtschaftsministerium wird erwogen. Vorteil: mehr fachliche Kompetenz, Nachteil: Abstimmung mit verschiedenen Fachabteilungen erforderlich.

Zusammenarbeit mit Privatunternehmen:
- Adams International für Orient-Tabak
- Chul Thai Silk Co. für Seide
- Peter Cremer, Krohn für Tapioka
- Madaus für Medizinalpflanzen
    Zusammenarbeit mit Forschungsinstitutionen:
- Applied Seientific Research Corporation of Thailand für Analysen

- Kasetsart University für Pflanzenproduktion, statistische Auswertungen, Bodenanalysen
- Sericultural Research and Training Center für Seidenkultur

Zusammenarbeit mit Banken:
- Industrial Financa Corporation of Thailand für Investitionen zur Verarbeitung von Agrarerzeugnissen im Projekt sonstige Investitionen, die einen Markt für mögliche neue Kulturen eröffnen.
- Bank for Agricultura and Agricultural Cooperatives für Genossenschaftskredit.

Projektplanung und -vorbereitung

Nach Vorauswahl von Siedlungsgebieten durch Mitarbeiter von deutsch-thailändischen Projekten in anderen Siedlungsgebieten Detailplanung durch Projektleiter, Projektbeginn ein Jahr nach Voruntersuchung.

Planungsgrundsätze: Auswahl wirtschaftlich interessanter Kulturen, Möglichkeit zur Einführung der Kulturen durch Beratung in kurzer Zeit vorhandene Erfahrungen in Thailand. Möglichkeit zur Vermarktung und Verarbeitung. Orientierung der Programme an den finanziellen Möglichkeiten der Bauern.

Projektdurchführung

Beschränkung deutschen Personaleinsatzes auf Beratung führt zu Verzögerungen und unbefriedigenden Ergebnissen bei der Durchführung. Durch stärkeres Einschalten der Genossenschaft wird versucht, diese Situation zu verbessern.

Arbeitsergebnisse

Genossenschaft: Expansion der Mitgliederzahl auf 235
Kreditvergabe, Vermarktung und Verarbeitung von Tapioka, Vermarktung von Seidenkokons, Erdnüssen u. a. Bereitstellung von Dienstleistungen, Ausweitung der Kokonproduktion durch Genossenschaft.

Beratungsdienst: Ausweitung der Seidenraupenzucht von 26 auf 56 Bauern, Programme mit Intercrops in Tapioka bei 150 Bauern.

Versuchswesen und Demonstration: Ergebnisse aus Anbauversuchen zu Intercrops in Tapioka, Düngemittelanwendung, Standweiten, neue Kulturen.

Problematik: Niederschlagsverteilung macht Ersatz von Tapioka durch andere Kulturen sehr risikoreich.

Betriebsgröße: zur Anbauintensivierung entweder Mechanisierung oder Einsatz von Fremdarbeitskräften. Bei bestehenden Kosten/Preisrelationen daher wenig Interesse an Intensivierung.

Programm zur Lösung: Intensivierung auf Teilflächen mit zeitweiliger Bewässerung aus Brunnen, weitere Extensivierung oder Verpachtung der Restflächen.

# Thailand

# Landwirtschaftliche Berater für das Siedlungsgebiet Lamtakhong / Thailand

## I. Allgemeines

PN: 72.2092.4

Verantwortlicher deutscher
Leiter des Vorhabens:     Franz G. Heim

Projektanschrift:     Thai-German Agricultural
Development Project
Lamtakhong Landsettlement
P.O. Box 19
Packchong Province Nakhonratchasima
Thailand
Telegramm: Thaigerman Pakchong

Projektträger im Gastland:     Ministry of Interior,
Department of Public Welfare,
Settlement Development Division,
Bangkok

Projektträger in der BRD:     GTZ

Zuständige GTZ-Abteilung:     12     Fachbereich: 124

Projekttyp:     Siedlungsvorhaben

Zielsetzung des Projektes:
- Aufbau eines landwirtschaftlichen Beratungsdienstes sowie Organisation einer landwirtschaftlichen Mehrzweckgenossenschaft mit dem Ziel einer signifikanten Steigerung des Familieneinkommens der Siedler;
- Aufbau einer landwirtschaftlichen Mehrzweckgenossenschaft als flankierende Maßnahme;
- Ausbildung und Vorbereitung von landwirtschaftlichen und genossenschaftlichen Beratern für ihren Einsatz in weiteren Siedlungsgebieten;
- Planung und Vorbereitung des Einsatzes landwirtschaftlicher und genossenschaftlicher Berater in weiteren Siedlungsgebieten mit Nutzung deutscher TH-Mittel, jedoch ohne permanente deutsche personelle Beteiligung; Trialrun dieser Maßnahmen.

## II. Zeitlicher Ablauf

Planungsbeginn:     April 1970

Durchführungsbeginn:     November 1972

Deutscher Beitrag
vereinbart bis:     März 1976

## III. Personal

Personal des Gastlandes (Soll):   25

Personal der BRD (Soll):   3

## IV. Sachausrüstung

Fahrzeuge, Beratungshilfsmittel, revolvierende Fonds, Erstausstattung der Genossenschaft mit Maschinen und Geräten gegen Erstattung auf Raten zur Schaffung eines revolvierenden Fonds für die Kreditbereitstellung an Mitglieder; Zuschüsse für den Bau von Gebäuden, Umlaufkapital.

## V. Kapitalaufwand

Kapitalaufwand des Gastlandes:   342.703,00 DM

Kapitalaufwand der BRD:   2.183.000,00 DM

## VI. Projektbericht

Projektkurzbeschreibung

Lage: 180 km nordöstlich von Bangkok in einem Siedlungsgebiet mit nominell 1.900 Siedlerfamilien mit ⌀ 5 ha/Familienbetrieb.

Klima: tropisch, ausgeprägte Monsunzeiten März/April bis Oktober/November mit ⌀ 1.250 in Niederschlägen bei ⌀ Temperaturen von 26° C und einer ⌀ Luftfeuchtigkeit von 75 %.

Anbaustruktur: Regenfeldbau mit Mais als Hauptfrucht; Zweitfrucht Bohnen (unsicher); Lahteritböden; Tierhaltung unbedeutend.

Einkommensstruktur: ⌀ Familieneinkommen 8.000 Baht bei Projektbeginn bei einer ⌀ Familiengröße von 6 Personen, ⌀ Verschuldung etwa 5.000 Baht/Betrieb bei ⌀ Jahreszinsen von 54 %; stark ausgebautes Händlerwesen. Händlerkredite.

Hauptarbeitsgebiete:

Entscheidungsgrundlage für zu ergreifende Projektaktivitäten war eine Anfangserhebung (O-survey); es ergaben sich folgende Schwerpunkte:

Aufbau eines landwirtschaftlichen Beratungsdienstes mit dem Ziel der
- Intensivierung und Diversifizierung der Produktion (Bohnen, Baumwolle, Erdnüsse, Sorghum als Zweitfrucht nach Mais); Einführung ertragreicherer Sorten;

- Verbesserung der Bodenfruchtbarkeit durch Eindämmung der Bodenerosion (no-tillage bzw. minimum tillage-Programme, Konturpflügen und -pflanzen usw.);
- Intensivierung des Anbaus exportorientierter (Mais, Bohnen, Sorghum) sowie importsubventionierender Verkaufsfrüchte (Baumwolle);
- Einführung von Uplandreis zur Selbstversorgung durch Ausbildung landwirtschaftlicher Berater in der gesamten Bandbreite der Beratungsmethodik und dem Einsatz im Siedlungsgebiet.

Ausbildung von jährlich sechs bis acht zusätzlicher landwirtschaftlicher Berater für den Einsatz in weiteren Siedlungsgebieten (on-the-job-trainung) und organisatorische Vorbereitung ihres Einsatzes.

Aufbau einer landwirtschaftlichen Mehrzweckgenossenschaft als flankierende Maßnahme mit
- Maschineneinsatz im Lohnverfahren
- Beschaffung und Abwicklung von Krediten
- Vermarktung landwirtschaftlicher Produkte
- Beschaffung von Produktionsmitteln

Ausbildung des genossenschaftlichen Managements und der Mitglieder zur selbstständigen Wahrnehmung aller Aufgaben. Zusätzlich Ausbildung von jährlich zwei Genossenschaftsberatern und Vorbereitung ihres Einsatzes in weiteren Siedlungsgebieten.

Durchführung konzeptioneller und organisatorischer Maßnahmen zur Erreichung eines Multiplikationseffektes durch den Einsatz von im Projekt ausgebildeten landwirtschaftlichen Beratern sowie genossenschaftlichen Beratern in weiteren Siedlungsgebieten. Dieser Einsatz erfolgt unter Nutzung deutscher TH-Mittel für die Ausstattung der Berater, jedoch ab März 1976 ohne permanente deutsche personelle Beteiligung und wird im Rahmen eines Anschlußprojektes (PN: 75.2092.4 - Förderung von Siedlungsgebieten in Thailand) weitergeführt.

Landwirtschaftliche Beratung Lamtakhong:

Signifikante Einkommenssteigerungen der Siedler im Siedlungsgebiet Lamtakhong. Das ⌀ Familieneinkommen der Siedler lag 1974 über dem Landesdurchschnitt, erzielt durch:
- Diversifizierung und Intensivierung der Produktion und damit besserer Risikoverteilung (Maisanbaufläche in den Jahren 1971/72: 98,4 % bzw. 96,5 %; 1973: 93 % bzw. 76 % und 1974: 95 % bzw. 79 %).
- Zunehmender Anbau bodenverbessernder Früchte (Sojabohnen, Mungbohnen) (1973: 4,1 %; 1974: 9,6 %);
- Einführung neuer Anbaufrüchte (Baumwolle, Sonnenblume) und ertragreicher Sorten (Mais, Sojabohnen, Mungbohne, Erdnuß). Anbau von Uplandreis auf bisher brachliegenden Überschwemmungsflächen;
- Erhebliche Ertragsteigerungen durch verbesserte Anbautechnik und Pflanzenschutz (1974 ⌀ Ertrag 2.469 kg/ha Baumwolle);
- Organisation und Bau von Flußübergängen; Fruchtbäumeaktion gegen Kredit; Mäuse- und Rattenbekämpfung;

- Vergabe von Produktionsmitteln "in kind" als kurzfristige Kredite mit 12 % Zinsen p.a. für zusätzliche Farminputs. Rückfluß der Mittel in einen revolvierenden Fond. Rückzahlungsquote 99 %.

Mehrzweckgenossenschaft Lamtakhong:
- Gesamtwarenumsatz 1973 DM 318.322,00
  1974 DM 992.657,00
- Gesamtkreditvergabe (kurzfristig) bis April 1975 DM 487.753,00. Rückzahlungsquote 100 %.
- Gesamtmitgliederzahl 297
- völlige Selbstverwaltung durch Manager und Vorstandsmitglieder.

Ausbildung landwirtschaftlicher und genossenschaftlicher Berater für Einsatz in weiteren Siedlungsgebieten:
- Training von sieben landwirtschaftlichen Beratern und Vorbereitung des selbständigen Einsatzes in sieben Siedlungsgebieten;
- Training genossenschaftlicher Berater und Vorbereitung des Einsatzes in weiteren Siedlungsgebieten;

Programm "Beratungsdienste in weiteren Siedlungsgebieten":
- Implementierung von Beratungsdiensten in zwei Siedlungsgebieten im April 1974: erhebliche Einkommenssteigerungen bei den Innovatoren.

# Togo

## Lehr- und Versuchsanstalt für Tierzucht, -haltung und -fütterung

### I. Allgemeines

PN: 62.2276.4

| | |
|---|---|
| Verantwortlicher deutscher Leiter des Vorhabens: | Dr. med. vet. Martin Pufe |
| Projektanschrift: | B.P. 27<br>Agou Gare, Togo |
| Projektträger im Gastland: | Ministère du Developpement Rural |
| Projektträger in der BRD: | GTZ |
| Zuständige GTZ-Abteilung: | 12    Fachbereich: 121 |
| Projekttyp: | Landwirtschaftliche Beratung und Ausbildung, Veterinärwesen, Tierzucht, -haltung und -fütterung |

Zielsetzung des Projektes: Bereitstellung von trypanotolerantem Zuchtmaterial (N'Dama) für die Landesrinderzucht; theoretische und praktische Ausbildung von Beratern und Lehrlingen in allen Bereichen der Rindvieh-, Schweine- und Geflügelhaltung sowie der Zugochsenanspannung. Beratung einheimischer Schweine- und Geflügelhalter. Abgabe von Fleisch, Milch und Eiern.

### II. Zeitlicher Ablauf

| | |
|---|---|
| Planungsbeginn: | 1961 |
| Durchführungsbeginn: | 18. September 1964 |
| Deutscher Beitrag vereinbart bis: | 31. Dezember 1975<br>Eine fachliche Nachbetreuung für weitere drei Jahre ist bereits genehmigt. |

### III. Personal

Personal des Gastlandes (Soll): 8

Personal der BRD (Soll):     5

### IV. Sachausrüstung

Wirtschaftsgebäude: Stallungen für 100 Milchkühe mit Nachzucht, 30 Zuchtsauen, 200 Mastschweine und 3.000 Legehennen. Mühle mit 250 Tonnen Silo, Werkstatt und Nebengebäude. 12 Wohnhäuser. Landwirtschaftliche Maschinen und Geräte, 6 Traktoren, 3 Lastkraftwagen, 7 Pkw, Zuchttiere der Rassen Braunvieh, Gelbvieh, Lagunenvieh, N'Dama und Kreuzungstiere. Übliche landwirtschaftliche Vorräte.

## V. Kapitalaufwand

Kapitalaufwand des Gastlandes: 80.400.000,00 Francs CFA
(= 1.005.000,00 DM

Kapitalaufwand der BRD:  12.038.000,00 DM

## VI. Projektbericht

Projektkurzbeschreibung

Die Station liegt 100 km nord-nord-westlich von der Hauptstadt Lomé entfernt, 150 m über NN. Die durchschnittlichen Jahresniederschläge betragen 1.200 mm bei einer ausgeprägten Trockenzeit von November bis April. Bei mittlerem Maxima von 33° C und mittlerem Minima von 21,8° C liegt die Durchschnittstemperatur um 27,4° C. Die mittlere relative Luftfeuchtigkeit beträgt 84 %.

Zur Station gehören über 635 ha Betriebsflächen, die sich aufteilen in 618 ha Weideflächen und 17 ha Wege und bebaute Flächen. Mit 43 km Zäunen (Betonpfähle) ist die Weidefläche in 48 Parzellen mit Größen von 1 bis 25 ha unterteilt. Im Durchschnitt weisen die Flächen 13 ha Weide auf.

Projektplanung und -vorbereitung

Im Jahre 1960 beantragte die Regierung der Republik Togo bei der BRD die Errichtung einer Tierzucht- und Pflanzenbaustation. Mit den Planungsarbeiten wurde 1962 begonnen. Die Durchführung des Vorhabens wurde 1964 aufgenommen.

Die Pflanzenbaustation konnte bereits 1970 übergeben werden, so daß heute nur noch die Tierzuchtstation im Rahmen der Technischen Zusammenarbeit betraut wird.

Projektdurchführung

1964: Entsendung der ersten deutschen Experten.
1964 bis 1969: Tests und Versuche mit Weidepflanzen.
1965 bis 1973: Erstellung aller Stationsgebäude und Bau der Wege.
1965 bis 1975: Erstellung und Erneuerung der Weideflächen.
seit 1965: Beschaffung und Zucht von Rindern, Schweinen und Geflügel. Angewandte Versuche in Tiergesundheit, Tierhaltung und Weidemanagement in den Tropen.

Arbeitsergebnisse

(alle nachstehenden Daten beziehen sich auf den 1. Juli 1975).

Milchvieh: Rassen Braunvieh (50 Kühe mit Nachzucht); Rasse Gelbvieh (15 Kühe mit Nachzucht); Haltung tagsüber im Stall bei Grün- und Kraftfutter, nachts Weidegang mit Bullen.

Durchschnittliche Laktationsleistung bei Braunvieh 3.300 Liter Milch; durchschnittliche Laktationsleistung bei Gelbvieh 3.000 Liter Milch.

1975 Installation einer Kleinmolkerei (Trinkmilch-, Sahne- und Butterproduktion) mit einer Tageskapazität von 1.000 l Milch bei derzeitiger Ausnutzung von 50 %. Künftig soll die gesamte Milchproduktion als Trinkmilch vermarktet werden.

Die Schweinehaltung ist stark eingeschränkt worden, da durch intensive Beratungstätigkeit einheimische Farmer nunmehr Schweine der Deutschen Landrasse halten.

Die Aktivitäten beschränken sich auf die Beratung, Ausbildung und Bereitstellung von Zuchtmaterial an einheimische Farmer.

Bestände: 10 Zuchtsauen, 5 Jungsauen, 5 Eber und 60 Mastläufer.

Geflügelhaltung: Die Situation ist ähnlich wie in der Schweinehaltung. Bestände: 1.200 Legehennen, 500 Masthähnchen, wobei alle Eintagsküken vom togolesischen Markt stammen.

Weidevieh: Bestände nach Herden:

|  | Kühe | Bullen | Nachzucht |
|---|---|---|---|
| N'Dama-Herde | 291 | 20 | 15 |
| Lagunenvieh | 129 | 2 | 110 |
| Kreuzungskühe | 225 | 20 | 120 |
| Kreuzungsfärsen | 100 | - | - |
| Kreuzungsochsen | 115 | - | - |

Kreuzungsprogramm: Dreirassenkreuzung mit Lagunenkuh x Gelbviehbulle
       Produktionsfärse x N'Damabulle

Haltung: Ganzjähriger Weidegang mit Mineralstoffzufütterung in Form von Lecksteinen. Abkalbesaison von Oktober bis März.

Wichtigste Leistungen: Abkalberate = 0,83
        Aufzuchtrate = 0,80

Durchschnittliche tägliche Zunahme in der Ochsenherde: 300 g/Tier und Tag bis 400 kg Lebendgewicht.

Weidemanagement: Als beste Weidepflanzen haben sich bewährt: Panicum maximum mit Centrosema als Leguminose und Cynodon plectostachyum mit Stylosanthes gracilis als Untersaat.

Die Weidenutzung erfolgt durch Rotationsbeweidung.

Ausbildung und Beratung von togoischen Lehrlingen und Landwirten auf allen Gebieten der Tierhaltung und der tierischen Anspannung. Zu diesem Zweck besteht eine Schule mit Internat, die seit 1974 unter togoischer Regie läuft. Die Ausbildungsdauer ist fließend; von 14 Tagen bis 6 Monaten. Durchgang: 1975 ca. 60 Auszubildende.

Belieferung togoischer Farmer mit Zugochsen einschließlich von im Projekt produzierten Geschirren und Geräten. Daran schließt sich in der Regel eine intensive Betreuung und Beratung an.

Obwohl die Übergabe des Vorhabens für Ende 1975 vorgesehen ist, ist eine Nachbetreuung mit folgenden Zielen geplant:

- Erstellung und Auswertung von Daten zur Tiergesundheit, zur Zuchtplanung und -durchführung

- Datengewinnung zur Ökonomie und Organisationsform künftiger Rindviehhaltungssysteme in den feuchten Tropen Westafrikas, insbesondere der Rasse N´Dama.

# Togo

## Landw. Produktionsmittellieferung, Pflanzenschutzmaßnahmen

### I. Allgemeines

PN: 71.3507.2

Verantwortlicher deutscher
Leiter des Vorhabens: Dr. K.G. Steiner

Projektanschrift: Service de la Protection des
Vegetaux, Projet Allemand
B.P. 1263
Lomé-Cacaveli/Togo

Projektträger im Gastland: Ministére de l'Equippement Rurale

Projektträger in der BRD: GTZ

Zuständige GTZ-Abteilung: 11    Fachbereich: 113

Projekttyp: Produktionsmittellieferung
Pflanzenschutzmaßnahmen

Zielsetzung des Projektes: Aufbau und Förderung des Pflanzenschutzdienstes einschließlich der Pflanzenquarantäne in Togo durch den Einsatz von deutschen Fachkräften und Materiallieferungen.

### II. Zeitlicher Ablauf

Planungsbeginn: März 1971

Durchführungsbeginn: November 1971

Deutscher Beitrag
vereinbart bis: Dezember 1977

### III. Personal

Personal des Gastlandes (Soll): keine Angaben

Personal der BRD (Soll): 5

### IV. Sachausrüstung

Pflanzenschutz- und Vorratsschutzmittel, Pflanzenschutzgeräte, Fahrzeuge, Laborausstattung.

## V. Kapitalaufwand

Kapitalaufwand des Gastlandes: keine Angaben

Kapitalaufwand der BRD: 7.063.459,00 DM

## VI. Projektbericht

Projektkurzbeschreibung

Der Service de la Protection des Végétaux liegt 10 km außerhalb von Lomé in Cacaveli. Hier befindet sich das Zentralinstitut mit Verwaltungs- und Laborgebäuden, Lagerhallen und Werkstatt. Am Flughafen und Hafen bestehen Quarantänestationen. Außenstellen in allen Regionen sind geplant. Der Arbeitsbereich des Service erstreckt sich über das gesamte Territorium Togos. Da es noch keinen landwirtschaftlichen Beratungsdienst gibt, fällt die Pflanzenschutzberatung in den Aufgabenbereich des Service. Die deutschen Experten sind voll in den Service integriert.

Projektplanung und -vorbereitung

Das Projektgutachten wurde in Anlehnung an eine bereits vorliegende UNDP-(FAO-)Studie im März/April 1971 erstellt. Die Vorbereitungszeit erstreckte sich bis zur Ausreise des Projektleiters und eines Mitarbeiters.

Im Hinblick auf die Bedeutung des praktischen Pflanzenschutzes stand die Lieferung von Pestiziden, Pflanzenschutzgeräten und Fahrzeugen im Vordergrund, deren sachgemäßer Einsatz durch die gleichzeitige Entsendung zweier Fachkräfte gewährleistet wurde.

Projektdurchführung

Im November 1971 reisten der erste Projektleiter und ein Mitarbeiter nach Togo aus. Bis Mitte 1973 wurden die Baumaßnahmen, Laborgebäude, Lagerhallen und Werkstatt abgeschlossen und der Service soweit umorganisiert, daß er arbeitsfähig wurde. Im Rahmen des Produktionsmittelvorhabens wurden Pflanzenschutzmittel und -geräte aus Deutschland geliefert, die an die landwirtschaftlichen Organisationen verkauft bzw. verliehen wurden. Aus den Einnahmen wurde ein Gegenwertmittelfond eingerichtet, der das noch sehr begrenzte Budget des Partners stützt. Hauptarbeitsgebiete waren zuerst die Quarantänemaßnahmen im Hafen und Flughafen, sowie der Vorratsschutz.

1974 wurde mit der Mittelprüfung im Baumwoll- und Gemüsebau begonnen und neue Applikationsverfahren getestet, sowie Versuche zur Verbesserung der ländlichen Vorratshaltung unternommen. Die Aufgaben erweitern sich ständig durch die Anlage von neuen Obst-, Kaffee- und Kakaoplantagen und die Ausdehnung des Reis- und Baumwollanbaus.

Arbeitsergebnisse

Der Service ist inzwischen soweit organisert und aufgebaut, daß der Quarantänedienst und der Vorratsschutz reibungslos läuft. Die Anfragen aus dem Land zur Inspektion von Baumschulen und Plantagen mehren sich und werden bearbeitet.

Es ist eine Liste der Pflanzenkrankheiten aufgestellt und ein Herbar eingerichtet worden. In einem gut eingerichteten phytopathologischen Labor können eingesandte Pflanzenproben untersucht werden.

Das Versuchswesen ist als fester Bestandteil in das Arbeitsprogramm aufgenommen worden. Als wichtigstes Ergebnis ist zu vermerken, daß auch die Subsistenzkulturen und die ländliche Vorratshaltung in den Aufgabenbereich des Service aufgenommen wurden.

# Togo

## Pflanzenschutzvorhaben

### I. Allgemeines

PN: 71.3538.7

Verantwortlicher deutscher
Leiter des Vorhabens: Dr. Wolfram Zehrer

Projektanschrift: Institut de Recherches Agronomiques du Togo Service Phytosanitaire
B.P. 1263
Lomé-Cacaveli/Togo

Projektträger im Gastland: Institut de Recherche Agronomiques du Togo Service Phytosanitaire

Projektträger in der BRD: GTZ

Zuständige GTZ-Abteilung: 11  Fachbereich: 113

Projekttyp: Pflanzenschutzvorhaben

Zielsetzung des Projektes: Aufbau und Förderung des praktischen Pflanzenschutzes durch den Einsatz deutscher Sachverständiger und Materiallieferungen. Abwicklung spezifischer Arbeitsprogramme.

### II. Zeitlicher Ablauf

Planungsbeginn: März 1971

Durchführungsbeginn: November 1971

Deutscher Beitrag
vereinbart bis: Dezember 1980

### III. Personal

Personal des Gastlandes (Soll): keine Angaben

Personal der BRD (Soll): 4

### IV. Sachausrüstung

Kraftfahrzeuge, Pflanzenschutzgeräte, Ersatzteile, Werkstattausrüstung, Laborausstattung, Pflanzenschutz- und Vorratsschutzmittel, Beratungsmittel.

## V. Kapitalaufwand

Kapitalaufwand des Gastlandes:    keine Angaben

Kapitalaufwand der BRD:    6.900.000,00 DM

## VI. Projektbericht

### Projektkurzbeschreibung

Die Pflanzenschutzstation, in die das deutsche Projekt integriert ist, liegt 10 km von Lomé entfernt. Sie umfaßt Büroräume, Labors, eine Bibliothek, eine Werkstatt, Lager für Ersatzteile und Pflanzenschutzmittel. An die Station schließt sich ein Versuchsfeld an.

### Projektplanung und vorbereitung

Das Projektgutachten wurde in Anlehnung an eine bereits vorliegende UNDP-(FAO) Studie im März/April 1971 erstellt. Die Vorbereitungszeit erstreckte sich bis zur Anreise des Projektleiters und eines Mitarbeiters im November 1971.

Im Hinblick auf die Bedeutung des praktischen Pflanzenschutzes stand zu Anfang des Projektes die Lieferung von Pflanzenschutzmitteln und -Geräten, sowie von Fahrzeugen im Vordergrund. Der sachgemäße Einsatz wurde durch die gleichzeitige Entsendung zweier Fachkräfte gewährleistet.

### Projektdurchführung

Mit deutscher Hilfe wurde die kleine Station ausgebaut und eingerichtet. Die Bauarbeiten waren 1973 abgeschlossen und es konnte mit der Beratungs- und Versuchstätigkeit begonnen werden. Die Sektion Vorratsschutz konnte 1974 in togoischer Regie übergeben werden. Die Arbeit hat sich zunehmend von der Verteilung von Pflanzenschutzgeräten und -mitteln auf die Erarbeitung von wissenschaftlichen und praktischen Programmen verlagert. In Feldversuchen werden Pflanzenschutzmittel, Applikationsformen und resistente Kulturpflanzensorten unter praxisnahen Bedingungen erprobt.

Den Erfordernissen des Landes entsprechend muß in Zukunft die Beratung noch weiter ausgebaut werden. Die geplante Errichtung von zwei Außenstellen in den landwirtschaftlich wichtigsten Regionen des Landes ist dieser Aufgabe sehr förderlich.

### Arbeitsergebnisse

Zahlreiche Daten über die Kainkopé-Krankheit der Kokospalme, über Maniok-Mosaik und Maiskrankheiten wurden als Grundlage für spätere gezielte Abwehrmaßnahmen gesammelt.

Die wichtigsten Krankheiten und Schädlinge der Export und Subsistenzkulturen wurden erfaßt und ein umfangreiches Herbar angelegt.

Praktisch durchführbare Methoden zur Bekämpfung von zahlreichen Pflanzenkrankheiten und Schädlingen wurden erarbeitet und in einem Bulletin zusammengefaßt. Besondere Bedeutung erlangte die Einführung des ULV-Verfahrens im togoischen Baumwollanbau.

# Tunesien

## Lehr- und Demonstrationsbetrieb für Tierhaltung und Futterbau-Sedjenane

### I. Allgemeines

PN: 63.2008.9

| | |
|---|---|
| Verantwortlicher deutscher Leiter des Vorhabens: | Frank Hayer |
| Projektanschrift: | Ferme-Pilote<br>B.P. 35<br>Sedjenane/Tunesien |
| Projektträger im Gastland: | Office d'Elévage et de Pâturages |
| Projektträger in der BRD: | GTZ |
| Zuständige GTZ-Abteilung: | 12   Fachbereich: 121 |
| Projekttyp: | Beratung (Regionale Landentwicklung) |
| Zielsetzung des Projektes: | Steigerung des Einkommens der kleinbäuerlichen Bevölkerung dieser Region |

### II. Zeitlicher Ablauf

| | |
|---|---|
| Planungsbeginn: | 1965<br>(als Lehr- und Demonstrationsbetrieb) |
| Durchführungsbeginn: | 1967<br>(als Lehr- und Demonstrationsbetrieb);<br>Umstellung des Projektzieles 1970/71 und 1974/75. |
| Deutscher Beitrag vereinbart bis: | 30. Juni 1976 |

### III. Personal

| | |
|---|---|
| Personal des Gastlandes (Soll): | 32 einheimische Ingenieure, Techniker und Verwaltungskräfte |
| Personal der BRD (Soll): | 10 |

### IV. Sachausrüstung

Kettenschlepper Caterpillar D7 und D4 mit Wurzelrechen, Wurzelpflug, Wurzelsternradrechen, Rodungsscheibenpflüge, 26 Radschlepper mit entsprechenden Geräten; 19 PkW, 4 Lkw, 3 Mähdrescher, Werkstattausrüstung, Saatgutreinigungsanlage, Kraftfuttermischanlage, Milchkühlanlage usw.

## V. Kapitalaufwand

Kapitalaufwand des Gastlandes:   ca. 600.000,00 Dinar = 9.600.000,00 DM

Kapitalaufwand der BRD:   7.100.000,00 DM

## VI. Projektbericht

Projektkurzbeschreibung

Die Projektaktivitäten erstrecken sich auf die "Delegation Sedjenane" (Gouvernorat Bizerte).

Die ökologischen Voraussetzungen (mediterrane, subhumide Klimalage mit $\phi$ 880 mm Niederschlag und $17,3°$ C mittlere Jahrestemperatur) prädestinieren die Region zur Futterproduktion und deren Veredlung über Rinder.

Es handelt sich hierbei um eine Region kleinbäuerlicher Landwirtschaft. Aufgrund der günstigen Standortbedingungen wird der Entwicklung der Region und der entsprechenden Erzeugungsrichtung im derzeitigen Entwicklungsplan hohe Bedeutung beigemessen.

Projektplanung und -vorbereitung

Die erste Projektphase, nämlich die Errichtung eines Tierzuchtprojektes in der Nordregion, wurde in Anlehnung an das deutsch-tunesische Projekt Bejaoua geplant. Das damalige Projektziel (Modell- und Demonstrationscharakter einer Ferme-Pilote und Beratung der Produktionsgenossenschaften) wurde anläßlich der Auflösung der Kooperativen im Jahre 1970 geändert. Die Planung der neuen Projektaktivitäten in den Jahren 1971/72 (Beratung kleinbäuerlicher Betriebe) und 1974/75 (regionale Landentwicklung) erfolgte im wesentlichen durch das Projekt und die einheimischen Behörden nach den Zielsetzungen des Entwicklungsplanes.

Projektdurchführung

Die Durchführung des Vorhabens liegt in den Händen der regionalen Direktion des "Offive d'Elevage et de Paturages".

Die Hauptaktivitäten liegen zur Zeit auf dem Ausbau der administrativen und verkehrsmäßigen Infrastruktur, der Rodung von Buschflächen und deren Überführung in landwirtschaftliche Nutzfläche sowie beim Aufbau kleinbäuerlicher Betriebe.

Die Aktivitäten beinhalten auch den Ausbau der Trinkwasserversorgung für Mensch und Tier in den Dörfern, Anlage von Erosionsverbauungen, Entwässerung usw.

Weitere Schwerpunkte liegen auf dem Gebiet der Verdrängungskreuzung und der Verbesserung der Tiergesundheit.

Arbeitsergebnisse

1973 wurden 577 ha Staatsland gerodet und als Weiden angelegt, die vorwiegend als Pensionsviehweiden genutzt werden. Deren Ertrag fließt der ansässigen Bevölkerung zu. 1974 wurden weitere 587 ha gerodet und als Weiden angelegt; davon sind 170 ha als private Gemeinschaftsweiden in zwei Dörfern entstanden. Zusätzlich wurden ca. 80 ha auf privaten individuellen Eigentumsflächen angelegt. Dadurch wurden weitere integrierte Maßnahmen wie Ausbau der Wasserversorgung, Durchführung der Verdrängungskreuzung, Organisation des tiergesundheitlichen Dienstes, Bau von Deckstationen usw. ermöglicht. Ein weiterer Aspekt im Sinne einer regionalen Landentwicklung ist der ausgelöste Beschäftigungseffekt. So wurde durch die Ausdehnung der Projektaktivitäten in den letzten drei Jahren die Zahlen der abgeleisteten entlohnten Arbeitstage von ca. 29.000 Tagen im Jahre 1972 auf über 100.000 Arbeitstage im Jahre 1974 erhöht.

# Tunesien

## Landwirtschaftlicher Beratungsdienst Jendouba

### I. Allgemeines

PN: 68.20070

| | |
|---|---|
| Verantwortlicher deutscher Leiter des Vorhabens: | Dr. Hans Gerd Wittig |
| Projektanschrift: | Mission Allemande<br>B.P. 11<br>Bou Salem/Tunesien |
| Projektträger im Gastland: | Landwirtschaftsministerium vertreten durch:<br>Office des Périmètres Publics Irrigués de Jendouba |
| Projektträger in der BRD: | GTZ |
| Zuständige GTZ-Abteilung: | 14   Fachbereich:  142 |
| Projekttyp: | Beratungsprojekt, Bewässerung |

Zielsetzung des Projektes:   Entwicklung der bäuerlichen Landwirtschaft in den Bewässerungsgebieten Badrouna und Bou Heurtma; Aufbau einer Fachbehörde für die Bewässerungsgebiete.

### II. Zeitlicher Ablauf

| | |
|---|---|
| Planungsbeginn: | April 1974 (insgesamt ab 1967) |
| Durchführungsbeginn: | Januar 1975 (insgesamt ab 1968) |
| Deutscher Beitrag vereinbart bis: | Dezember 1976 |

### III. Personal

| | |
|---|---|
| Personal des Gastlandes (Soll): | 25 |
| Personal der BRD (Soll): | 9 |

### IV. Sachausrüstung

Fuhrpark (2 Lkw, 3 Landrover, Pkws, Kleinkrafträder), Landmaschinen (10 Traktoren mit diversen Landmaschinen, 2 Mähdrescher), diverse Beregnungsanlagen, 4 Milchsammelstellen à 4.000 l, Werkstattausrüstung, Büroausstattung, Produktionsmittel.

## V. Kapitalaufwand

Kapitalaufwand des Gastlandes:     4.800.000,00 DM

Kapitalaufwand der BRD:     14.380.000,00 DM

## VI. Projektbericht

Projektkurzbeschreibung

Das Projekt ist Bestandteil des Verbundprojektes (KH und TH) im oberen Medjerdatal Tunesiens zur Entwicklung der Bewässerungslandwirtschaft.

1968-1973: Mitwirkung beim Aufbau der landwirtschaftlichen Beratungsdienste im Gouvernorat Jendouba.

Ab 1974 Konzentration auf den Aufbau des "Office des Périmètres Publics Irrigués de Jendouba", der verantwortlichen Behörde für die landwirtschaftliche Entwicklung und den Betrieb der Bewässerungsgebiete Badrouna (3.200 ha) und Bou Heurtma (z. Z. Sektor I 3.400 ha) mit 18.000 ha. Beide Bewässerungsvorhaben werden mit deutscher Kapitalhilfe finanziert.

Aufgabenstellung ab 1974: Entwicklung der Bewässerungslandwirtschaft (Feldberegnung), insbesondere auf den kleinen und mittleren landwirtschaftlichen Betrieben durch die Einführung und Ausdehnung des Zuckerrübenanbaues, des Futteranbaues und der intensiven Viehhaltung, des Obst- und Gemüseanbaues sowie der Verbesserung des Getreide- und Leguminosenanbaues.

Projektplanung und -vorbereitung

Seit März 1974 Verhandlungen über Fortführung des Projektes mit neuer Zielsetzung und neuer Trägerorganisation. Legale Gründung dieser tunesischen Behörde im Februar 1975. Abschluß der Projektvereinbarung im Herbst 1975.

Projektdurchführung

Ab Frühjahr 1974 wurden die Beratungsaktivitäten im Gouvernorat (1968-73) schrittweise den tunesischen Behörden übergeben und es erfolgte eine Konzentration auf die Beregnungsgebiete Badrouna und Bou Heurtma - Sektor I, den landwirtschaftlichen Betrieb Miled Ganouni (zukünftiges Demonstrations- und Ausbildungszentrum) und die Betreuung der mit deutschem Milchvieh ausgestatteten landwirtschaftlichen Betriebe. Die deutschen Fachkräfte wurden entsprechend dem neuen Aufgabenbereich ausgewechselt bzw. verließen definitiv das Projekt.

Die neue Trägerorganisation (O.P.P.I.J.) vergrößert kontinuierlich ihren Mitarbeiterstab. Im Jahre 1974 wurde bereits intensiv für und mit diesem sich im Aufbau befindlichen Office gearbeitet. Im November 1974 erstellte eine deutsch-tunesische Kommission einen Operationsplan, der ab Januar 1975 als Richtlinie für die weiteren Arbeiten galt.

Ab Januar 1975 übernahm dieses Office das Projekt von der Staatsguterverwaltung (O.T.D.); damit war die Umstrukturierung des Projektes abgeschlossen.

Die Schwerpunkte des Projektes sind:

1. Erarbeitung von Entscheidungskriterien für die Planung der landwirtschaftlichen Entwicklung in den Bewässerungsgebieten;

2. Erarbeitung von Beratungsunterlagen und Fortbildungsmaßnahmen für den tunesischen Partner;

3. Einführung des Anbaues von Zuckerrüben, Futterpflanzen sowie Gemüse-, Obst- und Sonderkulturen unter Feldberegnung auf flurbereinigten bäuerlichen Betrieben;

4. Intensivierung der Rindviehhaltung in den Bewässerungsgebieten und Nachbetreuung bereits gelieferter Milchviehherden.

Arbeitsergebnisse

Projektplanung:

- Mehrere Studien zur Orientierung der landwirtschaftlichen Erzeugung und der Betriebsorganisation in den beiden Bewässerungsgebieten;
- sozio-ökonomische Grunderhebung im Gebiet Badrouna und Bou Heurtma Sektor I;
- Gutachten zur Orientierung der tierischen Erzeugung in den Bewässerungsgebieten.

Aufbau der tunesischen Trägerorganisation für die beiden Bewässerungsgebiete:

- Rekrutierung des Mitarbeiterstabes (Fachpersonal z.Z. ca. 60 und Arbeiter ca. 50);
- Erstellung und Ausstattung der entsprechenden Büro- und Arbeitsräume sowie Beschaffung der Arbeitshilfsmittel;
- Schaffung einer zentralen Werkstatt und Ausbildungsstätte für Kfz-Mechaniker (Personalstand z.Z. 36);
- Übernahme der gesamten Beregnungsanlage Badrouna (3.200 ha) (einschließlich Betrieb und Unterhaltung).

Tätigkeiten im Bewässerungsgebiet Badrouna

- Flurbereinigungsverfahren (Einweisung der Bauern läuft im Sommer 1976);
- Fruchtfolgeplanung für Staatsbetriebe und landwirtschaftliche Kooperativen (1.850 ha);
- Beginn einer Maschinenausleihstation (5 Traktoren und diverse Maschinen und Geräte);
- pflanzliche Produktion: Einführung des Anbaues von Zuckerrüben (74/75 ca. 50 ha), von Futterpflanzen (74/75 ca. 60 ha) und Feldgemüse (74/75 ca. 50 ha) unter Feldberegnung auf Klein- und Mittelbetrieben.
- tierische Produktion: Einführung der intensiven Rindviehhaltung auf Kleinbetrieben (Milcherzeugung, Rindermast, Kälberaufzucht und Verdrängungskreuzung).

Farm Miled Gannouni (142 ha)

- Umstellung der Feldwirtschaft auf Bewässerungskulturen (Zuckerrüben, Futterpflanzen, Feldgemüse);
- Aufbau einer intensiven Rindviehhaltung (50 Schwarzbunte mit Nachzucht);
- Erstellung der baulichen Anlagen (Stallungen, Lagerhallen etc.) sowie Ausstattung mit Beregnungsanlage und landwirtschaftlichen Maschinen.

# Tunesien

## Pflanzenschutzvorhaben

### I. Allgemeines

PN: 63.2007.1

| | |
|---|---|
| Verantwortlicher deutscher Leiter des Vorhabens: | Eckart Pollehn |
| Projektanschrift: | Tunis-Belvédère<br>B.P. 30<br>Tunesien |
| Projektträger im Gastland: | Défense des Cultures im Landwirtschaftsministerium |
| Projektträger in der BRD: | GTZ |
| Zuständige GTZ-Abteilung: | 11    Fachbereich: 113 |
| Projekttyp: | Pflanzenschutzvorhaben |

Zielsetzung des Projektes: Förderung des praktischen Pflanzenschutzes in ganz Tunesien durch Einsatz deutscher Experten und umfangreiche Lieferungen von Ausrüstungsgegenständen sowie Pflanzenschutzmitteln.

### II. Zeitlicher Ablauf

| | |
|---|---|
| Planungsbeginn: | Mai 1964 |
| Durchführungsbeginn: | Oktober 1965 (Ausreise des 1. Experten) |
| Deutscher Beitrag vereinbart bis: | September 1976 |

### III. Personal

| | |
|---|---|
| Personal des Gastlandes (Soll): | 9 |
| Personal der BRD: | 1 |

### IV. Sachausrüstung

Fahrzeuge, Pflanzenschutzgeräte, Pflanzenschutzmittel, Labor- und Werkstattausrüstung, Beratungshilfsmittel.

## V. Kapitalaufwand

Kapitalaufwand des Gastlandes:     Erfüllung der vertraglich vereinbarten Counterpartleistungen

Kapitalaufwand der BRD:     4.956.000,00 DM

## VI. Projektbericht

Projektkurzbeschreibung

Das Projekt hat nach seiner Anlage die Förderung des staatlichen tunesischen Pflanzenschutzes zur Aufgabe. Es ist in die "Division de la Défense des Cultures" in Tunis Mégrine voll integriert. Sein Arbeitsgebiet ist das Land Tunesien.

Die deutschen Fachkräfte, von denen noch eine Fachkraft im Projekt tätig ist, arbeiten auf den Gebieten Vorratsschutz, Unkrautbekämpfung Nematologie und Virologie sowie in der Beratung. Mit dem Ziel, die Pflanzenschutz-Spezialberatung stärker in die Landwirtschaft hineinzutragen, wurden 1972 in den landwirtschaftlich wichtigsten Gebieten drei mit Deutschen besetzte Außenstellen der Zentrale Tunis-Mégrine errichtet.

Ein deutscher Kfz-Meister war mit der Leitung der modernen Reparaturwerkstatt beauftragt, die von deutscher Seite geliefert wurde.

Die deutschen Experten unterstützten Heuschreckenkontrollen, die Organisation von Großaktionen zur Schädlingsbekämpfung im Oliven- und Zitrusanbau sowie die Bekämpfung von Schadvögeln und Feldratten.

Das Projektziel besteht darin, einen wirkungsvollen und schlagkräftigen Pflanzenschutz in Tunesien aufzubauen.

Projektplanung und -vorbereitung

Gutachten von Herrn Prof. Böning vom Mai 1964.

1. Mittelbereitstellung vom Juli 1964

2. Projektabkommen vom Dezember 1964

Ausreise des 1. Sachverständigen Oktober 1965.
1972 auch personelle Besetzung und materielle Unterstützung beim Aufbau der drei Außenstellen in Beja, Sousse und Sfax.

Projektdurchführung

Das Projekt mußte sich wiederholt verwaltungsmäßigen Veränderungen anpassen. Die BRD hat ausreichend Fahrzeuge und Bekämpfungsgeräte zur Verfügung gestellt, so daß, zusammen mit den Geräten der Kooperativen und der privaten Landwirte, ein wirksamer Pflanzenschutz betrieben werden konnte. Die Laboratorien der Station wurden zweckentsprechend ausgerüstet. Die Station und die Gesellschaft sind z. Zt. mit acht Wissenschaftlern und ca. 50 Technikern besetzt, davon sind 12 Techniker auf Außenstationen tätig. In der Zentrale werden noch 10 - 15 Lehrlinge beschäftigt.

Aufgrund der Integration werden die Arbeiten gemeinsam mit den tunesischen Fachleuten durchgeführt.

Arbeitsergebnisse

Hinter allen Projektarbeiten stand und steht das Ziel, die landwirtschaftliche Produktion langfristig zu steigern und Schäden an Kulturen und Nachernteprodukten zu verhindern. Es wurden deshalb nur praxisorientierte Versuche durchgeführt und bei überzeugenden Ergebnissen die Beratung angeschlossen.

Im Vorratsschutz wurde nach der Ermittlung der Nachernteverluste in allen Lagern Tunesiens eine systematische Bekämpfungsaktion begonnen, wobei Getreidevorräte und Säcke begast, die Lagervorräte mit Malthion gespritzt und die Lager gereinigt wurden. Der Nutzen dieser Aktivitäten war überzeugend, und auch nach Abgang des deutschen Fachmannes wird der Vorratsschutz fortgeführt. In der Unkrautbekämpfung wurden brauchbare und jetzt praktizierte Methoden erarbeitet sowie die Brauchbarkeit von Granulatgeräten und herbiziden Granulaten in Trockengebieten geprüft. In der Abteilung Virologie und Nematologie wurden neben Verfahren zur Verhinderung von Infektionen vor allem resistente Sorten unter kleinbäuerlichen Bedingungen geprüft. Ein Teil der geprüften Sorten wird bereits im Lande verwendet.

Die Außenstellen konnten durch den direkten Kontakt mit den Bauern und Genossenschaften erreichen, daß in ihrem Beratungsgebiet alle gesundheitlich bedenklichen Pflanzenschutzmittel durch neue, wirksamere ersetzt werden. Weitere Schwerpunkte ihrer Arbeit war die Applikationstechnik einschließlich der Überprüfung der bei den Landwirten vorhandenen Geräte.

Durch Materiallieferungen und personellen Einsatz wurde die Durchführung von Großaktionen gefördert und teilweise erst ermöglicht.

Laufende Arbeiten: Weiterführung der laufenden Beratungsarbeiten im Raume Béja, Anlage von Demonstrationsversuchen sowie Abschluß der Versuche zur Unkrautbekämpfung in Getreide und Zuckerrüben.

# Tunesien

## Produktion von gärtnerischem Saat- und Pflanzgut

### I. Allgemeines

PN: 73.2010.4

| | |
|---|---|
| Verantwortlicher deutscher Leiter des Vorhabens: | Jakob Weitzel (kommissarisch) |
| Projektanschrift: | Station Expérimentale Sidi-Thabet/Tunesien |
| Projektträger im Gastland: | Coopérative Centrale de Semences et Plants Sélectionnés |
| Projektträger in der BRD: | GTZ |
| Zuständige GTZ-Abteilung: | 11    Fachbereich: 111 |
| Projekttyp: | Pflanzenbau |

Zielsetzung des Projektes: Förderung der Produktion von gartenbaulichem Saat- und Pflanzgut durch Einführung rationeller Vermehrungsmethoden, Verwendung neuzeitlicher Maschinen und Errichtung einer Station für Aufbereitung und Abpackung von Saatgut.

### II. Zeitlicher Ablauf

| | |
|---|---|
| Planungsbeginn: | 1971 |
| Durchführungsbeginn: | 1973 |
| Deutscher Beitrag vereinbart bis: | Dezember 1976 |

### III. Personal

| | |
|---|---|
| Personal des Gastlandes (Soll): | 5 |
| Personal der BRD (Soll): | 4 |

### IV. Sachausrüstung

Landmaschinen, Traktoren, Fahrzeuge, Saatgutaufbereitungsanlage.

## V. Kapitalaufwand

Kapitalaufwand des Gastlandes:   keine Angaben

Kapitalaufwand der BRD:   2.250.000,00 DM

## VI. Projektbericht

Projektkurzbeschreibung

Die Versorgung des tunesischen Gartenbaues mit Saatgut (Basis-Saatgut und zertifiziertes Saatgut) erfolgte bisher ausschließlich aus Importen, obwohl die Standortverhältnisse außerordentlich günstig sind.

Das Projektziel ist, in Anlehnung an den von der Regierung verabschiedeten Produktionsplan, auf die Förderung der Saatgut- und Jungpflanzenproduktion im Gemüse-, Obst- und Zierpflanzenbau sowie Baumschule ausgerichtet.

Von tunesischer Seite kam als Projektträger nur die vom Staat mit Produktion und Vertrieb von Saatgut und Jungpflanzen beauftragte Coopérative Centrale de Semences et Plants Sélectionnés (CCSPS) in Frage.

Auf einem Betrieb der CCSPS in Sidi-Thabet, ca. 20 km nordwestlich von Tunis, wurden in vorhandenen Gebäuden Büro, Reparaturwerkstatt und Aufbereitungsstation eingerichtet. Die Produktion erfolgt in den umliegenden Betrieben, während die Aufbereitung und Verpackung des Saatgutes auf der Station durchgeführt wird.

Aus dieser Arbeit ergab sich eine ständige Zusammenarbeit mit der Saatgutprüfstelle (Proj. Nr. 70.3510.8) und dem I.N.R.A.T.

Projektplanung und -vorbereitung

Die Notwendigkeit einer Saat- und Pflanzgutversorgung aus inländischer Produktion zur Deviseneinsparung, das unvollständige Fachwissen und die unzureichende Ausstattung der Vermehrungsbetriebe veranlaßte die vom Staat beauftragte CCSPS, die Verbindung mit dem deutschen Projekt "Landwirtschaftliche Produktionsmittel Cap Bon" aufzunehmen, um fachliche und technische Hilfe zur erhalten. In Absprache mit der Direktion der CCSPS wurde Herr Dr. Schreiber in den Vermehrungsbetrieben als Berater tätig und bald gebeten, ein Projekt zur Förderung der Saat- und Pflanzgutproduktion vorzubereiten.

Projektdurchführung

Die für die Saatgutaufbereitung und -verpackung erforderlichen Maschinen sind zum großen Teil vorhanden und installiert. Die noch fehlenden Maschinen und Förderanlagen sollen 1976 folgen. Der Projektträger hat bisher die erforderliche Erweiterung der Wirtschaftsgebäude noch nicht realisiert, so daß sachgemäße Saatgutlagerung sowie die Unterbringung von Maschinen noch nicht möglich sind. Ebenso sind die Reparaturarbeiten in der Werkstatt trotz ausreichender Ausstattung, stark behindert. Die Produktion von Obstgehölzen wurde durch die Projektaktivitäten in Quantität und Qualität erheblich gesteigert, während die Produktion von Qualitätsaatgut erstmals in größerem Umfang für die Saison 1975/76 vorgesehen ist.

Arbeitsergebnisse

Mit Unterstützung durch das Projekt in der Obstbaumschule werden jährlich über eine Million Jungpflanzen produziert.

Im Gemüsebau wurden die Vorarbeiten für die Vermehrung (Prüfung neuer Sorten und rationeller Vermehrungsmethoden) durchgeführt.

Auf dem Zierpflanzensektor konnte die Produktion bisher nur unerheblich gesteigert werden, jedoch war es möglich, das Sortiment mit neuen Arten und Variationen vielseitiger und daher für den Kunden interessanter zu gestalten.

# Tunesien

## Landwirtschaftliche Förderungsmaßnahmen Lakhmes

### I. Allgemeines

PN: 74.2031.8

| | |
|---|---|
| Verantwortlicher deutscher Leiter des Vorhabens: | Dr. W. Mertin |
| Projektanschrift: | OMIVAL<br>Siliana/Tunesien |
| Projektträger im Gastland: | Office de Mise en Valeur de Lakhmes (OMIVAL) |
| Projektträger in der BRD: | GTZ |
| Zuständige GTZ-Abteilung: | 14    Fachbereich: 142 |
| Projekttyp: | Beratung |

Zielsetzung des Projektes: Steigerung der landwirtschaftlichen Produktion durch optimale Nutzung des Bewässerungspotentials, sowie Sicherung des Absatzes dieser Produktion durch Schaffung geeigneter organisatorischer und technischer Voraussetzungen.

### II. Zeitlicher Ablauf

| | |
|---|---|
| Planungsbeginn: | Frühjahr 1973 |
| Durchführungsbeginn: | Juli 1974 |
| Deutscher Beitrag vereinbart bis: | 1976 |

### III. Personal

| | |
|---|---|
| Personal des Gastlandes (Soll): | 4 |
| Personal der BRD (Soll): | 3 |

### IV. Sachausrüstung

Werksttatteinrichtung, Landmaschinen, Fahrzeuge, Brückenwaage, Ausrüstung für Milchsammelstelle, Sammelstelle für Gemüse, Futtermischanlage.

## V. Kapitalaufwand

Kapitalaufwand des Gastlandes: 870.000,00 DM

Kapitalaufwand der BRD: 2.065.000,00 DM

## VI. Projektbericht

Projektkurzbeschreibung

eine Dienststelle (OMIVAL) schuf die organisatorischen Voraussetzungen für die nachfolgende Flurbereinigung mit Bodenreform. Das PPIL wird beregnet. Die Bewässerungsfläche ist unterteilt in Bewässerungseinheiten (unité irrigé) mit Durchschnittsgrößen von je 4,6 ha (Windschutzpflanzungen entlang der Grundstücksgrenzen). Die zur Verfügung stehende Bewässerungsmenge ist 1 l/s/ha. Die Fläche wird zu 2/3 von drei Genossenschaften und einem Agrokombinat bewürtschaftet (zu 1/3 von Privatbauern).

Siliana liegt marktfern. Das PPIL ist hagelgefährdet. Bevorzugte Produktionszweige sind Milch- und Fleischproduktion sowie Gemüseanbau für Konservenherstellung.

Projektplanung und -vorbereitung

Mit dem Projekt wurde einem tunesischen Regierungswunsch entsprochen, die Entwicklung des Bewässerungs-Perimeters Siliana-Lakhmes zu fördern. Das Projekt wurde nach Prüfung durch GTZ-Experten (Ber. v. 1.11.1973) genehmigt.

Projektdurchführung

Juli 1974   Ausreise des 1. GTZ-Experten
Oktober 1974 Ausreise des 2. GTZ-Experten
April 1975  Ausreise des PL

- Im ersten Tätigkeitsjahr wurde die Werkstatt erbaut (als Partnerleistung) und eingerichtet, die dringend erforderlichen Landmaschinen bereitgestellt und die Section Mechanisme als Dienstleistungsunternehmen des OMIVAL, mit der Aufgabe, besonders den Privatlandwirten gegen Bezahlung die Bestellungsarbeiten durchzuführen, begründet.

- Mit der Anlage von Demonstrationsversuchen mit Gemüse Soja, Mais und Futterpflanzen begonnen. Ziel dieser Versuche ist, geeignete Sorten für den Standort Siliana zu wählen, Anbautechniken zu erproben, die Amateure zu schulen. Dazu kommt der Demonstrationseffekt.

- Zwei Stallformen für bäuerliche Betriebe wurden entworfen, die Beratung in Fütterung, Pflege und prophylaktischer Behandlung der Kühe, europäische Rassen, aufgenommen.

# Tunesien

## Saatgutprüfstelle

### I. Allgemeines

PN: 70.3510.8

Verantwortlicher deutscher
Leiter des Vorhabens:     P.-H. Grell

Projektanschrift:     Laborative de Controle de Semenees
Tunis/Tunesien
30, rue Alain Savary

Projektträger im Gastland:     Ministere de l'Agriculture

Projektträger in der BRD:     GTZ

Zuständige GTZ-Abteilung:     11     Fachbereich:     111

Projekttyp:     Saatgutprüfstelle

Zielsetzung des Projektes:     Qualitätskontrolle von landwirtschaftlichem Saatgut im Rahmen von Saatgutanerkennung und Saatgut-Verkehrskontrolle.

### II. Zeitlicher Ablauf

Planungsbeginn:     1969/70

Durchführungsbeginn:     1970/71

Deutscher Beitrag
vereinbart bis:     30. September 1976

### III. Personal

Personal des Gastlandes (Soll):     20

Personal der BRD (Soll):     1

### IV. Sachausrüstung

Geräteausstattung für die Untersuchung von Saatgut

## V. Kapitalaufwand

Kapitalaufwand des Gastlandes: nicht bekannt

Kapitalaufwand der BRD: 2.200.000,00 DM

## VI. Projektbericht

Projektkurzbeschreibung

1. Anerkennung (Zertifizierung) von landwirtschaftlichem Saatgut durch:
   a) Feldbesichtigung
   b) Saatgutanalyse im Labor
   c) Vor- und Nachkontrollanbau von zertifizierten Kulturarten im Feld.

2. Saatgutverkehrskontrolle: Kontrolle des Samenhandels durch:
   a) Probeziehung und Saatgutanalysen im Labor
   b) Überwachung der Etikettierung und Verschließung von Saatgutpartien
   c) Nachkontrollanbau aller Handelskategorien im Feld.

3. Saatgutanalysen-Durchführung für private Interessenten.

4. Sonstiges: z. B. Ausstellen internationaler Zertifikate im Rahmen des Saatguthandels, Durchführung verschiedener Kleinversuche im Rahmen der Saatgutanalyse etc.

Projektplanung und -vorbereitung

1970: Projektgutachten, erstellt durch Leiter der Saatgutprüfstelle München, Herrn Dr. F. Keding.

Projektdurchführung

1971: Beginn mit dem Bau eines Laborgebäudes mit Gegenwertmitteln, Beginn der Ausbildung von vier Laborantinnen und zwei Technikern, sowie der Ausarbeitung eines Saatgutverkehrsgesetzes.

1972: Beginn der Analysetätigkeit von land- und forstwirtschaftlichem Saatgut.

1973: Beginn der Saatgutanerkennung bei Weizen.

Arbeitsergebnisse

Das Projekt hat das Saatgutanerkennungswesen in Tunesien nach internationalem Standard aufgebaut. Die Saatgutprüfstelle ist nunmehr auch zur Ausstellung international gültiger Zertifikate für den grenzüberschreitenden Saatguthandel berechtigt (ISTA-Zertifikate). Selbstverständlich basiert die Saatgutanerkennung auf einem gut funktionierenden nationalen System.

# Türkei

## Türkisch-Deutsches Landmaschinenausbildungszentrum Sök/Aydin

### I. Allgemeines

PN: 73.2020.3

| | |
|---|---|
| Verantwortlicher deutscher Leiter des Vorhabens: | Siegfried Hasse |
| Projektanschrift: | Makinist Okulu Söke/Aydin/Türkei P.K. 45 |
| Projektträger im Gastland: | Türkisches Landwirtschaftsministerium Generaldirektion Landwirtschaft |
| Projektträger in der BRD: | GTZ |
| Zuständige GTZ-Abteilung: | 14    Fachbereich: 141 |
| Projekttyp: | Landtechnisches Ausbildungszentrum |

Zielsetzung des Projektes:
- Unterstützung der landtechnischen Ausbildung an einer dreijährigen Landmaschinenschule;
- landtechnische Schulung von Bauern aus den umliegenden Bezirken;
- landtechnische Aus- und Weiterbildung von Diplomlandwirten und Technikern der Bezirkslandwirtschaftsverwaltung;
- Fortbildungskurse für landtechnische Lehrer von Landwirtschaftsschulen;
- Nachbetreuung der v.g. Diplomlandwirte, Techniker und Lehrer durch Unterstützung mit einem Projektunterrichtswagen bei der Abhaltung von landtechnischen Bauernkursen und beim landtechnischen Unterricht. Unterstützung der regionalen Landmaschinenindustrie bei der Verbesserung angepaßter Landmaschinen und Geräte.

### II. Zeitlicher Ablauf

| | |
|---|---|
| Planungsbeginn: | August 1972 |
| Durchführungsbeginn: | Juni 1975 |
| Deutscher Beitrag vereinbart bis: | Juni 1978 |

## III. Personal

Personal des Gastlandes (Soll):   14

Personal der BRD (soll):   3

## IV. Sachausrüstung

Die Projektausrüstung umfaßt im wesentlichen alle wichtigen Landmaschinen einschließlich Saatreinigungsanlage. Zehn Traktoren (drei vom Gastland gestellt), Motorenkunde-Ausbildungsabteilung, Lehr- und Ausbildungsmaterial, eine Werkstatt für Ausbildungszwecke und projekteigene Reparaturen, einen Unterrichtswagen mit Unterrichtsmaterial wie Schnittmodelle, Film- und Diavorführgeräten. Overheadprojektor, Ausrüstung und Werkzeug für Traktorpflegeunterricht.

## V. Kapitalaufwand

Kapitalaufwand des Gastlandes:   keine Angaben

Kapitalaufwand der BRD:   2.465.000,00 DM

## VI. Projektbericht

Projektkurzbeschreibung

Hauptaufgaben: Landtechnische Ausbildung im Zuge einer dreijährigen Landmaschinenschule von ca. 150 Schülern, Aus- und Weiterbildung von Dipl. Landwirten und Technikern der Bezirkslandwirtschaftsverwaltung. Landtechnische Kurse für Bauern aus den umliegenden Bezirken. Aus- und Weiterbildung von landtechnischen Lehrern der Landwirtschaftsschulen aus der gesamten Türkei. Unterstützung der sehr stark entwickelten regionalen Landmaschinenindustrie bei der Verbesserung angepaßter Landmaschinen und Geräte.

Der stellvertretende Direktor und ein Lehrer haben bereits in Deutschland einen 16monatigen Fortbildungskurs für landtechnische Ausbilder absolviert. Fünf weitere Counterparts durchlaufen z. Zt. diese Ausbildung.

Projektplanung und -vorbereitung

Auf Antrag der türkischen Regierung Gutachterreise im August 1972, Projektabkommen im Juni 1974 unterzeichnet. Im Herbst 1974 Beginn der Planung und Zusammenstellung der Materialausrüstung. Im Mai 1975 Beginn der Materialverschickung.

Projektdurchführung

Ausreise der ersten Mitarbeiter Ende Mai 1975. Seit Juni 1975 Projektaufbau und Unterstützung der landtechnischen Ausbildung im Rahmen der Landmaschinenschule.

Arbeitsergebnisse

1. Projektaufbauphase abgeschlossen.

Türkei

# Bekämpfung von Geflügelkrankheiten

## I. Allgemeines

PN: 74.2116.7

Verantwortlicher deutscher Leiter des Vorhabens: Dr. Reinhard Fuhr

Projektanschrift: Ankara-Etlik
Kontrol-Institüsü Türkei

Projektträger im Gastland: Landwirtschaftsministerium

Projektträger in der BRD: GTZ

Zuständige GTZ-Abteilung: 12  Fachbereich: 122

Projekttyp: Tierärztliche Beratung

Zielsetzung des Projektes: Verbesserung der Diagnose, Prophylaxe und Therapie von Geflügelkrankheiten sowie Beratung von Farmern.

## II. Zeitlicher Ablauf

Planungsbeginn: 1974

Durchführungsbeginn: Ende 1975

Deutscher Beitrag vereinbart bis: Ende 1977

## III. Personal

Personal des Gastlandes (Soll): 2

Personal der BRD (Soll): 1

## IV. Sachausrüstung

ca. 100.000,00 DM u.a. 1 Kombiwagen, 2 Laminar Flow Arbeitsplätze, Labormaterial

## V. Kapitalaufwand

Kapitalaufwand des Gastlandes: ca. 1.000.000,00 DM

Kapitalaufwand der BRD: ca. 400.000,00 DM

## VI Projektbericht

Projektkurzbeschreibung

10 km nördlich von Ankara liegt das Etlik-Veterinär-Kontrollinstitut, wo auch in geringem Umfang Geflügeldiagnostik betrieben wird. Im Zuge eines großzügigen Neubaues soll dieser Zweig neu aufgebaut und erweitert werden und die Erzeugung von Geflügelimpfstoffen ausgebaut werden, um die seuchenbedingten Verluste zu senken.

Projektplanung und -vorbereitung

Die Vorbereitungen sind soweit gediehen, daß nach Beendigung des Notenwechsels das Projekt sofort anlaufen kann.

Projektdurchführung

entfällt, da Beginn für Ende 1975 geplant

Arbeitsergebnisse

----

# Türkei

## Errichtung einer Schule für veterinärmedizinische Assistenten

### I Allgemeines

PN: 74.2061.5

| | |
|---|---|
| Verantwortlicher deutscher Leiter des Vorhabens: | J. Reichmuth |
| Projektanschrift: | Ankara-Landwirtschaftsministerium Türkei |
| Projektträger im Gastland: | Landwirtschaftsministerium |
| Projektträger in der BRD: | GTZ |
| Zuständige GTZ-Abteilung: | 12   Fachbereich 122 |
| Projekttyp: | Ausbildung |

Zielsetzung des Projektes: Ausbildung von veterinärmedizinischen Assistenten zur qualifizierten Arbeit im Labor. Damit soll die klaffende Lücke zwischen den bisherigen Arbeitsschichten Tierärzte und Hilfspersonal geschlossen werden.

### II Zeitlicher Ablauf

| | |
|---|---|
| Planungsbeginn: | 1974 |
| Durchführungsbeginn: | 1976 |
| Deutscher Beitrag vereinbart bis: | 1979 |

### III Personal

| | |
|---|---|
| Personal des Gastlandes (Soll): | ca. 10 |
| Personal der BRD (Soll): | 2-3 |

### IV Sachausrüstung

Labor- und Lehrmaterial für die Ausbildung von ca. 30 Assistenten pro Jahr, 2 Pkw.

### V Kapitalaufwand

| | |
|---|---|
| Kapitalaufwand des Gastlandes: | 2.000.000,00 DM |
| Kapitalaufwand der BRD: | 2.400.000,00 DM |

## VI Projektbericht

Projektkurzbeschreibung

Bisher existiert der Berufsstand des Veterinär-Assistenten in der Türkei nicht. Das hat dazu geführt, daß die Labors nur mit Tierärzten und reinem Hilfspersonal besetzt sind. Folglicherweise muß der Laborleiter auch die Tätigkeiten der Medizinisch Technischen Assistenten (MTA) in deutschem Sinne übernehmen, was seine Produktivitätskapazitäten erheblich einengt.

Projektplanung und -vorbereitung

Die Gesamtausbildung beträgt 3 Jahre. Das erste Jahr ist ausgefüllt mit theoretischen Fächern wie Staatsbürgerkunde, Sprachen und Grundlagen der Naturwissenschaft. In den 2 folgenden Jahren erfolgt die Ausbildung am Labortisch und in der Praxis.

Projektdurchführung

Das 2. und damit praktische Lehrjahr beginnt im Februar 1976.

Arbeitsergebnisse

----

# Türkei

# Errichtung von Produktionsanlagen für Süßwasserfische

## I. Allgemeines

PN: 74.2168.8

| | |
|---|---|
| Verantwortlicher deutscher Leiter des Vorhabens: | Dr. Lorenz Wehrmann |
| Projektanschrift: | noch nicht bekannt |
| Projektträger im Gastland: | Institut für aquatische Produkte, Fischerei und Jagdwesen der veterinärmedizinischen Fakultät der Universität Ankara |
| Projektträger in der BRD: | GTZ |
| Zuständige GTZ-Abteilung: | 12    Fachbereich: 123 |
| Projekttyp: | Fischzucht |

Zielsetzung des Projektes: Errichtung von Musterfischzuchtanlagen, die den Dorffischereigenossenschaften das für die Erzeugung von Speisefischen (vorwiegend Forellen) erforderliche Know-how vermitteln.

## II. Zeitlicher Ablauf

| | |
|---|---|
| Planungsbeginn: | 2. Halbjahr 1974 |
| Durchführungsbeginn: | April 1976 |
| Deutscher Beitrag vereinbart bis: | März 1979 |

## III. Personal

| | |
|---|---|
| Personal des Gastlandes (Soll): | 4 |
| Personal der BRD (Soll): | 4 |

## IV. Sachausrüstung

Boote, Projektfahrzeuge, Fischzuchtausrüstung, wissenschaftliche Untersuchungsgeräte.

## V. Kapitalaufwand

Kapitalaufwand des Gastlandes:   keine Angaben

Kapitalaufwand der BRD:   2.069.858,00 DM

## VI. Projektbericht

Projektkurzbeschreibung

Das Institut für aquatische Produkte, Fischerei und Jagdwesen soll bei der Beratung von Dorffischereigenossenschaften in den Bereichen
- Aufbau und Ausbau von Teichanlagen
- Betrieb von Fischbrutanlagen
- Erzeugung von Fischbesatz
- Befischung und Bewirtschaftung von Wildfischbeständen und
- Ausbildung von Fachkräften

unterstützt werden.

Projektplanung und -vorbereitung

26.08.1974 Übersendung des TH-Antrages durch Botschaft

12.11.1974 Auftrag zur Projektprüfung durch BMZ

Februar u.
Mai 1975   Gutachtereinsatz

21.10.1975 Auftrag zur Projektdurchführung durch BMZ an GTZ

19.03.1976 Unterzeichnung der Regierungsvereinbarung.

Uruguay

# Ausbau des Materialprüfungslabors am Ministerium für Industrie und Energie

## I. Allgemeines

PN: 70.2112.4

| | |
|---|---|
| Verantwortlicher deutscher Leiter des Vorhabens: | J. M. Wolf |
| Projektanschrift: | Laboratorio de Analisis y Ensayos Galicia 1133 Montevideo/Uruguay |
| Projektträger im Gastland: | Ministerio de Industria y Energia |
| Projektträger in der BRD: | GTZ |
| Zuständige GTZ-Abteilung: | 11    Fachbereich:   112 |
| Projekttyp: | Technische Beratung |

Zielsetzung des Projektes:
- Einrichtung eines Labors für Lebensmittelanalysen (Projektteil übergeben);
- Beratung des Materialprüfungslabors und der lebensmittelherstellenden Betriebe mit dem Ziel einer Qualitätsverbesserung und Exportsteigerung.

## II. Zeitlicher Ablauf

| | |
|---|---|
| Planungsbeginn: | Juni 1971 |
| Durchführungsbeginn: | November 1973 |
| Deutscher Beitrag vereinbart bis: | November 1976 |

## III. Personal

| | |
|---|---|
| Personal des Gastlandes (Soll): | 15 |
| Personal der BRD (Soll): | 2 |

## IV. Sachausrüstung

Geräte, Chemikalien und Glaswaren für ein lebensmitteltechnisches Labor, Geräte und sonstiges Material für lebensmitteltechnologische Untersuchungen.

## V. Kapitalaufwand

Kapitalaufwand des Gastlandes: keine Angaben

Kapitalaufwand der BRD: 1.200.000,00 DM

## VI. Projektbericht

Projektkurzbeschreibung

Die beiden Projektteile sind in die Partnerorganisation voll integriert. Im Rahmen der uruguaischen Entwicklungspolitik haben beide Arbeiten einen hohen Stellenwert, da sie dazu beitragen, den Export landwirtschaftlicher Produkte sowie konzentrierter Lebensmittel zu steigern und das Deviseneinkommen zu verbessern.

Projektplanung und -vorbereitung

Fachliche Vorbereitung des deutschen Experten für Lebensmitteltechnologie im zweiten Halbjahr 1976, Einkauf und Lieferung weiterer Geräte für lebensmitteltechnologische Untersuchungen, Aufstellung eines Arbeitsprogramms.

Projektdurchführung

Projektteil Lebensmittelanalytik: Einrichtung eines Labors zur Analyse von Lebensmitteln und zur Bestimmung von Pestizid-Rückständen, Durchführung von Analysen nach internationalem Standard, Ausbildung von Counterparts in Theorie und Praxis.

Projektteil Lebensmitteltechnologie: Vorarbeiten für die Errichtung einer Pilot-Anlage, Beginn der Industrieberatung in lebensmitteltechnologischen Fragen.

Arbeitsergebnisse

Im Projektteil Lebensmittelanalytik: Nach Lieferung einer Laborausrüstung durch die BRD konnten im Laboratorium internationale Standardmethoden zur Qualitätskontrolle der nichttraditionellen Exportprodukte eingeführt werden.

Der Schwerpunkt lag dabei neben Milcherzeugnissen und Fisch auf dem Obst- und Gemüsesektor, wobei auch ein modernes Labor zur Prüfung auf Insektizidrückstände errichtet werden konnte.

Durch Abhaltung von Seminaren konnte bei den einheimischen Counterparts gleichzeitig auch der theoretische Unterbau geschaffen werden.

Weiterhin wurden verbindliche Qualitätsnormen für den Export uruguaischer Produkte erarbeitet.

Im Projektteil Lebensmitteltechnologie: Die Beratung der uruguaischen Industrie sowie die Errichtung einer Pilot-Anlage zur Lösung technischer Probleme im Modellmaßstab auf dem Obst- und Gemüsesektor wurde erfolgversprechend eingeleitet, im Juni 1975 durch das Ausscheiden des deutschen Experten jedoch unterbrochen. Die Arbeit in diesem Projektbereich wird ab November 1976 für etwa 2 Jahre weitergeführt werden.

Projektprobleme: Die geringen und meist technisch veralteten Produktionskapazitäten der uruguaischen Industrie, wie auch die oft weite Entfernung von internationalen Märkten lassen den Export nicht traditioneller Produkte nur schleppend in Gang kommen.

# West Samoa

## I. Allgemeines

PN: 74.2225.6

| | |
|---|---|
| Verantwortlicher deutscher Leiter des Vorhabens: | Dr. Karl Joseph Marschall |
| Projektanschrift: | P.O. Box 597 Apia/Western Samoa |
| Projektträger im Gastland: | Prime Minister's Department und Department of Agriculture |
| Projektträger in der BRD: | GTZ |
| Zuständige GTZ-Abteilung: | 11  Fachbereich: 113 |
| Projekttyp: | Schädlingsbekämpfungsmaßnahmen |

Zielsetzung des Projektes: Hilfe für den Kokosanbau in West Samoa durch biologische Bekämpfung der Nashornkäfer mit Hilfe von spezifischen Insektenkrankheiten.

## II. Zeitlicher Ablauf

| | |
|---|---|
| Planungsbeginn: | 1973 |
| Durchführungsbeginn: | 1. Juli 1975 |
| Deutscher Beitrag vereinbart bis: | 30. Juni 1977 |

## III. Personal

| | |
|---|---|
| Personal des Gastlandes (Soll): | 4 - 6 |
| Personal der BRD (Soll): | 7 |

## IV. Sachausrüstung

Ein Geländefahrzeug, Laborausrüstung für Histologie und Insektenpathologie.

## V. Kapitalaufwand

Kapitalaufwand des Gastlandes:   236.000,00 DM

Kapitalaufwand der BRD:   685.726,00 DM

## VI. Projektbericht

Projektkurzbeschreibung

Die Wirtschaft West Samoas ist zu ungefähr 80 % von der Copra abhängig. Der z. Zt. einzige bedeutende Schädling der Kokospalmen ist der Nashornkäfer (Oryctes rhinoceros L.) der schweren wirtschaftlichen Schaden anrichtet.

In dem zu Ende gegangenen SPC/FAO-Rhinoceros Beetle Project waren die Grundlagen für eine erfolgversprechende Bekämpfung dieses Käfers mit hochspezifischen Insektenkrankheiten, einem Virus und einem Pilz, erarbeitet worden.

West Samoa hat augenblicklich weder personell noch finanziell die Möglichkeit zur Durchführung sinnvoller Bekämpfungsmaßnahmen. Daher sollen die Klärung noch offener wissenschaftlicher Fragen, vor allem aber die praktische Anwendung wissenschaftlicher Methoden zu einer dauerhaften und wirtschaftlichen biologischen Kontrolle und der Aufbau einer samoaischen Schädlingsbekämpfung mit deutscher Hilfe durchgeführt werden. Fachliche Ausbildung einheimischer Leute ist vorgesehen. Darüber hinaus kommt dem Projekt wegen der Neuartigkeit der biologischen Bekämpfungsmethoden überregionale Bedeutung zu.

Projektplanung und -vorbereitung

---

Projektdurchführung

Z. Zt. werden Nashornkäfer mit dem Virus Rhabdionvirus oryctes sublethal inokuliert, in den Plantagen ausgesetzt, und die Wirkung dieser Maßnahmen wird durch histologische Untersuchungen der Freilandpopulation und durch Schadensuntersuchung kontrolliert.

Für die Übergangszeit bis zum Beginn des Deutsch-Samoanischen Hilfsprogramms hat MISEREOR eine Hilfe von 43.000,00 DM zur Verfügung gestellt.

Arbeitsergebnisse

liegen noch nicht vor.

# Zaire

## Tierzuchtstation und Veterinärlabor Nioka

### I  Allgemeines

PN: 72.2038,7

| | |
|---|---|
| Verantwortlicher deutscher Leiter des Vorhabens: | Wolfgang Thamm |
| Projektanschrift: | Station I.N.E.R.A. B.P. 111 Nioka via Bunia/Zaire  oder c/o GTZ Nioka Nebbi/Arua/Uganda |
| Projektträger im Gastland: | Institut National pour l'Etude et la Recherche Agronomiques (I.N.E.R.A.) |
| Projektträger in der BRD: | GTZ |
| Zuständige GTZ-Abteilung: | 12    Fachbereich: 121 |
| Projekttyp: | Angewandte Forschung und Ausbildung in Tierzucht und Veterinärmedizin |

Zielsetzung des Projektes: Entwicklung der I.N.E.R.A. Station Nioka zum Zentrum
- für die regionale Rindviehzucht und Forschungsaufgaben auf dem Gebiete der regionalen Rindfleischproduktion;
- für die vet. med. Diagnostik der regionalen Tierkrankheiten und für Forschungsaufgaben von regionaler Bedeutung;
- für die praktische Ausbildung von Studenten und die Fortbildung von Fachkräften auf dem Gebiete der Tierzucht und Veterinärmedizin.

Das Projekt soll in ein bis zwei Jahren mit einem Programm zur Förderung der Rindfleischproduktion im Ituri koordiniert werden, das z.Zt. die Weltbank untersucht.

### II  Zeitlicher Ablauf

| | |
|---|---|
| Planungsbeginn: | Das Gutachten wurde im August 1971 angefertigt. |
| Durchführungsbeginn: | Die erste Gruppe der deutschen Fachkräfte reiste Ende Februar 1973 aus. |

Deutscher Beitrag vereinbart bis: 30. Juni 1976 (Ende der 2. Projektphase

## III Personal

Personal des Gastlandes (Soll):
Genannt sind nur Angestellte mit Universitätsausbildung.

1 Sektorchef (zugleich Stationsleiter)
1 Tierzüchter (z. Zt. zur Ausbildung in Deutschland)
2 Tierärzte
1 Laborchemiker (z. Zt. zur Ausbildung in Deutschland)
1 Landw. Betriebswirt
1 Humanmediziner (für das Stationskrankenhaus)
1 Verwaltungsfachmann

Personal der BRD (Soll):
Vorgesehene Fachkräfte für die 2. Projektphase: 8

1 Landw. Betriebswirt
1 Tierzüchter
2 Tierärzte
1 Humanmediziner
1 Verwaltungsfachmann
1 Werkstattleiter
1 Elektrotechniker

## IV Sachausrüstung

Fahrzeuge; Traktoren, landwirtschaftliche Maschinen und Geräte, Zaunmaterial, Tierzuchtgeräte, Zuchttiere; vet. med. Geräte für die Laborarbeiten und die Praxis; Büromaschinen; Material für den Ausbau der Werkstätten und die Elektrizitäts- und Wasserversorgung.

## V Kapitalaufwand

Kapitalaufwand des Gastlandes:   Nicht genau festgelegt

Kapitalaufwand der BRD:   12.395.000,00 DM

## VI Projektbericht

Projektkurzbeschreibung

Die zairische Regierung mißt der Entwicklung der Rindviehhaltung z. Zt. besondere Bedeutung bei, um langfristig von Fleischimporten unabhängig zu werden. Das Projekt soll die Rindfleischproduktion im Nordosten des Landes - im Hoch-Ituri - fördern helfen, wo 1/3 des gesamten Rindviehbestandes des Landes von ca. 1 Mio. Tieren gehalten wird.

Die I.N.E.R.A. Station Nioka liegt etwa 1.650 m hoch und umfaßt etwa 11.000 ha, wovon 8.000 - 9.000 ha als Weide genutzt werden können. Die Belgier hatten dort bis 1960 bereits umfangreiche Investitionen in Gebäude, technische Einrichtungen, Zuchttiere, Plantagen,

Forstkulturen vorgenommen und Forschung betrieben. Während der kriegerischen Auseinandersetzungen nach der Unabhängigkeit (1960) verfiel ein Großteil der Einrichtungen, der Viehbestand wurde beträchtlich dezimiert, die Forschung eingestellt.

Projektplanung und -vorbereitung

Die Rahmenplanung und Vorbereitung des Projektes ist auf der Grundlage eines Gutachtens vom August 1971 vorgenommen worden. Danach sollen zuerst die Abteilungen Rindviehzucht und Veterinärmedizin auf der I.N.E.R.A. Station Nioka entwickelt und dann die regionale Rindfleischproduktion durch tierzüchterische, veterinärmedizinische, produktionstechnische und marktwirtschaftliche Maßnahmen gesteigert werden.

Projektdurchführung

Ursprünglich sollte das Projekt 9 bis 12 Jahre dauern und in 2 Phasen durchgeführt werden.

1. Phase: Entwicklung der Abteilung Tierzucht und Veterinärmedizin auf der Station Nioka.

2. Phase: Förderung der regionalen Rindfleischproduktion durch Investitionen und Beratung.

Sollte jetzt das regionale Förderungsprogramm mit einem Kredit der Weltbank von der zairischen Regierung selbst durchgeführt werden, wird sich wahrscheinlich das deutsche Vorhaben auf die Station Nioka beschränken.

Arbeitsergebnisse

Tierzucht:
- ca. 900 ha Weide entbuscht und zum größten Teil eingezäunt;
- Erhöhung des Rindviehbestandes von 1.600 Stück (Mitte 1963) auf 2.700 Stück (Mitte 1975);
- Beginn mit der Selektion von Zuchttieren (Zuchtbullen);
- Einführung der künstlichen Besamung mit Sperma aus Kenia;
- Aufbau einer kleinen Milchvieh- und Schweinehaltung zur Versorgung der Station und zur Ausbildung;
- Fortbildung des vorhandenen Fachpersonals.

Veterinärmedizin:
- Ausstattung der Labors für Bakteriologie, Parasitologie, Histo- ologie; pathologie;
- Beginn mit angewandter Forschung in obigen Fachgebieten;
- Unterstützung des staatlichen Veterinärdienstes bei veterinärmedizinischen Maßnahmen (vor allem Impfkampagnen) im Ituri;
- Fortbildung des vorhandenen Fachpersonals.

Humanmedizin:
- Ausweitung und Verbesserung des Krankenhausbetriebes auf der Station;
- fachliche Unterstützung im benachbarten Krankenhaus Logo.

Technischer Dienst:
- Reparatur von vorhandenen Gebäuden, Einrichtungen, Maschinen und Geräten;
- Unterhaltung der Fahrzeuge und Geräte;
- Beginn mit dem Ausbau der Kfz-Werkstatt;
- Beginn mit den Investitionen in die Strom- und Wasserversorgung;
- Fortbildung des vorhandenen Fachpersonals.

# Zaire

## Landwirtschaftsschule Mushweshwe

### I. Allgemeines

PN: 71.2107.2

| | |
|---|---|
| Verantwortlicher deutscher Leiter des Vorhabens: | Dr. Dieter Dopieralla |
| Projektanschrift: | Coopération Technique Zairo-Allemande<br>Institut Professionnel Agricole<br>I.P.A. - Mushweshwe<br>B.P. 2850<br>Bukavu/Rép. du Zaíre |
| Projektträger im Gastland: | Départment de l'Education Nationale |
| Projektträger in der BRD: | GTZ |
| Zuständige GTZ-Abteilung: | 13    Fachbereich: 131 |
| Projekttyp: | Landwirtschaftsschule |

Zielsetzung des Projektes: Die Schule wird bei einer Kapazität von 160 Internatsplätzen sowohl neue Berater ausbilden als auch zairische Bauern und Beamte des Landwirtschaftlichen Beratungsdienstes der Kivu-Région weiterbilden.

Wiederaufbau und Inbetriebnahme der Landwirtschaftsschule in Mushweshwe.

### II. Zeitlicher Ablauf

| | |
|---|---|
| Planungsbeginn: | 1973 |
| Durchführungsbeginn: | 1974 |
| Deutscher Beitrag vereinbart bis: | 1979/80 |

### III. Personal

| | |
|---|---|
| Personal des Gastlandes (Soll): | 180 |
| Personal der BRD (Soll): | 6 |

## IV. Sachausrüstung

Zwei Lastwagen, zwei Schlepper mit Maschinen und Geräten, vier VW-Busse, drei VW 181, zwei Landrover, ein Kleintransporter sowie Ausrüstungsgegenstände für Schulgebäude, Werkstätten, Büros, Wirtschaftsgebäude, Baustelle, Veterinärstation und Wohnhäuser.

## V. Kapitalaufwand

Kapitalaufwand des Gastlandes: 711.000,00 DM

Kapitalaufwand der BRD: 5.630.000,00 DM

## VI. Projektbericht

Projektkurzbeschreibung

Die Landwirtschaftsschule Mushweshwe liegt im Süden der Kivu-Région, deren Klima und Vegetation durch die Höhenlage (z.B. Mushweshwe 1.550 m über NN) geprägt sind. Bei einer jährlichen Durchschnittstemperatur von rd. +20° C fallen pro Jahr etwa 1.300 mm Regen an 140 bis 150 Regentagen. Schätzungsweise sind über 90 % der zaïrischen Bevölkerung im Kivu direkt von der Landwirtschaft abhängig. Der überwiegende Teil dieser Bevölkerungsgruppe lebt von Bewirtschaftung traditioneller, kleinbäuerlicher Betriebe mit geringer Marktverflechtung.

Haupterzeugnisse der pflanzlichen Produktion sind: Kaffee, Bananen, Gemüse und Chininrinde. In der kleinbäuerlichen Landwirtschaft spielt die tierische Produktion noch eine untergeordnete Rolle.

Der Wiederaufbau der Landwirtschaftsschule Mushweshwe entspricht den Bemühungen der zaïrischen Regierung, die landwirtschaftliche Entwicklung im Osten Zaïres stärker als bisher voranzutreiben.

Folgende Aufbaumaßnahmen sind für die Schule vorgesehen:
- Ausbau einer 15,2 km langen Zufahrtsstraße,
- zentrale Versorgungsanlagen für Wasser und Elektrizität,
- Umbau von Werkstatt, Büro und Mensa,
- Neubau von Wohnhäusern sowie Schul- und Wirtschaftsgebäuden,
- Wiederinstandsetzung bzw. Neuanlage von Dauerkulturen und Forstpflanzungen,
- Urbarmachung einer 150 ha großen Niederungsfläche für einjährige Kulturen,
- Verbesserung von 150 ha Weideland,
- Aufbau der tierischen Produktion,
- Einrichtung einer Zentralwerkstatt,
- Einrichtung einer Veterinärstation.

Projektplanung und -vorbereitung

Die Grobplanung des Projektes basiert auf drei deutschen Gutachten aus den Jahren 1970-1973.

Die Feinplanung wurde von den für das Projekt vorgesehenen deutschen Sachverständigen in Abstimmung mit dem zaïrischen Projektträger ab 1973 durchgeführt (sie ist bis auf die Planung der Hochbaumaßnahmen abgeschlossen).

Planungsgrundsätze: Der landwirtschaftliche Teil Mushweshwes dient vor allem Unterrichtszwecken und weniger der Produktion; starker Einsatz von Landtechnik nur während der Aufbauphase; Erleichterung der Projektübergabe durch möglichst geringe Integration der deutschen Sachverständigen in den Schulbetrieb; das Abschlußniveau der Schule zwingt die Absolventen, als Berater oder Bauern in der Region tätig zu werden.

Projektdurchführung

Die Leitung des Projektes erfolgt z.Z. durch den deutschen Projektleiter, der wichtige Entscheidungen mit dem zaïrischen Projektträger abstimmt.

Nach Eintreffen des zaïrischen Schuldirektors u.a. Counterparts sollen Teilbereiche, besonders solche der landwirtschaftlichen Produktion, möglichst bald in die volle Verantwortung der Zaïrer übergeben werden.

Während der Aufbauphase ist für die Arbeitsgebiete Bauplanung, Baudurchführung, pflanzliche Produktion, tierische Produktion, Veterinärwesen, Verwaltung sowie Werkstatt je ein deutscher Sachverständiger eingesetzt. Der theoretische Unterricht erfolgt durch zaïrische Lehrer; die Praktika werden bis zum Eintreffen der Counterparts von deutscher Seite fachlich vorbereitet und abgedeckt.

Arbeitsergebnisse

Bis September 1975 wurden folgende Arbeitsergebnisse erzielt:
- Vermessung und Festlegung der Trasse für die Niederspannungsleitung (6,3 km),
- Prüfung und Festlegung der Entnahmestelle für die zentrale Wasserversorgung,
- erhebliche Ausbesserungsarbeiten an der Zufahrtsstraße zur Schule (15,2 km),
- Einrichtung eines Schulprovisoriums für 70 Schüler und vier Lehrer,
- Umbau und Einrichtung einer Zentralwerkstatt,
- Einrichtung eines zentralen Projektbüros in Bukavu sowie eines Baustellenbüros in Mushweshwe,
- Wiederinstandsetzung von ca. 50 ha Dauerkulturen,
- Neuanlage von Anzuchtbeeten für Dauerkulturen und Forstpflanzen,
- Inkulturnahme von ca. 10 ha Niederungsland,
- Prüfung von über 80 Weidepflanzen auf Standorteignung,
- Melioration von 50 ha Weideland.

# Zypern

## Deutsche Tierärztliche Beratergruppe Zypern

### I Allgemeines

PN: 69.2002.9

| | |
|---|---|
| Verantwortlicher deutscher Leiter des Vorhabens: | Dr. Fritz Esch |
| Projektanschrift: | German Veterinary Team in Cyprus<br>P.O. Box 4820<br>Nicosia/Cyprus<br>Telefon: Nicosia 403401 |
| Projektträger im Gastland: | Ministry of Agriculture & Natural Resources, Nicosia/Cyprus |
| Projektträger in der BRD: | GTZ |
| Zuständige GTZ-Abteilung: | 12   Fachbereich: 122 |
| Projekttyp: | Tierärztliche Beratung |

Zielsetzung des Projektes: Reduzierung der Verluste an tierischer Produktion durch Seuchen-, insbesondere Brucellosebekämpfung und Einrichtung von Tiergesundheitsdiensten (Schweine, Geflügel). Versorgung der Bevölkerung mit gesundheitlich einwandfreiem Fleisch sowie Verhinderung von Seucheneinschleppungen über Fleisch- und Fleischproduktimporte durch Erarbeitung und Einführung an den einschlägigen EG-Bestimmungen ausgerichteter gesetzlicher Grundlagen. Erstellung eines Laboratoriums zur Untersuchung von Lebensmitteln tierischer Herkunft. Modernisierung des Schlachthofwesens. Fortbildung von Counterparts am Projekt, in der BRD und in Drittländern.

### II Zeitlicher Ablauf

| | |
|---|---|
| Planungsbeginn: | 1969 |
| Durchführungsbeginn: | Mai 1971 |
| Deutscher Beitrag vereinbart bis: | 31. August 1978 |

### III Personal

| | | |
|---|---|---|
| Personal des Gastlandes (Soll): | 28 | (wechselnde Zahl im Brucelloseprogramm tätiger Assistenten) |
| Personal der BRD (Soll): | 3 | (ab 1.9.1975 zusätzlich 15 Kurzzeitarbeiter |

## IV Sachausrüstung

Der Gesamtwert der vom Projekt zwischen Mai 1971 und Ende August 1975 bereitgestellten Materialien beziffert sich unter Berücksichtigung sämtlicher Nebenkosten auf etwa DM 1.200.000,00. Die am 1. September 1975 angelaufene dreijährige Verlängerungsphase sieht u.a. die Einrichtung eines kompletten Labors für die Untersuchung von Lebensmitteln tierischen Ursprungs einschließlich Sanitätsabteilung vor. Trotz der Mitte 1974 eingetretenen neuen Verhältnisse wird der Tatsache Rechnung getragen, daß das Projekt für Gesamtzypern konzipiert ist.

## V Kapitalaufwand

Kapitalaufwand des Gastlandes: Der einheimische Projektträger ist während der ersten Phase des Projektes (1971-1975) seinen ihm gemäß Regierungsabkommens als Partnerleistung auferlegten Verpflichtungen vollauf nachgekommen. Verläßliche Angaben über die genaue Höhe der zur Realisierung seiner Verpflichtungen aufgebrachten Mittel sind indes nicht erhältlich. Mitte 1975 traten als Folge von Krieg und Besetzung drastische Einsparungsmaßnahmen in Kraft, die das Projekt zunächst nur am Rande berührten und Aufgabenstellung und Zielsetzung nicht beeinträchtigten, möglicherweise aber während der Verlängerungsphase (1975-1978) nicht ohne Auswirkungen auf die von zyprischer Seite zu erbringenden Leistungen bleiben.

Kapitalaufwand der BRD:     4.160.000,00 DM

## VI Projektbericht

Projektkurzbeschreibung

Tierärztliches Beratungsprojekt mit Sachmittelbereitstellung zur Realisierung der vom Projekt verfolgten Ziele. Ungeachtet der durch die teilweise Besetzung Zyperns geschaffenen neuen Lage ist das Projekt nach wie vor für die gesamte 9.500 qkm bedeckende Insel zuständig. Durch die im Anschluß an die Ereignisse des Sommers 1974 entstandenen erschwerten Verhältnisse ist die Bedeutung des Projektes für Gesamtzypern größer als je zuvor.

Die Projektaktivitäten erstrecken sich auf folgende Gebiete:

Fleischhygiene/Schlachthofwesen:

Aufbau eines modernen Gesichtspunkten entsprechenden Fleischbeschauwesens durch Erarbeitung gesetzlicher Grundlagen für ein die EG-Bestimmungen berücksichtigendes, heutigen Anforderungen gerecht werdendes Fleischhygienegesetz. Ausbildung von tierärztlichem Personal und Hilfskräften in der Durchführung und Überwachung des neuen Gesetzes. Beratung der Regierung und Stadtverwaltungen bei der Ausarbeitung von Plänen zur Verbesserung des Schlachthofwesens einschließlich Nebenprodukteverwertung unter Berücksichtigung der Bestimmungen des Fleischhygienegesetzes und wirtschaftlicher Gesichtspunkte.

Einrichtung und Inbetriebnahme eines Laboratoriums zur Untersuchung von Lebensmitteln tierischen Ursprungs mit angeschlossener Sanitätsabteilung. Ausbildung von Laborpersonal.

Brucellosebekämpfung:

Beratung der zyprischen Veterinärstellen bei der Durchführung eines inselweiten, alle Rinder-, Schaf- und Ziegenbestände erfassenden Brucellose Sanierungsprogrammes. Den gegen die ausschließlich als Melitensis-Brucellose auftretende Krankheit gerichteten Maßnahmen liegt das Test- und Ausmerzverfahren zugrunde, das wegen der niedrigen Infektionsrate als Methode der Wahl angesehen werden muß. Methodik: Erfassung sämtlicher Bestände mit der Milchringprobe bzw. dem allergischen Lidtest. Bei Auftreten von Reaktionen anschließende serologische Überprüfung aller Herdenmitglieder mit unverzüglicher Verwertung der positiven Fälle und Nachuntersuchung zweifelhafter Reagenten. Regelmäßige serologische Nachfolgeuntersuchung bis zur Seuchenfreiheit. Überwachung sanierter Betriebe, Desinfektionsmaßnahmen, Kontrolle von Tierhandel und Tierbewegungen.

Schweinegesundheitsdienst/(Jungtierkrankheiten):

Analyse der in Zypern unerforschten Krankheitssituation beim Schwein mit Nachdruck auf der Überprüfung der Ausfallursachen bei Ferkeln. Beratung der Veterinärstellen in der Diagnose, Vorbeuge und Bekämpfung von Schweinekrankheiten. Maßnahmen zur Verhinderung von Ferkelverlusten. Aufbau eines schlagkräftigen, an deutschen Modellen ausgerichteten Schweinegesundheitsdienstes sowie Ausarbeitung von Empfehlungen zur Ausweitung desselben zu einem inselweiten, den gesamten durchwegs kommerziell gehaltenen Schweinebestand (Juni 1974: 250.000 Tiere) erfassenden Programm. Der Sektor "Jungtierkrankheiten" wurde aus personaltechnischen Gründen und in Absprache mit dem Partner gestrichen. An seiner Stelle übernahm das Projekt die Bearbeitung des Gebietes.

Geflügelkrankheiten/Geflügelhaltung:

Beratung der Veterinärstellen bei der Lösung für die Geflügelwirtschaft wichtiger krankheits- und haltungsbedingter Probleme sowie bei diagnostischen, prophylaktischen, therapeutischen und epizotologischen Fragestellungen. Organisation eines leistungsfähigen Geflügelgesundheitsdienstes. Erstellung einer Studie über die Rentabilität einer SPF-Kleineinheit für Zypern und - abhängig vom Ausfall derselben - Einrichtung und Betrieb einer solchen.

Counterpartfortbildung

1971-1975: An 10 Tierärzten und 6 Assistenten/Techniker (113 Mann-Monate reine Fachprogramme ohne Sprachausbildung) wurden im Rahmen der Fortbildungsprogramme 1973/1974, 1974/1975 und 1975/1976 weiterführende bzw. spezialisierende Stipendien vergeben, die bis auf einen

Fall (Griechenland) in der BRD durchgeführt wurden. 1975-1978: Die am 1. September 1975 anlaufende Verlängerungsphase des Projektes sieht weitere 120 M/M fortbildende Fachprogramme vor.

Projektplanung und -vorbereitung

| | |
|---|---|
| 1967 | Antrag der zyprischen Regierung um Hilfe bei der Bewältigung der mannigfachen Probleme auf dem Veterinärsektor |
| 1969 | Gutachten über Möglichkeiten deutscher Hilfe |
| März 1971 | Abkommen zwischen den Regierungen der BRD und Zyperns über Technische Hilfe auf dem Veterinärsektor |
| Mai 1971 | Aufnahme der Projektarbeit |
| März bis August 1972 | Vorübergehende, intern bedingte Einstellung des Projektes |
| Juni 1973 | Änderungsabkommen zum Regierungsabkommen |
| Juli bis Oktober 1974 | Kriegsbedingte Stillegung des Projektes. Evakuierung der deutschen Berater |
| August 1974 | Antrag Zyperns auf Projektverlängerung |
| 31. August 1975 | Ende der ersten Phase der Projektlaufzeit |
| 1. September 1975 | Beginn der dreijährigen Verlängerungsphase des Projektes |

Projektdurchführung

Die am Projekt tätigen Tierärzte sind dem Veterinärwesen der Republik Zypern als Berater zugeteilt. Die Beratertätigkeit erfolgt in Abstimmung mit dem Landesveterinärdirektor und in enger Zusammenarbeit mit einheimischen Counterparts. Die Verbindung zum Staatssekretär des zyprischen Landwirtschaftsministeriums wird über den Projektleiter aufrecht erhalten und ist gut. Kontakte zum leitenden Tierarzt der zyperntürkischen Veterinärbehörde sind eng und wertvoll trotz der durch die neue Lage geschaffenen erschwerten Verhältnisse. Kriegsereignisse und Besetzung führten zu zeitlichen Einbußen, die sich auf etwa acht Monate beziffern. Arbeitstempo insgesamt verhaltener wegen enger Bindung an Partner, der durch neue Aufgaben zusätzlich belastet ist. Brucellose-Sanierungsprogramm konnte im besetzten Teil des Landes aufgrund technischer Schwierigkeiten noch nicht wieder aufgenommen werden. Projektablauf trotz erschwerter Bedingungen den Umständen entsprechend zufriedenstellend. Arbeitssektor "Schweinegesundheitsdienst" wurde kurz vor den Kriegsereignissen zur Weiterführung dem Partner übergeben, liegt jedoch z.Zt. still, da den Zyprioten die erforderlichen Mittel fehlen und Counterparts des aus dem Projekt inzwischen ausgeschiedenen Beraters seit dem

Krieg vermißt ist. Das Projekt hat seinen Dienstsitz in Nicosia. Bis auf einen Berater, der seinen Wohnsitz im inzwischen zyperntürkischen Norden beibehalten hat, leben die am Projekt tätigen deutschen Tierärzte in der Hauptstadt der Republik.

Arbeitsergebnisse

Fleischhygiene/Schlachthofwesen:

Die Arbeiten an einem neuen, mit den einschlägigen EG-Bestimmungen übereinstimmenden Fleischhygienegesetz wurden abgeschlossen. Die Verabschiedung des in englischer und griechischer Fassung zusammen mit den wichtigsten Durchführungsvorschriften und Folgeverordnungen vorgelegten Gesetzes durch das Kabinett steht noch aus. Vom Projekt erarbeitete Empfehlungen und Pläne für die Errichtung eines Zentralschlachthofes mit Nebenprodukteverwertungsanlage, zentralem Kühlhaus und Schlachtvieh- und Fleischmarkt für Gesamtzypern kamen wegen der jüngsten Ereignisse zum Erliegen, wurden aber inzwischen wieder aufgegriffen. Das Projekt befaßte sich mit Fragen der Überwachung von Fleischimporten im Rahmen der Flüchtlingshilfe und arbeitet an Plänen für die Errichtung eines mit deutscher Hilfe und nach Vorstellungen des Projektes entstehenden Laboratoriums zur Untersuchung von Lebensmitteln tierischer Herkunft.

Brucellosebekämpfung:

Die zur Auffindung infizierter Schaf- und Ziegenbestände benutzte Palpebralprobe wurde mehrfach modifiziert, um ihr anfänglich anhaftende und zu Mißinterpretation nachfolgender serologischer Untersuchungen führende, den verwendeten Allergenen zuzuschreibende Nachteile zu eliminieren. Bis Ende 1973 war Brucella Melitensis Allergen ROOTS in Anwendung, welches wegen Auftretens persistierender Impftiter abgesetzt wurde. Ein vom Bundesgesundheitsamt vorgelegtes Polysaccharidbrucellin erwies sich für Masseneinsätze als nicht geeignet, da sich die Infizienten auftretenden Lidreaktionen nur instrumentell mit Sicherheit ablesen und beurteilen ließen. Seit Ende 1973 wird ein von IVANOV und ALTON entwickeltes und vom Bundesgesundheitsamt modifiziertes nicht agglutinogenes Hydrolysatbrucellin mit gutem Erfolg benutzt. Die am Augenlid erzeugten Reaktionen sind distinkt und lassen sich mit bloßem Auge aus einiger Entfernung deutlich erkennen. Impftiter werden nicht gebildet. Zur Überprüfung der Milchrinderbestände findet die Milchringprobe und neuerdings auch der Rose Bengal Test Anwendung. Zwischen dem 1. Januar 1972 und 31. Dezember 1973 sowie im ersten Halbjahr 1975 wurden 808.573 Palpebralproben und 118.409 serologische Untersuchungen bei Schafen und Ziegen durchgeführt. Wegen der Kriegsereignisse ist Zahlenmaterial für die erste Hälfte 1974 nicht mehr vollständig zur Hand. In den vorstehend gemachten Angaben konnte dieser Zeitraum daher nicht berücksichtigt werden. Das Sanierungsprogramm kam zwischen Juni 1974 und Februar 1975 völlig zum Erliegen und konnte seitdem im zyperntürkischen

Teil des Landes noch nicht wieder aufgenommen werden. In dem oben genannten Zeitraum (1972 bis Mitte 1975) wurden 31.311 Rinderseren überprüft. Bei der serologischen Untersuchung waren 10.731 Schafe und Ziegen und 200 Rinder positiv. Sie wurden unverzüglich der Schlachtung und Verwertung zugeführt. Da die Kampagne im Nordteil der Insel noch ruht, konnten zahlenmäßige Angaben über den Verseuchungsgrad der betroffenen Tierarten nicht auf den neuesten Stand gebracht werden. Im Mai 1974 waren 0,85 % des Schafbestandes, 1,77 % des Ziegenbestandes und ca. 0,72 % des Milchrinderbestandes der Insel mit Brucellose verseucht. Die Infektionsrate der kombinierten Schaf- und Ziegenpopulation verringerte sich gegenüber dem Vorjahr um ca. 0,5 %. Der Verseuchungsgrad der Milchrinder konnte im gleichen Zeitraum um über 1 % gesenkt werden.

Schweinegesundheitsdienst:

Seuchen und Krankheiten stellen für den zyprischen Schweinehalter und -züchter kein besonderes ernstes Problem dar. Der Ausfallquote bei Ferkeln liegen vornehmlich Totgeburten, postnatale Verluste verschiedener Art, Erdrücken und in geringerem Maße auch Coli- und unspezifische Enteritiden zugrunde. Haltungs- und Fütterungsschäden, schlechte Tier- und Umwelthygiene, mangelnde Selektion geeigneten Zuchtmaterials sowie Nichtentfernen wirtschaftlich wertloser Kümmerer spielen eine wichtige prädisponierende Rolle. Die eigentliche Problematik der zyprischen Schweinezucht liegt eindeutig auf den Sektoren Haltung, Management, Hygiene und Fütterung, die zu Gesundheitsproblemen und wirtschaftlichen Verlusten führen. Nur durch grundlegende Verbesserung und Neuorientierung der genannten Gebiete läßt sich ein Ausweg aus dieser Situation finden.

Geflügelkrankheiten/Geflügelhaltung:

Dieser Sektor wurde im Mai 1975 neu aufgenommen. Arbeitsergebnisse stehen daher noch aus.

# Zypern

## Regierungsberater bei der Staatsforstverwaltung

### I. Allgemeines

PN: 73.2025.2

| | |
|---|---|
| Verantwortlicher deutscher Leiter des Vorhabens: | Otto Freiherr von Grotthuss |
| Projektanschrift: | German Forestry Adviser in Cyprus<br>P.O.B. 4157<br>Nicosia/Cyprus |
| Projektträger im Gastland: | Ministry of Agriculture & Natural Resources, Nicosia |
| Projektträger in der BRD: | GTZ |
| Zuständige GTZ-Abteilung: | 11   Fachbereich: 114 |
| Projekttyp: | Forstwirtschaftliches Beratungsprojekt mit Sachmittelbereitstellung |

Zielsetzung des Projektes: Beratung der zyprischen Staatsforstverwaltung und Ausbildung von zyprischen Forstbeamten auf den Gebieten der Forst- und Holznutzung. Einführung moderner Holzerntetechniken unter gleichzeitiger Berücksichtigung der Arbeitsbeschaffung und Arbeitsplatzsicherung für Waldarbeiter.

### II. Zeitlicher Ablauf

| | |
|---|---|
| Planungsbeginn: | Mitte 1973 |
| Durchführungsbeginn: | 1. Februar 1975 |
| Deutscher Beitrag vereinbart bis: | 31. Januar 1977 |

### III. Personal

| | |
|---|---|
| Personal des Gastlandes (Soll): | 1 |
| Personal der BRD (Soll): | 1 |

## IV. Sachausrüstung

Forstgeräte für Holzernte, Bringung, Vermessung, Verladung und Sicherheit der Waldarbeiter, ein Dienstwagen (VW 181).

Kapitalaufwand

Kapitalaufwand des Gastlandes:    keine Angaben

Kapitalaufwand der BRD:    555.000,00 DM

## VI. Projektbericht

Projektkurzbeschreibung

Zypern hatte im Fünfjahresplan 1972 - 76 der Entwicklung der Forstwirtschaft und Holzindustrie einen Vorrang eingeräumt. Die produktiven Wälder sollten mehr als bisher zur Nutzung herangezogen werden, der Aufbau eines Spanplatten-/Sägewerkskombinats wurde begonnen (57,5 % Regierungsanteile). Die Holznutzung sollte von 30.000 Festmeter (Fm)/Jahr auf 70.000 Fm erhöht und der Einschlag in Eigenregie vorgenommen werden, nachdem bisher "auf dem Stock" verkauft wurde. Ferner war die Einführung des metrischen Systems vorgesehen.

Der deutsche Berater sollte der Staatsforstverwaltung Zyperns bei der Umstellung auf die Durchführung der Holzerntearbeiten in Eigenregie und die neuerdings mögliche Diversifizierung des Rundholzangebots beraten. Als besonderes Problem stellte sich das Holzrücken in Steilhanglagen mit sehr engen Tälern, die in Zyperns Forsten überwiegen.

Die kriegerischen Auseinandersetzungen zwischen griechischem und türkischem Bevölkerungsteil im Juli/August 1974 hatten ausgedehnte Waldbrände zur Folge. Auf rd. 22.000 ha der produktivsten aber kaum erschlossenen Waldfläche mußten auf einmal rd. 300.000 Fm verwertungsfähiges Kiefernholz (Pinus brutia) genutzt werden. Befall durch holzzerstörende Käfer drohte das wertvolle Rohholz rasch zu entwerten. - Die erforderliche Rettung dieser Hölzer zwang zu einer starken Modifizierung des ursprünglichen Planes. Sie beschäftigt die zyprische Forstverwaltung und den deutschen Berater jetzt fast ausschließlich und wird bis zum Ende der Projektlaufzeit überwiegen.

Gleichzeitig stellt sich als neues Problem die Schaffung und Sicherung von Arbeitsplätzen für Flüchtlinge aus dem türkisch besetzten Norden.

Projektplanung und -vorbereitung

2.4.1973 Antrag der zyprischen Regierung.
Oktober 1973: Gutachterentsendung - Januar 1974: Vorlage des Gutachtens.
November 1974: Zweiwöchige Reise und Bericht über "Die Situation

auf dem Forstnutzungssektor nach dem Krieg im August 1974" -
18.11.1974: Notenwechsel über Einsatz des Beraters als Sondervereinbarung im Rahmen des Regierungsabkommens vom 30.10.1961 über technische Hilfeleistung.
1.2.1975 Projektbeginn und Arbeitsaufnahme des Beraters.

Projektdurchführung

Der deutsche Forstexperte berät einerseits seinen Counterpart und nimmt zugleich die Aufgaben eines Referenten für Forstnutzung in der Ministeralforstabteilung wahr (nur griechisch-zypriotischer Landesteil).

Von den rd. 300.000 Fm angefallenen verwertungsfähigen Hölzern wurden bis September 1975 fast 150.000 Fm Bauholz in einer ersten Einschlagsphase genutzt. Davon wurden bereits rd. 40.000 Fm von der Sägeindustrie, namentlich der neuen "Cyprus Forest Industries" aufgenommen. Annähernd 110.000 Fm liegen in Form von 3 bis 6 m langen Rundhölzern auf forstseitigen Waldlagern, wo sie entrindet und gegen Käferbefall geschützt wurden.

Die restlichen rd. 150.000 Fm werden etwa je zur Hälfte als Kistenholz und Spanholz verwertet werden. (Ob die schwachdimensionierten Spanhölzer voll genutzt werden können bleibt fraglich, weil sie dann bis Herbst 1979 erhalten werden müßten.)

Der Forstberater ist in allen Phasen der Nutzung dieses Holzes beteiligt: Erarbeitung von Arbeitsverfahren - Waldarbeiterausbildung - Geräte- und Maschinenbeschaffung (nur zum geringen Teil mit Projektmitteln) - der Bringung und Verladen - Transport zum Verbraucher bzw. Lager - Lagerung, Schädlingsbekämpfung, Vermessung, Verbuchung und der Verkaufsverfahren - Erstellung von Plänen und Prognosen hinsichtlich des Holzbedarfs und -vorrats.

Als neuer Bereich ist die Beratung bei der Beschaffung von Maschinen und Mechanisierung der Pflanzenzucht und Wiederaufforstung hinzugekommen.

Drei Stipendien für Forstnutzung, Maschinenwesen und Baumschultechnik stehen zur Verfügung.

Arbeitsergebnisse

Die Nutzung der geschädigten Bestände beschäftigt ständig rd. 800 Waldarbeiter, die aus den Reihen der arbeitslosen Flüchtlinge rekrutiert und, soweit erforderlich, in Kurzlehrgängen an Motorsägen, Schäleisen, Spezialbringungsschleppern (2 FRANKLINS, 2 KOCKUMS), Ladeaggregaten (2 CRANAB, 2 HIAB) und für Holzschutzarbeiten ausgebildet wurden. - Es wurde auch auf Sicherheitsfragen Wert gelegt; sämtliche Helme, Augen- und Ohrenschutzvorrichtungen sowie Handschuhe kamen aus Projektmitteln.

Parallel sind Unternehmer beim Forstwegebau, im Einschlag geringerwertiger Hölzer und beim Holztransport beschäftigt. Holzaushaltungsrichtlinien wurden vom Forstberater in Zusammenarbeit mit Verbrauchergruppen erarbeitet. Die Rundholzvermessung wurde neu geregelt und auf metrisches System umgestellt. Am Verkauf von Spanholz nach Gewicht (lufttrocken) wird gearbeitet.

Für die Vertilgung holzbohrender Insekten (Cerambycidae) wurde ein für Rundholz bisher unbekanntes Vergasungsverfahren mit Methyl-Bromid-Gas entwickelt und erfolgreich eingeführt. Die Produktion von Holzkohle aus Astwerk und Holzresten konnte von der traditionellen Köhlerei auf eine rationellere Methode mit transportablen Metallmeilern umgestellt werden.

Empfehlungen für waldbauliche Grundsätze zur Erhaltung noch lebensfähiger Baumgruppen im Waldbrandgebiet wurden von der Verwaltung übernommen.

Die bevorstehende Wiederaufforstungskampagne (für 10.000 ha), die später möglichst in eine verstärkte Aufforstung von Macchien- und Karstregionen überführt werden soll, erfordert Entscheidungen über Mechanisierungsgrad, Zapfenernte, Pflanzenanzucht usw. Für Terassierungen werden z.B. 40 Bulldozer (um 100 PS) eingesetzt werden. Der Forstnutzungsberater wird insbesondere bei den Fragen der Maschinenbeschaffung und des Einsatzes herangezogen.

# Zypern

## Einsatz eines Spanplattenfachmannes für Zypern

### I. Allgemeines

PN: 75.2027.3

Verantwortlicher deutscher
Leiter des Vorhabens:     Heino P. Helle

Projektanschrift:     c/o Embassy of the Federal Republic of Germany
P.O.B. 1795
Nikosia/Zypern

Projektträger im Gastland:     Cyprus Forest Industries Ltd.

Projektträger in der BRD:     GOPA - Gesellschaft für Organisation, Planung und Ausbildung m.b.H.

Zuständige GTZ-Abteilung:     11     Fachbereich: 114

Projekttyp:     Berater Holzwirtschaft

Zielsetzung des Projektes: Durch die industrielle Verarbeitung heimischer Holzbestände soll die Basis für weiteres wirtschaftliches Wachstum Zyperns gelegt werden. Die Produktion von Holzerzeugnissen in Zypern ermöglicht es, Importe der holzverarbeitenden Industrie durch einheimische Produkte zu ersetzen.

Im Rahmen dieser Bestrebungen wurde von der CFI ein Spanplattenwerk errichtet, das in seiner Anlaufphase auf dem Produktionssektor durch einen deutschen Experten beraten wird.

### II. Zeitlicher Ablauf

Planungsbeginn:     1974

Durchführungsbeginn:     September 1975

Deutscher Beitrag
vereinbart bis:     September 1976

### III. Personal

Personal des Gastlandes (Soll):     keine Angaben

Personal der BRD (Soll): 1

## IV. Sachausrüstung

1 Fahrzeug, Büroausrüstung und -materialien

## V. Kapitalaufwand

Kapitalaufwand des Gastlandes:   keine Angaben

Kapitalaufwand der BRD:          176.144,00 DM

## VI. Projektbericht

Projektkurzbeschreibung

Die zyprische Regierung kaufte auf privater Basis ein Spanplattenwerk, das heute von der Cyprus Industries Ltd. in Kokino Trimithia, westlich von Nikosia, betrieben wird. Es ist dies das erste Werk zur Erzeugung eines plattenförmigen Holzwerkstoffes auf Zypern. Der von der BRD entsandte Experte berät die Firmenleitung insbesondere in technischen Fragen der Produktionsleitung, der technischen Wartung sowie bei der Personalausbildung.

Projektplanung und -vorbereitung

Aufgrund eines Antrages der zyprischen Regierung, forderte das BMZ die GTZ im März 1975 zur Abgabe eines Angebotes auf. Im Hinblick auf die spezielle Fragestellung und Schwierigkeiten bei der Personalfindung wurde nach Eingang des Auftrages das Vorhaben an eine Consulting übergeben. Grundlage für die Projektarbeit war ein 1973 erstelltes Gutachten über die Forst- und Holzwirtschaft in Zypern, in dem u.a. eingehend über die Spanplattenanlage berichtet wurde.

Projektdurchführung

Das Projekt begann Anfang September 1975 mit der Entsendung des Experten, der im Zuge der Ausreise alle zugänglichen Informationen, u.a. auch bei den Lieferfirmen der Anlage, beschaffte. Seitdem ist der Experte zunächst im wesentlichen an den Probeläufen und der Abnahme der Anlage beteiligt

Arbeitsergebnisse

Auf Intervention des Experten wurden fehlende Maschinenunterlagen beschafft. Die Firmenleitung konnte auf Mängel der Anlage hingewiesen werden, an deren Abstellung gearbeitet wird.

Weitere Ergebnisse liegen noch nicht vor.

# Überregional

## Bearbeitung von Rückstandsfragen bei Pflanzenschutzmitteln

### I. Allgemeines

PN: 73.2028.6

| | |
|---|---|
| Verantwortlicher deutscher Leiter des Vorhabens: | Dr. F.-W. Kopisch-Obuch |
| Projektanschrift: | Pesticide-Residue Project<br>Postfach 4001<br>61 Darmstadt |
| Projektträger im Gastland: | Jeweiliger Projektträger eines TH-Projektes, in dem ein Rückstandslabor errichtet wird oder jeweils direkt die Dienststelle, die TH auf dem Gebiet der Rückstandsproblematik beantragt. |
| Projektträger in der BRD: | GTZ |
| Zuständige GTZ-Abteilung: | 11    Fachbereich: 113 |
| Projekttyp: | Pflanzenschutz |

Zielsetzung des Projektes: In den Ländern der 3. Welt sollen Voraussetzungen geschaffen werden, die die Erzeugung von landwirtschaftlichen Qualitätsprodukten ermöglichen. Die Produkte sollen daraufhin untersucht werden, ob deren Pflanzenschutzmittelrückstände so niedrig sind, daß weder die lokale Bevölkerung gefährdet, noch die Toleranzen der Höchstmengenverordnungen von Importländern überschritten werden.

### II. Zeitlicher Ablauf

| | |
|---|---|
| Planungsbeginn: | 1972 |
| Durchführungsbeginn: | 1. August 1973 |
| Deutscher Beitrag vereinbart bis: | vorerst 1980 |

### III. Personal

| | |
|---|---|
| Personal des Gastlandes (Soll): | gemäß lokaler Abstimmung |
| Personal der BRD (Soll): | 4 |

## IV. Sachausrüstung

Ausstattung eines Mutterhaus-Labors in der BRD. Labors in den jeweiligen Projektländern werden über Projektmittel aus den jeweiligen Regionalreferaten, bzw. TH-Projekten, denen die Labors angegliedert sind, direkt ausgestattet.

## V. Kapitalaufwand

Kapitalaufwand des Gastlandes:

| | |
|---|---|
| Sri Lanka: | 10.000,00 DM |
| Sudan: | 150.000,00 DM |
| Philippinen: | 215.000,00 DM |
| Iran: | 160.000,00 DM |
| Marokko: | 40.000,00 DM |
| El Salvador: | 300.000,00 DM |
| Kapitalaufwand der BRD: | 1.450.000,00 DM |

## VI. Projektbericht

Projektkurzbeschreibung

Es handelt sich um ein spezielles Pflanzenschutzprojekt mit folgenden Aufgaben:
- Regierungs- und Fachstellenberatung in Partnerländern und bei Partner-Organisationen zur Lösung von Rückstandsproblemen mit Pflanzenschutzmitteln.
- Erstellung von praktizierbaren Plänen für den Auf- und Ausbau des Untersuchungs- und Analysenwesens in den infrage kommenden Ländern entsprechend der lokalen Anforderungen. Aufbau landeseigener Rückstandskontrolle in den Einsatzländern, Einrichtung von Speziallaboratorien.
- Planung und Durchführung notwendiger Counterpart-Ausbildungsprogramme an einschlägigen Institutionen des In- und Auslandes. Einweisung einheimischer Fachkräfte in Aufgaben und Arbeiten im Rahmen gelieferter und neu eingerichteter Labors.
- Fachgerechte Planung und Abwicklung notwendiger Einzeluntersuchungs-Programme.
- Zusammenfassung erzielter Rückstandsergebnisse und erarbeiteter Erkenntnisse für die Etablierung eines zeitgerechten integrierten Pflanzenschutzes zur Verminderung von Rückstandsproblemen.

Projektsitz ist Darmstadt, wo im Rahmen eines Kooperationsvertrages mit dem Land Hessen an der Hessischen Landwirtschaftlichen Versuchsanstalt (HLVA) ein projekteigenes Labor entsteht. Von diesem Labor aus werden die einzelnen Labors in den Einsatzländern koordiniert und betreut. (Anpassung von Analysenverfahren an lokalen Bedingungen, Ringanalysen, Ersatzteilversorgung etc.).

In geringem Umfang können in dem projekteigenen Labor auch Proben aus Einsatzländern untersucht werden. Die Untersuchungsprogramme der Labors in den Einsatzländern werden nach einem Stufenplan durchgeführt, in dem zunächst nur Insektizide und hier wiederum erst chlorierte Kohlenwasserstoffe (später auch Phosphorsäureester) berücksichtigt werden können.

Projektplanung und -vorbereitung

Grundgedanke bei der Schaffung des Projektes war die Tatsache, daß die BRD seit 20 und mehr Jahren TH auf dem Gebiet des Pflanzenschutzes gewährt hat und die entsprechenden Länder in verstärktem Maße mit Rückstandsproblemen konfrontiert werden. Es bestand eine echte Lücke in den TH-Programmen der BRD, da ...
- Exporte der Länder der 3. Welt v.erstärkten Importrestriktionen in Industrieländern durch gesetzgeberische Maßnahmen gegenüber Pflanzenschutzmittel-Rückständen in landwirtschaftlichen Produkten unterliegen, und

- Fach- und Regierungsstellen in den Ländern der 3. Welt in höherem Maße daran interessiert sind, Fakten darüber zu erhalten, wie stark und in welchem Ausmaß landwirtschaftliche Anbauflächen, Kulturpflanzen und Ernteprodukte durch Pflanzenschutzmaßnahmen mit Rückständen belastet werden.

Projektdurchführung

im Durchführungsstadium.

Arbeitsergebnisse

Ergebnisse liegen erst teilweise und vereinzelt vor, da bei der bisherigen personal-extensiven Betreuung der einzelnen Labors die Anlaufphase noch nicht völlig abgeschlossen ist.

# Überregional

## Lebensmitteltechnologie ITAL

### I. Allgemeines

PN: 74.2224.9

| | |
|---|---|
| Verantwortlicher deutscher Leiter des Vorhabens: | H. Hansen |
| Projektanschrift: | Instituto de Tecnologia de Alimentos (ITAL) Caixa Postal 139 Campinas, S.P./Brasilien |
| Projektträger im Gastland: | ITAL - finanziert zu 70% von Bundesrepublik Brasilien und zu 30 % vom Staat Sao Paulo/Brasilien |
| Projektträger in der BRD: | GTZ |
| Zuständige GTZ-Abteilung: | 11    Fachbereich: 112 |
| Projekttyp: | wissenschaftliche Zusammenarbeit zweier Lebensmittelinstitute |
| Zielsetzung des Projektes: | Verbesserung der brasilianischen Lebensmitteltechnologie |

### II. Zeitlicher Ablauf

| | |
|---|---|
| Planungsbeginn: | 1974 |
| Durchführungsbeginn: | 1975 |
| Deutscher Beitrag vereinbart bis: | Ende 1977 |

### III. Personal

| | |
|---|---|
| Personal des Gastlandes (Soll): | 6 |
| Personal der BRD (Soll): | 7 |

### IV. Sachausrüstung

80.000,00 DM (Meßgeräte für die Bestimmung von Qualitätsveränderungen bei frischem und verarbeitetem Obst und Gemüse sowie Ersatzteile und Testsubstanzen).

## V. Kapitalaufwand

Kapitalaufwand des Gastlandes: keine Angaben

Kapitalaufwand der BRD: 300.000,00 DM

## VI. Projektbericht

Projektkurzbeschreibung

Das Projekt umfaßt folgende Arbeitsprogramme:

1. Lagerung, Transport und Verpackung von Obst, Gemüse sowie von Kartoffeln, Getreide und Hülsenfrüchte.

   Bau und Einrichtung von Lagerhäusern. Entwicklung von Zusatzverfahren als Ersatz für tiefe Lagertemperaturen. Nacherntephysiologie.

2. Gefrieren landwirtschaftlicher Produkte. Untersuchungen über Gefriereignung brasilianischer Produkte unter Einbeziehung der Festigkeits- und Konsistenzmessung, Messung des "drips" und Sensorik.

3. Mykologie und Makotoxinbestimmung. Training auf dem Gebiete der Analyse und Makotoxinen. Isolierung wichtiger für den Verderb brasilianischer Erzeugnisse verantwortlicher Pilze und Prüfung der Isolate auf Makotoxinproduktion.

4. Wassertransport, Desulfitierung und Gefriertransportsysteme. Studium der Migration von Wasser in körnigen und mehlartigen Produkten bei wechselnden Temperaturen. Desulfitierung von Pulpen.

5. Hitzebehandlung von Gemüse. Verbesserung der Technologie zur Hitzesterilisation von Palmito und Optimierung der Hitzebehandlung von Gemüsemais.

Projektplanung und -vorbereitung

Planung und Vorbereitung des Projektes erfolgte in enger Zusammenarbeit zwischen der Bundesforschungsanstalt für Ernährung und dem ITAL, wobei die Wünsche der brasilianischen Seite nach wissenschaftlicher Zusammenarbeit auf bestimmten Gebieten berücksichtigt werden konnten.

Projektdurchführung

Im Jahre 1975 arbeiten vier Deutsche jeweils 2-8 Wochen lang in Brasilien, während zwei Brasilianer je zwei Monate lang in der Bundesrepublik praktizierten. Schwierigkeiten entstanden durch die Verzögerung im Abschluß des Notenwechsels.

Arbeitsergebnisse

Bisher wurde folgendes Arbeitsprogramm durchgeführt:

- Entwicklung von Meß- und Bestimmungsmethoden für Äthylen, Aromastoffe, Stoffwechselstörungen, Fruchtatmung und Wärmeentwicklung für die Verminderung des Verderbs und Verbesserung der Rohprodukte.

- Entwicklung von Zusatzverfahren als Ersatz für tiefe Lagerungstemperatur (durch die Lagerung der Früchte in einer kontrollierten $O_2$ oder $CO_2$ Atmosphäre).

- Untersuchung der Gefriereignung brasilianischer Produkte unter Einbeziehung der Festigkeits- und Konsistenzmessung. Messung des "drips" und Sensorik.

- Gefrieren landwirtschaftlicher Produkte mit Verfahrensauswahl und dessen Optimierung.

- Lagerung, Transport und Verpackung von landwirtschaftlichen Produkten.

- Untersuchungen über den Einfluß von Nacherntefungizidbehandlungen auf dem Reifungsverlauf von Mangofrüchten.

- Untersuchung über die Verfärbung von Palmitos.

- Untersuchung über die Inaktivierung von Pektinesterasen.

- Isolierung von Mykotoxinen.

- Information über Qualitätsanforderungen und Qualitätskriterien in der EG und BRD.

Überregional

# Zentrale Versuchsauswertung und Dokumentation von Projekten der pflanzlichen Produktion

## I. Allgemeines

PN: 75.2016.6

Verantwortlicher deutscher
Leiter des Vorhabens: Dr. Klaus Rohrmoser

Projektanschrift: Forschungsanstalt für Landwirtschaft,
FAL Institut für Grünlandwirtschaft,
Futterbau und Futterkonservierung
Bundesallee 50
33 Braunschweig
Telefon: 0531/5961

Projektträger im Gastland: keine Angaben

Projektträger in der BRD: GTZ

Zuständige GTZ-Abteilung: 11    Fachbereich: 112

Projekttyp: Einzelsachverständiger mit überregionalen Aufgaben integriert in deutsches Fachinstitut.

Zielsetzung des Projektes: Erfassung, Aufbereitung und Auswertung von Informationen und Versuchsergebnissen aus Projekten der Technischen Hilfe auf dem Gebiet der pflanzlichen Produktion mit dem Ziel einer Verbesserung und Rationalisierung der Versuchstätigkeit in den Vorhaben der Technischen Hilfe, ihrer Planung, Steuerung sowie der Vorbereitung von Neuvorhaben.

## II. Zeitlicher Ablauf

Planungsbeginn: 14. November 1974

Durchführungsbeginn: 1. Januar 1976

Deutscher Beitrag
vereinbart bis: Mitte 1979

## III. Personal

Personal des Gastlandes (Soll): keine Angaben

Personal der BRD (Soll): 2

## IV. Sachausrüstung

Büroausstattung

## V. Kapitalaufwand

Kapitalaufwand des Gastlandes:     keine Angaben

Kapitalaufwand der BRD:            344.397,00 DM

## VI. Projektbericht

Projektkurzbeschreibung

Zur Erreichung des Projektziels sind folgende Aufgaben vorgesehen:
- Sichtung bisheriger Bemühungen auf ähnlichem Gebiet im In- und Ausland, insbesondere bei supranationalen Einrichtungen.
- Erarbeitung von Lösungsvorschlägen zur Datenerfassung.
- Erfassung, kritische Sichtung und Auswertung von Daten aus Projekten der Technischen Hilfe an Hand von Projektberichten, Fragebögen. Auflistung der Projekte, aus denen Daten erfaßt werden.
- Erstellung einer Ergebnisdokumentation.
- Entwicklung von lochkartenfähigen Belegen als Berichtsformulare der Projekte der Technischen Hilfe, um Auswertungen mit Hilfe der EDV durchführen zu können.
- Erarbeitung von Richtlinien für die Anlage und Durchführung von Versuchen auf dem Gebiet der pflanzlichen Produktion mit dem Ziel der Vergleichbarkeit sowie Auswertbarkeit mit Hilfe der EDV.
- Statistische Verrechnung von Versuchen.
- Erarbeitung einer Abfrage der Ergebnisdokumentation für Planung und Beratung im Rahmen der Technischen Hilfe.

# Argentinien

## Förderung des Zitrusanbaues in der Proviuz Misiones

### I. Allgemeines

PN: 75.2089.3

| | |
|---|---|
| Verantwortlicher deutscher Leiter des Vorhabens: | Dr. R. E. Schwarz |
| Projektanschrift: | I.N.T.A., Extension Agraria, Misiones Montecarlo/Argentinien |
| Projektträger im Gastlandesß | Instituto National de Tecnologia Agropecuaria, I.N.T.A. |
| Projektträger in der BRD: | GTZ |
| Zuständige GTZ-Abteilung: | 11     Fachbereich:   113 |
| Projekttyp: | Pflanzenschutzvorhaben |

Zielsetzung des Projektes: Untersuchung der Ursachen des Absterbens von Zitrus (declinamiento) in der Provinz Misiones, Argentinien. Bekämpfung durch Selektion resistenter Unterlagen, Präimunisierung und Produktion von virusfreiem Material.

### II. Zeitlicher Ablauf

| | |
|---|---|
| Planungsbeginn: | 1974 |
| Durchführungsbeginn: | 1976 |
| Deutscher Beitrag vereinbart bis: | Erste Phase - 3 Jahre zweite Phase - 2 Jahre (mit Möglichkeit der Verlängerung, um zu gesichertem Abschluß zu kommen). |

### III. Personal

| | |
|---|---|
| Personal des Gastlandes(Soll): | 5 |
| Personal der BRD (Soll): | 3 |

### IV. Sachausrüstung

Lieferung von Labor- und Versuchsfeldausrüstungen sowie Installationen für virologische Arbeiten, sonstige wissenschaftliche Geräte, Fahrzeuge,

Traktor mit Anbaugeräten.

## V. Kapitalaufwand

Kapitalaufwand des Gastlandes: 37.500.000,00 DM

Kapitalaufwand der BRD: 1.900.000,00 DM

## VI. Projektbericht

Projektkurzbeschreibung

Das Projektziel ist die Sanierung der Zitrusindustrie, die durch eine virusähnliche Krankheit (declinamiento) zu erliegen droht. Zusammen mit den Counterparts wird versucht, das Problem in folgender Weise zu lösen: Virusindexierung, Studium der Vektorenbiologie, Selektion resistenter Unterlagen, Präimunisierung, Produktion von virusfreiem Material (Wuchskegelpfropfung, Hitzebehandlung).

Projektplanung und -vorbereitung

Projektantrag 1973. Gutachtereinsatz Dr. H.G. Pag im Februar 1975, Dr. R.E. Schwarz im Dezember 1975. Besprechung des Operationsplanes und Auswahl des Projektstandortes, ab April 1976 Anlaufen des Vorhabens nach Abschluß des Projektabkommens und Ausreise des Projektleiters. Einsatz des 2. Mitarbeiters ab Oktober 1976 und des 3. Mitarbeiters zum Jahresende 1976.

Projektdurchführung

Mit dem Eintreffen der Mitarbeiter beginnt nach der Schaffung der entsprechenden Arbeitsvoraussetzung und dem Eintreffen der Materiallieferung die Arbeit des Vorhabens (Ende 1976).

Arbeitsergebnisse

Aus dem Projekt stehen z.Z. nur die Basisvoraberhebungen von den Gutachtern Dr. Pag und Dr. Schwarz zur Verfügung.

# Jordanien

# Bewässerungsprojekt WADI ARJA

## I. Allgemeines

PN: 67.2065.0

| | |
|---|---|
| Verantwortlicher deutscher Leiter des Vorhabens: | Hans-Georg Gysae |
| Projektanschrift: | Irrigation Project WADI ARJA<br>P.O. Box 23, Ma'an<br>P.O. Box 9237<br>Amman/Jordanien |
| Projektträger im Gastland: | Natural Resources Authority<br>P.O. Box 7<br>Amman/Jordanien<br>(ab 1975 für landwirtschaftlichen Teil):<br>Ministry of Agriculture<br>Amman/Jordanien |
| Projektträger in der BRD: | Agrar- und Hydrotechnik GmbH (AHT), |
| Zuständige GTZ-Abteilung: | 14    Fachbereich: 142 |
| Projekttyp: | Bewässerung und Neulanderschließung |

Zielsetzung des Projektes: Erschließung von Grundwasservorkommen; Nutzung der Grundwasservorkommen durch Einrichtung einer landwirtschaftlichen Bewässerungsfläche von 130 ha; Ausbildung von Beduinen zur Vorbereitung einer Seßhaftwerdung; Meliorations- und Anbauversuche auf einer 10 ha großen Versuchsfläche

## II. Zeitlicher Ablauf

| | |
|---|---|
| Planungsbeginn: | Juli 1967 |
| Durchführungsbeginn: | Oktober 1968 hydrologische Untersuchungen durch Bundesanstalt für Bodenforschung (BFB)<br>Oktober 1969 Bauarbeiten für 10 ha Versuchsfläche (BFB und AHT) |

|  |  |
|---|---|
|  | Juni 1970 Abbruch der Arbeiten aus politischen Gründen |
|  | Juli 1971 Wiederausreise des Projektleiters |
|  | März 1972 Wiederaufnahme der Arbeiten im Projektgebiet |
| Deutscher Beitrag vereinbart bis: | Februar 1976 mit einer personell reduzierten Übergabephase bis 31. August 1976 |

## III. Personal

| | |
|---|---|
| Personal des Gastlandes (Soll): | 9 |
| Personal der BRD (Soll): | 5 |

## IV. Sachausrüstung

Brunnenausstattung, Betriebsausrüstung, Kfz, Traktoren, landwirtschaftliche Maschinen und Geräte, Sonstiges.

## V. Kapitalaufwand

| | |
|---|---|
| Kapitalaufwand des Gastlandes: | 1.851.044,00 DM |
| Kapitalaufwand der BRD: | 7.428.000,00 DM |

## VI. Projektbericht

Projektkurzbeschreibung

Das Projekt liegt ca. 200 km südlich von Amman und ca. 35 km nördlich von Ma'an entlang der Verkehrsachse Amman-Aqaba auf einem 1.100 m hohen, fast ebenen Plateau. Das Gebiet gehört zur Wüstensteppe, die Niederschläge bewegen sich zwischen 50 und 80 mm von Oktober bis April. Das Gebiet ist dünn besiedelt; die Bevölkerung, nomadisierende und teilnomadisierende Beduinen, ernährt sich vorwiegend durch Viehhaltung (Schafe, Ziegen, Kamele). In den westlichen Gebirgszügen wird Trockenfeldanbau mit stark wechselnden Erträgen betrieben.

Die Böden des Projektes und der unmittelbaren Projektumgebung sind z.T. stark salzhaltige, gipsführende, schluffige Lehme bis schluffige, tonige Lehme über pleistozänen Schottern mit unterschiedlich starker Kalkinkrustierung.

Bei dem Projekt handelt es sich um ein Bewässerungsprojekt mit folgender Zielsetzung:

1. Erschließung von Grundwasser durch Abteufen von Produktions-

und Beobachtungsbrunnen, Feststellung und Sicherung eines gleichbleibenden Wasserdargebotes einschließlich Feststellung einer Grundwassernachlieferung.

2. Errichtung einer landwirtschaftlichen Versuchsfläche von 10 ha sowie einer nachfolgenden landwirtschaftlichen Produktionsfläche unter Ausnutzung der aus den Versuchen gewonnenen Erkenntnisse; technische, organisatorische und sozio-ökonomische Vorbereitung einer Ansiedlung von Beduinen.

Das Projekt ist in die Landesplanung (3-Jahresplan 1973 bis 1975, 5-Jahresplan 1976 bis 1980) eingebettet, die die Entwicklung mehrerer Bevölkerungsvorhaben entsprechend den Wasserressourcen im südlichen Hochland von Jordanien vorsieht.

Projektplanung und -vorbereitung

Planung und Vorbereitung geschah durch und im Rahmen von
- Prefeasibility-Studie durch Agrar- und Hydrotechnik GmbH, Essen, im Oktober 1967.
- Bodenkundliche Untersuchungen und Bodenkartierung durch BFB von Oktober 1967 bis April 1968.
- Geo-elektrische Messungen zur Feststellung von Wasserbarrieren durch BFB und Natural Resources Authority (NRA) im März 1968.

Die seinerzeit formulierten Planziele wurden fortlaufend und in Zusammenarbeit mit den jordanischen Stellen (Planing Council, NRA, Landwirtschaftsministerium) sowie mit dem UNDP/FAO-Projekt 'Use and Development of Groundwater Resources in East Jordan' aktualisiert. Grundlagen und Vorgehen einer nachfolgenden Ansiedlung von Beduinen fanden schließlich einen Niederschlag im Gesetz Nr. 30 der NRA.

Projektdurchführung

In der nachfolgenden Skizze über die Implementierung des Projektes wird nicht auf die Unterbrechung des Projektes aus politischen Gründen eingegangen.

Die Durchführung wird wie folgt umrissen:
- Grundwassererschließung: bis Juni 1969
- Ausstattung von drei Produktionsbrunnen mit Unterwasserpumpen und Dieselgeneratoren: bis Juni 1972; hierzu gehört auch eine 6 km lange Zuleitung von den Pumpstationen bis zum Projekt.
- 10 ha große landwirtschaftliche Versuchsfläche: Bauarbeiten bis 1970; Beginn der landwirtschaftlichen Versuche 1972, Ende der Tätigkeit des deutschen Versuchsleiters: Februar 1976.
- 120 ha große landwirtschaftliche Produktionsfläche. Bauarbeiten: bis Januar 1975. Beginn des landwirtschaftlichen Ausbaus: in Teilflächen

Folgende Kulturen werden angebaut:
Winter: Weizen, Gerste, Rübsen, Raps, Luzerne, Wicken, Zuckerrüben, Hülsenfrüchte, Gemüse
Sommer: Mais, Hirse, Luzerne, Kartoffeln, Gemüse

- Errichtung von Wohn- und Wirtschaftsgebäuden: mit Ausnahme einer Maschinenhalle bis 1973. Maschinenhalle: voraussichtlich Feb. 1976.
- Errichtung eines Siedlerdorfes: voraussichtlich Ende 1975/Anfang 1976.

Arbeitsergebnisse

Die Arbeitsergebnisse entsprechen im wesentlichen den vorgegebenen Zielen, die Zeitplanung konnte im wesentlichen eingehalten werden. Einzelergebnisse sind:

- Technische Ergebnisse. Die Errichtung einer landwirtschaftlichen Bewässerungsfläche von 120 ha (Beckenbewässerung ist abgeschlossen, ebenso die Errichtung einer 10 ha großen landwirtschaftlichen Versuchsfläche. Fertiggestellt sind die Wohn- und Wirtschaftsgebäude, die Einrichtungen der Wasser- und Stromversorgung.
- Landwirtschaftliche Einzelergebnisse: Im Rahmen des Anbaus und verschiedener Anbauversuche zeigten sich gute Ergebnisse bei Gerste, Weizen, Zuckerrüben, Raps, diversen Gemüsen. Unbefriedigend zeigten sich Mais, Hirse und Kleearten.
- Wirtschaftsverhalten

  Administrative und soziologische Gegebenheiten sind Hemmnisse für ein optimales Wirtschaften. Eingeleitete Denk- und Lernprozesse führten bislang teilweise zum Erfolg.

- Verwaltung: Das Projekt wurde mit Erfolg in die administrativen Gegebenheiten des Gastlandes eingebettet.

  Ausbildung von Beduinen: Die Ausbildung zeigt sich schwierig, soweit es Bewässerungstechniken und Umgang mit Maschinen angeht. Techniken im Pflanzenbau und Handarbeiten lassen sich leichter vermitteln.

Folgende Arbeiten und Abläufe sind noch einzuleiten bzw. abzuschließen:

- Technische Arbeiten: Bau einer Maschinenhalle und Bau eines Siedlerdorfes mit 32 Hauseinheiten (bereits begonnen).
- Landwirtschaftliche Arbeiten: Abwicklung einer vollen Anbausaison, Absicherung bisheriger Beobachtungen, Anleitung von Beduinen und Abfassung von Empfehlungen.
- Wirtschaftliche Arbeiten: Weiterführung des Marktverhaltens, Absicherung der Maßnahmen (Beschaffung und Absatz), Überführung des Abrechnungswesens an die jordanische Projektleitung.

- Verwaltung: Übertragung von Verwaltungsfunktionen von Behörden zum Projekt.

- Ausbildung: Planung der eigentlichen Beduinenansiedlung und Erarbeitung von Empfehlungen, Weiterführung der Ausbildung vor allem bei der Bewässerung.

# Kamerun

## Versuchs- und Ausbildungszentrum für Landtechnik, Ukolbisson

### I. Allgemeines

PN: 73.2006.2

| | |
|---|---|
| Verantwortlicher deutscher Leiter des Vorhabens: | Dr. Dieter Hannusch |
| Projektanschrift: | CENEEMA<br>B.P. 1040<br>Yaoundé/Kamerun |
| Projektträger im Gastland: | Office National de la Recherche Scientifique et Technique (ONREST) |
| Projektträger in der BRD: | GTZ |
| Zuständige GTZ-Abteilung: | 14 Fachbereich: 141 |
| Projekttyp: | Landtechnisches Zentrum |

Zielsetzung des Projektes: Erarbeiten von Empfehlungen für die Auswahl und den Einsatz von landtechnischen Geräten, entsprechend den spezifischen Bedingungen Kameruns.
- Beratung von Entwicklungsprojekten und anderen Vorhaben auf dem Gebiet der Mechanisierung der Landwirtschaft;
- Entwicklung und Anpassung von landtechnischen Geräten und Vorbereitung der Einführung in die lokale Produktion;
- Weiterbildung von Landwirten und Beratern in Kurzkursen; Betriebsberatung;
- Durchführung von Kursen an Aus- und Fortbildungseinrichtungen; Erarbeiten von Ausbildungsprogrammen und -unterlagen; speziell in Zusammenarbeit mit der Ecole Nationale Superieure Agronimique (ENSA).

### II. Zeitlicher Ablauf

| | |
|---|---|
| Planungsbeginn: | 1973 |
| Durchführungsbeginn: | Mai 1974 |
| Deutscher Beitrag vereinbart bis: | 31. Dezember 1978 |

## III. Personal

Personal des Gastlandes (Soll):  8

Personal der BRD (Soll):  5

## IV. Sachausrüstung

Schlepper, Erdbewegungsmaschinen, Landmaschinen, Werkstatt- und Laborausrüstung, Unterrichtsmittel, Fahrzeuge

## V. Kapitalaufwand

Kapitalaufwand des Gastlandes:   ca. 800.000,00 DM

Kapitalaufwand der BRD:   4.600.000,00 DM

## VI. Projektbericht

Projektkurzbeschreibung

Das Zentrum soll der Forschung, Beratung und Ausbildung auf dem landtechnischen Sektor dienen. Es untersteht dem staatlichen Forschungsamt ONAREST und arbeitet eng mit anderen, diesem Amt unterstehenden Institutionen zusammen. Daneben bestehen Beziehungen zur Universität Yaoundé.

Das Projekt liegt wenige Kilometer außerhalb der Hauptstadt Yaoundé, in unmittelbarer Nähe zur Landwirtschaftlichen Hochschule ENSA. Neben Versuchsfeldern in der Nähe des Zentrums verfügt es über zwei Außenstationen.

Die Projektaktivitäten sind in folgende Bereiche gegliedert:
A) Außenwirtschaft
b) Innenwirtschaft und Einfachgeräteentwicklung
c) Beratung
d) Werkstattaktivitäten
e) Ausbildung

Projektplanung und -vorbereitung

Das Projektgutachten wurde neben anderen vom jetzigen Projektleiter 1973 erstellt. Es beinhaltet auch die Planung umfangreicher Baumaßnahmen. 1974 startete das Projekt (Ausreise des PL) in vorläufigen Räumlichkeiten.

Arbeitsergebnisse

Nach der ersten Phase der Organisation und Installation liefen die Einarbeitung der Counterparts und die Aufnahme der Forschungsarbeiten

an. Eine gewisse Verlagerung in Richtung Ausbildung steht bevor.
1976 konnte das deutsche Team auf die Sollstärke gebracht werden.

Ebenfalls für 1976 ist mit dem Abschluß der Baumaßnahmen zu rechnen (2 Hallen, 1 Werkstatt, 1 Verwaltungsgebäude, 1 Internat mit verschiedenen zusätzlichen Einrichtungen).

In den einzelnen bereits genannten Bereichen laufen folgende Aktivitäten:

a) Feldversuche über Bodenbearbeitung und mechanisierte Anbau- und Ernteverfahren bei speziellen Früchten; Datenermittlung für agroindustriellen Reis- und Soja-Anbau, Rodungsmaßnahmen, Versuche mit Kleintraktoren und Einfachgeräten, Beratung bei Entwicklungs- und Pilotprojekten, Gespanngeräte-Untersuchungen.

b) Geräteentwicklungen bzw. -modifikationen auf den Gebieten Trocknung, Dreschen, Sortieren/Reinigen. Entwicklungen für die Weiterverarbeitung u. a. von Kakao, Kaffee, Lagerungstechnik etc.

c) Beratung der Regierung in grundsätzlichen Fragen der Mechanisierung, Beratung von Firmen, Kreditinstituten, Einzelbetrieben sowie Individual- und Gruppenberatung von Landwirten.

d) Service- und Reparaturarbeiten im Projektbereich, Prototypenbau.

e) Verlagerung von der Counterpartausbildung auf intensivere Ausbildung von Externen; Kurse für andere und an anderen Institutionen.

# Kenia

## Kleinbewässerungsvorhaben

### I. Allgemeines

PN: 74.2247.0

| | |
|---|---|
| Verantwortlicher deutscher Leiter des Vorhabens: | Dr. H. Bonarius u. B. Strahl |
| Projektanschrift: | P.O.B. 47051 Nairobi/Kenia |
| Projektträger im Gastland: | Minor Irrigation Development, Programme, Nairobi/Keya |
| Projektträger in der BRD: | GTZ |
| Zuständige GTZ-Abteilung: | 13      Fachbereich: 131 |
| Projekttyp: | Bewässerungsvorhaben |

Zielsetzung des Projektes: Förderung der von Hunger und Dürre betroffenen Bevölkerung in den Trockengebieten Kenias durch die Entwicklung kleinerer Bewässerungsperimeter.

### II. Zeitlicher Ablauf

| | |
|---|---|
| Planungsbeginn: | Oktober 1974 |
| Durchführungsbeginn: | 1. April 1975 |
| Deutscher Beitrag vereinbart bis: | 31. Mai 1977 |

### III. Personal

| | |
|---|---|
| Personal des Gastlandes (Soll): | 11 |
| Personal der BRD (Soll): | 2 |

### IV. Sachausrüstung

Materiallieferung im Gegenwert von 900.000,00 DM

### V. Kapitalaufwand

Kapitalaufwand des Gastlandes:      Vergütung der einheimischen Fach-

|  |  |
|---|---|
|  | und Hilfskräfte;<br>Betriebs- und Wartungskosten für Fahrzeugpark;<br>50 % der laufenden Kosten für Projektausrüstung;<br>Erschließungskosten und Mitfinanzierung von Pumpenhaus, Wohnhäuser, Büroräumen, Werkstatt, Lagerraum. |
| Kapitalaufwand der BRD: | 2.000.000,00 DM |

## VI. Projektbericht

Projektkurzbeschreibung

Das Vorhaben ist in das kenianische "Minor Irrigation Development Programme" integriert. Aufgrund seiner fachlichen Aufgaben gliedert es sich in folgende zwei unabhängige Arbeitseinheiten:

a) Kenya Soil Survey (Special Task Force), Minor Irrigation Development, dem Dr. Bonarius als Leiter untersteht, arbeitet in der Planung von Minor Irrigation Schemes.

b) B. Strahl arbeitet in der Bauausführung und leitet dabei als Project Engineer eine der drei "Construction Units", die in verschiedenen Provinzen Nord- und Ostkenias stationiert sind.

Projektplanung und -vorbereitung

Weite Gebiete im Norden und Nordosten Kenias sind durch Überbesatz mit Mensch und Vieh sowie die Dürre der letzten Jahre von Überschußnährung und Hunger heimgesucht. Die Versorgung aus den Überschußgebieten des Hochlandes ist wegen hoher Transport- und Verteilungskosten schwierig und teuer. Die Entwicklung kleinerer Bewässerungsperimeter soll hier teilweise Abhilfe schaffen. Das gesamte Potential für kleinflächige Bewässerung wird auf etwa 13.000 ha geschätzt. Bisher sind davon etwa 1.000 ha entwickelt worden. In der Planungsperiode 74.-78 sollen weitere 4.000 ha erschlossen werden. Offizieller Projektantrag der Kenia-Regierung: 6. November 1974.

Arbeitsergebnisse

Von der Kenya Soil Survey-Gruppe wurden seit Bestehen 13 Soil Surveys unterschiedlicher Intensitätsstufe mit Berichten und/oder Karten erstellt. Die untersuchten Standorte liegen weitgehend in den semiariden und ariden Gebieten Kenias. Die "Construction Unit" befindet sich zum gegenwärtigen Zeitpunkt in der Durchführungsphase.

# Malaysia

## Beratung bei der Milch- und Rindfleischproduktion

### I. Allgemeines

PN: 72.2098.1

| | |
|---|---|
| Verantwortlicher deutscher Leiter des Vorhabens: | Dr. Kurt Peters |
| Projektanschrift: | Lembaga Kema-Juan Ternakan Negara Jalan Selangor Petaling Jaya/Malaysia |
| Projektträger im Gastland: | National Livestock Development Authority - Majuternak |
| Projektträger in der BRD: | GTZ |
| Zuständige GTZ-Abteilung: | 12     Fachbereich: 124 |
| Projekttyp: | landwirtschaftliches Beratungsprojekt |

Zielsetzung des Projektes: Zielsetzung des Projektes ist die Entwicklung einer landeseigenen Milch- und Rindfleischproduktion zur Substitution eines hohen Importvolumens von Milch bzw. Milchprodukten sowie Einfuhren von Lebendvieh zur Fleischversorgung Malaysias. Neben der Eigenversorgung mit Milch und Rindfleischprodukten wird mit der geplanten Rinderproduktion eine Diversifizierung innerhalb der Agrarwirtschaft angestrebt. Als erster Schritt zur Verwirklichung dieses Planes ist der Aufbau von Rindergroßbetrieben zur Erzeugung von leistungsfähigem Tiermaterial vorgesehen.

### II. Zeitlicher Ablauf

| | |
|---|---|
| Planungsbeginn: | 1971 |
| Durchführungsbeginn: | Ende 1974/Anfang 1975 |
| Deutscher Beitrag vereinbart bis: | zunächst 2 Jahre |

### III. Personal

| | |
|---|---|
| Personal des Gastlandes (Soll): | keine Angaben |
| Personal der BRD (Soll): | 6 sowie 30 Mann-Monate Kurzzeitexperten. |

## IV. Sachausrüstung

Ein Volkswagen, zwei Datsun, eine tierärztliche Feldausrüstung, diverses Handwerksmaterial.

## V. Kapitalaufwand

Kapitalaufwand des Gastlandes: keine Angaben

Kapitalaufwand der BRD: 1.368.000,00 DM

## VI. Projektbericht

Projektkurzbeschreibung

Zur fachlichen Unterstützung des Projektes hat die Deutsche Gesellschaft für Technische Zusammenarbeit mit der Technischen Universität Berlin, Institut für Tierproduktion, eine vertragliche Vereinbarung für eine projektbegleitende Betreuung getroffen, aufgrund derer das Institut an der Planung, Durchführung und Organisation des Projektes auf folgenden Gebieten mitwirkt:

- Betreuung und Beratung der deutschen Fachexperten,
- Ausbildung und Vorbereitung ausreichender Fachkräfte,
- Auswahl, Ausbildung und Entsendung von Kurzzeitexperten,
- Belieferung der Langzeit- und Kurzzeitexperten mit Fachliteratur,
- fachlich, wissenschaftliche Auswertung von Datenmaterial,
- Durchführung von Ausbildungsseminaren für deutsche und malaiische Fachkräfte auf dem Gebiet der Tierproduktion.

Zur Bewältigung der gesteckten Zielsetzungen - Entwicklung einer landeseigenen Milch- und Rindfleischproduktion - betreibt die National Livestock Development Authority - Majuternak - gegenwärtig die Entwicklung von acht Rindervermehrungsstationen, sieben dieser Stationen befinden sich in West-Malaysia und eine Station in Ost-Malaysia. Da in Malaysia kein natürliches Weideland vorhanden ist, handelt es sich hierbei ausschließlich um die Neuerschließung von Dschungelland, welches gerodet und mit Weidefutterpflanzen angepflanzt wird.

Jede der Farmen ist zunächst auf eine Größe von 2.500 acres geplant und soll mit einer Livestock Unit (LU) pro acre bestockt werden. Die Ausgangsbasis für die geplanten Kreuzungszuchtprogramme bilden sowohl die beiden lokalen Rinderrassen Local Indian Dairy (LID) und Kedah Kelantan (KK) als auch größere Zuchttierimporte aus Australien. Die Durchführung der entsprechenden Kreuzungsstufen erfolgt mit Samen europäischer und amerikanischer Hochleistungsrassen durch künstliche Besamung für die Milchrinderproduktion sowie mit den im Lande großgezogenen Kreuzungsbullen.

Projektdurchführung

Die Durchführung der deutschen Beratung für den Aufbau der Rinderstation erfolgt auf zwei Ebenen:

- Beratung und Erarbeitung von Lösungsvorschlägen für den Aufbau einer Landestierzucht für die Produktion und Vermarktung von Milch und Rindfleisch im Planungsstab der National Livestock Development Authority.

- Fachberatung auf Farmebene bezüglich Auswahl und Anwendung geeigneter Produktionsverfahren, deren Durchführung und Betreuung. Mitarbeit beim Aufbau einer veterinär-hygienischen Rindergesundheitskontrolle und Krankheitsprophylaxe sowie Aufbau der künstlichen Besamung.

Die Durchführung der Projektaufgaben im Rahmen dieser Projektschwerpunkte erfolgt einmal durch die drei o.g. Langzeitexperten und durch den Einsatz von Kurzzeitexperten zur Lösung von Spezialaufgaben.

Im Einzelnen handelt es sich um folgende Aufgabengebiete:

Tierzüchtung

- Einkauf von Zuchtvieh

- Aufstellung und Durchführung von Kreuzungsprogrammen

- Leistungsdatenerhebungen

- Einrichtung und Durchführung von Leistungsprüfungen sowie deren Auswertung und Durchführung von Selektionsmaßnahmen

Tierhaltung

- Herdenaufbau und Herdenergänzung

- Kälber- und Jungtierhaltung

- Haltung von Milch- und Fleischrinderkühen

- Planung und Betreuung von baulichen Maßnahmen für die Tierhaltung

Tierernährung

- Bewertung vorhandener Futtermittel (Weideleistung, Kraftfuttereinsatz, Verfütterung von Neben- und Abfallprodukten)

- Rationsgestaltung und Futterplanung

Tiergesundheit

- Gesundheitskontrolle und künstliche Besamung

- Planung und Durchführung von prophylaktischen Krankheitsbekämpfungsmaßnahmen

- Endo- und Ektoparasitenbekämpfung
- Eutergesundheit sowie Behandlung von Klauenerkrankungen

Farmaufbau
- Ausführung von Planungsmaßnahmen für Verkehrswege, Wasserversorgung, Lage von Stallbauten und technischen Einrichtungen, Geräte- und Maschinenankauf

Farmmanagement
- Landbearbeitung und Neuansaat
- Weidewirtschaft (Pflege, Düngung, Weidenutzungssysteme)
- Erosionskontrolle und Erosionsschutz
- Produktionssysteme und Produktionstechniken für Milch- und Fleischproduktion
- Rindermastverfahren
- betriebswirtschaftliche Erfolgskontrolle
- Aufstellung von Kalkulationsmodellen und Vergleiche von verschiedenen Produktionsverfahren

Fortbildungsprogramme
- Einrichtung von Fortbildungsseminaren
- Durchführung von Demonstrationen auf den Farmen
- Anfertigung und Verteilung von Informationsmaterial

Arbeitsergebnisse
- Tierzüchtung
  Erstellung eines detaillierten Zucht- und Selektionsprogrammes für Milch- und Fleischrinder.
  Ankauf einheimischer Rinder als Ausgangsmaterial für das Kreuzungszuchtprogramm
- Tierhaltung
  Beratung auf dem Gebiete einer verbesserten Kälber- und Jungtieraufzucht
- Farmmanagement
  Errichtung einer zentralen Rinderbehandlungseinrichtung (Spray, Race, Handling Unit)

Zur Unterstützung der Langzeitexperten wurden zur Durchführung der Projektaufgaben im Rahmen der Projektschwerpunkte, Kurzzeitexperten zur Erarbeitung von Lösungsvorschlägen auf folgenden Gebieten eingesetzt:

- Gutachten über die Planung und Verbesserung der Rodungsarbeiten, der Bodenbearbeitung und der Anbaumethoden, Erstellung einer Bodenkartierung dieser Standorte sowie Untersuchungen über den Nährstoffgehalt des Bodens und den Nährstoffbedarf der Pflanzen sowie Ausarbeitung von Düngungsprogrammen (Blume, H.P., Marschner, H., Berlin).

- Gutachten für den Anbau und Management von tropischen Futter- und Weidepflanzen, unter besonderer Berücksichtigung der Standortansprüche der Pflanzen sowie der dem Standort angepaßten Pflanzengesellschaften sowie der Nutzungsart und Nutzungsweise (Roberts, C.R., Australien).

- Betriebswirtschaftliche Gutachten zur Erarbeitung eines Systems für eine praktische Faktorenerfassung auf den Farmen der National Livestock Development Authority, ihre Sammlung, Weitergabe und Auswertung auf den Farmen bzw. in der Majuternak sowie ein Vorschlag für eine anwendbare, betriebswirtschaftliche Kalkulation als Erfolgskontrolle und Beratungsinstrument (Reisch, E., Zeddies, J., Hohenheim).

- Marktwirtschaftliches Gutachten für eine integrierte Vermarktung zwischen staatlichen und privaten Milchproduzenten unter der Berücksichtigung eines steigenden Milchaufkommens, der Substitution von "recombined" Milk durch Frischmilch und der verschiedenen Möglichkeiten der Milchbe- und -verarbeitung (Thimm, Gießen).

- Studie über die Verwertung, die Einsatzmöglichkeit und Rationsgestaltung von Futterabfallstoffen (Feed Resources) der tropischen Obst-, Baum- und anderer Fruchtkulturen für die Rinderfütterung in Malaysia (Müller, Z.O., Singapore).

- Studie über die Entwicklung von kleinbäuerlichen Milchproduktionsbetrieben in Verbindung mit den Rindervermehrungsstationen der National Livestock Development Authority (Teuscher, T., Berlin et al).

Projektproblematik: Der Entwicklung der Milch- und Rindfleischproduktion stehen vor allem folgende Faktoren entgegen:

- die natürlichen Standortbedingungen
- das nicht vorhandensein von geeignetem Tiermaterial
- der Ausbildungsstand der landwirtschaftlichen Bevölkerung auf dem Gebiet der Rinderproduktion.

# Peru

## Berater für Qualitätskontrolle am CERPER-Institut

### I. Allgemeines

PN: 74.2133.2

| | |
|---|---|
| Verantwortlicher deutscher Leiter des Vorhabens: | Dr. Hans-Joachim Auslitz |
| Projektanschrift: | c/o Empresa Publica de Certificaciones Pesqueras del Peru Av. Santa Rose Nr. 801 <u>Lan Perla-Callao</u>/Peru |
| Projektträger im Gastland: | Empresa Publica de Certificaciones Pesqueras del Peru Av. Santa Rosa Nr. 801 La Perla-Callao/Peru |
| Projektträger in der BRD: | GTZ |
| Zuständige GTZ-Abteilung | 12  Fachbereich: 123 |
| Projekttyp: | Beratungsprojekt |

Zielsetzung des Projektes: Aufbau eines umfassenden Fischinspektionsdienstes an allen wichtigen Anlandestellen.

### II. Zeitlicher Ablauf

| | |
|---|---|
| Planungsbeginn: | 12. Dezember 1973 |
| Durchführungsbeginn: | April 1976 |
| Deutscher Beitrag vereinbart bis: | 31. Januar 1978 |

### III. Personal

| | |
|---|---|
| Personal des Gastlandes (Soll): | 1 |
| Personal der BRD (Soll): | 1 |

### IV. Sachausrüstung

Laborausstattung für die Modellausrüstung eines Regionalbüros, ein Projektfahrzeug.

## V. Kapitalaufwand

Kapitalaufwand des Gastlandes: keine Angaben

Kapitalaufwand der BRD: 550.000,00 DM

## VI. Projektbericht

Projektkurzbeschreibung

Beratung des CERPER-Institutes bei:
- Konzeption des SIPE (Servicio de Inspeción de Pescado = Fischinspektionsdienst)
- Planung für den weiteren Ausbau des SIPE
- Einrichtung und Inbetriebnahme der ersten Inspektionsstellen und Regionalbüros
- Durchführung der Qualitäts-, Hygiene- und Produktkontrollen
- Vorbereitung und Durchführung der Lagerungsexperimente
  - Ausbildung der Leiter der Inspektionsstellen und Regionalbüros.

Projektplanung und -vorbereitung

| | |
|---|---|
| 2.2.1974 | Antrag der peruanischen Regierung auf Unterstützung des CERPER-Institutes beim Aufbau eines umfassenden Fischinspektionsdienstes. |
| 19.4.1974 | Auftrag BMZ an BfE zur Projektprüfung. |
| 22.7.1974 | Projektvorlage an BMZ. |
| 8.10.1974 | Durchführungserlaß BMZ und Mittelbereitstellung. |
| 24.2.1975 | Auftrag an GOPA zur Durchführung der 1. Phase des Projektes (Entsendung eines Kurzzeitexperten mit der Aufgabe, Einzelheiten der Projektdurchführung und den Text der Regierungsvereinbarung mit den peruanischen Stellen festzulegen). |
| ab Januar 1976 | Vorbereitung des deutschen Experten auf seinen Einsatz im Projekt<br>- Sprachausbildung |
| März 1976 | Durchführung des Notenwechsels |
| April 1976 | Ausreise des Experten. |

# Sri Lanka

## Landwirtschaftliches Ausbildungs- und Beratungszentrum

### I. Allgemeines

PN: 70.2139.7

| | |
|---|---|
| Verantwortlicher deutscher Leiter des Vorhabens: | Dr. Adolf Züfle |
| Projektanschrift: | Farm Mechanization Training Centre <u>Anuradhapura</u>/Sri Lanka |
| Projektträger im Gastland: | Ministry of Agriculture and Lands Department of Agriculture Extension Division |
| Projektträger in der BRD: | GAE |
| Zuständige GTZ-Abteilung: | 14    Fachbereich: 141 |
| Projekttyp: | landtechnische Ausbildung und Beratung |

Zielsetzung des Projektes: Durch landtechnische Lehrgänge und Beratung soll eine den ceylonesischen Verhältnissen angepaßte Mechanisierung gefördert werden, die insbesondere zur Einkommenssteigerung der Kleinlandwirte beiträgt.

### II. Zeitlicher Ablauf

| | |
|---|---|
| Planungsbeginn: | 1969 |
| Durchführungsbeginn: | März 1971 |
| Deutscher Beitrag vereinbart bis: | 31. Dezember 1977 |

### III. Personal

| | |
|---|---|
| Personal des Gastlandes (Soll): | 21 |
| Personal der BRD (Soll): | 9 |

### IV. Sachausrüstung

Werkzeuge, Werkstattausrüstung, Lehrmittel, Beratungsmaterial.

## V. Kapitalaufwand

Kapitalaufwand des Gastlandes    5.527.000,00 cRs

Kapitalaufwand der BRD:    7.080.000,00 DM

## VI. Projektbericht

Projektkurzbeschreibung

Das landtechnische Ausbildungs- und Beratungszentrum Anuradhapura (Farm Mechanization Training Centre) ist das einzige landtechnische Ausbildungsinstitut in Sri Lanka. Es füllt eine Lücke im Entwicklungsprogramm des Landes und nimmt nachhaltig Einfluß auf die Mechanisierung der Landwirtschaft. Es dient als zentrale Lehr- und Ausbildungsstätte für alle aus der Mechanisierung der landwirtschaftlichen Produktion in Sri Lanka erwachsenen Probleme, soweit dieselben den angewandten Bereich betreffen. Durch technische Ausbildung werden die für eine sinnvolle Mechanisierung notwendigen Voraussetzungen geschaffen, die für ceylonesische Verhältnisse geeigneten mechanischen Hilfsmittel, Geräte und Maschinen richtig zu bedienen, zu pflegen, instandzuhalten, instandzusetzen und ökonomisch anzuwenden.

Als Lehrgangsteilnehmer werden alle in der Landwirtschaft, im Landhandwerk und in der Beratung tätigen bzw. in der Ausbildung sich befindenden Gruppen und Einzelpersonen angesprochen.

Demgemäß hat sich das Zentrum auf folgende Zielgruppen konzentriert:
- Landwirte und Schlepperfahrer;
- Landtechniker und landwirtschaftliche Berater verschiedener Fachbereiche;
- Landwirtschaftsschüler und Studenten verschiedener Fach- und Hochschulen.

Die Ausbildungsprogramme umfassen langfristig den gesamten "agrartechnischen Bereich" und erstrecken sich von der manuell-praktischen und handwerklich-technischen Unterweisung bis hin zur Vermittlung einer gezielten Ausbildung der verschiedenen o.a. Personengruppen in Arbeits- und Verfahrenstechniken des Maschineneinsatzes. Sie umfassen im wesentlichen die Vermittlung von Wissen und Können in folgenden Sachbereichen:
1. Anlernen von Landwirten und Schlepperfahrern zur Maschinenpflege und Maschinenbedienung;
2. Vermittlung handwerklicher Grundkenntnisse in allen technischen Arbeiten;
3. Instandhaltung von Traktoren und Landmaschinen;
4. Reparatur von Traktoren und Landmaschinen;
5. richtiger und zeitgerechter Einsatz von Landmaschinen, d.h. Überwachung des Einsatzes;
6. Kontakte zwischen Werkstätten und Maschinenstationen und dem Zentrum,

7. Nachbetreuung von Lehrgangsteilnehmern aus den verschiedenen Personengruppen.

Im Bereich "landtechnische Beratung wird darauf hingearbeitet, daß sich in den landwirtschaftlichen Aus- und Fortbildungsstätten, die landtechnische Aspekte im Unterricht berühren, am Ausbildungsprogramm des Zentrums orientieren und sich in ihrer Aufgabenstellung entsprechend abgrenzen, um Doppelaktivitäten zu vermeiden und rationellen Mitteleinsatz zu gewährleisten. Sie werden auch in der Beschaffung von Ausbildungshilfsmitteln unterstützt und beraten, wie ihre technischen Einrichtungen verbessert werden können. Landtechnische Lehrkräfte werden laufend weitergebildet. Auf fünf Staatsfarmen werden Reparaturwerkstätten errichtet, organisiert und ausgerüstet. Ein Teil dieser Werkstätten dient gleichzeitig zur Ausbildung von Landwirtschaftsstudenten der Universität und der Landbauschule. Ländliche Werkstätten und Maschinenstationen werden bei schwierigen Reparaturarbeiten und im Management unterstützt.

Projektplanung und -vorbereitung

Ende 1974 wurde ein Verlängerungsabkommen über die Weiterbeteiligung der BRD am Ausbau und Betrieb des Zentrums abgeschlossen. Danach endet die deutsche Mitwirkung am 31.12.1977.

Die im Projekt tätigen bzw. vorgesehenen 20 Counterparts werden in drei Gruppen, nach intensiver Schulung im Projekt, in einem 6monatigen Lehrgang in Deutschland auf ihre Aufgaben im Zentrum vorbereitet.

Jeder Mitarbeiter führt seinen Bereich weitgehend selbständig (z.B. Operation and Maintenance; Workshop Practice; Beratung in Workshop Practice; Beratung von Ausbildung und Fortbildungsinstitutionen). Für jede deutsche Fachkraft sind in der Regel zwei Counterparts vorgesehen. Die Rekrutierung und Auswahl von Counterparts mit dem notwendigen Fachwissen bereitete Schwierigkeiten.

Die Ausbildung ist in Kurzlehrgänge aufgeteilt, um schneller mehr Personen bessere Fachkenntnisse vermitteln zu können.

Arbeitsergebnisse

Basierend auf der Zielsetzung des Projektes wurde ein Lehrgangsprogramm aufgestellt, welches 30 verschiedene Kurzlehrgänge von 1-4 Wochen Dauer umfaßt. Bisher wurden in Grund- und Fortbildungskursen rd. 1.600 Personen am Zentrum ausgebildet (überwiegend Farmer, Jungfarmer und Studenten).

Die für die Durchführung des Ausbildungsbetriebes erforderlichen Gebäude wurden erstellt am 16.2.1975 wurde das Zentrum in Anwesenheit der Premierministerin feierlich eingeweiht.

Lehrinhalte für den landtechnischen Unterricht an Universität und Fachhochschule wurden erarbeitet und befinden sich im Stadium der Einführung.

Laufende Arbeiten: Fortführung der Arbeiten, wie vorher beschrieben; Erstellung und Ausrüstung von fünf Farmwerkstätten; Verbesserung des landtechnischen Unterrichtes an den landwirtschaftlichen Aus- und Fortbildungsinstitutionen des Landes; Erstellung von Unterkünften für 120 Trainees und für Ausbilder.

Projektproblematik: Unbefriedigender Baufortschritt an den verschiedenen Baustellen; Ungenügende Mittelbereitstellung ceylonesischerseits für die laufenden Projektausgaben.

# Thailand

## Landtechnische Schule Pathumthani

### I. Allgemeines

PN: 63.2085.7

| | |
|---|---|
| Verantwortlicher deutscher Leiter des Vorhabens: | NN. |
| Projektanschrift: | A ETC<br>P.O.B. 4-19<br>Bangkok/Thailand |
| Projektträger im Gastland: | Ministry of Education, Dept. of Vocational Education, Bangkok |
| Projektträger in der BRD: | GTZ |
| Zuständige GTZ-Abteilung: | 14    Fachbereich:    141 |
| Projekttyp: | Landtechnisches Ausbildungszentrum |

Zielsetzung des Projektes: In Zusammenarbeit mit dem Dept. of Vocational Education und ggf. mit dem Landwirtschaftsministerium, Definition von Zielgruppen, Erarbeiten von Lehr- und Ausbildungsplänen sowie Lehrinhalten, Mitarbeit bei der Organisation und Durchführung von Kursen (Ausschreibung, Timing etc.)
- Mitarbeit bei der Bereitstellung bzw. Erarbeiten von Unterrichtsmitteln (audio-visuelle Hilfsmittel, Text Books, Modellen).
- Koordination der Aktivitäten der verschiedenen Abteilungen des Centers.
- Beratung und Mitarbeit bei der Durchführung von Außenaktivitäten des Centers, speziell bei der ökonomischen Durchführung von Landgewinnungsmaßnahmen mit nachfolgenden Unterkulturmaßnahmen an den thailändischen Landwirtschaftsschulen.

### II. Zeitlicher Ablauf

| | |
|---|---|
| Planungsbeginn: | 1964 |
| Durchführungsbeginn: | Oktober 1974 |
| Deutscher Beitrag vereinbart bis: | 1977 |

### III. Personal

| | |
|---|---|
| Personal des Gastlandes | 5 |

Personal der BRD (Soll): 5

## IV. Sachausrüstung

keine Angaben

## V. Kapitalaufwand

Kapitalaufwand des Gastlandes:

Kapitalaufwand der BRD: 4.797.000,00 DM

## VI. Projektbericht

Projektkurzbeschreibung

Die Mechanisierungsbestrebungen der thailändischen Landwirtschaft erfordern umfangreiche Ausbildungs- und Beratungsmaßnahmen, speziell was die Auswahl ökonomischer Verfahren, den Einsatz der technischen Hilfsmittel und die Wartung bzw. Instandhaltung der Maschinen und Geräte anbetrifft.

Das AETC wurde gegründet, um landtechnische Ausbilder, Studenten der Landwirtschaft sowie in Spezialkursen Berater, Landwirte und Vertreter der verschiedensten Institutionen und Organisationen auf dem Gebiet der Mechanisierung auszubilden. Daneben sollen die ca. 30 Landwirtschaftsschulen des Landes bei landtechnischen und kulturtechnischen Aktivitäten beraten und unterstützt werden.

Das Center liegt ca. 40 km nordwestlich von Bangkok. Es hat hinsichtlich der Langzeit-Ausbildungsprogramme den Charakter einer Technikerschule; die Kurzlehrgänge werden ähnlich der DEULA-Schulen organisiert und durchgeführt.

Projektplanung und -vorbereitung

Die Planung, Beginn 1964, hatte ursprünglich eine Schule mit DEULA-Charakter zum Ziel. Standort- und Konferenzfragen verzögerten den Projektbeginn bis 1969. Die Projektplanung mußte den sich ändernden Gegebenheiten angepaßt werden.

Arbeitsergebnisse

Entgegen der ursprünglichen Planung, in erster Linie Kurzkurse durchzuführen, lag der spätere Schwerpunkt auf einem zweijährigen Diploma-Programm. Seit 1975 ist allerdings die Zielsetzung der Ausbildung bzw. Weiterbildung wieder der ursprünglichen Konzeption angenähert worden.

Anfang 1975 war das damalige deutsche Team aus verschiedenen Gründen abberufen worden. Nach einer Phase der Umorganisation soll das

Mitte 1976 neu zu entsendende Team der tahiländischen Schulleitung sowie den Trägerinstitutionen bei der Neuorientierung in Richtung "Offenes Fortbildungs- und Schulungszentrum" behilflich sein.

Neben der Durchführung von Kursen sollen Außenaktivitäten weiter verfolgt (Beratung der Landwirtschaftsschulen) oder intensiviert werden (Beratung der thailändischen Landwirtschaft in Fragen der Mechanisierung allgemein).

5 Jahrgänge des 2jährigen Diploma-Ausbildungsganges haben die Schule absolviert. Daneben wurden - speziell in den Ferien - eine Vielzahl von Kursen über spezielle Gebiete der Landtechnik, der Kulturtechnik sowie angrenzender Gebiete durchgeführt.

Einige der Landwirtschaftschulen sind mit großem Erfolg beraten worden; gemeinsame Landgewinnungsprogramme wurden durchgeführt.

Ziel der neu zu startenden Aktivitäten soll es sein, die nichtformale Aus- bzw. Weiterbildung, speziell auch der Landwirte, stärker zu fördern und ökonomische Gesichtspunkte im Zusammenhang mit Mechanisierungsfragen in den Vordergrund der Ausbildung zu stellen.

# Tansania

## Landtechnisches Vorhaben

### I. Allgemeines

PN: 71.2052.0

| | |
|---|---|
| Verantwortlicher deutscher Leiter des Vorhabens: | Josef Wirth |
| Projektanschrift: | Tanzania Agricultural Machinery Testing Unit - TAMTU P.O.B. 1389 Arusha/Tanzania |
| Projektträger im Gastland: | Ministry of Agriculture P.O.B. 9192 Dar-es-Salaam für TAMTU zuständig: Production Division P.O.B. 9071 Dar-es-Salaam |
| Projektträger in der BRD: | GTZ |
| Zuständige GTZ-Abteilung: | 14  Fachbereich: 141 |
| Projekttyp: | Landtechnisches Vorhaben |

Zielsetzung des Projektes: Durch die Entwicklung und Herstellung von landwirtschaftlichen Geräten (hand- und Animal-powered appropriate rural technology), die den örtlichen Verhältnissen angepaßt und besonders auf die Bedürfnisse der Kleinfarmer zugeschnitten sind, und durch die Weitergabe des erarbeiteten "Know-hows" an interessierte Werkstätten sowie an neu zu gründende Dorfwerkstätten (rural craft workshops), soll die Mechanisierung der Landwirtschaft mit angepaßter Technologie gefördert werden und damit eine Erhöhung der Arbeits- und Flächenproduktivität erreicht werden. Die Bauern sollen ferner behutsam an technische Neuerungen herangeführt und das Dorfhandwerk zu einer Eigenproduktion von landwirtschaftlichen Maschinen und Geräten angeregt werden.

### II. Zeitlicher Ablauf

| | |
|---|---|
| Planungsbeginn: | für die Mitarbeit in der jetzigen Form liegt der Planungsbeginn im Jahre 1971. |
| Durchführungsbeginn: | Februar 1971 |
| Deutscher Beitrag vereinbart bis: | 1976 |

## III. Personal

Personal des Gastlandes (Soll): 5

Personal der BRD (Soll): 1

## IV. Sachausrüstung

Die bestehende Grundausrüstung des Projektes, die für die zu verrichtenden Aufgaben nicht ausreichend war, wurde durch Lieferungen über die Technische Hilfe ergänzt. Die Ausrüstung des Projektes umfaßt: Lkw, Landrover, Ackerschlepper und Geräte, Werkzeuge und Maschinen der Metall- und Holzbearbeitung. Über die Technische Hilfe als Ergänzung geliefert wurden bisher: Werkzeuge und Maschinen der Metall- und Holzbearbeitung für den Ausbau von 5 Werkstätten, Meßinstrumente und Testgerät sowie Prüfgeräteantriebsmotoren für den Aufbau der Testabteilung, verschiedene Landmaschinen und Geräte zu Test-, Demonstrations- und Beispielszwecken sowie als Vergleichsmaschinen, Landmaschinenspezialteile wie Schare und Scheiben, um mehr Geräte (ohne auf die nötige Materialqualität der Abnutzungsteile zu verzichten) herstellen zu können.

## V. Kapitalaufwand

Kapitalaufwand des Gastlandes: keine Angaben

Kapitalaufwand der BRD: 1.258.000,00 DM

## VI. Projektbericht

Projektkurzbeschreibung

Da die TAMTU das einzige Institut dieser Art im Gastland ist, kommt ihr eine große Bedeutung, aber auch Verantwortung in der Entwicklung der Mechanisierung der Landwirtschaft des Gastlandes zu. Die bewußte Förderung einer den Verhältnissen angepaßten Mechanisierung entspricht der Politik des Landes, die sich in der Ujamaa-Bewegung besonders dem großen Prozentsatz der Kleinbauern zugewandt hat. Nicht zuletzt ist es TAMTU's Aufgabe, Wege in der Landwirtschaftsmechanisierung aufzuzeigen und geeignete Impulse an die Verantwortlichen und Planer in der Regierung zu geben. Trotz zum Teil knapper staatlicher Mittel erhielt TAMTU gute zum Teil als großzügig zu bezeichnende Unterstützung. Durch den Verkauf von produzierten Artikeln floß ein großer Teil der Mittel zurück, was positiv gewertet wurde und worauf oft weitere Mittel bewilligt wurden. Ein der TAMTU angegliederter ILO-Experte arbeitet selbständig auf dem Sektor der Entwicklung und Weitervermittlung von Primitivtechnologie, was sich als wertvolle Ergänzung der Projektarbeit erwies. Die Zusammenarbeit mit anderen Projekten erstreckt sich auf den Austausch von Erfahrungen und Nachrichten; die Projekte liegen meist in Tansania oder Ostafrika. Erfreulich ist die Zahl der bereitgestellten Counterparts, die über eine gute Grundausbildung verfügen, wobei es jedoch durchweg an der Fähigkeit zum Entwerfen und Bauen von Landmaschinen und Geräten mangelt.

Die TAMTU gehört zum Landwirtschaftsministerium und ist diesem, obwohl in der Nordregion Tansanias stationiert, direkt unterstellt. Arbeitsgebiete sind Testen, Entwickeln, Konstruieren und Produzieren von landwirtschaftlichen Geräten und z. T. Ausbilden von Dorfhandwerkern. Dazu stehen Büros, Werkstätten und einige Ländereien zur Verfügung. TAMTU ist entsprechend den Arbeitsergebnissen in Abteilungen aufgeteilt.

Projektplanung und -vorbereitung

Es handelt sich um die Mitarbeit in einem bereits bestehenden Projekt. Die Mitarbeit wurde wegen der erfolgversprechenden Art des Projektes 1971 geplant und vorbereitet. Das Projekt bzw. die Counterparts wurden soweit gebracht, daß sie selbständig landwirtschaftliche Maschinen und Geräte entwickeln und bis zur Herstellungsreife bringen und schließlich produzieren oder das Entwickelte/Erarbeitete an Dritte weiter geben können. Das geplante Ziel der Entwicklung, einen Grundstock von Handbetrieb-, Tierzug- und Schleppergeräten abzuschließen und die Produktion wenigstens z. T. anzukurbeln, ist weitestgehend erreicht. Das Testen von eingeführten und lokal hergestellten Landmaschinen durch einfache Versuchseinrichtungen wurde gefördert. Um das Erreichte zu erhalten bzw. zu festigen, wird eine Nachbetreuung mit Material und Kurzzeitexperten vorgesehen. Außerdem sind weitere Aus- und Fortbildungen von Fach- und Führungskräften in der BRD oder in einem Drittland geplant.

Projektdurchführung

Zum rationellen Arbeiten wurden TAMTU in fünf Abteilungen aufgeteilt, deren Arbeit jedoch zusammenhängt und untereinander koordiniert ist. Weitere Räumlichkeiten mußten erstellt werden. Pro Fachgebiet ist ein Counterpart vorhanden: Testen, Entwicklung, Produktion, Zeichnen, Einfachsttechnologie. Durch die Teilung der Zuständig- und Verantwortlichkeit wird die Abwicklung der Arbeit erleichtert und effektiver. Jede Abteilung hat ihre eigenen Arbeiter und auch eigene Räumlichkeiten.

Arbeitsergebnisse

Die Entwicklung verschiedener Geräte und Vorrichtungen wurde abgeschlossen. Etliche befinden sich in der Produktion in den Werkstätten der TAMTU und in anderen Werkstätten, die Entwicklungen übernommen haben. Die Handwerker dieser Werkstätten wurden in der Herstellung angelernt bzw. von Grund auf ausgebildet.

Abgeschlossene Entwicklungen: Tierzugwagen verschiedener Art, Tierzugwagenachsen mit Rädern (Eisen oder Gummi), Räder für Wagen, Handkarren und Schubkarren, Fahrradanhänger, Zweifurchenrahmenpflug mit Säeinrichtung, Einreihensägerät, Hackpflug, Häufelpflug, Vierradtierzugwagen, Eselkutsche, Egge, Radbiege- und Zusammenschweißvorrichtung.

Ein paar einfache Testeinrichtungen wurden gebaut.

Laufende Arbeiten: Entwicklung weiterer Geräte und Bau weiterer Testeinrichtungen. Ausbildung von Dorfhandwerkern, Produktion von Geräten und Vorrichtungen. Weitergabe des Know-how an interessierte Werkstätten, möglicherweise Hilfe beim Aufbau von Dorfwerkstätten.